Patterns of Distributed Systems

30가지 패턴으로 배우는
분산 시스템 설계와 구현 기법

PATTERNS OF DISTRIBUTED SYSTEMS

by UNMESH JOSHI

Authorized translation from the English language edition, entitled PATTERNS OF DISTRIBUTED SYSTEMS 1st edition by UNMESH JOSHI published by Addison-Wesley Professional.
Copyright ⓒ2024 Pearson Education, Inc.

All rights reserved. No part of this book may be reproduced or transmitted in any form or by any means, electronic or mechanical, including photocopying, recording or by any information storage retrieval system, without permission from Pearson Education, Inc.
Korean language edition published by INSIGHT PRESS, Copyright ⓒ2025
Korean language translation rights arranged with PEARSON EDUCATION, Inc. through Agency-One, Seoul, Korea

이 책의 한국어판 저작권은 에이전시 원을 통해 저작권자와의 독점 계약으로 (주)도서출판인사이트에 있습니다. 저작권법에 의해 한국 내에서 보호를 받는 저작물이므로 무단전재와 무단복제를 금합니다.

30가지 패턴으로 배우는 분산 시스템 설계와 구현 기법

초판 1쇄 발행 2025년 4월 15일 **지은이** 운메시 조시 **옮긴이** 이도경, 김영준, 정재부 **펴낸이** 한기성 **펴낸곳** (주)도서출판인사이트 **편집** 신승준 **영업마케팅** 김진불 **제작·관리** 이유현 **용지** 유피에스 **인쇄·제본** 천광인쇄사 **등록번호** 제2002-000049호 **등록일자** 2002년 2월 19일 **주소** 서울특별시 마포구 연남로5길 19-5 **전화** 02-322-5143 **팩스** 02-3143-5579 **이메일** insight@insightbook.co.kr **ISBN** 978-89-6626-473-5 책값은 뒤표지에 있습니다. 잘못 만들어진 책은 바꾸어 드립니다. 이 책의 정오표는 https:/blog.insightbook.co.kr에서 확인하실 수 있습니다

프로그래밍 인사이트

30가지 패턴으로 배우는
분산 시스템 설계와 구현 기법

운메시 조시 지음 | 이도경·김영준·정재부 옮김

인사이트

차례

옮긴이의 글 ··· xii
추천사 ··· xvi
들어가는 글 ··· xviii

제1부 분산 시스템 이야기 — 1

1장 분산 시스템의 약속과 위험 — 3

단일 서버의 한계 ·· 3
비즈니스 로직과 데이터 계층의 분리 ··· 5
데이터 파티션하기 ·· 6
실패 살펴보기 ·· 7
복제: 실패 숨기기 ·· 9
  프로세스 죽음 9 | 네트워크 지연 9 | 프로세스 일시 정지 10 |
  동기화되지 않은 시계 10
분산 시스템의 정의 ·· 10
패턴 접근법 ··· 11

2장 패턴 개요 — 13

단일 서버에서 데이터를 견고하게 유지하기 ··· 14
갱신 경쟁 ·· 15
리더 실패 다루기 ··· 17
다중 실패는 세대 시계가 필요하다 ·· 20
로그 엔트리는 과반수 정족수를 얻기 전까지 커밋할 수 없다 ·································· 25
팔로워는 하이 워터마크를 기준으로 커밋한다 ··· 27
리더는 많은 클라이언트에게 빠르게 반응하기 위해 여러 큐를 사용한다 ················· 31
팔로워는 리더의 읽기 요청 부하를 줄일 수 있다 ··· 38
방대한 양의 데이터는 여러 노드에 파티션 할 수 있다 ··· 40
파티션은 복제로 복원력을 제공한다 ·· 43

파티션 간 일관성을 유지 관리하려면 최소 두 단계가 필요하다 ········· 44
분산 시스템에서 순서는 시스템 타임스탬프에 의존해서는 안 된다 ········· 47
일관성 코어는 데이터 클러스터의 멤버십을 관리한다 ········· 56
탈중앙화 클러스터 관리를 위한 가십 전파 ········· 60

제2부 데이터 복제 패턴   67

3장   Pattern 1 쓰기 전 로그   69

문제 ········· 69
해결책 ········· 69
    구현 시 고려사항 72 | 트랜잭션 저장소에서의 활용법 73 |
    이벤트 소싱과의 비교 74
사례 ········· 75

4장   Pattern 2 분할 로그   77

문제 ········· 77
해결책 ········· 77
사례 ········· 79

5장   Pattern 3 로우 워터마크   81

문제 ········· 81
해결책 ········· 81
    스냅샷 기반 로우 워터마크 82 | 시간 기반 로우 워터마크 83
사례 ········· 84

6장   Pattern 4 리더 팔로워   85

문제 ········· 85
해결책 ········· 85
    리더 선출 86 |
    정족수 읽기/쓰기가 강한 일관성을 보장하기에 충분하지 않은 이유 92
사례 ········· 93

7장　Pattern 5　하트비트　95

문제　95

해결책　95

　　소규모 클러스터: 합의 기반 시스템　98　|　기술적 고려사항　99　|
　　대규모 클러스터: 가십 기반 프로토콜　99

사례　101

8장　Pattern 6　과반수 정족수　103

문제　103

해결책　104

　　클러스터 내 서버 수 결정하기　104　|　탄력적 정족수　105

사례　106

9장　Pattern 7　세대 시계　107

문제　107

해결책　107

사례　111

10장　Pattern 8　하이 워터마크　113

문제　113

해결책　114

　　로그 절단　117

사례　119

11장　Pattern 9　팍소스　121

문제　121

해결책　121

　　프로토콜의 흐름　122　|　키-값 저장소 예제　131　|　탄력적 팍소스　135

사례　136

12장 Pattern 10 복제 로그 — 137

문제 — 137

해결책 — 137

다중 팍소스와 래프트 139 | 클라이언트 요청을 복제하기 139 |
리더 선출 145 | 기술적 고려사항 154 | 푸시 대 풀 155 |
로그에는 무엇을 기록하나? 155

사례 — 161

13장 Pattern 11 단일 갱신 큐 — 163

문제 — 163

해결책 — 163

큐 선택 168 | 채널과 경량 스레드 사용하기 169 | 배압 170 |
다른 고려사항 170

사례 — 171

14장 Pattern 12 요청 대기 목록 — 173

문제 — 173

해결책 — 173

오래 보류 중인 요청 만료하기 179

사례 — 180

15장 Pattern 13 멱등 수신자 — 181

문제 — 181

해결책 — 181

저장된 클라이언트 요청의 만료 처리 186 | 등록된 클라이언트 제거 187 |
최대 한 번, 최소 한 번, 정확히 한 번 실행 188

사례 — 188

16장 Pattern 14 팔로워 읽기 — 189

문제 — 189

해결책 — 189

가장 가까운 복제 서버 찾기 190 | 연결이 끊기거나 느린 팔로워 193 |
자신이 쓴 값 읽기 194 | 선형성 읽기 197

사례 — 198

17장 Pattern 15 버전화 값   199

문제   199
해결책   199
버전화 키의 정렬 200 | 여러 버전 읽기 203 | MVCC와 트랜잭션 격리 205 | 록스DB 방식 저장 엔진 사용하기 206
사례   207

18장 Pattern 16 버전 벡터   209

문제   209
해결책   209
버전 벡터 비교 211 | 키-값 저장소에서 버전 벡터 사용하기 213
사례   223

제3부 데이터 파티션 패턴   225

19장 Pattern 17 고정 파티션   227

문제   227
해결책   228
해시 함수 선택 229 | 파티션을 클러스터 노드에 매핑하기 230 | 대안: 노드 대수 비례 파티션 246
사례   251

20장 Pattern 18 키 범위 파티션   253

문제   253
해결책   254
키 범위를 미리 정하기 254 | 예시 시나리오 257 | 범위 자동 분할 259
사례   266

21장 Pattern 19 **2단계 커밋** — 267

문제 — 267

해결책 — 267

> 잠금과 트랜잭션 격리 271 | 커밋과 롤백 279 | 예시 시나리오 285 |
> 버전화 값 사용하기 290 | 복제 로그 사용 302 | 실패 처리 303 |
> 이종 시스템 간 트랜잭션 308

사례 — 309

제4부 분산 시간 패턴 — 311

22장 Pattern 20 **램포트 시계** — 313

문제 — 313

해결책 — 314

> 인과 관계, 시간, 선후 315 | 키-값 저장소 예시 315 | 부분 순서 318 |
> 값을 갱신하는 단일 리더 서버 318

사례 — 319

23장 Pattern 21 **하이브리드 시계** — 321

문제 — 321

해결책 — 321

> 하이브리드 시계를 사용한 다중 버전 저장소 325 |
> 타임스탬프를 사용해서 값 읽기 326 |
> 분산 트랜잭션에 타임스탬프 할당하기 327

사례 — 329

24장 Pattern 22 **시계 제한 대기** — 331

문제 — 331

해결책 — 333

> 읽기 재시작 336 | 시계 제한 API 사용하기 339

사례 — 346

제5부 클러스터 관리 패턴 347

25장 Pattern 23 일관성 코어 349

문제 349
해결책 349
　　메타데이터 저장소 351 | 클라이언트 상호작용 처리 352
사례 355

26장 Pattern 24 리스 357

문제 357
해결책 357
　　키-값 저장소에서 키에 리스 부여 364 | 리더 실패 처리 365
사례 367

27장 Pattern 25 상태 감시 369

문제 369
해결책 369
　　클라이언트 측 구현 370 | 서버 측 구현 370 | 연결 실패 처리 374
사례 377

28장 Pattern 26 가십 전파 379

문제 379
해결책 379
　　불필요한 상태 교환 방지 385 | 가십에 대한 노드 선택 기준 388 |
　　그룹 멤버십과 실패 감지 388 | 노드 재시작 처리 389
사례 389

29장 Pattern 27 자생적 리더 391

문제 391
해결책 391
　　기존의 모든 멤버에게 멤버십 갱신 전송 395 | 예시 시나리오 398 |
　　누락된 멤버십 갱신 처리 400 | 실패 감지 401 | 리더 팔로워와의 비교 408
사례 409

제6부 노드 간 통신 패턴 — 411

30장 Pattern 28 단일 소켓 채널 — 413

문제 — 413
해결책 — 413
사례 — 416

31장 Pattern 29 묶음 요청 — 417

문제 — 417
해결책 — 417
   기술적 고려사항 422
사례 — 423

32장 Pattern 30 요청 파이프라인 — 425

문제 — 425
해결책 — 425
사례 — 428

참고 문헌 — 429
찾아보기 — 434

옮긴이의 글

1

이 글을 쓰는 지금, 우리는 LLM(Large Language Model, 대규모 언어 모델) 시대의 개막과 AGI(Artificial General Intelligence, 범용인공지능) 개발에 대한 희망과 불안이 공존하는 시기를 맞이하고 있다. 모두가 AI에 열광하는 가운데 왜 분산 시스템에 주목해야 하는지 의문을 가질 수 있다. 그러나 AI를 비롯한 현대의 많은 기술은 분산 시스템을 기반으로 하고 있으며, 이는 여전히 중요한 분야다.

이 책은 CPU 기반 서버를 주로 다루고 있지만, 대규모 GPU 기술에도 적용할 수 있는 유용한 정보를 제공한다. 일반적인 소프트웨어 엔지니어링뿐만 아니라 AI 엔지니어링에서도 서빙, 추론의 운영 안정성, 확장성, 장애 탐지 및 대처 방안 등은 매우 중요하다. 실제로 AI 엔지니어링 백엔드 분야 면접에서 분산 시스템에 대한 이해와 운영 경험, 문제 상황에서의 대처 경험, 분석 방법 등에 대한 질문이 자주 등장한다.

오픈소스의 발전으로 선택할 수 있는 분산 시스템이 다양해지면서 분산 시스템을 정확히 이해하는 일은 더욱 중요해지고 있다. 분산 시스템이 제공하는 많은 이점에도 불구하고 개발과 운영의 복잡성이 비례해서 증가하기 때문이다. 도입이 간편해지다 보니 많은 기업이 충분한 준비 없이 분산 시스템에 기반한 서비스나 시스템을 출시하고 있는데, 문제가 발생하고 나서야 분석하고 대응하는 경우가 많다. 이로 인해 운영 비용 증가에 압도되거나 예기치 못한 장애 상황으로 곤혹을 겪는 일을 종종 목도하게 된다.

이 책이 모든 문제를 해결할 수는 없지만, 적어도 문제 해결을 위한 기본 원리를 그림과 코드 스니펫으로 충실하게 설명하고 있다. 분산 시스템을 직접 개발하는 개발자뿐만 아니라 이를 운영하는 담당자, 대규모 트래픽과 데이터를 다루는 백엔드 엔지니어 그리고 데이터 엔지니어라면 이 책의 1부를 여러 번 정독할 것을 권한다. 총 6부로 구성된 이 책에서는 1부에서 30개의 패턴 전체를 개략적으로 보여 주고, 나머지 5부에서는 각각의 패턴을 세부적으로 상세히 다루는 각론 구성으로 되어 있다. 각론들은 분산 시스템을 개발하거나 운영하다가 문제가 생길 때, 찾아서 살펴보면 많은 도움을 받을 수 있을 것이다.

수년 만에 번역 작업을 하면서 현업 외에 자투리 시간을 이용해 번역하는 일이 힘들고 고통스럽다는 것을 다시금 실감했다. 하지만 번역 과정에서 많은 것을 배울 수 있었다는 사실이 번역을 지속할 수 있었던 원동력이었다. 번역 작업을 함께 해 준 김영준 님, 정재부 님께 감사드리며, 영어 교사이자 작가로서 번역 작업을 묵묵히 지지해 준 아내 김진옥, 프로그 스토리로 활동 중인 아들 강민이, 무뚝뚝하지만 여전히 귀엽고 똘똘한 연재에게도 감사한다.

— 이도경

2

분산 시스템은 다루기 까다롭기로 악명이 높다. 내재하는 불확실성 때문에 어떤 일이 일어나고 있는지 파악하기조차 어렵고 문제가 생겼을 때 해결책을 찾아 적용하기도 어렵다. 해결책으로 도입한 방법이 또 다른 고민거리를 안겨 주기도 한다. 예를 들어 데이터를 단일 서버에서 처리하기 어려워 여러 서버에 나눠 저장하려고 하면 "여러 서버에 존재하는 데이터를 어떻게 동기화할 것인가"라는 까다로운 문제가 생긴다.

서비스가 성장해 사용자 요청량이나 데이터 규모가 단일 서버 용량을 넘어서면 분산 시스템의 도입을 고려해야 할 상황이 온다. 오픈소스 프로젝트 중에 인기 있는 것을 골라 쓰거나 클라우드 서비스에서 제공하는 플랫폼을 믿고 쓰면 충분할까? 분산 플랫폼은 상당히 복잡하므로 뭔가 문제가 생겼을 때 잘 대응하려면 내부 동작을 이해해야 한다. 섣불리 도입했다가는 운영 난이도 때문에 오히려 낭패를 볼 수 있다. 하지만 제품 문서에서 내부 동작이나 원리까지 자세히 다루는 경우는 드물다. 그렇다고 관련 논문을 일일이 읽어 보거나 코드를 분석하는 일은 너무 어렵기도 하고 시간도 부족하다.

이 책에서는 분산 시스템을 이해하기 위한 방법으로 패턴 접근법을 제안한다. 저자는 특수한 상황 때문에 여러 분산 플랫폼을 직접 만들어야 했는데, 이 경험을 바탕으로 분산 시스템에서 자주 등장하는 패턴을 30개로 정리했다. 패턴마다 어떤 문제에 적용할 수 있는지 안내하며 글로 설명이 어려운 부분은 예시 코드도 함께 제시한다. 같은 패턴이라도 세부 사항은 구현에 따라 다를 수 있는데, 여러 오픈소스의 실제 사례를 들어 이를 보여 준다. 패턴들은 서로 관련이 있다. 어떤 패턴은 다른 패턴을 구현하는 도구가 되기도 하고 패턴들이 어떤 목적을 위해 협력하기도 한다. 이 책에서는 패턴 간의 관계도 자세히 설명하는데, 특히 2장에서는 최소한의 구성 요소에서 시작해 패턴을 하나씩 적용하는 과정을 매우 흥미롭게 보여 준다.

분산 시스템을 패턴 단위로 분해해 살펴보면 원리를 더욱 잘 이해할 수 있으며 자신의 문제에 알맞은 해결책을 탐구할 수 있다. 물론 분산 시스템 자체가 워낙 까다롭기 때문에 쉽지만은 않을 것이다. 각자의 상황과 완전히 맞아 떨어지지 않을 수도 있다. 하지만 예시 코드를 참고해 간단한 프로그램을 작성해 검증해 본다면 상황에 맞는 해결책을 충분히 적용할 수 있다. 때로는 분산 시스템 플랫폼을 직접 구축해야 할지도 모른다. 험난한 길이지만 저자의 분산 플랫폼 구축 경험이 녹아 있는 이 책이 좋은 출발점이 되리라 믿는다.

끝으로 업무로 바쁜 중에도 오랜 시간 동안 번역하느라 함께 고생하신 이도경 님, 정재부 님께도 감사드린다.

― 김영준

3

우리가 매일 이용하는 인터넷 서비스는 수많은 데이터로 이루어져 있다. 친구에게 메시지를 보내고 원하는 물건을 검색하고 좋아하는 음악을 듣는 그 순간순간, 우리는 데이터를 만들고 있고 이 데이터는 어딘가에 저장되며 다시 서비스로 우리에게 제공된다.

오늘날 인터넷 사용자가 급증하고 데이터의 양이 폭발적으로 늘어남에 따라 한 대의 컴퓨터가 아닌 여러 대의 컴퓨터가 함께 데이터를 처리하는 '분산 시스템'이 꼭 필요하다. 클라우드 컴퓨팅, 마이크로서비스, 빅데이터, AI 서비스 등 다양한 애플리케이션이 이런 분산 환경에서 운영되고 있고 네트워크 지연, 일부 장애, 데이터 일관성 문제 등 이전에는 신경 쓰지 않았던 새로운 문제들이 등장하고 있다.

이 책은 바로 이런 복잡한 문제들을 해결할 수 있도록 도와주는 실용적인 안내서다. 단순히 이론만 나열하는 것이 아니라, 실무에서 마주치는 문제들을 구체적으로 짚어보고 그 문제를 해결하기 위한 실질적인 패턴을 제시한다. 각각의 패턴이 어떤 상황에서 적합한지, 장단점이 무엇인지도 알기 쉽게 설명한다. 또한 카프카와 쿠버네티스 같은 실제 시스템 사례를 통해 이론적인 내용을 실제로 어떻게 적용할 수 있는지 자연스럽게 이해하도록 돕는다. 특히 합의 알고리즘, 논리적 타임스탬프, 클러스터 코디네이션 등 분산 시스템의 핵심 개념들을 쉽게 풀어내고 이것이 시스템의 성능, 가용성, 일관성에 미치는 영향을 자세히 알려 준다.

분산 시스템 개발에 처음 입문하는 사람뿐만 아니라, 경험이 풍부한 개발자에게도 이 책은 큰 도움이 될 것이다. 이 책으로 분산 시스템의 기본 개념을 익히고 다양한 문제에 체계적으로 접근하는 방법을 배우며, 나아가 오픈소스 프로젝트의 소스코드를 분석하고 디버깅하는 능력도 키우리라 기대한다.

세 번째 번역 작업에 함께 해준 이도경 님과 김영준 님께 진심으로 감사드린다. 늘 큰 힘이 되어 주었고 함께 할 수 있어 영광이었다. 마지막으로 언제나 묵묵히 곁에서 응원해 주는 아내 김선희와 새롭게 시작할 용기를 북돋워 준 딸 정다인에게도 깊은 감사와 사랑의 마음을 전한다.

—정재부

추천사

엔지니어가 분산 컴퓨팅의 매력에 빠지는 데는 이유가 있다. 분산 컴퓨팅은 확장성과 내결함성(fault tolerance)[1] 같은 이점뿐만 아니라 기발하고 주목할 만한 컴퓨터 시스템을 만들었다는 명성도 보장하기 때문이다. 하지만 현실적으로 분산 시스템은 너무 어렵다. 미묘한 상호작용과 고차원적 해석을 포함해 수많은 에지 케이스(edge case)가 존재한다. 시스템을 설계할 때 하는 모든 행동 하나하나가 보이지 않는 n차원의 부작용을 야기한다. 마치 잔디갈퀴에 둘러싸인 사이드쇼 밥[2]처럼 걸음을 뗄 때마다 얼굴에 갈퀴를 맞는다. 그렇게 모든 갈퀴를 다 밟아버리거나 들판을 벗어날 때까지 계속된다(그리고 들판을 벗어난 후에도 한두 개의 갈퀴는 여전히 당신을 기다리고 있을 것이다).

이 함정들을 피하거나 최소화하는 방법은 없을까? 전통적인 접근법은 분산 시스템 이론과 실무 모두 어렵다는 사실을 받아들이고, 혼란스럽고 장난스러운 제목의 교과서와 학술 논문을 차근차근 연구하며 수많은 증명을 공부하는 것이다. 이를 통해 이 범위 내에서 상대적으로 안전하고 전문화된 영역부터 개척해 나가는 방법이다. 꾸준히 따를 수 있다면 이 방법에는 많은 장점이 있다. 이 방식으로 성장한 시스템 전문가는 문제를 미리 발견해 내는 능력이 뛰어나며 문제를 해결하거나 적어도 발생 가능성과 영향도를 최소화하는 데 필요한 기술적인 배경 지식도 풍부한 것처럼 보인다.

그러나 소프트웨어 엔지니어링 분야에서 이런 고생스러운 교육 방식은 일반적이지 않다. 밑바닥부터 시작하는 대신 추상화를 활용하면 높은 단계에서 낮은 단계로 점진적으로 나아가며 세부적인 수준까지 배울 수 있다. 이런 방식은 소프트웨어를 설계하고 구축하는 법에도 잘 맞는다. 추상화는 복잡한 구현에 휘말리지 않고 시스템 동작을 분석할 수 있게 한다. 복잡도가 높은 분산 시스템에서 어느 정도의 추상

---

[1] (옮긴이) fault tolerance의 번역에는 장애 허용, 장애 감내, 고장 허용, 내고장성 등 다양한 표현이 있으나 이 책에서는 내결함성을 선택했다. 이는 fault를 결함으로 번역한 데 따른 결과이며, 내결함성이 결함에 잘 견딜 수 있는 특성을 상대적으로 간결하고 명확하게 표현한다고 판단됐기 때문이다.

[2] (옮긴이) 사이드쇼 밥은 미국 애니메이션 '심슨 가족'에 나오는 악역으로, 글쓴이는 끊임없이 문제에 시달리는 상황을 갈퀴로 얼굴을 맞는다는 식으로 은유적으로 표현했다. https://www.youtube.com/watch?v=2WZLJpMOxS4를 참고하라.

화는 상당히 유용하다.

소프트웨어 엔지니어링 분야에서 디자인 패턴은 일반적인 추상화 방법이다. 디자인 패턴은 소프트웨어를 설계할 때 자주 겪게 되는 문제에 사용하는 표준화된 해결책이다. 패턴은 실무자들이 잘 이해하는 방식으로 문제를 추론하고 논의할 수 있는 언어를 제공한다. 예를 들어 "이건 어떻게 작동하나요?"라고 물었을 때, "그건 방문자 패턴이에요"라고 누군가 답했다고 하자. 공통의 문제 해결 방법을 지칭하는 패턴을 서로 이해하고 있기 때문에 이 대화는 간결하지만 많은 정보를 담고 있다.

복잡한 것을 추상화해 패턴으로 만드는 개념은 이 책에서 가장 중요하고 기본적인 원칙이다. 이 책은 현대 분산 시스템의 필수 구성 요소에 패턴 접근법을 적용한다. 패턴 접근법은 구성 요소별로 이름을 붙이고 각 구성 요소의 동작과 요소 간의 상호작용을 설명한다. 이렇게 하면 조립 가능한 레고 블록의 집합처럼 분산 시스템을 적절히 다루는 패턴 언어를 익힐 수 있다.

이제 자료구조와 합의 알고리즘(consensus algorithm) 같은 구체적인 세부 사항에 얽매이지 않고도 정족수 커밋(quorum commit)을 사용하는 복제 로그 기반 시스템'에 관해 이야기를 나눌 수 있다. 더욱이 분산 시스템에서는 일관성(consistency)과 같은 교과서 용어가 문맥에 따라 다양한 의미를 띠기 때문에, 패턴 접근법은 상호 오해할 수 있는 위험을 최소화한다.

패턴 접근법은 실무자에게 해방감을 준다. 표현력 있는 공통 어휘로 의사소통을 표준화하고 빠르게 처리할 수 있기 때문이다. 학습자도 마찬가지다. 학습자는 분산 시스템의 기본 원리를 체계적이고 너비 우선(breadth-first)적으로 살펴볼 수 있는데, 패턴을 한 번에 하나씩 공략하며 이 패턴들이 어떻게 상호작용하고 의존성을 가지는지 자세히 관찰할 수 있다. 이 책은 세부 구현까지 자세히 다루므로 필요하다면 구현 단계까지 깊게 파고들 수 있다.

이 책에서 다루는 패턴들이 분산 시스템을 더 효과적으로 가르치고, 배우고, 소통하는 데 도움이 되길 바란다. 이 책이 잔디깎귀를 피하는 데 분명 도움이 될 것이다.

— 네오포제이(Neo4j) 수석 과학자(Chief Scientist), 짐 웨버(Jim Webber)

들어가는 글

왜 이 책을 썼는가?

2017년에 나는 서티미터망원경(Thirty Meter Telescope, 이하 TMT)이라는 대형 광학망원경에 들어가는 소프트웨어 시스템 개발에 참여하고 있었는데, 핵심 프레임워크와 다양한 하위 시스템에서 사용하는 여러 서비스 구축이 필요했다. 하위 시스템 컴포넌트들은 서로 발견(discovery)하고 컴포넌트 실패(failure)를 감지해야 했다. 또한 각 컴포넌트의 메타데이터를 저장하는 요구사항도 있었다. 메타데이터의 저장을 담당하는 서비스에서 내결함성은 필수였다. 하지만 망원경 생태계의 독특한 특성상 기성 제품이나 프레임워크를 사용할 수 없었다. 밑바닥부터 핵심 프레임워크는 물론, 핵심 프레임워크의 다른 하위 시스템이 사용할 서비스를 모두 구축해야 했다. 결국 분산 시스템을 직접 구축해야 했다.

나는 엔터프라이즈 시스템을 설계하고 구축해 왔는데, 카프카(Kafka), 카산드라(Cassandra), 몽고DB(MongoDB) 같은 제품을 사용하거나 AWS, GCP 같은 업체의 클라우드 서비스를 사용했다. 이 모든 제품과 서비스는 분산 시스템으로 구현되어 있어 유사한 여러 문제를 해결한다. 하지만 TMT 시스템은 모두 손수 구축해야 했다. 이미 검증된 여러 제품과 비교하고 구현이 올바른지 검증하려면 제품의 내부 동작을 깊이 이해해야 했다. 우리는 이 모든 클라우드 서비스와 제품이 어떻게 구축됐고 만들어졌는지 파악해야 했지만, 공식 문서는 대부분 제품 설명 자체에 치중되어 있었다.

분산 시스템을 구축하는 방법에 관한 정보는 다양한 연구 논문과 박사 학위 논문에 흩어져 있다. 하지만 이런 학술 자료도 한계가 있는데, 너무 특정 측면만 집중하는 경향이 있고 관련 주제는 슬쩍 언급하고 넘어가는 경우가 많다. 예를 들어 잘 작성된 논문으로 알려진 〈Consensus: Bridging Theory and Practice〉[Ongaro2014][3]에서

---

3 (옮긴이) 참고 문헌은 책의 뒷부분에 모두 수록되어 있다. 예를 들어 [Ongaro2014]는 참고 문헌에서 Ongaro가 첫 번째 저자이고, 해당 문헌이 2014년에 발행되었음을 나타낸다. 이 표기 방식은 원서의 형식을 그대로 따랐다.

는 래프트(Raft) 합의 알고리즘을 어떻게 구현하는지 자세히 설명한다. 그러나 etcd가 쿠버네티스(kubernetes) 같은 제품의 그룹 멤버십이나 관련 메타데이터를 추적하는 데 어떻게 래프트 합의 알고리즘을 사용하는지는 알 수 없다. 레슬리 램포트(Leslie Lamport)가 쓴 유명한 논문인 〈Time, Clocks, and the Ordering of Events in a Distributed System〉[Lamport1978]은 논리 시계 사용법을 설명하지만, 몽고DB 같은 제품이 데이터의 버전 관리에 논리 시계를 어떻게 사용하는지는 알 수 없다.

나는 제대로 이해했는지 확인하는 데 가장 좋은 방법은 코드 작성이라 생각한다. 마틴 파울러(Martin Fowler)는 이렇게 말했다. "우리 업계에서 코드는 수학과 같다. 모호성을 제거해야 하기 때문이다." 그래서 분산 시스템의 빌딩 블록을 보다 깊게 이해하려고 이 제품들의 축소판을 직접 만들기로 했다. 먼저 장난감 버전의 카프카부터 만들기 시작했다. 쓸 만한 버전이 나오자 이것을 분산 시스템의 개념을 논의하는 데 사용했다. 이 방법은 꽤 유효했다. 코드로 개념을 설명하는 방식이 효과적인지 검증하기 위해 근무하고 있는 회사(소트웍스)에서 몇 번의 워크숍을 개최했는데, 꽤 유익했다는 평가를 받았다. 그래서 이 방법을 카산드라, 쿠버네티스, 아카(Akka), 헤이즐캐스트(Hazelcast), 몽고DB, 유가바이트DB(YugabyteDB), 코크로치DB(CockroachDB), TiKV, 도커스웜(Docker Swarm) 같은 제품으로 범위를 넓혔다. 여러 제품의 빌딩 블록을 잘 이해하기 위해 코드 스니펫(code snippets)*을 추출했다. 빌딩 블록 사이에 유사점이 상당히 많다는 것은 놀랍지 않았다. 몇 년 전 마틴 파울러와 이 주제를 논의한 적이 있는데, 그때 마틴이 이를 패턴으로 정리해 보길 제안했다. 이 책은 내가 마틴과 함께 이러한 분산 시스템 구현의 공통 빌딩 블록을 패턴으로 문서화한 작업의 결과물이다.

code snippets
프로그래밍에서 특정 작업을 수행하는 짧은 코드 조각.

누구를 위한 책인가?

오늘날 소프트웨어 아키텍트와 개발자는 시스템을 설계할 때 분산 시스템 제품과 클라우드 서비스의 선택지가 너무 많다는 현실에 직면한다. 이들 제품과 클라우드 서비스는 특정 구현을 선택했다고 주장한다. 하지만 이런 선택을 직관적으로 이해하기는 쉽지 않다. 단순히 문서를 읽는 것만으로는 부족하다. 예를 들어 "AWS 메모리DB(AWS MemoryDB)는 복제 트랜잭션 로그를 사용해 지속성을 보장한다"라든지, "아파치 카프카는 주키퍼(ZooKeeper)와 독립적으로 운영된다"라든지, "구글 스패너(Google Spanner)는 트루타임(TrueTime)이 유지 관리하는 정확한 타이밍으로 외부 일관성(external consistency)을 제공한다"와 같은 문장을 생각해 보자. 이런 문장을 어떻게 해석해야 할까?

더 깊이 이해하기 위해 전문가는 제품 제공업체의 인증에 의존하지만, 대다수 인증은 제품에 특화되어 있다는 한계가 있다. 인증은 제품의 표면적 특징에만 집중하고 기술적 원리의 핵심은 다루지 않는다. 전문 개발자는 소스코드 수준에서 구체적인 기술 세부 사항을 직관적으로 이해할 필요가 있다. 패턴은 이런 상황에서 도움을 준다. 이 책에서 소개하는 패턴은 전문 개발자가 다양한 제품과 서비스의 내부 동작 방식을 잘 이해하고 이를 바탕으로 정보에 입각한 효율적인 선택을 하는 데 도움을 준다.

나는 이 책을 읽는 독자 대부분이 현재 사용되고 있는 분산 시스템을 다루는 전문 개발자일 것으로 예상한다. 하지만 직접 분산 시스템을 구축해야 하는 독자도 있을 것이다. 이 책에 나온 패턴이 그들에게 좋은 출발점이 되길 바란다. 이 책에는 다양한 제품에서 사용되는 대안 설계에 관한 참고 자료가 많이 포함되어 있어 독자에게 유용할 것이다.

코드 예제에서 참고 사항

대부분의 패턴에서는 코드 예제를 함께 제공한다. 이 코드 예제는 내가 패턴을 연구할 때 작업한 다양한 제품의 축소 구현물을 바탕으로 한다. 언어 선택은 독자 대부분이 쉽게 읽고 이해할 수 있어야 한다는 생각을 기반으로 했다. 이 책에서 자바(Java)는 좋은 선택이다. 코드 예제는 자바 언어 문법을 최소한으로 사용한다. 보통 메서드와 클래스 같은 문법으로 대다수 언어가 지원하는 기능이다. 다른 언어에 익숙한 독자도 이 코드 예제를 충분히 이해할 수 있을 것이다. 또한 이 책은 특정 소프트웨어 플랫폼에 국한되지 않는다. 코드 예제를 이해할 수 있다면 C++, 러스트(Rust), 고(Go), 스칼라(Scala), 지그(Zig) 등의 코드 베이스에서 유사성을 쉽게 찾을 수 있다. 내 바람은 독자가 코드 예제와 패턴에 익숙해져 다양한 오픈소스 제품의 소스코드 탐색을 보다 쉽게 하는 것이다.

이 책을 읽는 방법

이 책은 총 6부로 구성되어 있는데, 개념적으로 두 부분으로 나뉜다. 먼저 첫 번째 부분인 1부는 분산 시스템 설계의 핵심 주제를 다룬다. 1부를 구성하는 두 개의 장은 분산 시스템을 설계할 때 발생하는 도전 과제와 그 해결책을 개략적으로 다룬다. 상세한 해결책은 패턴으로 구성한 두 번째 부분(2부에서 6부)에서 제시한다. 이 패턴들은 분산 시스템의 핵심 빌딩 블록으로 복제(Replication), 파티션(Partition), 클러스터 관리(Cluster Management)*, 네트워크 통신(Network Communication), 4개의 범주로 나눈다. 패턴은 순서대로 읽을 필요 없이 참고 자료로 활용하라. 개요에 해당하는 1부를 잘 읽고 나서 관심 있거나 필요한 패턴을 찾아보는 방법도 좋다. 추가 참고 자료는 *https://martinfowler.com/articles/patterns-of-distributed-systems*에서 구할 수 있다. 나는 이 패턴들이 독자가 소프트웨어 전문가로 일상 업무에서 정보에 기반해 의사 결정을 내리는 데 도움이 되길 바란다.

> **cluster**
> 서버 여러 대를 네트워크로 연결해 하나의 시스템처럼 동작하게 만든 집합을 의미.

감사의 말

무엇보다 이 책은 마틴 파울러의 격려가 있었기에 세상에 나올 수 있었다. 마틴은 내가 패턴의 관점에서 사고할 수 있게 이끌어 주었다. 좋은 예시 발굴에 많은 도움을 주었을 뿐 아니라 작성하기 까다로웠던 여러 장에서 많은 기여를 했다.

서티미터망원경(TMT) 팀에게도 감사를 표한다. 이 작업의 많은 부분은 TMT 팀과 함께 일하면서 시작했다. TMT 프로젝트를 이끌었던 무슈타크 아메드(Mushtaq Ahmed)와 이 많은 패턴에 관해 같이 이야기 나눌 수 있어 좋았다.

사르탁 마키자(Sarthak Makhija)는 분산 키-값 저장소를 개발하면서 이 패턴을 대부분 검증했다.

나는 *martinfowler.com*에 주기적으로 이 패턴들을 게시해 왔다. 패턴 작업을 하면서 새 재료 초안을 소트웍스 개발자 메일링 리스트에 보내고 피드백을 요청했다. 그 당시 피드백에 응해준 분들에게 감사를 표한다. Rebecca Parsons, Dave Elliman, Samir Seth, Prasanna Pendse, Santosh Mahale, James Lewis, Chris Ford, Kumar Sankara Iyer, Evan Bottcher, Ian Cartwright, Priyanka Kotwal이 그들이다. 그리고 소트웍스의 Jojo Swords, Gareth Morgan, Richard Gall은 *martinfowler.com*에 게시한 이전 버전의 편집을 도왔다.

나는 작업하면서 많은 사람과 소통했다. Indranil Gupta 교수에게는 가십 전파(Gossip Dissemination) 패턴에 관한 의견을 받았다. Dahlia Malkhi는 구글 스패너에 관한 질문에 도움을 주었다. 유가바이트 팀 출신 Mikhail Bautin과 Karthik Ranganathan, Piyush Jain은 유가바이트DB의 세부 구현에 관한 내 모든 질문에 답해 주었다. 코크로치DB 팀은 설계 선택에 관한 내 질문에 매우 빠르게 답했다. Bela Ban, Patrik Nordwall, 그리고 Lalith Suresh는 자생적 리더 패턴(Emergent Leader pattern)에 관한 훌륭한 피드백을 제공해 주었다.

Salim Virji와 Jim Webber는 초기 원고를 검토하면서 좋은 의견을 주었다. Richard Sites는 1장에서 여러 멋진 제안을 해주었다. 추천사를 기고해 준 Jim Webber에게도 진심으로 감사의 말을 전하고 싶다.

소트웍스의 직원으로서 가장 큰 장점은 이 책에 상당한 시간을 할애할 수 있게 배려받았다는 점이다. 소트웍스의 Engineering for Research(E4R) 그룹의 지원에도 감사한다. 또한 항상 격려를 아끼지 않았던 소트웍스인디아의 MD인 Sameer Soman에게도 감사하고 싶다.

피어슨의 담당 기획 편집자 Greg Doench는 책이 출간될 때까지 많은 문제를 해결해 주었다. 담당 제작 편집자였던 Julie Nahil과 함께 작업할 수 있어 매우 좋았다. 교정 작업을 맡아 준 Dmitry Kirsanov는 물론, 구성과 색인을 담당해 준 Alina Kirsanova와의 협업도 너무나 훌륭했다.

가족은 나에게 항상 변함없는 지지를 보내 준다. 어머니는 이 책에 대해 항상 희망적이었다. 아내이자 뛰어난 개발자인 Ashwini는 나와 통찰력 있게 토론했고 초안에 소중한 리뷰를 제공했다. 딸 Rujuta와 아들 Advait는 내 동기의 원천이다.

Patterns of Distributed Systems

1부

분산 시스템 이야기

Patterns of Distributed Systems　　　　　　　　　　　　1장

분산 시스템의 약속과 위험

단일 서버의 한계

이 책은 분산 시스템을 다룬다. 그런데 '분산 시스템'이란 정확하게 무슨 뜻일까? 그리고 왜 분산이 필요할까? 기본에서 시작해 보자.

오늘날 디지털 세계에서 사람들의 대다수 활동은 네트워크 서비스를 필요로 한다. 음식 주문이든 재무 관리든, 서비스는 어딘가에 위치한 서버에서 운영된다. AWS, GCP, 애저(Azure) 같은 클라우드 서비스를 사용한다면 서버는 각각의 클라우드 제공업체에서 관리한다. 서버는 데이터를 저장하고 사용자 요청을 처리하며 CPU, 메모리, 네트워크, 디스크를 사용해 계산을 수행한다. 이 네 가지 물리적 자원은 어떤 컴퓨팅에도 필수적이다.

네트워크 서비스로 작동하는 일반적인 소매 애플리케이션 하나를 생각해 보자. 사용자는 장바구니에 물건을 담고, 구매하며, 주문 내역을 조회하고, 주문 이력을 검색하는 등의 행동을 할 수 있다. 사용자 요청을 처리하는 단일 서버의 용량은 결국 네트워크 대역폭, 디스크, CPU, 메모리라는 네 가지 주요 자원의 한계에 따라 결정된다.

네트워크 대역폭은 특정 시간 동안 네트워크로 전송 가능한 최대 데이터 용량으로 정한다. 예를 들어 네트워크 대역폭이 1Gbps(125MB/s)이고 1KB 레코드를 쓰거나 읽는다면, 네트워크는 초당 최대 125,000개의 요청을 보낼 수 있다. 그러나 레코드 크기를 5KB로 키우면 네트워크로 보낼 수 있는 요청 수는 단 25,000개로 줄어든다.

디스크 성능은 읽기나 쓰기 작업의 종류와 디스크 캐시를 얼마나 잘 활용하는지

에 따라 달라진다. 기계식 디스크는 회전 속도나 탐색 시간 같은 하드웨어 특성에도 영향을 받는다. 순차 작업은 일반적으로 랜덤 작업보다 성능이 좋다. 또한 동시 읽기/쓰기 작업과 소프트웨어 기반 트랜잭션 처리도 성능에 영향을 준다. 이런 요인들이 서버 한 대의 전체 처리량과 응답 지연 시간에 상당한 영향을 줄 수 있다.

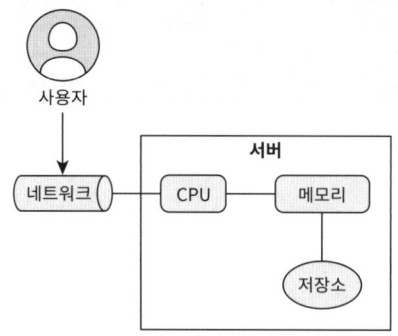

그림 1.1 컴퓨팅 자원

마찬가지로 CPU나 메모리가 한계에 도달하면 요청은 처리 순서를 기다려야 한다. 이런 물리적 한계가 최대 용량까지 도달하면 큐잉(queuing)*이 발생한다. 요청이 쌓일수록 대기 시간이 점점 늘어나는데, 이런 상황은 사용자 요청을 효율적으로 처리하는 서버 능력에 부정적인 영향을 준다.

queuing
시스템의 처리 용량보다 더 많은 요청이 들어와 대기 상태가 발생하는 현상.

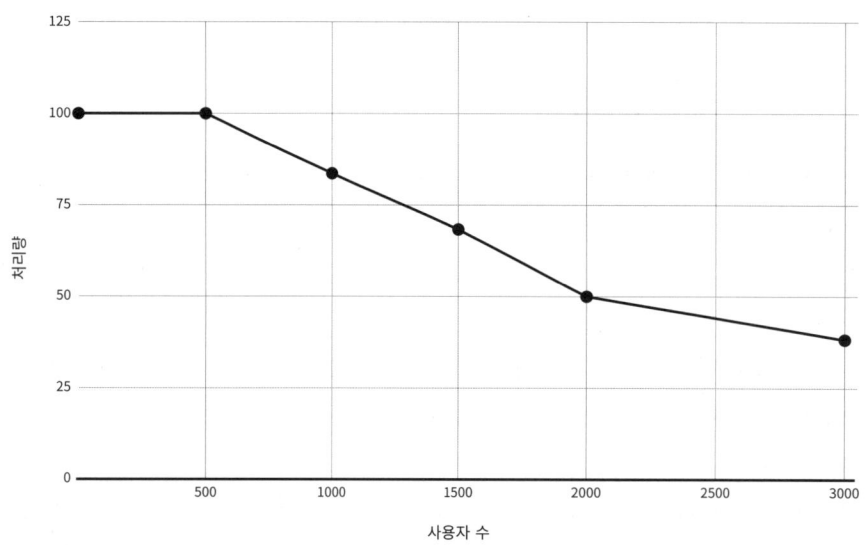

그림 1.2 요청 증가에 따른 처리량 감소

자원들이 한계에 도달함에 따라 그 영향은 그림 1.2와 같이 시스템의 전체 처리량에서 분명히 드러난다.

처리량 감소는 최종 사용자에게 문제를 야기한다. 시스템이 늘어나는 사용자를 수용할 것이라 기대하지만 성능은 실제로 감소한다.

요청을 효과적으로 처리하기 위해서는 여러 서버에서 작업을 나누어 처리해야 한다. 별도의 CPU, 네트워크, 메모리, 디스크를 활용하면 사용자의 요청을 처리할 수 있다. 그래프 예시에서는 각각의 서버가 약 500개의 요청을 처리하도록 작업 부하를 나누어야 한다.

비즈니스 로직과 데이터 계층의 분리

일반적인 접근법은 아키텍처를 두 부분으로 나누는 것이다. 첫 번째 부분은 최종 사용자에게 기능을 제공하는 역할을 하는 상태 비저장(stateless) 컴포넌트다. 이 부분은 웹 애플리케이션으로 구현될 수도 있지만, 일반적으로 사용자용 애플리케이션에서 제공하는 웹 API의 형태로 구현된다. 두 번째 부분은 상태 저장(stateful) 컴포넌트로 데이터베이스가 관리한다(그림 1.3).

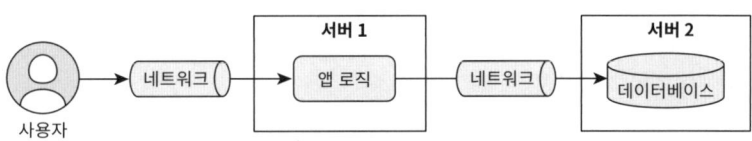

그림 1.3 계산과 데이터의 분리

이런 식으로 대다수 애플리케이션 로직은 독립된 네트워크, CPU, 메모리, 디스크를 활용하는 별도의 서버에서 실행한다. 이 아키텍처는 사용자 대다수에게 각기 다른 계층의 캐시(cache)로 서비스를 제공할 수 있다면 더욱 잘 동작한다. 이를 통해 모든 요청 중 일부만 데이터베이스 계층에 도달하도록 최적화할 수 있다.

상태 비저장 비즈니스의 로직 처리는 사용자의 요청 수가 증가하더라도 서버를 더 추가하면 대응할 수 있다. 이러한 확장성은 시스템으로 하여금 증가하는 사용자 기반(user base)을 수용하고 요청을 효율적으로 처리할 수 있게 해준다. 서버 실패가 발생해도 새로 투입한 서버가 작업 부하를 넘겨 받아 자연스럽게 사용자의 요청을 처리한다(그림 1.4).

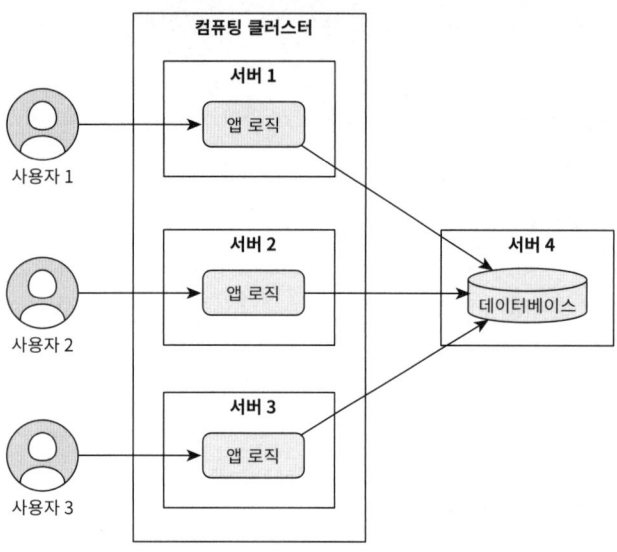

그림 1.4 여러 서버로 계산을 확장하기

상태 비저장 계층에 서버를 증설하는 접근법은 많은 애플리케이션에 효과적이다. 그러나 상태 저장 데이터베이스에 저장되는 양이 수백 테라바이트 혹은 페타바이트까지 늘어나거나 데이터베이스 계층까지 도달하는 요청 수가 급격히 늘어나면 문제가 생긴다. 앞서 설명한 단순한 아키텍처는 결국 한계에 봉착하는데, 이는 데이터를 관리하는 서버의 네 가지 기본 자원의 물리적 제약 때문이다.

데이터 파티션하기

하드웨어가 물리적 한계에 도달했을 때 소프트웨어 시스템이 요청을 제대로 처리하기 위한 가장 좋은 해결책은 데이터를 나누어 여러 서버에서 처리하게 하는 것이다(그림 1.5). 이 방법은 보다 작은 데이터를 담당하는 별도의 CPU, 네트워크, 메모리, 디스크를 활용해 요청을 처리할 수 있게 해준다.

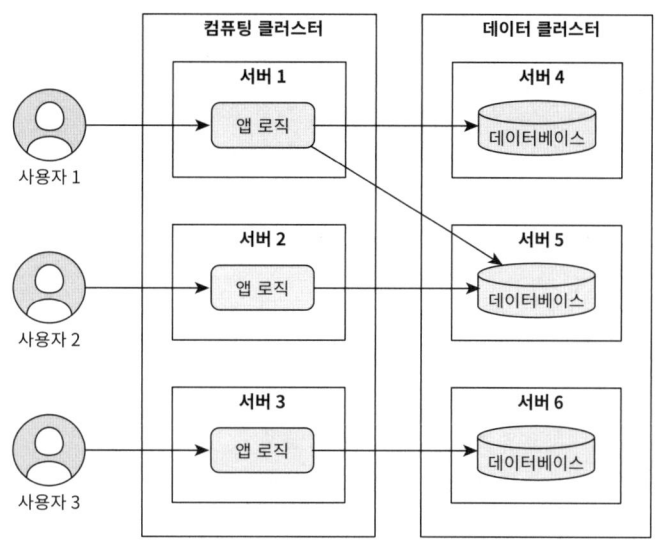

그림 1.5 다중 서버 분산으로 데이터 확장하기

실패 살펴보기

각각 디스크 드라이브, 네트워크 연결, 프로세서, 메모리 유닛이 있는 서버를 여러 대 사용할 때, 실패 가능성은 심각한 골칫거리다. 하드디스크의 실패 확률을 생각해 보자. 디스크가 1,000일에 한 번씩 고장 난다면 특정한 날에 고장이 날 확률은 1/1000로 그 자체로는 큰 문제가 아닐 수 있다. 그러나 만약 디스크가 1,000개라면 특정한 날에 적어도 디스크 한 개가 고장 날 확률은 1이다. 그리고 파티션한 데이터를 고장 난 디스크에서 제공하고 있다면 디스크가 복구될 때까지 해당 데이터를 사용할 수 없다.

표 1.1은 제프 딘(Jeff Dean)의 2009년 강연[Dean2009]에서 나온 구글 데이터센터의 실패 통계로, 발생 가능한 실패 유형에 대한 통찰을 얻을 수 있다. 2009년에 나온 수치이긴 하지만 여전히 유효한 실패 패턴을 잘 보여 준다.

표 1.1 제프 딘의 2009년 강연[Dean2009]에서 나온 데이터센터의 한 클러스터에서 1년 동안 발생한 실패 유형[1]

실패 유형	상세
과열(Overheating)	5분 이내로 서버의 전원이 대부분 내려감(복구에 최대 1~2일)
전원분배장치(PDU) 실패	서버 약 500~1,000대가 갑자기 사라짐(복구에 최대 6시간)
랙(Rack) 이동	충분한 사전 경고, 서버 약 500~1,000대 전원 차단(복구에 최대 6시간)
네트워크 재구성 (Network Rewiring)	이틀에 걸쳐 5% 이하의 서버가 순차적으로 내려감
랙 실패	서버 40~80대가 갑자기 사라짐(복구에 1~6시간)
랙 이상	서버 40~80대에서 패킷 손실 50% 관측
네트워크 유지보수	최대 30분 동안 무작위로 연결 손실
라우터 재설정	몇 분 동안 DNS와 외부 VIP를 제거
라우터 실패	즉시 트래픽 우회 필요. 1시간 동안 서비스 영향
소규모 DNS 블립(blip)*	30초간 DNS 블립 발생 수십 차례
개별 서버 실패	1,000대의 개별 서버 실패
하드 드라이브 실패	수천 개의 하드 드라이브 실패

blip
네트워크 연결이 매우 짧은 시간 동안 끊겼다가 곧바로 복구되는 현상

여러 서버로 분산해 상태 비저장 계산을 할 때는 실패를 관리하기가 상대적으로 쉽다. 사용자 요청을 처리하는 서버에 문제가 생기면 요청을 다른 서버로 재배치하거나 새 서버를 투입해 기존 작업 부하를 이어받을 수 있다. 상태 비저장 계산은 특정 서버에 저장된 데이터에 의존하지 않기 때문에 특정 데이터를 미리 적재할 필요 없이 모든 서버가 어떤 사용자의 요청이든 처리를 시작할 수 있다.

실패는 데이터를 다룰 때 어려워진다. 임의의 서버에서 데이터를 다루는 독립된 인스턴스를 만드는 작업은 간단하지 않다. 서버가 올바른 상태로 시작하고 잘못되었거나 오래된 데이터를 제공하지 않으며 다른 노드와 잘 협력하게 하려면 주의를 상당히 기울여야 한다. 이 책은 이런 유형의 문제에 직면한 시스템에 주로 초점을 맞추고 있다.

일부 컴포넌트에 실패가 발생해도 시스템의 기능을 유지하려면 단순히 클러스터를 구성하는 여러 노드에 데이터를 분산하는 것만으로는 부족하다. 효과적으로 컴포넌트의 실패를 숨기는 전략이 매우 중요하다.

---

1 (옮긴이) 책에서는 생략했지만, 제프 딘 강연 자료에는 새 클러스터에서 1년 동안 발생한 유형별 실패 발생 횟수가 나와 있다.

복제: 실패 숨기기

복제는 실패를 숨기고(masking failures) 서비스의 가용성을 보장할 때 중요한 역할을 한다. 데이터를 여러 서버에 복제하면 실패가 발생하더라도 클라이언트는 데이터 복사본이 있는 서버로 접속할 수 있다.

하지만 실패 숨기기는 보기보다 간단하지 않다. 실패를 숨기는 책임은 사용자의 요청을 처리하는 소프트웨어에 있다. 소프트웨어는 실패를 감지하고 사용자에게 불일치가 보이지 않게 해야 한다. 실패를 성공적으로 숨기려면 소프트웨어 시스템이 겪는 오류 유형을 이해할 필요가 있다.

소프트웨어 시스템이 사용자에게 실패를 숨겨야 할 때 겪는 일반적인 문제를 몇 가지 살펴보자.

프로세스 죽음

소프트웨어 프로세스는 다양한 이유로 예기치 않게 죽는다(crash). 이 현상은 하드웨어 실패나 코드에서 처리하지 못한 예외(exception)로 발생하곤 한다. 컨테이너 환경이나 클라우드 환경에서는 모니터링 소프트웨어가 결함으로 인식한 프로세스를 자동으로 재시작할 수 있다. 하지만 사용자가 서버에 데이터를 저장하고 저장에 성공했다는 응답을 받았다면, 프로세스가 재시작한 뒤에도 해당 데이터의 사용을 보장하는 일이 소프트웨어에게 매우 중요하다. 프로세스의 죽음을 처리하고 데이터의 무결성과 가용성을 보장하는 조치가 필요하다.

네트워크 지연

TCP/IP 네트워크 프로토콜은 비동기 방식으로 동작하기 때문에 메시지 전달 지연 시간에 대한 명확한 상한값을 제공하지 않는다. 이는 TCP/IP로 서로 통신하는 소프트웨어 프로세스를 복잡하게 만든다. 이 프로세스들은 다른 프로세스로부터 응답을 언제까지 기다려야 할지 결정해야 한다. 지정한 시간 내에 응답이 오지 않으면 재시도할지 혹은 응답을 못 받은 프로세스를 실패로 간주할지 판단이 필요하다. 이 판단은 프로세스 간 통신의 신뢰성과 효율성을 유지 관리하는 데 매우 중요하다.

프로세스 일시 정지

프로세스는 실행 과정에서 언제든지 일시 정지(pause)할 수 있다. 자바 같은 가비지 컬렉션 언어에서는 가비지 컬렉션 일시 정지로 실행이 멈출 수 있다. 극단적으로 이런 정지는 수십 초간 지속될 수도 있다. 이때 다른 프로세스들은 일시 정지한 프로세스가 실패했는지 여부를 판단해야 한다. 정지한 프로세스가 깨어나 다른 프로세스에게 메시지를 전달하기 시작하면 상황은 더 복잡해진다. 다른 프로세스들은 이때 딜레마에 빠진다. 받은 메시지를 무시할까? 처리할까? 특히 이미 그 프로세스를 실패했다고 표시했다면? 이런 상황에서 올바른 행동 방침을 찾는 일은 정말 어려운 문제다.

동기화되지 않은 시계

서버 내에서 시계는 보통 석영 크리스털을 사용한다. 그러나 석영 크리스털의 진동 주기는 온도 변화나 진동 같은 요인에 영향을 받는다. 이로 인해 서로 다른 서버의 시계가 다른 시간을 가질 수 있다. 일반적으로 서버는 NTP(Network Time Protocol) 같은 서비스가 필요한데, NTP는 네트워크를 통해 시간 출처와 서버 시계를 계속 동기화하는 서비스다. 하지만 네트워크 결함이 생겨 이 서비스를 방해하면 서버 시계가 동기화되지 않을 수 있다.[2] 즉, 프로세스가 메시지를 정렬하거나 저장된 데이터의 시퀀스를 결정할 때 서버 사이의 시간 일관성이 깨질 가능성이 있기 때문에 시스템 타임스탬프를 사용할 수 없다.

분산 시스템의 정의

이 책에서는 이런 여러 가지 실패로 발생하는 문제를 해결하기 위해 공통의 해결책을 탐구한다. 좀 더 자세히 들어가기 전에 지금까지 관찰한 내용을 바탕으로 분산 시스템의 정의를 확립하고 넘어가자.

분산 시스템은 상호 연결된 여러 노드 또는 서버가 서로 협력해 공통의 목표를 달성하는 소프트웨어 아키텍처다. 이 노드들은 네트워크로 서로 통신하고 행동을

---

2 심지어 GPS 시계를 사용해 구축한 구글의 트루타임 시계 시스템도 시계 스큐(clock skew)가 발생한다. 그래도 이 시계 스큐는 상한을 보장한다.
　(옮긴이 덧붙임) 시계 스큐는 서버 간에 발생하는 시간 차이를 의미한다. 아무리 정밀한 시계를 사용해도 하드웨어의 물리적 특성과 네트워크 지연 등으로 인해 완벽한 시간 동기화는 거의 불가능하다.

조율해 확장 가능한 통합 컴퓨팅 환경을 제공한다.

분산 시스템에서는 작업 부하를 여러 서버에 분산해 병렬 처리와 성능 향상을 이룬다. 분산 시스템은 대량의 데이터를 처리함과 동시에 많은 사용자를 수용할 수 있도록 설계한다. 가장 중요한 점은 분산 시스템이 여러 노드에 데이터와 서비스를 복제하는 방식으로 내결함성과 복원력을 제공해 노드 실패나 네트워크 중단이 발생해도 시스템이 계속 운영되도록 보장한다는 것이다.

패턴 접근법

실질적인 조언을 찾는 전문가는 이론을 넘어 분산 시스템의 직관적 이해가 필요하다. 전문가에게는 실제 코드를 이해하는 데 도움을 주면서도 다양한 시스템에 적용할 수 있는 구체적이고 상세한 설명이 필요하다. 패턴 접근법은 이러한 요구를 충족하는 탁월한 도구다.

패턴의 개념은 건축가 크리스토퍼 알렉산더(Christopher Alexander)가 그의 책 《A Pattern Language》[Alexander1977](《패턴 랭귀지》(인사이트, 2013))에서 처음 소개했다. 이 접근법은 'Gang Of Four[Gamma1994]'라고 알려진 영향력 있는 책[3] 덕분에 소프트웨어 산업에서 인기를 얻었다.

패턴은 소프트웨어 시스템에서 마주치는 특정 문제와 실제 코드로 구현 가능한 구체적인 해결 방안을 설명하는 방법론이다. 패턴의 주요 강점 중 하나는 직관적인 (descriptive) 이름과 코드 수준으로 제공하는 상세함에 있다.

정의에 따르면 패턴은 특정 맥락에서 발생하는 문제의 '반복되는 해결책'이다. 따라서 여러 구현에서 반복적으로 관찰될 때만 패턴이라고 한다. 일반적으로 세 번의 법칙을 적용하는데, 패턴은 적어도 세 개의 시스템에서 관찰되어야 패턴으로 인정한다.

---

3 (옮긴이) 《디자인 패턴, Design Patterns》(한국어판은 《GoF의 디자인 패턴: 재사용성을 지닌 객체지향 소프트웨어의 핵심요소》(프리렉, 2015)라는 이름으로 출시되었다)은 소프트웨어 설계에서 자주 발생하는 문제에 대한 일반적인 해결책을 제시한 책으로, 객체 지향 프로그래밍 분야에서 매우 중요한 저서로 평가받는다. 1994년 에릭 감마(Erich Gamma), 리차드 헬름(Richard Helm), 랄프 존슨(Ralph Johnson), 존 블리시디스(John Vlissides)가 공동 저술했으며, 이 네 명의 저자는 사인방을 의미하는 'GoF(Gang of Four)'라고도 불린다.

이 책에서 사용한 패턴 접근법은 아파치 카프카[4], 아파치 카산드라[5], 몽고DB[6], 아파치 펄사(Pulsar)[7], etcd[8], 아파치 주키퍼[9], 코크로치DB[10], 유가바이트DB[11], 아카(Akka)[12], 제이그룹스(JGroups)[13] 등 여러 오픈소스 프로젝트의 실제 코드베이스 연구에 기반을 둔다. 이 패턴들은 실례에 근거를 두고 있어 다양한 소프트웨어 시스템에 적용할 수 있다. 이 코드베이스를 들여다보고 얻은 통찰로 독자는 패턴을 이해하고 비슷한 소프트웨어 문제를 해결하는 데 활용할 수 있다.

여러 패턴을 독립적으로 사용하지 않고 다른 패턴과 함께 사용한다는 점이 패턴의 또 다른 중요한 측면이다. 패턴을 어떻게 서로 연결하는지 이해한다면 시스템의 전체 구조를 파악하기 훨씬 쉽다.

다음 장에서는 대다수 패턴을 한 번 둘러보고 이 패턴들을 어떻게 연결하는지 알아본다.

---

[4] https://kafka.apache.org
[5] https://cassandra.apache.org
[6] https://www.mongodb.com
[7] https://pulsar.apache.org
[8] https://etcd.io
[9] https://zookeeper.apache.org
[10] https://www.cockroachlabs.com
[11] https://www.yugabyte.com
[12] https://akka.io
[13] http://www.jgroups.org

Patterns of Distributed Systems

패턴 개요

— 운메시 조시와 마틴 파울러 공저

지난 장에서 다루었듯이 데이터를 분산한다는 것은 파티션과 복제 중 하나를 의미한다. 책에서는 패턴을 탐구하는 여정의 시작으로 복제를 먼저 자세히 다룬다.

아주 간단한 데이터 레코드를 상상해 보자. 이 레코드는 장소 네 곳에서 보유하고 있는 위젯* 수를 기록한다(그림 2.1).

widget
비즈니스에서 가상의 상품을 가리키는 예제로 자주 사용.

boston	50
philadelphia	38
london	20
pune	75

그림 2.1 예제 데이터 레코드

이 레코드를 주피터(Jupiter), 새턴(Saturn), 넵튠(Neptune)이라는 세 노드에 각각 복제한다(그림 2.2).

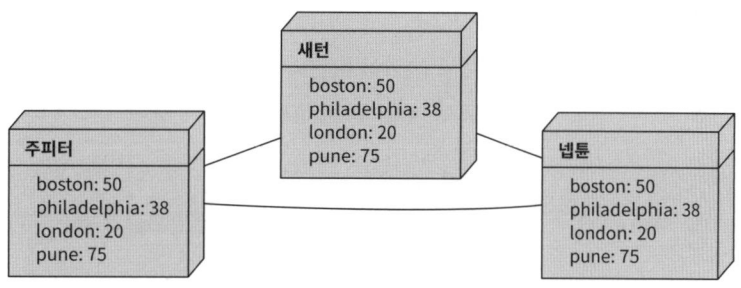

그림 2.2 복제한 데이터 레코드

단일 서버에서 데이터를 견고하게 유지하기

분산이 전혀 없음에도 최초의 잠재적인 불일치 지점이 나타난다. 보스턴, 런던, 푸네의 데이터를 각각 다른 파일에 저장한 경우를 생각해 보자. 이때 위젯 40개를 보스턴에서 푸네로 전송한다면 bos.json 파일에 기록한 개수를 10으로 줄이고 pnq.json 파일에 기록한 개수를 115로 늘린다는 것을 의미한다. 그런데 보스턴 파일을 변경하고 푸네 파일을 갱신하기 전에 넵튠이 죽는다면 어떻게 될까? 그런 경우 데이터 불일치가 발생해 위젯 40개가 사라져 없어진다(그림 2.3).

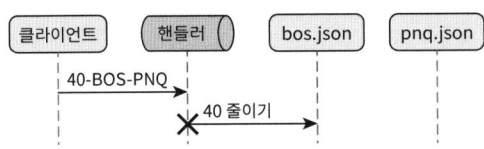

그림 2.3 노드의 죽음으로 인한 불일치

쓰기 전 로그(Write-Ahead Log, WAL)(그림 2.4)를 사용하면 이 문제를 효과적으로 해결할 수 있다. 메시지 처리자는 갱신이 필요한 모든 정보를 로그 파일에 먼저 쓴다. 이 과정은 단일 쓰기라서 원자적* 수행을 보장하기 쉽다. 쓰기를 완료하면 핸들러는 요청을 처리했다고 호출자에게 확인 응답(acknowledge)을 보낸다. 그런 다음 핸들러나 다른 컴포넌트가 로그 엔트리를 읽어 실제 파일을 갱신한다.

atomically
작업이 "전부 실행되거나 아예 실행되지 않는" 성질을 의미하며, 작업이 중간에 중단되거나 부분적으로만 실행되는 상황은 절대 발생하지 않음.

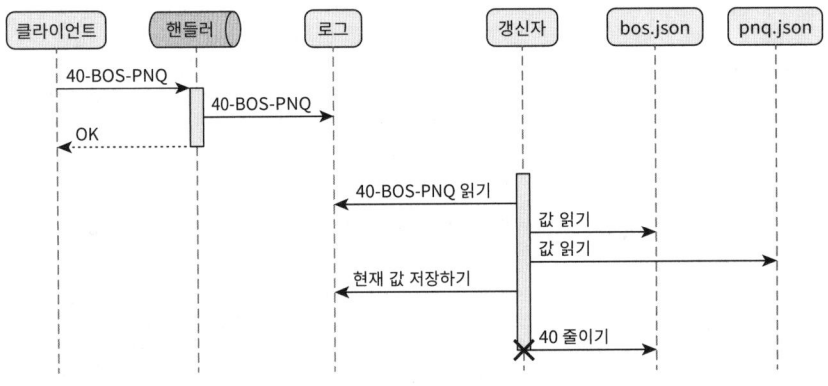

그림 2.4 WAL 사용하기

보스턴을 갱신한 뒤에 넵튠이 죽더라도 넵튠을 재시작했을 때 그 사이 어떤 일이 발생했는지 파악하고 일관성 있는 상태로 데이터를 복구할 수 있도록 그림 2.5처럼 로그에는 충분한 정보가 남아 있어야 한다(이 경우 데이터 파일을 갱신하기 전에 로그에 이전 값들을 저장하게 된다).

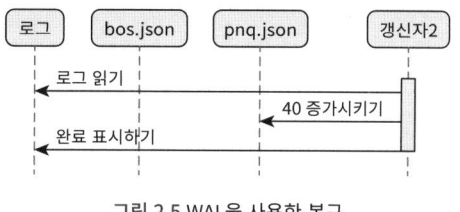

그림 2.5 WAL을 사용한 복구

로그는 복원력을 제공한다. 특정한 이전 상태가 주어진 경우, 로그에 선형적으로 기록된 변경 사항들을 이용해 로그가 실행된 최종 상태를 알 수 있다. 이 로그의 속성은 단일 노드를 복원하는 시나리오에서 매우 중요하지만, 곧 다루게 될 복제에도 상당히 유용하다. 여러 노드가 같은 상태에서 시작해 모두 같은 로그 엔트리를 재생하면 노드들은 결국 같은 상태가 된다.

데이터베이스는 앞의 예제에서 설명한 쓰기 전 로그를 사용해 트랜잭션(transaction)*을 구현한다.

> **transaction**
> 데이터베이스나 시스템에서 수행하는 여러 단계의 작업을 하나의 논리적 작업 단위로 묶어 원자적으로 처리함을 의미.

갱신 경쟁

앨리스(Alice)와 밥(Bob)이라는 사용자 두 명이 두 대의 다른 클러스터 노드에 각각 접속해 요청을 실행한다고 가정해 보자. 앨리스는 보스턴에서 런던으로 위젯 30개를 옮기려 하고 밥은 보스턴에서 푸네로 위젯 40개를 옮기려 한다(그림 2.6).

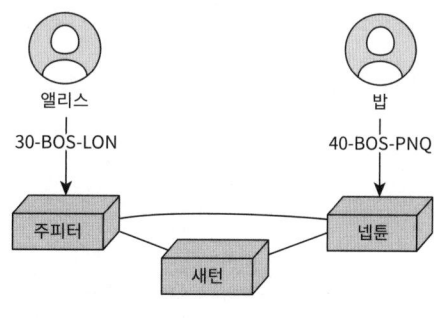

그림 2.6 갱신 경쟁

클러스터는 이 문제를 어떻게 해결해야 할까? 어떤 노드라도 갱신을 그냥 확정할 수 없다. 자칫 보스턴이 반물질 위젯[1]을 저장할 수도 있는 불일치 지옥에 빠질 수 있기 때문이다. 이를 해결하는 가장 쉬운 접근법이 리더 팔로워(Leader and Followers)다. 이 접근법은 노드 하나를 리더로 지정하고 다른 노드들은 팔로워로 간주한다. 이 상황에서 리더가 모든 갱신을 처리하고 갱신 내용을 팔로워에게 퍼뜨린다(broadcast). 이 클러스터에서 넵튠이 리더라면 주피터는 앨리스의 요청 A1을 넵튠에게 전달한다(그림 2.7).

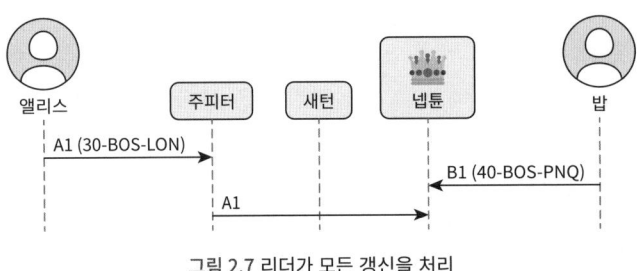

그림 2.7 리더가 모든 갱신을 처리

넵튠이 이제 두 갱신 요청을 모두 받기 때문에 요청을 처리하는 전적인 재량권을 갖는다. 즉, 첫 번째 요청(밥의 요청 B1)은 처리하고 A1은 거부할 수 있다(그림 2.8).

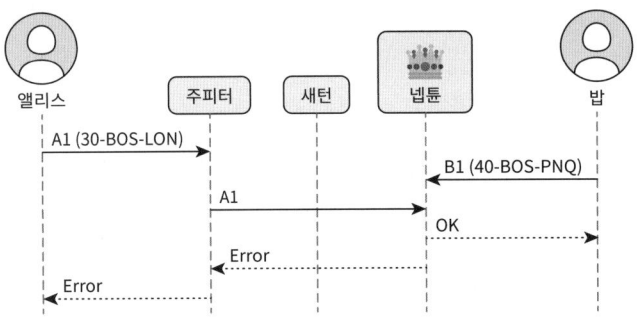

그림 2.8 리더는 재고가 부족한 위젯에 대한 요청을 거부

---

1 (옮긴이) 글쓴이는 앨리스와 밥의 요청을 모두 수용하면 보스턴의 위젯 재고가 음수가 될 위험성을 음의 질량을 가진 반물질로 비유했다.

리더 실패 다루기

분산 시스템이 제대로 작동하는 순간은 모든 것이 잘 작동할 때가 아니라 뭔가 문제가 발생했을 때다. 다른 상황 하나를 보자. 넵튠이 B1 요청을 수신하고 복제 메시지를 보낸다. 그러나 새턴과 접속이 불가능하다. 그래서 주피터만 복제에 성공한다. 이 시점에서 넵튠은 두 노드와 모든 연결을 잃는다. 주피터와 새턴은 서로 연결되어 있지만 리더인 넵튠과는 연결이 끊겼다(그림 2.9).

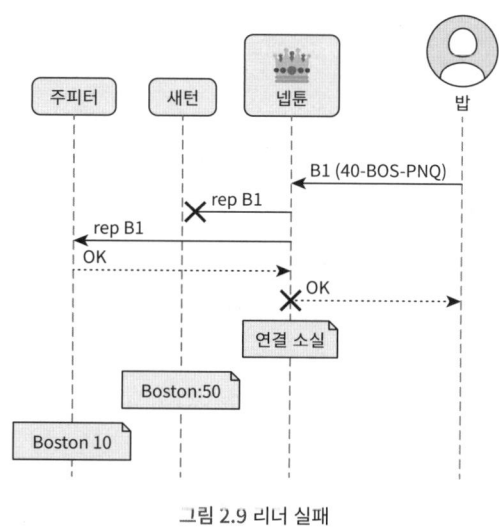

그림 2.9 리더 실패

이제 노드들은 뭘 해야 할까? 우선 노드들은 고장 난 부분을 어떻게 찾을 수 있을까? 넵튠은 연결이 끊겼다는 메시지조차 주피터와 새턴에게 보낼 수 없다. 연결 자체가 끊겼기 때문이다. 노드에게는 동료 노드와 연결에 문제가 있는지 확인할 수 있는 방법이 필요하다. 노드들은 하트비트(HeartBeat)를 사용하는데, 보다 엄밀하게는 하트비트의 부재로 이를 파악한다.

하트비트는 노드 간에 정기적으로 보내는 메시지로 노드가 살아 있고 통신이 가능하다는 사실을 나타낸다. 하트비트가 독자적인 메시지 유형일 필요는 없다. 클러스터 노드가 데이터 복제를 하는 경우처럼 이미 통신을 하고 있다면 그 메시지 자체로 하트비트의 역할을 할 수 있다. 일정 기간 새턴이 넵튠에게서 하트비트를 받지 못하면 새턴은 넵튠을 다운 상태로 표시한다. 넵튠이 리더였기 때문에 새턴은 새 리더를 뽑기 위한 선거(election)를 요청한다(그림 2.10).

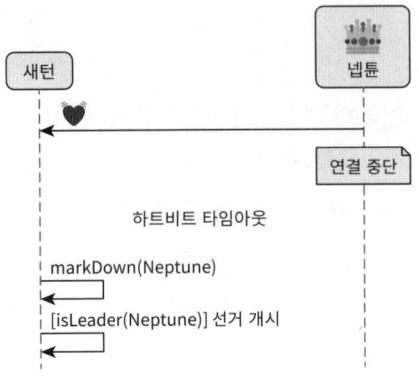

그림 2.10 리더의 하트비트 전송

하트비트로 넵튠의 연결이 끊겼다는 사실을 알 수 있으므로 이제 밥의 요청을 어떻게 다룰지에 관한 문제로 넘어가자. 넵튠이 밥의 갱신을 이미 확정했다면, 넵튠이 죽었더라도 팔로워는 이미 데이터에 B1을 적용한 노드 중에서 새 리더를 선출할 수 있도록 해야 한다. 그러나 넵튠은 메시지를 여러 개 받았을 수도 있다. 그러면 문제가 더 복잡해진다. 넵튠이 앨리스(A1)와 밥(B1)의 메시지를 처리하는 경우를 생각해 보자. 넵튠은 죽기 전에 주피터에 두 메시지 모두 성공적으로 복제한다. 하지만 그림 2.11에서 보듯이 새턴과는 그 전에 연결이 끊겨 버렸다.

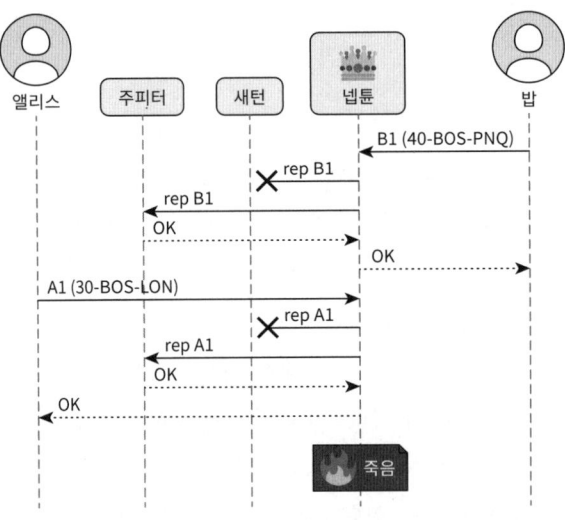

그림 2.11 리더 실패 - 불완전 복제

이때 주피터와 새턴이 서로 상태가 다르다는 사실을 어떻게 처리해야 할까? 답은 앞에서 설명한 단일 노드의 복원력과 본질적으로 같다. 넵튠은 쓰기 전 로그(Write-Ahead Log)에 변경 사항을 기록하고 해당 로그 엔트리를 팔로워에게 복사하는 것으로 복제를 처리한다. 그러면 팔로워는 로그 엔트리를 검토해 올바른 상태가 무엇인지 알아낼 수 있다(그림 2.12).

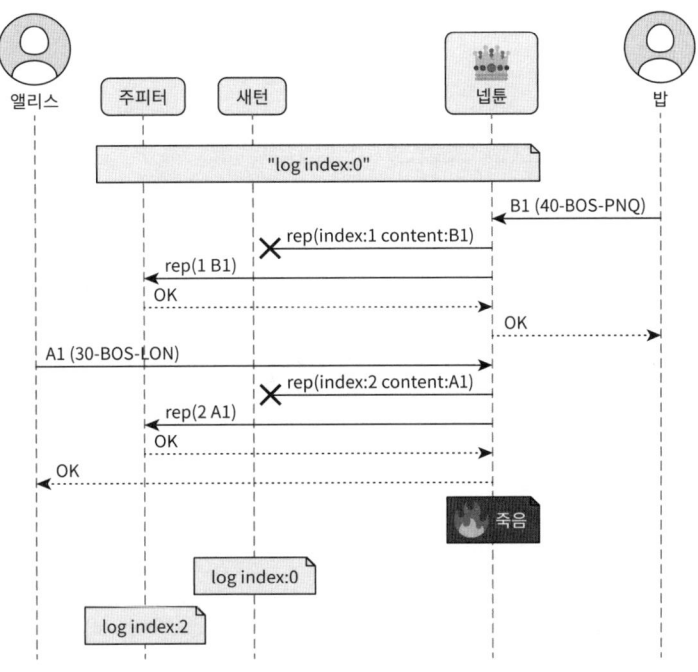

그림 2.12 리더 실패 - 불완전 복제 - 로그 사용하기

주피터와 새턴이 새 리더를 선출하면, 주피터의 로그에 더 최근 인덱스 엔트리가 있음을 확인하게 되고 새턴은 해당 로그 엔트리를 자신에게 적용해 주피터와 일관성 있는 상태를 유지할 수 있다. 이것이 바로 넵튠이 새턴에게서 회신을 받지 못했더라도 밥에게 갱신을 승인했다고 응답할 수 있는 이유다.

클러스터 노드의 과반을 의미하는 과반수 정족수(Majority Quorum)가 로그 메시지 복제에 성공했다면, 넵튠은 리더와 연결이 끊기더라도 클러스터가 일관성을 유지 관리할 것이라 확신한다.

다중 실패는 세대 시계가 필요하다

지금까지는 주피터와 새턴 중에 누구의 로그가 가장 최신인지 알 수 있다고 가정했다. 그러나 실제 상황은 더 까다롭다. 예를 들어 넵튠은 보스턴에서 푸네로 위젯 40개를 이동시키라는 밥의 요청을 수락했지만, 복제하기 전에 실패했다고 가정하자(그림 2.13).

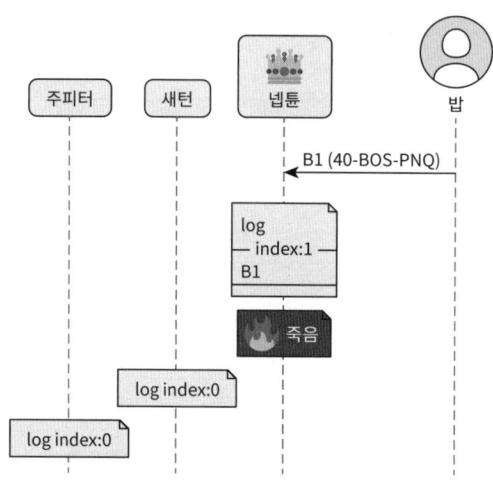

그림 2.13 복제 전에 리더 실패

주피터가 새로운 리더로 선출되었고 보스턴에서 런던으로 위젯 30개를 이동시키라는 앨리스의 요청을 수락했다. 그러나 다른 노드에게 요청을 복제하기 전에 주피터가 죽었다(그림 2.14).

    잠시 후에 넵튠과 주피터가 돌아왔지만 통신을 재개하기 전에 새턴이 죽었다. 넵튠이 다시 리더로 선출되었다. 넵튠은 자신과 주피터의 로그 엔트리를 확인하는데, 1번 인덱스에서 두 개의 다른 요청을 보게 된다. 하나는 자신이 수락한 밥의 요청이고 다른 하나는 주피터가 수락한 앨리스의 요청이다. 넵튠은 어떤 요청을 선택해야 할지 알 수 없다(그림 2.15).

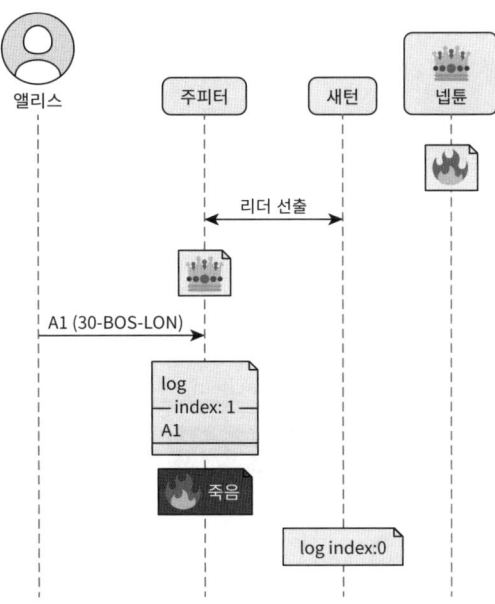

그림 2.14 복제 전에 새로 선출된 리더 실패

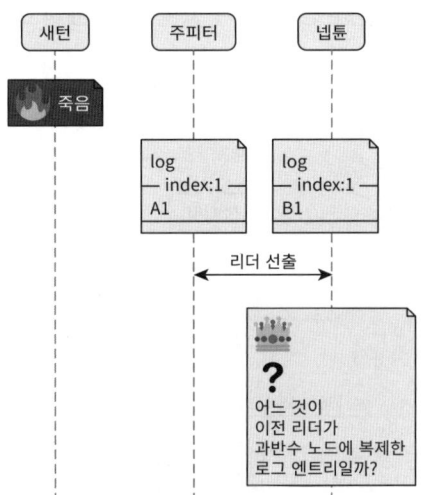

그림 2.15 리더는 기존 로그 엔트리의 문제를 해결해야 한다.

세대 시계(Generation Clock)를 사용하면 이런 상황을 해결할 수 있다. 세대 시계는 리더를 선출할 때마다 증가하는 숫자로 리더 팔로워(Leader and Followers)의 핵심 요건이다.

이전 상황을 다시 살펴보면 넵튠은 1세대 리더였다. 넵튠은 밥의 엔트리를 자신의 로그에 세대와 함께 표시해 추가한다(그림 2.16).

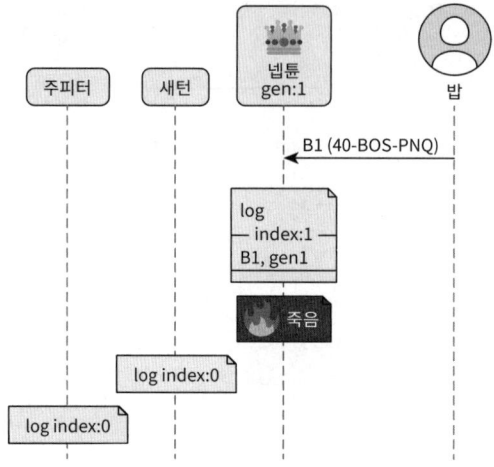

그림 2.16 리더는 로그 엔트리에 세대를 추가한다.

주피터가 리더로 선출되면 세대가 2로 증가한다. 그래서 주피터가 로그에 앨리스의 엔트리를 추가할 때 2세대로 표시한다(그림 2.17).

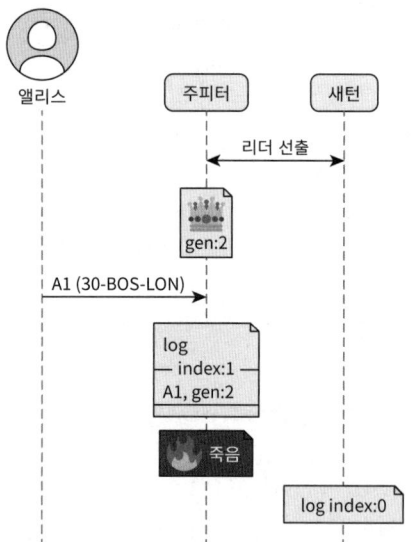

그림 2.17 새로 선출된 리더는 세대를 증가시킨다.

넵튠이 다시 리더로 선출되면 3세대가 된다. 넵튠은 클라이언트의 요청을 처리하기 전에 가용할 수 있는 모든 노드의 로그를 확인해 과반수 정족수(Majority Quorum)에 복제되지 않은 엔트리가 있는지 검사한다. 이런 엔트리는 데이터에 아직 적용되지 않았기 때문에 언커밋(uncommitted)이라 한다. 각각의 노드가 어떻게 불완전하게 복제된 엔트리를 파악하는지는 잠시 후 설명하겠지만, 일단 리더가 이 엔트리를 알게 되면 해당 엔트리의 복제를 완료한다. 충돌이 발생하는 경우에는 안전하게 더 높은 세대의 엔트리를 선택한다(그림 2.18).

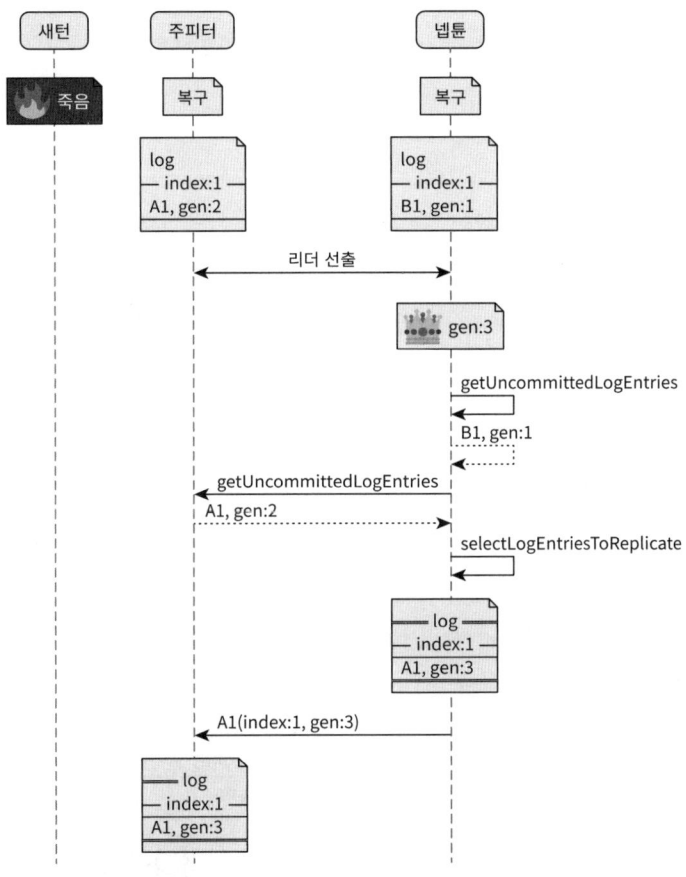

그림 2.18 로그 엔트리의 충돌은 세대를 기반으로 해소된다.

가장 최근 세대의 엔트리를 선택한 다음, 넵튠은 자신의 로그에 언커밋 엔트리를 현재 세대 번호로 덮어쓰고 주피터에 복제를 진행한다.

  모든 노드는 리더의 최신 세대를 따른다. 이는 그림 2.19처럼 다른 문제가 발생할 때도 도움이 된다. 주피터가 리더가 되었을 때 이전 리더인 넵튠은 죽은 것이 아니라 단지 일시적으로 연결이 끊겼을 수 있다. 넵튠은 다시 온라인이 되어 주피터와 새턴에 요청을 보낼 수 있다. 주피터와 새턴이 새 리더를 선출하고 앨리스의 요청을 받아들였는데, 갑자기 넵튠의 요청이 들어오면 어떻게 해야 할까? 이 경우에도 세대 시계가 매우 유용하다. 모든 요청에는 세대 시계를 덧붙여 클러스터 노드에 전송된다. 그래서 모든 노드는 항상 더 높은 세대의 요청을 선택하고 낮은 세대의 요청을 거절할 수 있다.

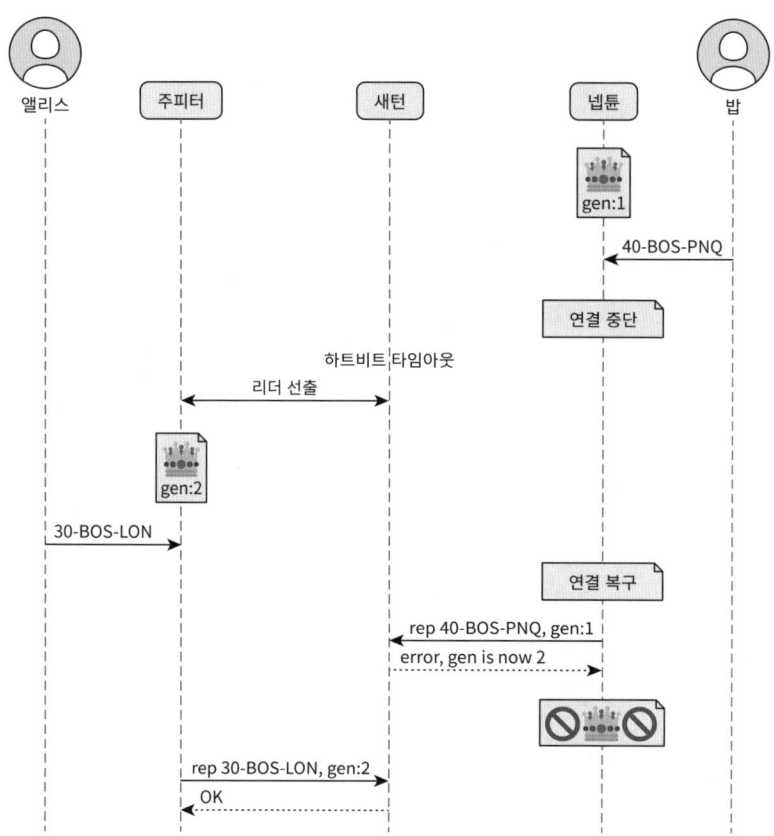

그림 2.19 세대는 이전 리더가 보낸 유효하지 않은 요청을 감지하는 데 유용하다.

로그 엔트리는 과반수 정족수를 얻기 전까지 커밋할 수 없다

앞서 살펴봤듯이 B1 같은 엔트리는 클러스터의 과반수 정족수에 복제되지 않았다면 다른 엔트리로 덮어쓸 수 있다. 그래서 리더는 요청을 자신의 로그에 추가한 후 곧바로 데이터 저장소에 적용할 수 없고, 다른 노드에서 확인 응답을 충분히 받을 때까지(과반수 정족수를 충족할 만큼) 기다려야 한다. 갱신이 로컬(local) 로그에 추가되면 리더가 과반수 정족수만큼 응답을 받을 때까지 **언커밋** 상태로 있다가 그 후에야 **커밋**된다. 앞의 예제에서 넵튠은 다른 노드 중 적어도 하나가 수락했다는 소식을 듣기 전까지 B1을 커밋할 수 없다. 그 시점이 되면 다른 노드와 넵튠 자신이 세 노드 중 두 노드를 차지하므로 다수, 즉 과반수 정족수가 된다.

리더인 넵튠이 사용자 밥에게서 직접 또는 팔로워를 거쳐 갱신을 받으면, 그 갱신을 언커밋 상태로 로그에 추가한 다음 다른 노드에 복제 메시지를 보낸다. 새턴이 응답한다면 넵튠과 새턴 두 노드가 갱신을 수락했다는 뜻이 된다. 이는 세 노드 중 둘이므로 다수가 되고 과반수 정족수가 된다. 이 순간 넵튠은 이 갱신을 커밋할 수 있다(그림 2.20).

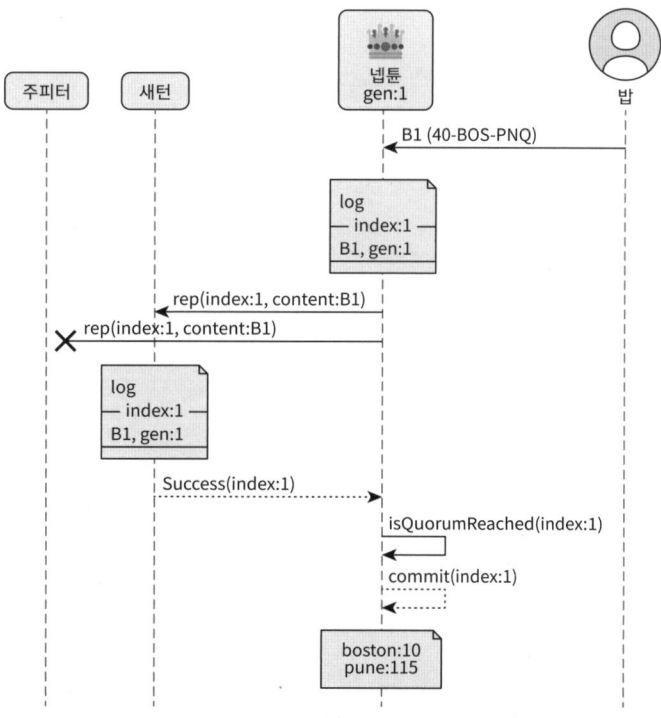

그림 2.20 로그 엔트리는 과반수 정족수가 승인되면 커밋된다.

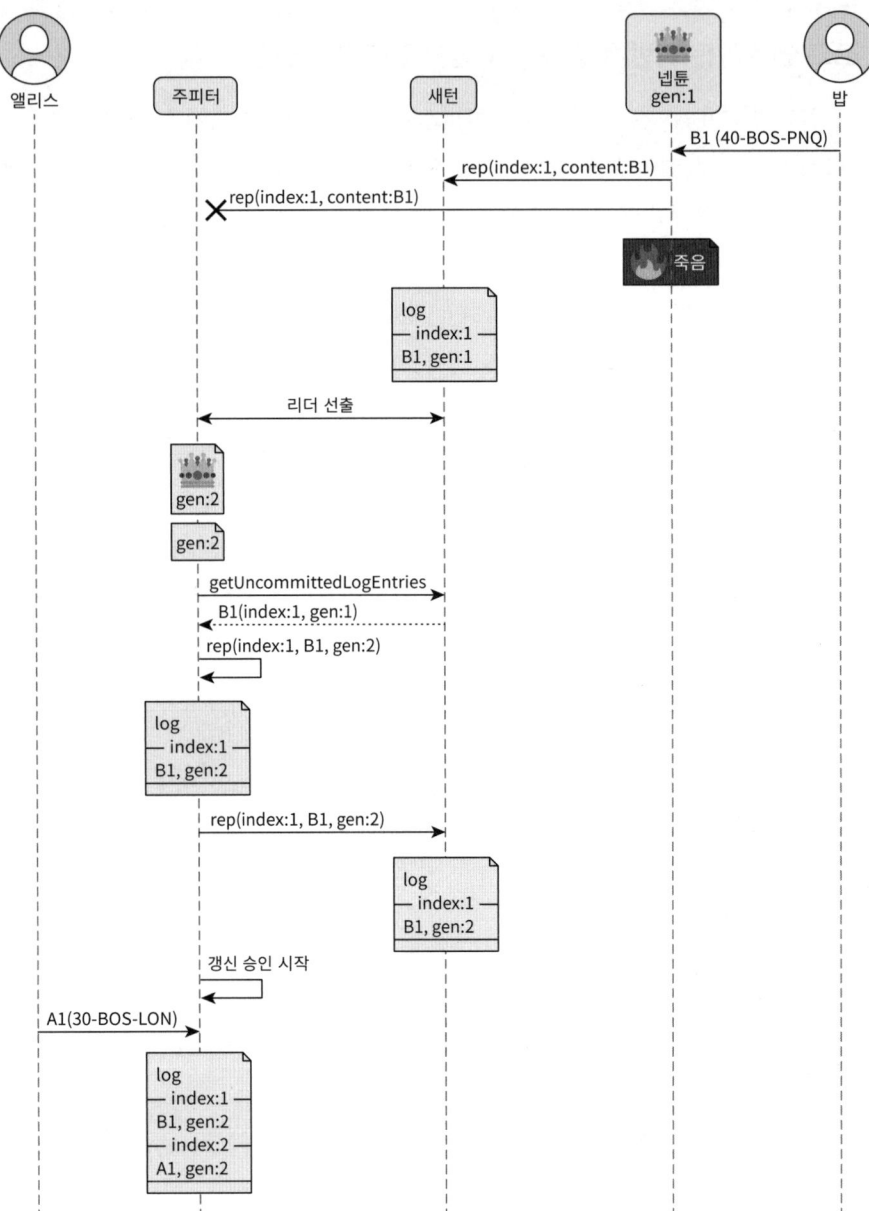

그림 2.21 새로 선출된 리더는 언커밋 로그 엔트리를 커밋한다.

과반수 정족수가 중요한 이유는 클러스터의 의사 결정에 적용되기 때문이다. 노드가 실패했을 경우, 모든 리더 선출에 노드의 과반수 정족수가 참여해야 한다. 커밋된 갱신도 과반수 정족수 노드로 이미 전송되었기 때문에, 리더 선출 중에도 커밋된 갱신은 사용자에게 보일 것이라 확신할 수 있다.

넵튠이 밥의 갱신(B1)을 받아 복제하고 새턴에서 확인 응답을 받은 후 죽었다면 새턴에는 여전히 B1의 복사본이 있다. 그 후 노드들이 주피터를 리더로 선출하면 주피터는 새 갱신을 받기 전에 언커밋 갱신인 B1을 적용해야 한다(그림 2.21).

로그가 너무 크면 리더 선출(leader election)을 위해 노드 간에 로그를 이동하는 비용이 많이 들 수 있다. 복제 로그(Replicated Log)에 많이 사용하는 알고리즘인 래프트(Raft)[Ongaro2014]는 가장 최신의 로그가 있는 리더를 선출해 이 비용을 최적화한다. 앞의 예제에서 래프트를 적용한다면 새턴을 리더로 선출하게 된다.

팔로워는 하이 워터마크를 기준으로 커밋한다

앞서 설명한 것처럼 리더는 과반수 정족수만큼 확인 응답을 받았을 때 커밋한다. 그런데 팔로워는 로그 엔트리를 언제 커밋할까? 3대의 노드 예제에서는 너무 자명하다. 리더는 복제하기 전에 반드시 로그 엔트리를 추가하므로 어떤 노드든 리더와 함께 과반수 정족수를 이루므로 커밋할 수 있음을 안다. 그러나 더 큰 클러스터에서는 사실이 아닌데, 노드가 다섯 대인 클러스터에서는 팔로워 하나와 리더를 합쳐도 노드 다섯 중에 둘일 뿐이다.

하이 워터마크(High-Water Mark, HWM)는 이 난제를 해결한다. 리더가 유지 관리하는 하이 워터마크는 간단히 말해 커밋할 가장 최신의 갱신 인덱스다. 리더는 하트비트(Heartbeat)에 하이 워터마크를 추가한다. 그러면 팔로워는 하트비트를 받을 때마다 하이 워터마크까지 모든 로그 엔트리를 커밋할 수 있다.

그림 2.22에 나오는 예제를 살펴보자. 밥이 요청 B1을 넵튠에게 보낸다. 넵튠은 요청을 주피터와 새턴에게 복제한다. 주피터가 먼저 확인 응답을 보내 넵튠이 하이 워터마크를 1로 올릴 수 있게 한다. 넵튠은 데이터 저장소에서 갱신을 실행하고 밥에게 성공을 회신한다. 새턴의 확인 응답은 그보다 늦었으나 하이 워터마크보다 높지 않기 때문에 넵튠은 그 응답에 아무런 행동을 취하지 않는다.

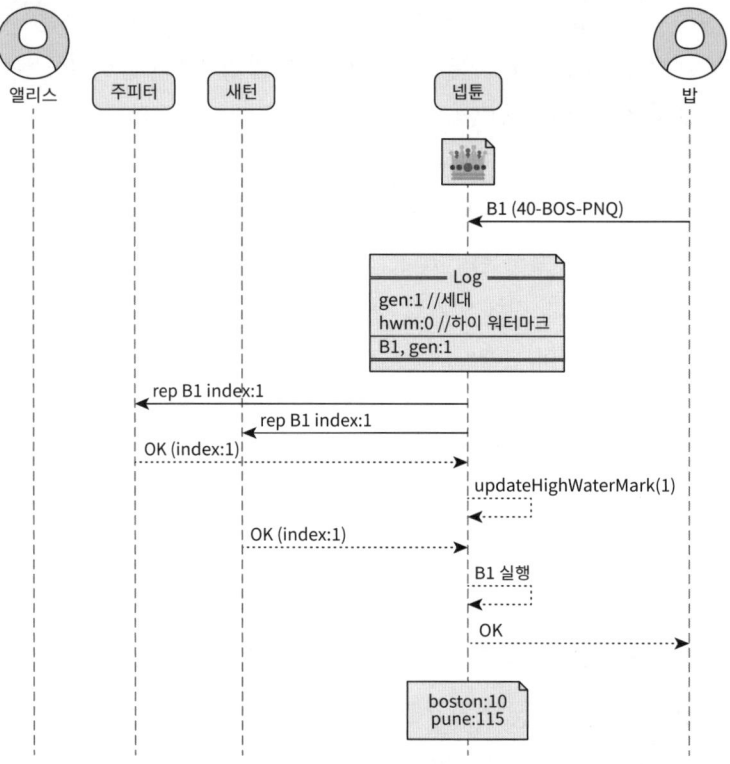

그림 2.22 리더는 하이 워터마크를 추적한다.

넵튠은 이제 앨리스에게서 요청 세 개(A1, A2, A3)를 받는다. 넵튠은 이 요청을 모두 로그에 추가하고 복제 메시지를 전송한다. 그러나 넵튠과 새턴의 연결이 불안정해 새턴은 복제 메시지를 하나도 받지 못한다(그림 2.23).

넵튠이 메시지 두 개를 보낸 이후에 우연히 하트비트를 보냈다. 하트비트는 팔로워에게 하이 워터마크를 갱신하라고 알리는 신호다. 주피터는 A1의 확인 응답을 넵튠에게 보낸다. 확인 응답을 받은 넵튠은 하이 워터마크를 2로 올리고 A1 갱신을 실행한 다음 앨리스에게 다시 확인 응답을 보낸다. 하지만 넵튠은 A3를 복제하기 전에 죽는다. 그림 2.24가 이런 상황이다.

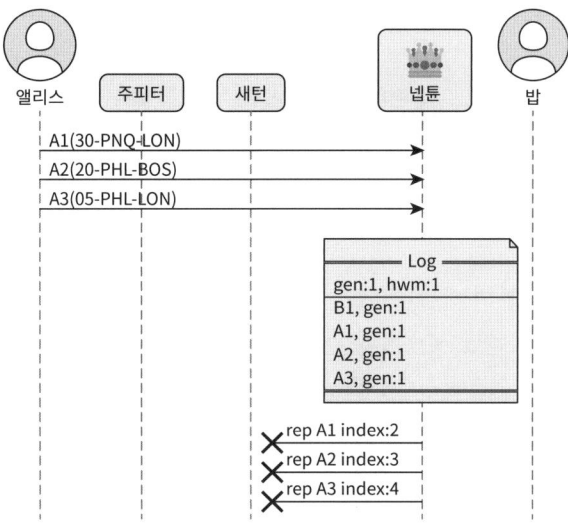

그림 2.23 노드가 로그 엔트리 복제를 잃어버리는 상황

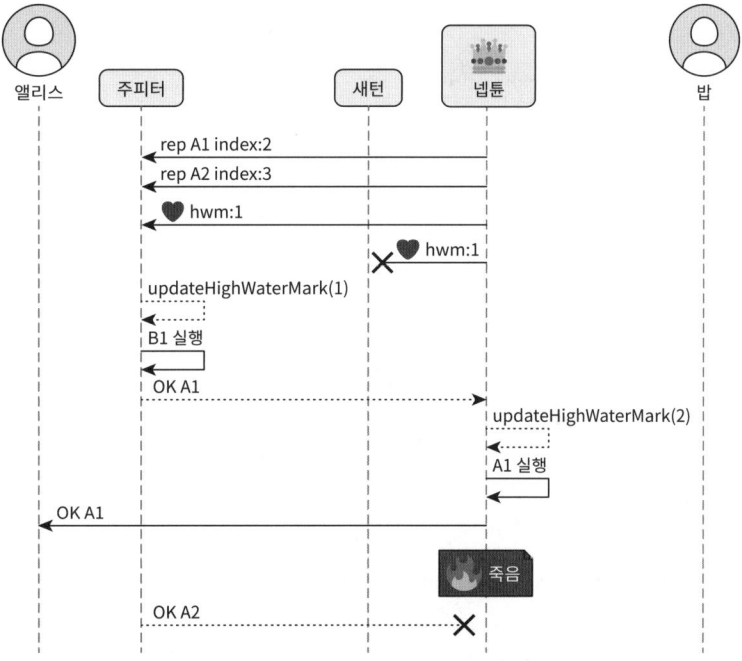

그림 2.24 하이 워터마크는 하트비트를 사용해 전파된다.

이 시점에서 노드의 상태를 살펴보자.

	주피터	새턴	넵튠
gen	1	1	1
hwm	1	0	2
log	B1 A1 A2	B1	B1 A1 A2 A3

주피터와 새턴은 넵튠의 하트비트를 받지 못하므로 선거로 새 리더를 뽑는다. 주피터가 선거에서 이겨 로그 엔트리를 모은다. 이 과정에서 주피터는 A2가 과반수 정족수를 달성했다고 판단하고 자신의 하이 워터마크를 3으로 설정한다. 주피터는 로그를 새턴에 복제하고 새턴은 하이 워터마크가 3인 하트비트를 받으면 하이 워터마크를 갱신한다. 그리고 새턴은 저장소에서 해당 갱신을 실행한다(그림 2.25)

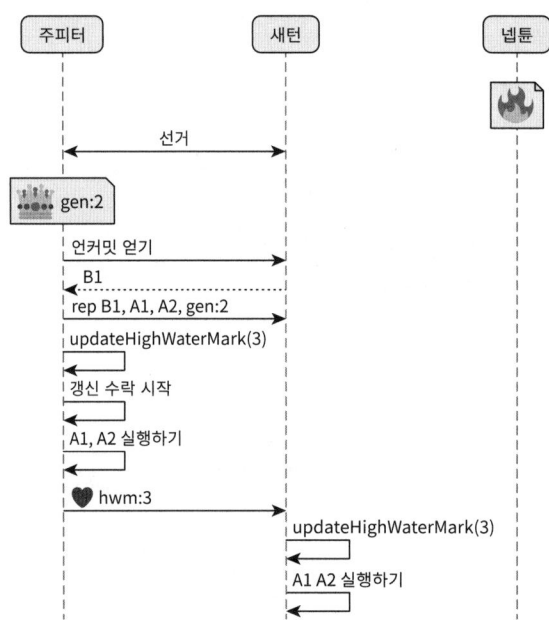

그림 2.25 새로 선출된 리더는 잃어버린 로그 엔트리와 하이 워터마크를 복제한다.

현재 노드 상황은 다음과 같다.

	주피터	새턴	넵튠
gen	2	2	1
hwm	3	3	2
log	B1 A1 A2	B1 A1 A2	B1 A1 A2 A3

이 시점에서 앨리스는 A3 요청에서 타임아웃이 발생해 요청(A3.2)을 다시 보내는데, 이 요청은 새 리더인 주피터로 전송된다. 이런 일이 벌어지는 동안 넵튠은 다시 작동을 시작한다. 넵튠은 A3을 복제하려다가 새로운 세대의 리더가 생겼다는 사실을 깨닫게 된다. 이제 넵튠은 자신이 주피터의 팔로워라는 것을 수용하고 로그를 하이 워터마크에 도달하는 부분까지 폐기한다. 주피터는 A2와 A3.2에 대한 복제 메시지를 보낸다. 주피터가 A3.2에 대한 확인 응답을 받으면 자신의 하이 워터마크를 올리고 갱신한 다음 앨리스에게 응답한다(그림 2.26). 새턴과 넵튠은 주피터에게서 다음 하트비트를 받으면 상태를 갱신한다.

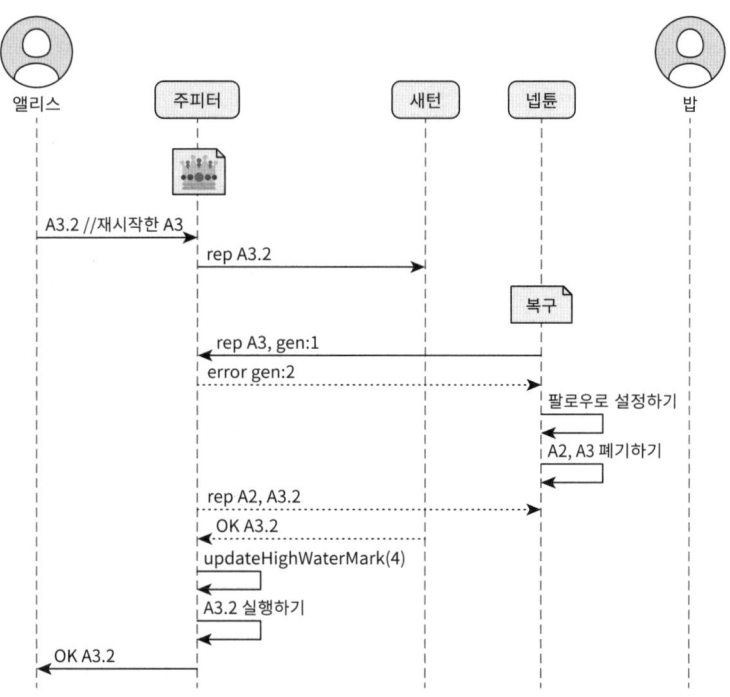

그림 2.26 이전 리더는 충돌하는 로그 엔트리를 폐기한다.

parse
컴퓨터가 프로그램 코드나 데이터를 읽고 분석해 구조화하는 과정으로, 주로 프로그래밍 언어를 해석하거나 데이터에서 원하는 값을 추출할 때 사용.

payload
전송할 데이터에서 실제 전달하고자 하는 내용물. 예를 들어 네트워크 패킷에서 헤더를 제외한 실제 데이터 부분이 이것에 해당함.

리더는 많은 클라이언트에게 빠르게 반응하기 위해 여러 큐를 사용한다

리더는 여러 클라이언트에서 오는 많은 요청을 처리해야 한다. 요청 처리는 여러 단계에서 발생하는 많은 과정을 거친다. 먼저 파싱(parse)*을 통해 요청과 그 페이로드(payload)*를 파악해야 한다. 갱신은 쓰기 전 로그로 보존이 필요한데, 이는 내구성이 있는 저장소에 기록한다는 의미다. 한편 '내구성이 있다'라는 말은 '느리다'는 뜻을 포함한다. 요청 과정에는 복제 요청에 대한 팔로워의 확인 응답도 있다. 응답이 오면 리더는 해당 요청을 찾아 과반수 정족수에 도달했는지 확인하고 도달했다면 하이 워터마크를 갱신한다.

여러 스레드가 동시에 같은 데이터를 갱신하려고 해도 문제가 없어야 한다. 쓰기 전 로그에 기록된 각각의 엔트리는 다른 엔트리를 쓰기 전에 그 기록과 처리가 완전히 끝나야 한다. 하지만 클라이언트는 다른 클라이언트가 작업을 완료할 때까지 기다리기를 원하지 않는다. 동시에 이 모든 작업을 진행하는 동안 다른 처리 단계가 블록되는 일도 원하지 않는다.

이런 이유로 단일 갱신 큐(Singular Update Queue)를 사용한다. 요즘 프로그래밍 언어에는 대부분 여러 스레드의 요청을 처리하는 객체인 인메모리 큐(in-memory queue)가 있다. 단일 갱신 큐는 클라이언트 스레드가 인메모리 큐에 엔트리를 기록하는 방식으로 이것을 구현한다. 별도의 처리 스레드가 작업 큐에서 엔트리를 가져와 앞서 이야기한 처리 과정을 수행한다. 이 방법으로 시스템은 클라이언트에게 빠르게 반응하면서도 단일 스레드 환경에서 더 안전하게 요청을 처리할 수 있다.

Go 언어[2] 같은 일부 프로그래밍 언어는 채널(channel)과 고루틴(goroutine)으로 이 메커니즘을 1등급(first-class)*으로 지원한다.

앨리스와 밥이 둘 다 넵튠에게 메시지(A1과 B1)를 보내면 넵튠에서 서로 다른 메시지 처리 스레드가 이를 처리한다. 각각의 스레드는 원본 메시지를 작업 큐에 넣는다. 복제 로그(Replicated Log)를 처리하는 스레드는 독립적으로 작업하는데, 큐의 헤드에서 메시지를 가져와 내용을 언팩(unpack)하고 로그에 추가한 다음 복제를 위해 전송한다(그림 2.27).

주피터가 복제 확인 응답을 보내면 이 응답을 처리하는 메시지 처리자가 원본 메시지를 작업 큐에 그대로 넣는다. 처리 스레드는 이 메시지를 가져와 과반수 정족수인지 확인하고 로그 엔트리를 커밋으로 표시한 다음 하이 워터마크를 갱신한다(그림 2.28).

이런 클러스터에서는 과반수 정족수의 노드가 갱신을 승인할 때만 갱신이 확정된다. 하지만 이 과정을 모두 진행하는 동안 메시지 처리자가 블록되는 것은 바람직하지 않다. 메시지 처리자는 클러스터가 복제를 수행하면서 과반수 정족수에 도

first-class
소프트웨어 개발에서 1등급은 함수, 객체, 값과 같은 특정 요소를 변수에 저장하거나 매개변수로 전달하거나 반환할 수 있는 등 다른 일반적인 요소와 동일하게 취급할 수 있음을 의미.

[2] https://go.dev

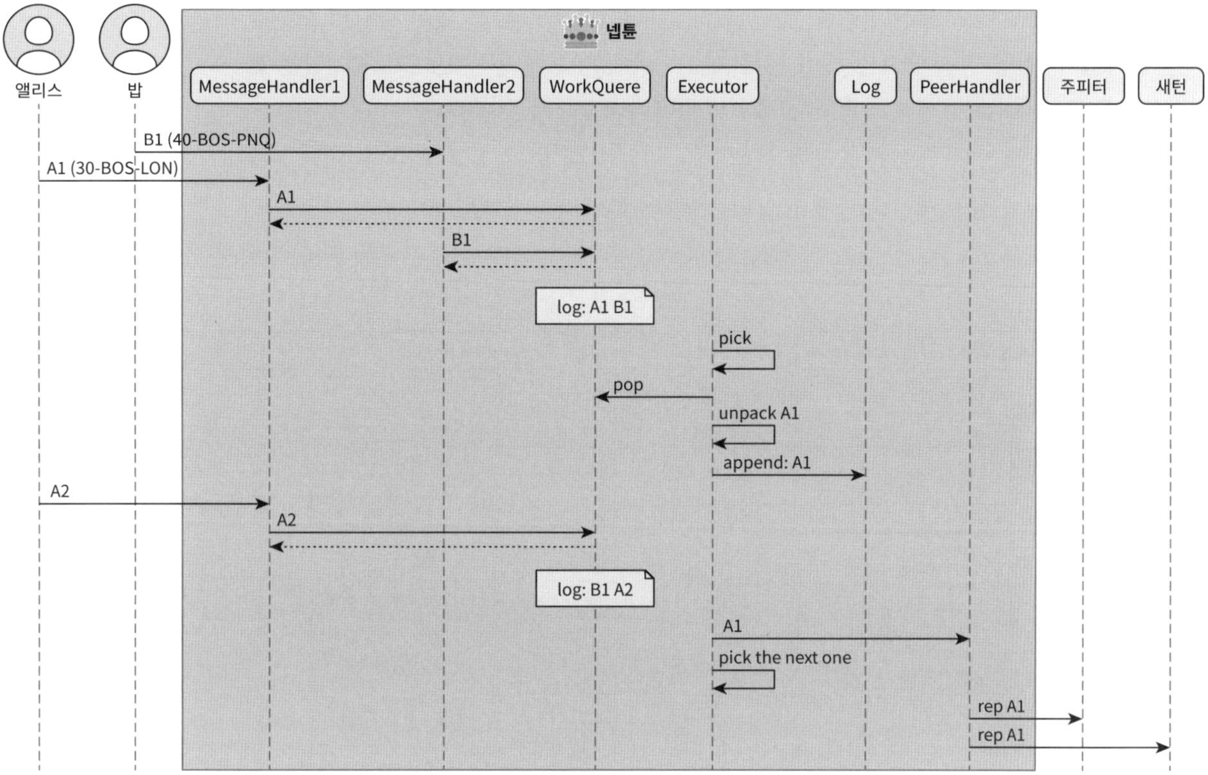

그림 2.27 노드는 큐를 사용해 처리 단계를 분리한다.

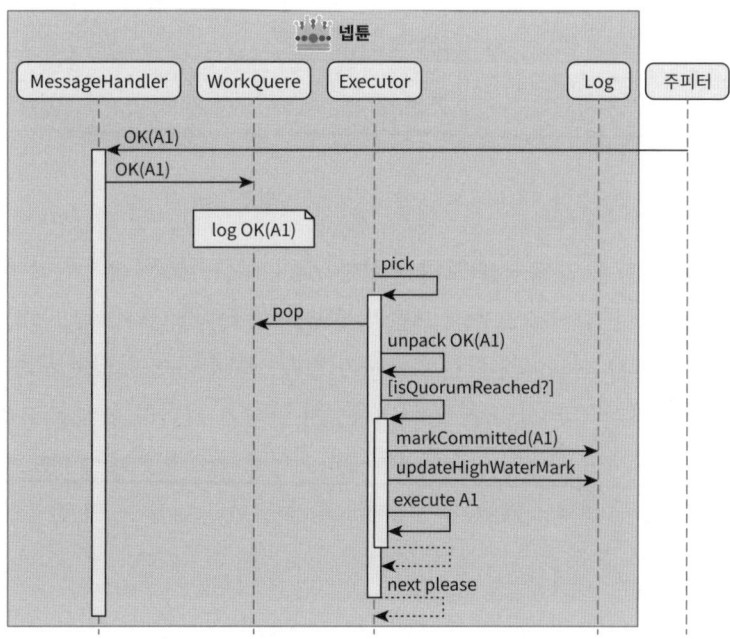

그림 2.28 로그 엔트리를 커밋하는 비동기 처리 단계

2장 | 패턴 개요 33

달하는 동안에도 요청 처리를 할 수 있다. 그러므로 블록하는 대신 각각의 요청을 작업 큐에 넣기 전에 요청 대기 목록(Request Waiting List)에 등록해 대기하고 있는 요청을 추적하고, 요청을 실제로 실행하면 클라이언트에게 응답한다.

리더가 요청을 받으면 요청에 콜백(callback)을 붙여 대기 목록에 추가한다. 콜백에는 요청의 성공 여부를 밥에게 알리는 동작이 포함된다(그림 2.29).

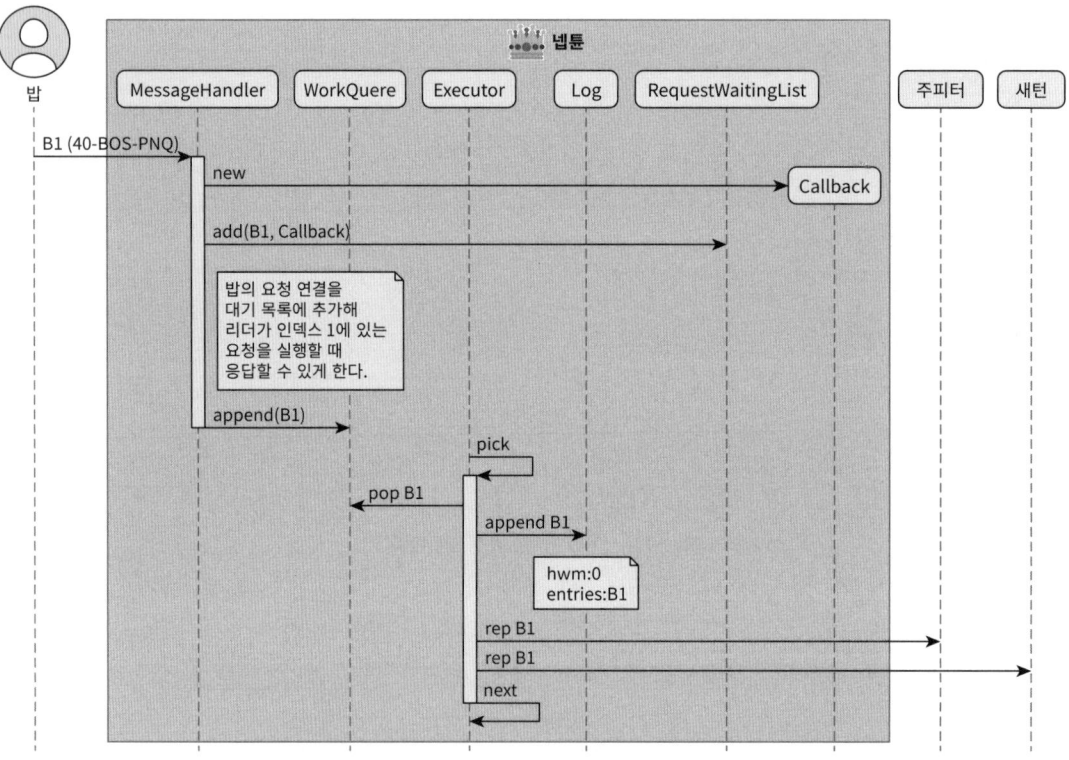

그림 2.29 요청 대기 목록으로 클라이언트 요청을 추적한다.

주피터가 갱신에 대한 확인 응답을 보내면 실행자(executor)는 요청 대기 목록에 알린다. 요청 대기 목록은 콜백을 호출해 요청의 성공을 밥에게 알린다(그림 2.30).

하지만 리더가 클라이언트에게 확인 응답하기 전에 실패한다면 어떻게 될까? 그러면 클라이언트는 클러스터가 요청을 처리했는지 아니면 리더의 실패로 요청이 사라졌는지 알 수 없기 때문에 이 상황에서는 클라이언트가 요청을 다시 시도한다. 하지만 이런 상황은 두 번째 문제를 야기하는데, 즉 동일한 요청을 두 번 전송할 가능성이 생긴다.

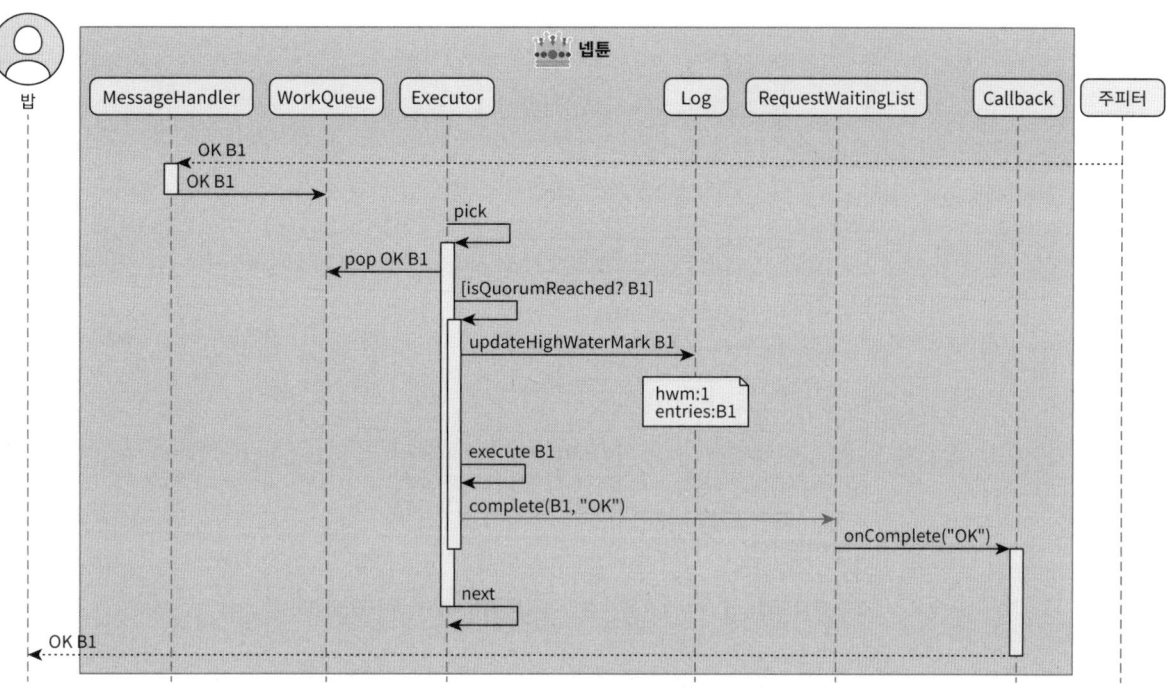

그림 2.30 클라이언트 요청을 완료하는 요청 대기 목록

다시 전송한 요청이 또 처리되는 것을 막기 위해 각각의 클러스터 노드는 멱등 수신자(Idempotent Receiver)로 구현되어야 한다(멱등 연산은 여러 번 수행해도 한 번 수행한 것과 같은 효과를 내는 연산을 말한다. 변수에 1을 더하는 연산은 멱등이 아니다. 변수에 어떤 값을 넣는 것이 멱등 연산이다).

멱등성을 구현하기 위해 각각의 클라이언트는 요청을 보내기 전에 리더에게 자신을 등록한다. 클라이언트 등록은 다른 요청과 마찬가지로 전체 복제본에 복제된다. 등록한 클라이언트는 각각의 요청에 고유 번호를 부여한다. 그러면 서버는 클라이언트 ID와 고유 요청 번호를 사용해 실행한 요청의 응답을 저장할 수 있다. 클라이언트가 요청을 반복할 때 요청을 다시 실행하는 대신, 서버는 이 매핑을 참조해 저장된 응답을 반환한다. 이제 위젯 40개를 옮기는 작업 같은 비멱등 요청도 멱등한 방식으로 처리할 수 있다.

예를 들어 밥은 요청을 보내기 전에 자신을 등록한다. 복제 로그에 등록 요청을 복제하고 밥에게는 고유 클라이언트 ID를 반환한다. 각각의 클러스터 노드는 클라이언트 ID를 담고 있는 표를 유지 관리한다(그림 2.31).

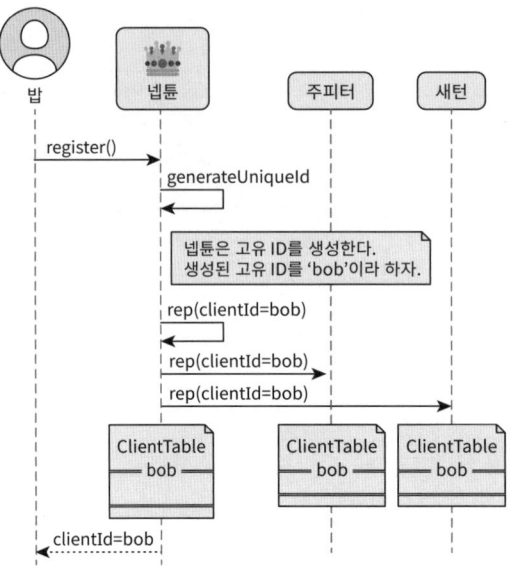

그림 2.31 노드는 등록된 클라이언트를 관리하기 위한 클라이언트 요청 테이블을 유지 관리한다.

이제 밥은 클라이언트 ID인 bob을 사용해 요청을 보낸다. 각각의 요청에도 고유 번호를 할당한다. 여기서 밥은 요청 번호 1로 **40-BOS-PNQ** 요청을 보낸다. 요청을 실행할 때마다 응답은 클라이언트 표에 저장된다(그림 2.32).

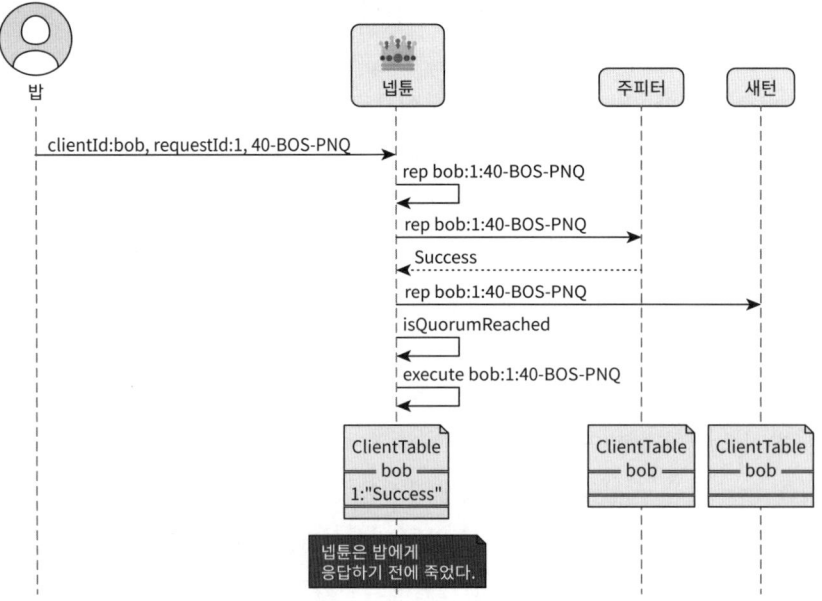

그림 2.32 응답은 클라이언트 요청 테이블에 기록된다.

pending
로그에는 기록되어 있지만 아직 실행하지 않은 상태를 의미

넵튠이 밥에게 응답을 보내기 전에 실패한다. 주피터와 새턴은 앞 절에서 설명했듯이 리더 선출을 진행한다. 리더로 선출된 주피터는 보류(pending)* 중인 로그 엔트리를 실행한다. 주피터가 밥의 요청 40-BOS-PNQ를 실행하고 나면 클라이언트 표에 엔트리를 만든다. 이 시점에서 밥은 아직 응답을 받지 못했기 때문에 주피터로 요청 40-BOS-PNQ를 다시 시도한다. 주피터는 이미 밥의 1번 요청을 실행했기 때문에 저장된 응답을 반환한다. 이런 식으로 밥의 요청 재시도는 다시 실행되지 않는다(그림 2.33).

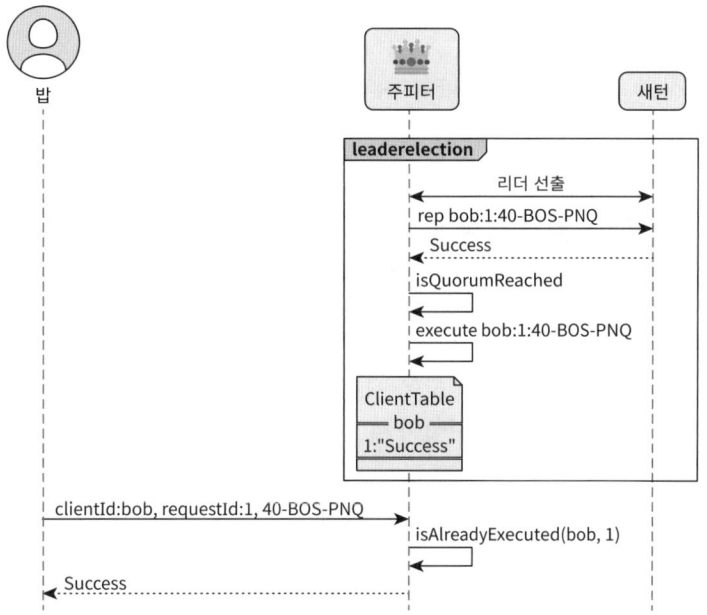

그림 2.33 새로 선출된 리더는 재시도 요청을 감지한다.

정렬된 로그를 복제할 때 메시지가 올바른 순서로 도착한다는 보장이 없다 해도 노드는 엔트리의 순서를 유지 관리해야 한다.

이런 상황을 고려해 래프트 같은 복제 로그(Replicated Log) 구현은 메시지 순서가 뒤바뀌더라도 노드가 대응할 수 있게 설계된다. 하지만 이 작업은 오버헤드가 추가로 발생해 성능을 떨어뜨린다. 실제로는 그림 2.34처럼 리더와 팔로워 사이에서 노드들이 단일 소켓 채널(Single Socket Channel)을 유지 관리한다. 주키퍼나 아파치 카프카가 이 구현의 좋은 예다.

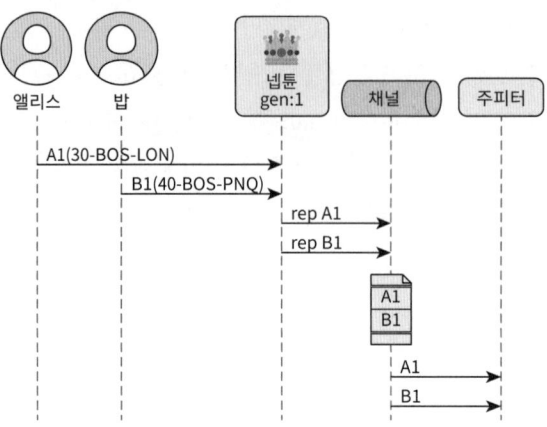

그림 2.34 리더는 팔로워와 단일 소켓 채널을 유지한다.

팔로워는 리더의 읽기 요청 부하를 줄일 수 있다

갱신을 팔로워에 복제하는 작업은 몇 가지 이점이 있다. 그중 하나가 문제가 발생할 때 팔로워가 리더를 대체할 수 있도록 핫 백업(hot backup)*을 제공한다는 점이다. 그러나 클러스터에서 이 작업을 수행하는 더 중요한 이유는 팔로워로 하여금 읽기 요청을 처리하도록 하는 '팔로워 읽기'에 있다. 이 기능은 리더의 부하를 줄여 더 빠르게 쓰기 요청을 처리할 수 있게 한다. 그러나 이점에는 대가가 따른다. 팔로워는 로그 복제가 전파되는 시간만큼 리더의 상태보다 뒤처지게 된다. 대다수의 경우에는 문제가 되지 않지만, 공통적으로 발생하는 문제가 하나 있다. 밥이 갱신하고 나면 밥은 최신 상태를 읽으려고 할 것이다. 만약 밥의 읽기 요청이 새턴으로 가는 경우, 복제 과정보다 빨리 도착해 밥이 예전 데이터를 읽을 위험이 있다(그림 2.35).

hot backup
시스템이 실행 중인 상태에서 데이터를 실시간으로 백업하는 방식. 장애 발생 시 팔로워가 리더를 즉시 대체할 수 있음.

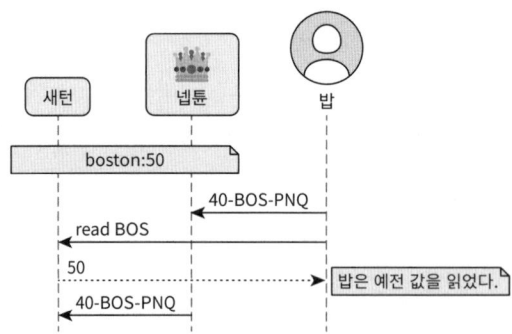

그림 2.35 팔로워는 예전 값을 반환할 가능성이 있다.

이런 상황에서 기록한 것과 일치하는 데이터를 밥이 읽을 수 있게 보장해야 한다. 이를 자신이 쓴 값 읽기 일관성(read-your-writes consistency)이라고 한다(그림 2.36). 자신이 쓴 값 읽기 일관성을 달성하는 방법의 하나는 버전화 값(Versioned Value)을 사용해 레코드에 버전 번호를 함께 저장하는 방법이 있다. 넵튠이 밥의 갱신을 쓸 때 데이터와 연결된 버전을 올리고 그 버전을 밥에게 반환한다. 밥은 데이터를 읽을 때 요청에 해당 버전을 포함시킨다. 새턴은 읽기 응답을 하기 전에 버전을 확인하고 필요하다면 버전 갱신을 받을 때까지 기다렸다 응답할 수 있다.

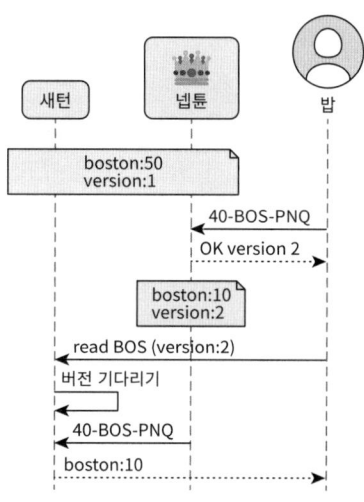

그림 2.36 버전을 추적해 자신이 쓴 값 읽기 일관성을 보장한다.

몽고DB와 코크로치DB 같은 분산 데이터베이스는 자신이 쓴 값 읽기 일관성을 제공하기 위해 버전화 값에 버전을 매길 때, 하이브리드 시계(Hybrid Clock)를 사용한다. 복제 로그(Replicated Log)를 사용하는 시스템은 하이 워터마크를 활용할 수 있다. 래프트에서는 모든 팔로워가 요청에 응답하기 전에 리더와 하이 워터마크가 같아야 한다. 아파치 카프카가 로그에 생산하는 메시지는 복제 로그와 매우 닮았다. 생산한 메시지의 로그 인덱스는 쓰기를 수행하면 클라이언트에 반환되고 클라이언트는 그 로그 인덱스를 이어지는 읽기 요청에 사용한다. 읽기 요청을 팔로워가 처리하는 경우 해당 로그 인덱스가 있는지 확인이 필요하다. 이는 앞서 설명한 버전화 값의 활용과 비슷하다.

방대한 양의 데이터는 여러 노드에 파티션 할 수 있다

첫 장에서 설명했듯이 노드 하나에서 처리할 수 있는 데이터의 양은 물리적으로 한계가 있다. 그 이상의 데이터는 여러 노드에 파티션해야 한다. 데이터는 여러 노드에서 파티션(또는 샤드(shard)라 함)으로 나뉘지만 클러스터는 단일 데이터베이스처럼 작동한다. 파티션은 주로 단일 서버의 물리적 한계를 극복하기 위해 수행하므로 데이터를 가능한 한 고르게 분산하는 것이 중요하다. 클러스터의 부하가 증가함에 따라 클러스터에 노드를 추가하는 것이 일반적이다. 다음은 파티션 구성의 핵심 요구사항이다.

- 데이터를 클러스터의 모든 노드에 고르게 분산해야 한다.
- 특정 데이터 레코드를 어떤 클러스터 노드가 저장하고 있는지 전체 노드에 요청하지 않고도 알 수 있어야 한다.
- 일부 데이터를 새로운 노드로 빠르고 쉽게 옮길 수 있어야 한다.

데이터 저장소는 대부분 키-값(key-value) 저장소로 설명될 수 있다. 클라이언트는 일반적으로 몇 가지 고유 식별자로 데이터 레코드를 저장하고 접근한다. 키-값 저장소에서 이러한 요구사항을 간단하게 달성하는 방법은 각 키의 해시(hash)를 취해 노드에 매핑하는 것이다. 키의 해시값은 데이터를 고르게 분산하는 역할을 한다. 파티션 수를 알고 있으면 다음과 같이 해시는 특정 파티션에 간단하게 매핑할 수 있다.

> 파티션 = 키의 해시 % 총 파티션 수

나머지(modulo) 연산은 사용하기 쉽지만 파티션 수를 변경하면 모든 레코드의 파티션도 변경된다. 즉, 기존 클러스터에 노드를 하나만 추가해도 클러스터에 있는 모든 데이터 레코드를 이동해야 한다. 이는 대량의 데이터를 다룰 때 절대로 해서는 안 될 일이다. 대신 물리적 노드 수보다 논리 파티션(logical partition)의 수를 정의하는 패턴이 훨씬 더 일반적이다. 레코드가 있는 노드를 찾으려면 먼저 해당 레코드의 논리 파티션을 찾고 논리 파티션이 어떤 노드에 있는지 확인한다. 레코드의 논리 파티션은 변경할 필요가 전혀 없다. 클러스터에 노드를 추가하면 일부 논리 파티션을 재할당해 해당 논리 파티션의 레코드만 이동한다.

논리 파티션을 사용하는 가장 간단한 형태는 고정 파티션(Fixed Partition)이다. 예를 들어 아카는 논리 파티션(샤드)을 노드 수의 열 배로 설정하도록 권장한다. 아파치 이그나이트(Apache Ignite)[3]는 기본 파티션 수가 1,024개다. 이렇게 하면 데이터 레코드를 파티션에 매핑하는 방식이 변하지 않는다.

주피터, 새턴, 넵튠, 세 대의 노드로 구성된 클러스터를 생각해 보자. 클러스터에는 여섯 개의 논리 파티션이 있다. 현실적이지는 않지만 논리 파티션이 작동하는 방법을 설명하기에는 충분하다. 만약 밥이 푸네에 위젯을 추가하면 클라이언트에서 실행하는 클라이언트 라이브러리를 통해 클러스터와 상호작용한다. 이 클라이언트 라이브러리는 클러스터 노드에 파티션을 매핑하는 정보를 가져와 초기화한다 (보통 일관성 코어(Consistent Core)에서 가져오는데, 일관성 코어는 나중에 다시 다룬다). 클라이언트 라이브러리는 먼저 간단한 나머지 연산을 사용해 키가 푸네인 파티션을 찾는다.

```
int partition = hash("pune") % 6
```

그리고 해당 파티션을 호스팅하는 노드를 찾아 요청을 전달한다. 이 경우는 요청을 새턴으로 보내게 된다(그림 2.37).

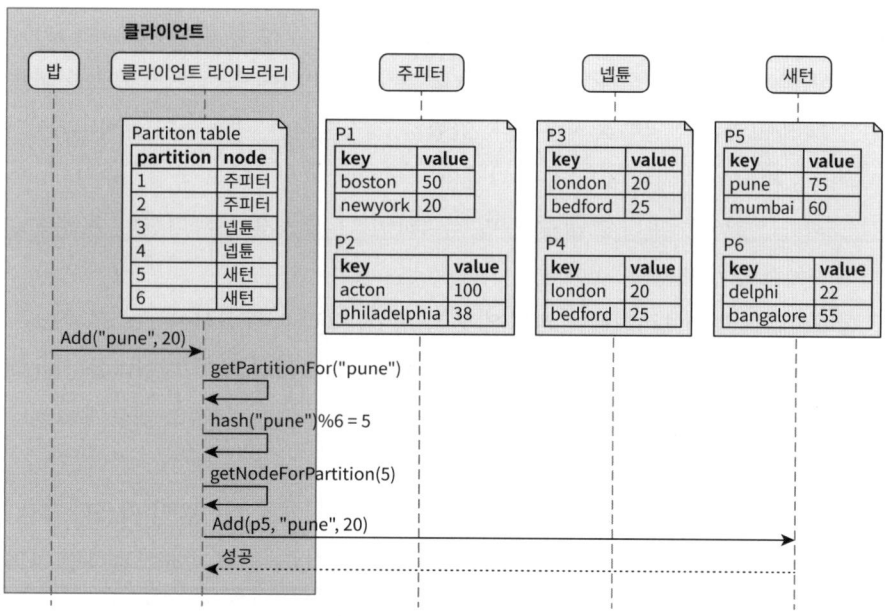

그림 2.37 나머지 연산을 사용해 고정 파티션으로 요청을 라우팅한다.

---

[3] https://ignite.apache.org/

새 노드를 추가하면 키-파티션 매핑을 변경하지 않아도 몇몇 파티션을 새 노드로 옮겨 부하 균형을 맞출 수 있다. 가령 우라노스를 클러스터에 새 노드로 추가했는데, 새턴이 많은 데이터를 호스팅하고 있어 과부하 상태라면 새턴의 일부 파티션을 우라노스로 이동할 수 있다(그림 2.38).

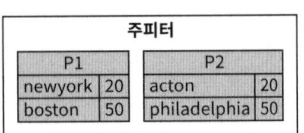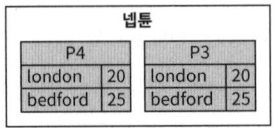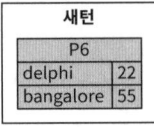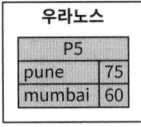

그림 2.38 균등한 분배를 위해 파티션을 새로운 노드로 이동한다.

이때 pune 키의 파티션 매핑은 변경되지 않는다. hash("pune") % 6의 값이 같기 때문이다. 클라이언트 라이브러리는 파티션 테이블만 갱신하면 된다. 이 갱신은 주기적으로 수행하거나 클러스터 노드에서 주어진 파티션을 더 이상 호스팅하지 않는다는 오류를 반환할 때 수행한다.

고정 파티션의 해시는 간단히 생성할 수 있지만, 데이터베이스가 'p'에서 'q'로 시작하는 도시 목록을 찾는 것과 같이 범위 질의를 지원하기에는 제한이 있다. 키의 해시를 사용해 파티션에 매핑하는 방식에서 범위 질의를 하려면 파티션의 레코드에 모두 접근해야 한다. 이런 식의 질의가 빈번하다면 키 범위 파티션(Key-Range Partition)이 더 나은 해결책이다. 키 범위 파티션은 같은 범위에 속하는 키 요소를 파티션 선택 알고리즘의 일부로 사용한다. 간단하고 직관적인 예를 들어 보자. 26개의 파티션을 정의하고 키의 첫 글자를 각각의 파티션에 매핑한다고 하면, 'p'부터 'q'까지 조회하는 질의는 파티션 단 두 개만 접근하면 된다. 보통은 파티션의 범위가 'p'에서 'z'처럼 조금 더 넓을 것이다.

클라이언트 라이브러리에는 파티션과 키 범위, 그리고 파티션이 호스트되는 노드를 포함하는 메타데이터가 있다. 클라이언트 라이브러리는 이 데이터를 사용해 'p'에서 'q'까지의 범위가 전부 p3 파티션에 있다고 판단한다. 그리고 넵튠에 요청을 보내 해당 파티션만 질의한다(그림 2.39).

키 범위 파티션은 키의 범위를 미리 알 수 없다는 점에서 어려움이 따른다. 그래서 데이터 시스템 대부분은 단일 파티션으로 시작해서 특정 크기에 도달하면 파티션을 분할한다. 따라서 고정 파티션과는 달리 키와 파티션 사이의 매핑은 시간의 흐름에 따라 변한다. 파티션 분할은 분할한 두 파티션을 같은 노드에 유지하는 식으로 수행하며, 노드 간 데이터 이동은 결국 파티션을 다른 노드로 이동할 때만 발

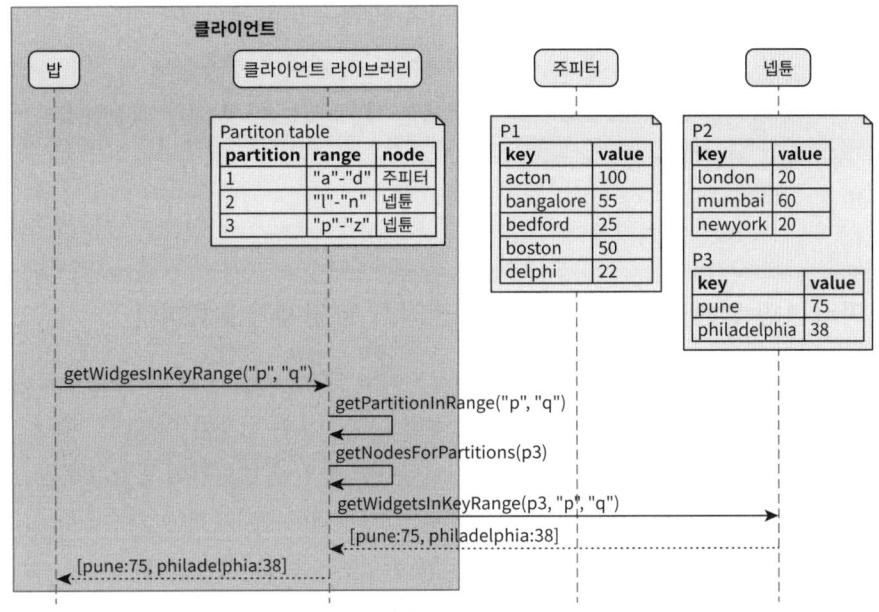

그림 2.39 키 범위 파티션은 범위 질의를 지원한다.

생한다. HBase는 키 범위 파티션이 어떻게 구현되는지 알 수 있는 좋은 예다. 유가바이트DB와 코크로치DB도 키 범위 파티션을 지원한다.

파티션은 복제로 복원력을 제공한다

파티션은 클러스터 전체에 부하를 분산하는 데 도움을 주지만, 실패는 여전히 해결해야 할 문제다. 클러스터 노드 하나가 실패하면 그 노드에 호스팅된 모든 파티션은 사용할 수 없게 된다. 파티션 복제는 파티션하지 않은 데이터를 복제하는 방법과 같다. 즉, 이전에 복제 로그(Replicated Log)를 중심으로 설명한 것과 동일한 복제 패턴을 사용한다. 이는 그림 2.40을 보면 알 수 있다.

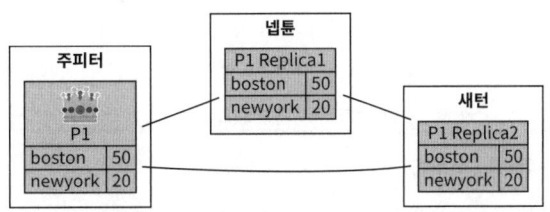

그림 2.40 파티션은 복제로 복원력을 제공한다.

일반적으로 파티션한 클러스터는 수백에서 수천 개의 논리 파티션을 가질 수 있다. 복제가 너무 많으면 좋지 않다. 복제본이 많을수록 과반수 정족수도 커진다. 그러면 갱신에 대한 응답 속도가 느려진다. 복제본 세 대 또는 다섯 대가 내결함성과 성능 사이에서 적절한 균형을 이루는 수치다.

파티션 간 일관성을 유지 관리하려면 최소 두 단계가 필요하다

파티션을 도입하면 여러 파티션을 포함하는 작업에서 일관성을 유지 관리하는 일이 더 복잡해진다. 앨리스가 보스턴에서 런던으로 30개의 위젯을 이동시킨다고 가정해 보자. 보스턴과 런던이 다른 파티션에 있다면 동일한 데이터의 복제본뿐만 아니라 서로 다른 파티션 간에도 일관성을 유지 관리해야 한다. 복제 로그(Replicated Log)는 복제본 문제를 해결하지만 파티션 간에 일관성을 유지 관리하는 데는 그다지 도움이 되지 않는다. 이는 분산 시스템에서 일반적으로 발생하는 문제다. 예를 들어 아파치 카프카는 원자적으로 여러 토픽에 걸쳐 메시지를 생성해야 할 때 이 문제에 부딪힌다. 몽고DB도 여러 파티션을 원자적으로 갱신해야 할 때 같은 문제에 직면한다.

파티션 간의 일관성은 2단계 커밋(Two-Phase Commit)으로 해결할 수 있다. 이 방법은 노드에서 하나를 코디네이터(Coordinator)로 지명한다(그림 2.41). 보통은 작업의 첫 번째 키를 호스팅하는 노드를 코디네이터로 지정한다. 예를 들어 주피터가 보스턴의 파티션을 호스팅하고 넵튠이 런던의 파티션을 호스팅한다고 하자. 주피터가 보스턴의 파티션을 갖고 있으므로 이 메시지는 코디네이터로 지정된 주피터로 라우팅된다. 코디네이터인 주피터는 트랜잭션의 상태를 모두 기록해야 한다. 모든 정보는 디스크에 유지되어야 하는데, 실패가 발생해도 주피터가 보류한 모든 트랜잭션을 알 수 있도록 하기 위해서다. 따라서 주피터는 진행되고 있는 트랜잭션 정보를 영구적으로 보관하기 위해 별도의 쓰기 전 로그(Write-Ahead Log)를 유지 관리한다.

주피터는 자신의 보스턴 위젯 수를 줄이는 준비를 하면서 넵튠에게 런던의 위젯 수를 추가하라는 메시지를 보낸다. 그림 2.42에서 이 동작을 볼 수 있는데, 데이터 변경은 아직 발생하지 않았다.

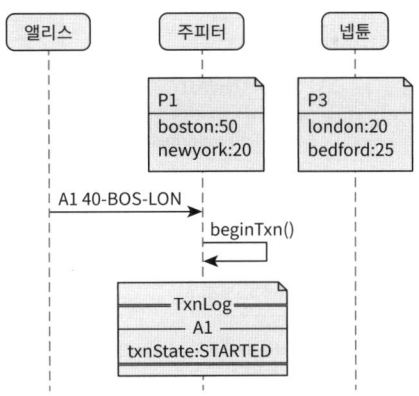

그림 2.41 코디네이터는 트랜잭션 상태를 추적한다.

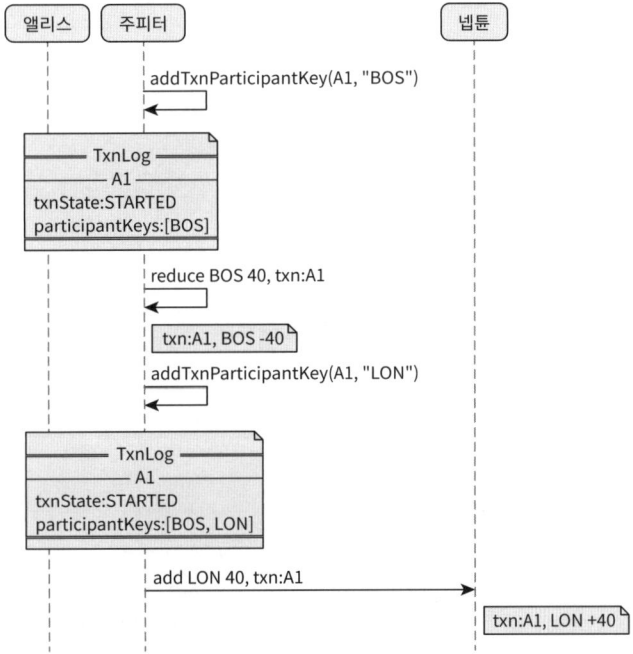

그림 2.42 노드는 트랜잭션에서 보류 중인 요청들을 추적한다.

그런 다음 주피터는 두 노드(자신과 넵튠)의 트랜잭션 커밋을 위한 조정을 수행한다. 두 데이터 저장소는 모두 코디네이터에게 승인했다는 메시지를 보낸다. 두 데이터 저장소가 모두 트랜잭션을 승인한 후에야 코디네이터는 트랜잭션을 커밋하고 앨리스에게 OK를 보낸다(그림 2.43).

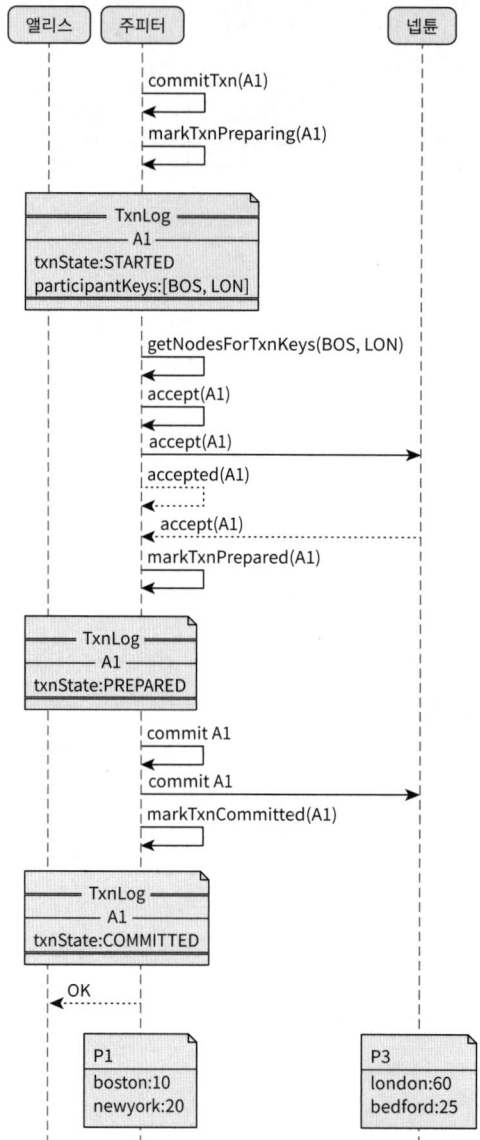

그림 2.43 트랜잭션은 모든 참가자의 승인을 받아 커밋한다.

이 예제는 복제가 없는 파티션에서 일어나는 상황을 보여 준다. 하지만 복제가 있는 경우에도 본질적으로 같은 과정이 일어난다. 차이가 있다면 주피터와 넵튠이 각각 복제 로그로 변경을 진행한다는 점이다.

앞서 설명한 여러 실패에 관한 모든 것이 이 경우에도 마찬가지로 적용될 수 있다. 따라서 2단계 커밋에 참여하는 각각의 참가자는 자신의 복제 로그를 유지 관리한다. 여기에는 코디네이터와 각각의 파티션을 위해 복제한 로그가 포함된다.

분산 시스템에서 순서는 시스템 타임스탬프에 의존해서는 안 된다

앞서 언급했듯이 클라이언트가 자신이 작성한 값을 일관성 있게 읽으려면 버전화 값(Versioned Value)을 사용해야 한다. 이를 위해서는 갱신이 발생하는 순서를 결정하는 일이 중요하다.

단일 노드에서는 카운터 한 개만 유지 관리하면서 레코드를 수정할 때마다 카운터를 증가시키면 쉽게 구현할 수 있다. 록스DB[4]에서 사용하는 시퀀스 번호가 좋은 예다. 단일 노드에서 동작하는 방식을 한번 살펴보자(그림 2.44). 앨리스가 보스턴에서 위젯 40개를 줄이라는 요청을 넵튠에 보낸다. 이 요청은 보스턴의 값이 10인 새로운 버전을 생성한다. 그런 다음 앨리스는 런던에 위젯 40개를 추가하라는 요청을 보낸다. 이 요청은 런던의 값이 60인 버전 번호 3의 새로운 버전을 만든다. 그런 다음 앨리스는 버전 3의 스냅샷(snapshot)*을 읽는다. 이때 앨리스는 읽은 보스턴의 값이 10이길 기대했을 것이고 예상대로 그 값을 받는다.

> **snapshot**
> 특정 시점의 데이터 상태를 그대로 저장한 것. 스냅샷을 읽는다는 것은 버전 번호를 기준으로 특정 시점의 데이터를 조회함을 의미.

레코드를 여러 노드에 걸쳐 저장하면 어떤 레코드가 다른 레코드보다 먼저 저장되었는지 또는 나중에 저장되었는지 추적하는 일이 상당히 까다로워진다. 여러 노드에서 전후 관계를 정확히 추적할 수 있도록 버전 번호를 어떻게 증가시키면 될까?

자연스럽게 시스템 타임스탬프를 사용해 레코드를 버전화하는 방법이 떠오를 것이다. 이후의 갱신은 더 높은 타임스탬프를 가지므로 자연스럽게 어떤 레코드가 다른 레코드보다 앞 또는 뒤에 갱신되었는지를 추적할 수 있다. 그러나 실제로 이 방법에는 커다란 문제점이 있다. 시간 동기화 도구들을 아무리 정밀하게 사용하더라도 여러 노드 사이에는 미세하게 시차가 발생한다. 이 차이는 인간의 관점에서는 미미하지만 컴퓨터 통신에서는 매우 중요하다. 358쪽 26장 리스(Lease) 패턴에서 설명할 "벽시계는 단조적*이지 않다"라는 말에서 알 수 있듯이 시스템 타임스탬프는 단조롭지 않다고 전제해야 한다.

> **monotonic**
> 단조적이란 값이 항상 증가하거나 항상 감소하는 성질. 시계의 맥락에서는 시간이 항상 앞으로만 진행되어야 함을 뜻함.

---

4 https://github.com/cockroachdb/pebble/blob/master/docs/rocksdb.md#internal-keys

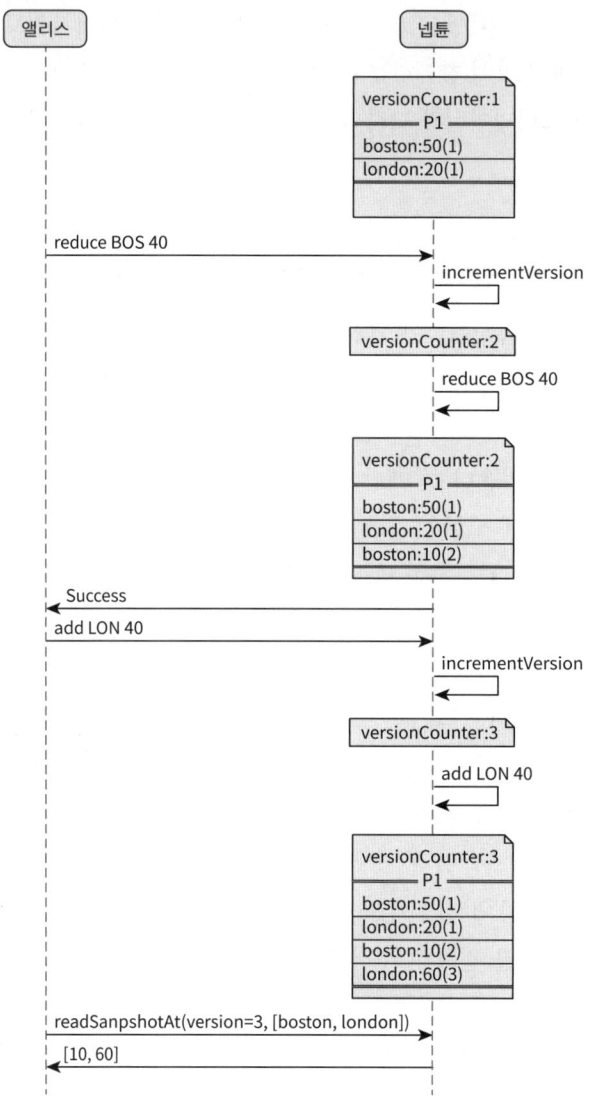

그림 2.44 버전화를 위해 카운터를 사용한 단일 노드 스냅샷 읽기

이게 왜 문제가 되는지 살펴보자. 보스턴과 런던의 레코드가 각각 주피터와 넵튠 노드에 저장되어 있을 때, 주피터의 시계는 19분 25초지만 넵튠의 시계는 그보다 느려 19분 20초다. 주피터와 넵튠의 시계로 각각 보스턴은 타임스탬프가 19분 25초의 위젯 50개, 런던은 타임스탬프가 19분 20초의 위젯 20개를 갖고 있다(예제에서는 시간에 날짜를 사용하지 않지만 실제 타임스탬프에는 날짜가 포함된다. 또한 시간대 문제를 피하기 위해 UTC를 사용한다).

앨리스가 보스턴에서 위젯 40개를 줄이라는 메시지를 보냈다. 시계가 5초 지났다고 가정하면 보스턴의 새 버전은 주피터의 시계에 따라 19분 30초의 타임스탬프로 생성된다.

그런 다음 앨리스는 런던에 위젯 40개를 더하라는 메시지를 넵튠에게 보낸다. 이 요청은 넵튠의 시계에 따라 19분 25초 타임스탬프로 런던의 새 버전을 만든다. 그림 2.45를 보면 넵튠의 런던 레코드는 주피터의 보스턴 레코드 '이후'에 갱신됐지만 더 낮은 타임스탬프를 받았다.

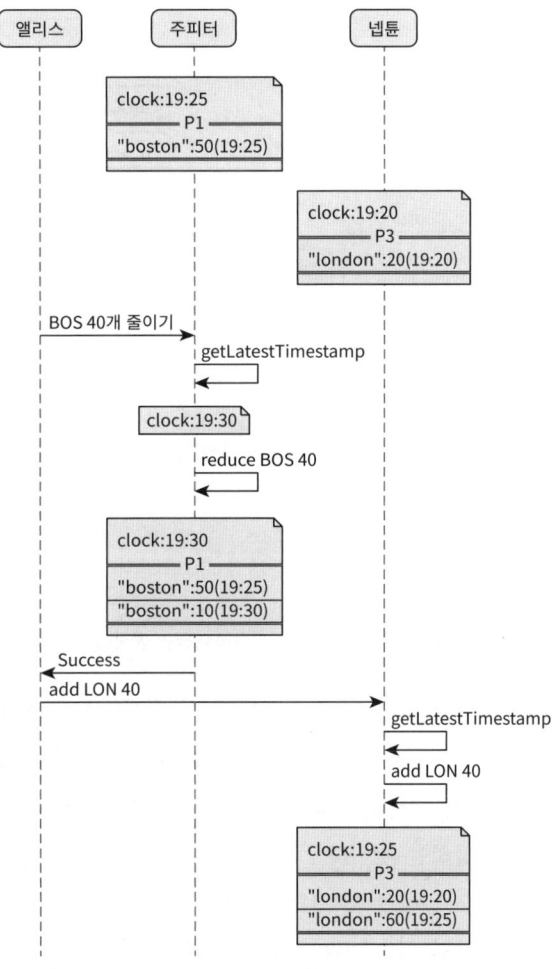

그림 2.45 시스템 타임스탬프를 버전으로 사용해 쓰기를 하는 노드

이제 앨리스는 보스턴과 런던의 '최신' 값을 읽고 싶어한다. 앨리스의 요청은 새턴이 처리하는데, 새턴은 '최신' 타임스탬프를 확인할 때 자체 시계를 사용한다. 새턴의 시간과 넵튠의 시간이 비슷하다면 타임스탬프 19:25의 값을 읽기 위해 주피터와 넵튠에 읽기 요청을 보낸다. 하지만 앨리스는 받은 값 때문에 혼란스럽다. 런던의 최신 값은 60으로 받았는데, 주피터에게서 받은 보스턴의 값은 예전 값인 50이기 때문이다(그림 2.46).

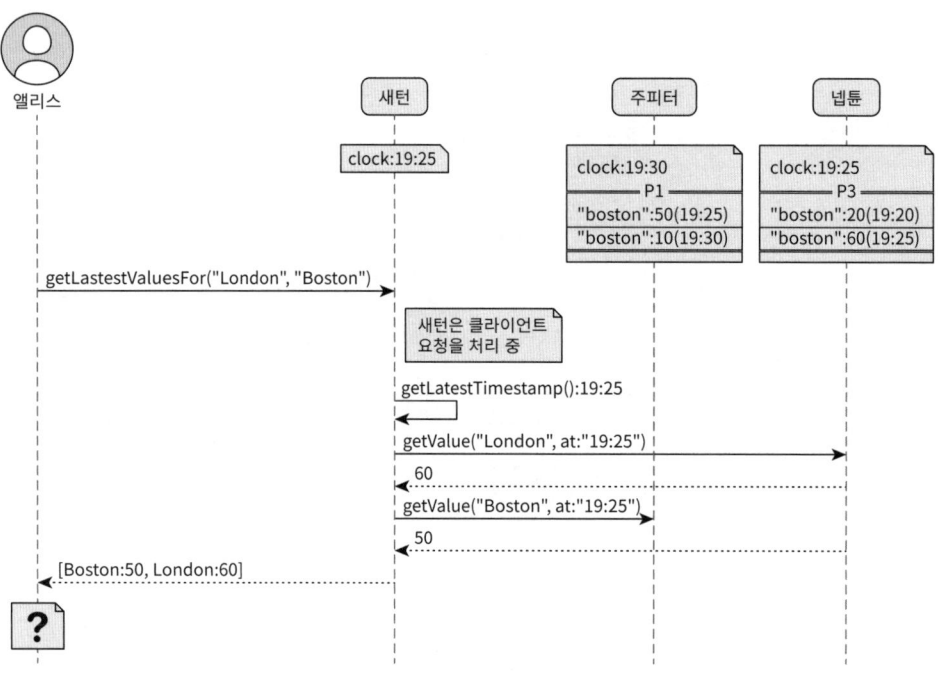

그림 2.46 시스템 타임스탬프를 이용한 읽기는 유효하지 않은 예전 값을 읽을 가능성이 있다.

램포트 시계(Lamport Clock)를 사용하면 시스템 타임스탬프에 의존하지 않고 클러스터 노드 사이에서 요청 순서를 추적할 수 있다. 비결은 시스템 타임스탬프 대신 각각의 노드에서 간단한 정수 카운터를 사용하면서 클라이언트와 주고받는 요청과 응답에 이것을 같이 전달하는 것이다.

앞의 예제를 그대로 적용해 보자. 보스턴에서 런던으로 위젯 40개를 이동한다. 주피터와 넵튠 모두 간단한 정수 카운터를 유지 관리한다. 레코드를 갱신할 때마다 이 카운터는 증가한다. 이 카운터는 클라이언트에게도 전달되고 클라이언트는 다른 노드에서 수행하는 다음 작업에서 이 카운터를 전달한다.

보스턴에서 위젯 40개를 제거할 때 주피터의 카운터는 2로 증가하고 보스턴의 새 버전은 2로 생성된다. 이 카운터 값 2는 앨리스에게 전달된다. 앨리스는 런던에 위젯 40개를 추가하라는 요청을 넵튠에 보낼 때 이 카운터 값을 같이 전달한다. 여기서 중요한 부분은 넵튠에서 카운터가 어떻게 증가하는지이다. 넵튠은 자신의 카운터와 요청에서 전달된 카운터를 확인한다. 넵튠은 둘 중 더 큰 값을 선택해 1을 더한 다음 자신의 카운터를 갱신한다. 이로써 런던에 생성한 새 버전이 3이 되는데, 이 번호는 보스턴의 버전 번호보다 큼을 알 수 있다(그림 2.47).

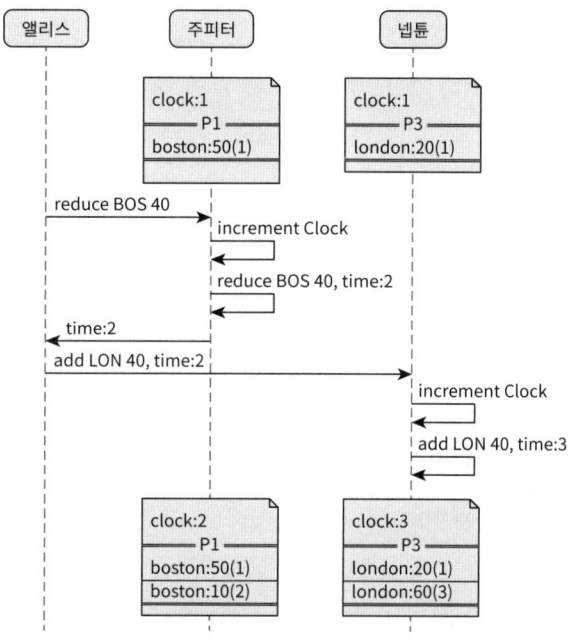

그림 2.47 램포트 시계는 쓰기 순서를 추적한다.

램포트 시계의 문제는 기본적으로 실제 타임스탬프와 상관없이 버전을 정수로 추적한다는 점이다. 클라이언트가 특정 스냅샷을 요청하려면 그 스냅샷에 대응하는 램포트 타임스탬프 값을 어떻게든 요청해야 한다. 이보다 더 큰 문제는 서로 다른 두 서버에 있는 데이터를 독립적인 두 클라이언트가 수정할 때 그 버전을 순서대로 나열할 방법이 없다는 점이다. 예를 들어 다음 시나리오(그림 2.48)에서 앨리스가 보스턴에 위젯 40개를 추가하기 전에 밥이 런던에 위젯 20개를 추가했을지도 모르지만, 논리 버전만 보고 이를 알 수 있는 방법은 없다. 이것이 램포트 시계가 부분적으로만 순서를 보장한다고 말하는 이유다.

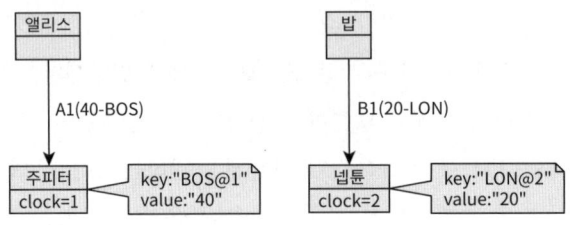

그림 2.48 서버 간 램포트 시곗값은 순서를 보장할 수 없다.

그래서 대부분의 데이터베이스는 타임스탬프를 버전으로 사용할 필요가 있는데, 이는 요청을 처리하는 노드의 실제 타임스탬프를 기반으로 사용자가 데이터를 질의하기 위해서다. 컴퓨터 시계 문제의 대안으로 램포트 시계와 벽시계 시간을 결합한 하이브리드 시계가 있다. 노드가 메시지를 보낼 때, 메시지에 현재의 서버 시간에 램포트 시계의 카운터를 결합한 하이브리드 시계를 같이 넣는다. 넵튠이 자신의 시계보다 더 앞선 타임스탬프를 가진 메시지를 받으면 하이브리드 시계의 정수 카운터 부분을 증가시키고 자신의 작업이 수신 메시지보다 늦게 정렬되도록 보장한다.

하이브리드 시계를 사용한다면 앨리스는 주피터에게 보스턴의 보유량을 줄이라는 메시지를 보내고, 주피터는 그 작업을 시스템 타임스탬프와 카운터(19:30, 0)로 기록해 앨리스에게 반환한다. 앨리스는 받은 메시지를 넵튠에게 넘겨 런던의 증가를 요청한다. 넵튠은 앨리스가 보고한 메시지의 타임스탬프가 (19:30, 0)임을 확인하는데, 이는 자신의 시계 19:25보다 앞선 것이다. 그렇기 때문에 넵튠은 카운터를 증가시켜 (19:30, 1)이라는 하이브리드 타임스탬프를 만들어 레코드를 기록할 때 사용하고, 앨리스에게 확인 응답(그림 2.49)을 보낸다.

이는 문제의 일부만을 해결한다. 넵튠의 시스템 시계가 느리더라도 주피터에 저장한 레코드보다 늦게 넵튠에 저장한 레코드들이 타임스탬프가 더 높다. 하지만 부분 순서(partial order) 문제는 아직 해결되지 않았다. 다른 클라이언트인 밥이 읽기를 시도하고 그 요청을 넵튠처럼 시계가 더딘 새턴에서 19:25에 처리하면, 밥은 런던과 보스턴 모두에서 예전 데이터를 보게 된다. 앨리스와 밥이 서로 이야기한다면 동일한 데이터 값을 다르게 보고 있음을 깨달을 것이다.

이를 방지하기 위해 시계 제한 대기(Clock-Bound Wait)를 사용한다. 이 방법은 값을 저장하기 전에 일정 시간 대기해 클러스터 내 모든 노드의 시계가 해당 레코드에 할당된 타임스탬프를 충분히 지나도록 보장한다.

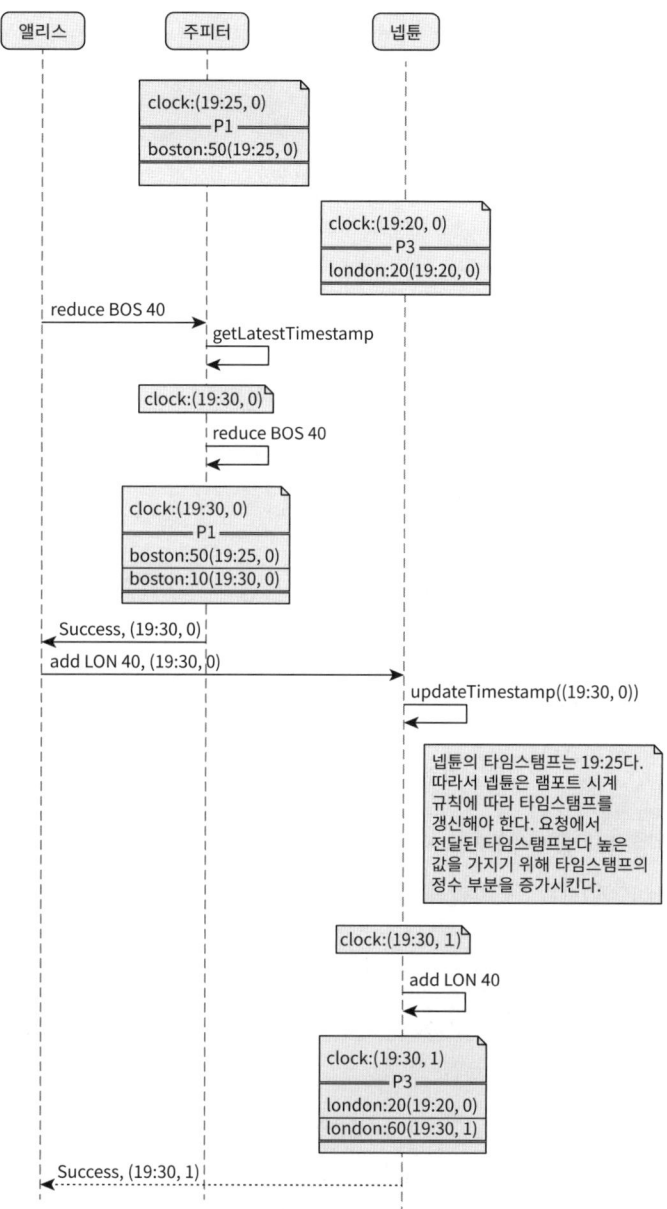

그림 2.49 하이브리드 시계는 시스템 타임스탬프와 카운터를 같이 사용한다.

앞 절에서 본 예제로 돌아가 보자. 클러스터 노드의 최대 시간 스큐(skew)가 5초라고 가정하면 모든 쓰기 작업은 최대 5초 동안 기다렸다가 값을 저장할 수 있다(그림 2.50).

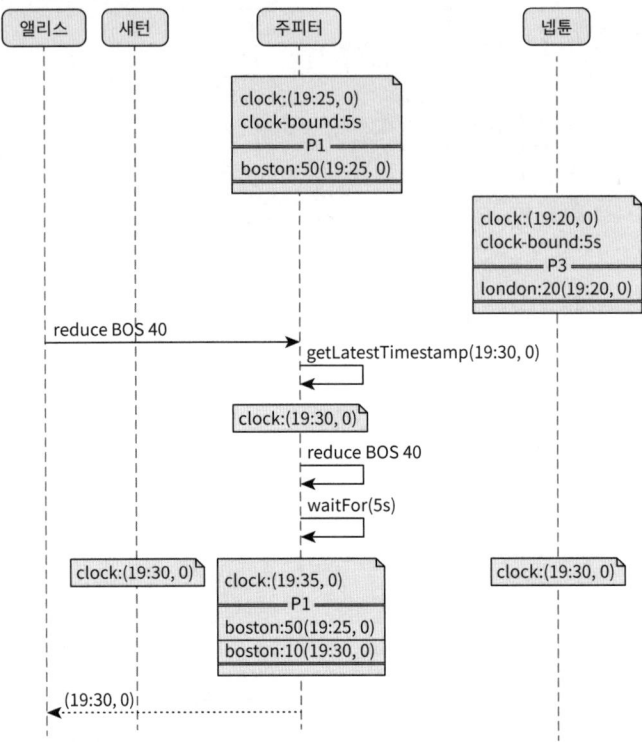

그림 2.50 주피터는 기다렸다가 값을 갱신한다.

즉, 넵튠과 주피터 값을 저장한 시간이 19:30이면 클러스터에 있는 모든 노드의 시계는 반드시 19:30보다 큰 시간을 가리키게 된다(그림 2.51).

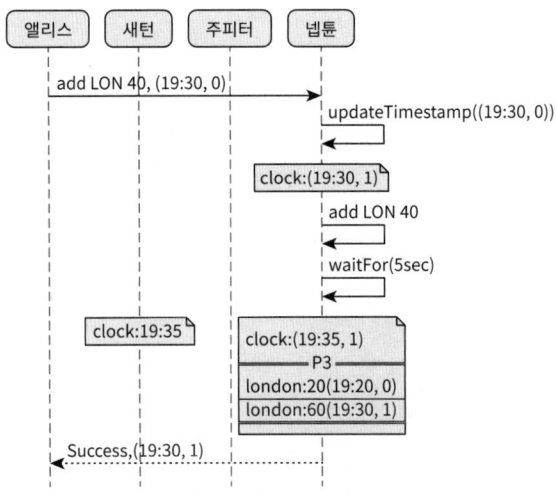

그림 2.51 넵튠은 기다렸다가 값을 갱신한다.

이제는 밥이 최신 값을 읽으려고 하고 넵튠과 동일하게 시계가 더딘 새턴에서 밥의 요청을 처리하기 시작한다면, 밥은 보스턴의 최신 값 읽기를 보장받는다. 즉, 이 값은 19:30 타임스탬프에 기록된 값이며 이 과정은 그림 2.52에 나와 있다.

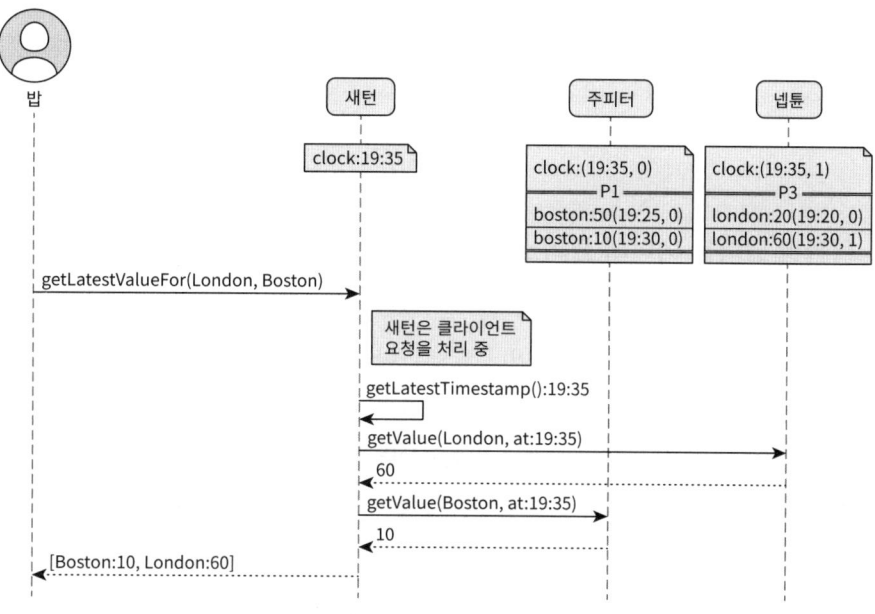

그림 2.52 읽기 요청은 시계 제한 대기로 최신 값을 읽는다.

이 접근법에서는 전체 노드가 최대 시계 스큐까지 기다리므로 클러스터 노드에서 어떤 요청이 시작되더라도 각자의 시곗값에 상관없이 최신 값 보기를 보장받는다.

이 방법에서 까다로운 부분은 클러스터 내 모든 시계 사이에서 스큐가 얼마나 있는지 알아내는 일이다. 충분히 기다리지 않으면 필요한 순서를 얻을 수 없다. 하지만 너무 오래 기다리면 쓰기 작업의 처리량이 떨어진다. 대다수 오픈소스 데이터베이스는 쓰기 작업에서 대기를 피하기 위해 읽기 재시작(Read Restart)이라는 기법을 사용한다. 이 기법은 시계 제한 대기(Clock-Bound Wait) 패턴의 '읽기 재시작' 절에서 다룰 예정이다.

몽고DB, 유가바이트DB, 코크로치DB와 같은 데이터베이스는 하이브리드 시계를 사용한다. 이 데이터베이스들은 클러스터 노드 간의 정확한 시계 스큐를 제공하는 시계 시스템에 의존하지 않는 대신, 설정 가능한 최대 시계 스큐를 가정하는 시계 제한 대기를 사용한다. 구글은 트루타임[5]을 개발해 데이터센터 내에서 시계 스큐가 7ms를 초과하지 않도록 보장한다. 트루타임은 구글의 스패너[6] 데이터베이스에서 사용된다. AWS에는 클록 바운드(Clock Bound)라는 라이브러리가 있는데, 이 라이브러리에는 클러스터 노드 간에 시계 스큐를 제공하는 유사한 API가 있다. 이 글을 쓰는 시점에 클록 바운드가 트루타임과 달리 상한에 대한 보장을 제공하지 않는다.

일관성 코어는 데이터 클러스터의 멤버십을 관리한다

클러스터 하나는 수백에서 수천 대의 노드를 가질 수 있다. 클러스터는 부하가 증가하면 노드를 추가하고 실패하거나 트래픽이 감소하면 노드를 제거하는 식으로 동적으로 운용된다. 대규모 클러스터는 아파치 카프카나 쿠버네티스 클러스터, 몽고DB, 카산드라, 코크로치DB, 유가바이트DB 같은 데이터베이스를 다룰 때 자주 접하게 된다. 이런 클러스터를 관리하려면 클러스터에 속한 노드를 추적해야 한다. 파티션한 데이터는 키를 논리 파티션에, 파티션을 노드에 매핑하는 정보를 추적해야 한다. 이런 관리가 내결함성 있는 방식으로 이루어져야 하므로 제어 노드 하나의 실패가 전체 클러스터를 다운시키지 않도록 해야 한다. 또한 관리 데이터는 강한 일관성을 가져야 한다. 그렇지 않으면 데이터가 손상될 위험이 있다.

이런 조건들을 달성하는 데는 앞서 설명했듯이 복제 로그(Replicated Log)가 매우 훌륭한 방법이다. 하지만 복제 로그는 과반수 정족수(Majority Quorum)를 사용하는데, 과반수 정족수는 수천 대의 복제본으로 확장할 수 없다. 대신 일관성 코어(Consistent Core)가 대규모 클러스터의 관리를 맡아 수행할 수 있다. 일관성 코어는 대규모 데이터 클러스터를 관리하는 책임을 지는 소수의 노드 집합으로, 리스(Lease)와 상태 감시(State Watch)로 데이터 클러스터의 멤버십을 추적한다(그림 2.53).

이 요구는 분산 서비스에서는 매우 일반적이라서 일부 제품은 일관성 코어를 활용하는 데 필요한 범용 기능(리스와 상태 감시 같은 패턴)을 포함하고 있다. 일관성 코어 컴포넌트로 자주 사용하는 제품의 예로는 아파치 주키퍼와 etcd가 있다.

---

5 https://cloud.google.com/spanner/docs/true-time-external-consistency
6 https://cloud.google.com/spanner

리스의 용도 중 하나는 클러스터 노드의 등록과 실패 감지다. 아파치 주키퍼의 일시(ephemeral) 노드 구현이나 etcd의 리스 기능이 여기에 해당한다. 데이터 클러스터 노드인 주피터는 고유 ID나 이름으로 일관성 코어에 자신을 등록한다. 노드 엔트리는 리스로 추적되며 주기적인 하트비트로 연장 갱신된다(그림 2.54).

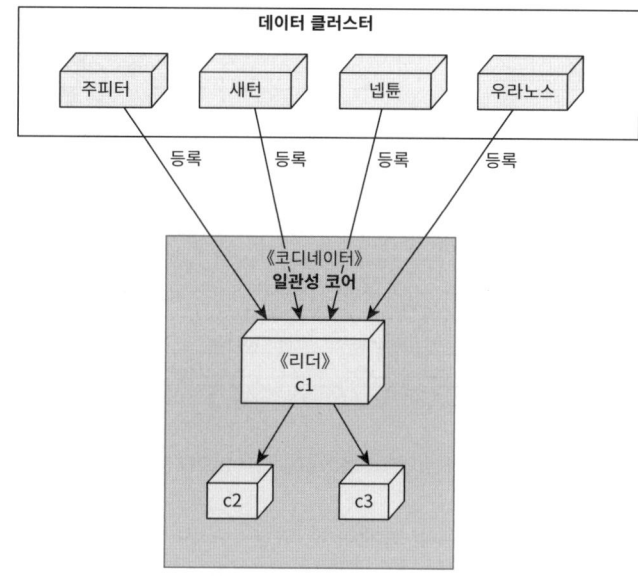

그림 2.53 일관성 코어는 클러스터의 멤버십을 추적한다.

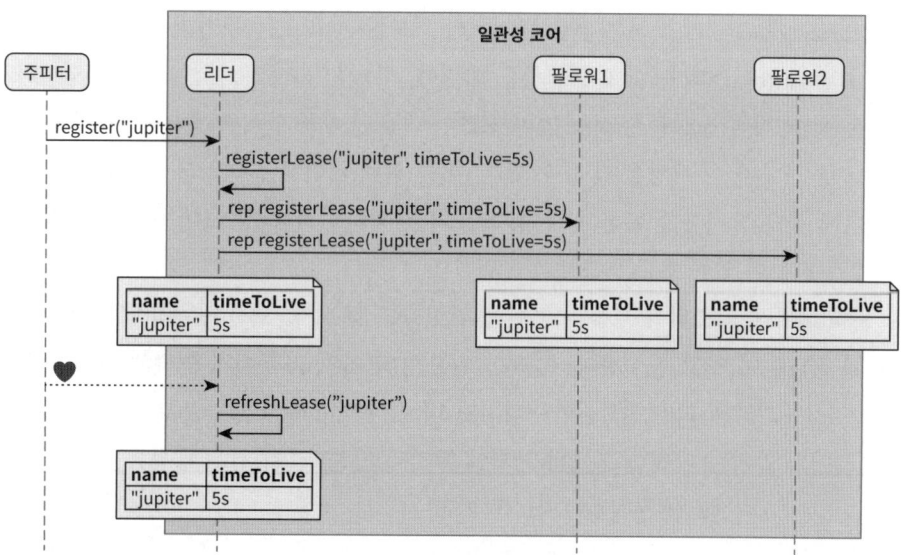

그림 2.54 일관성 코어는 리스를 추적한다.

일관성 코어의 리더는 리프레시하지 않은 리스를 주기적으로 확인한다. 만약 주피터가 죽어서 하트비트 전송을 중단하면 해당 리스는 제거된다(그림 2.55).

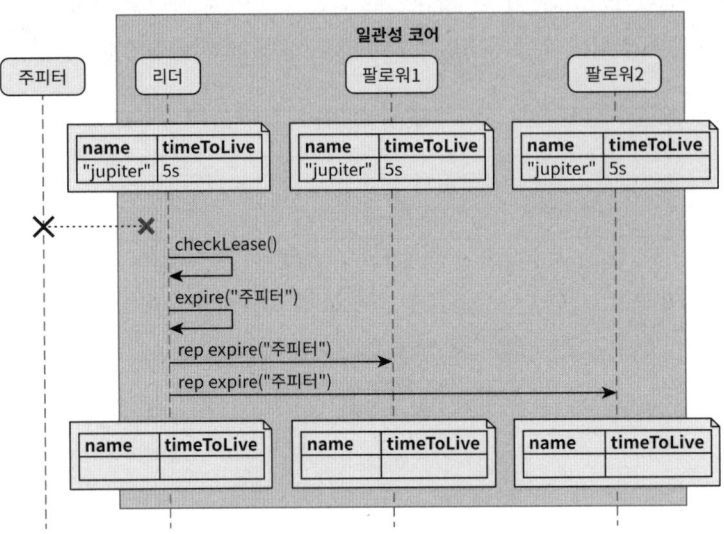

그림 2.55 리스는 연장 갱신(renew)되지 않으면 만료한다.

리스는 복제된다. 그래서 리더가 실패하면 일관성 코어의 새 리더가 리스 추적을 시작한다. 이후 주피터는 새 리더와 연결하고 하트비트를 계속 보내야 한다.

아파치 주키퍼나 etcd 같은 범용 일관성 코어를 사용하는 경우, **클러스터 컨트롤러**(Cluster Controller)라고 하는 전용 클러스터 노드가 etcd 또는 주키퍼에 저장된 정보를 활용해 클러스터를 대표해 결정을 내린다. 아파치 카프카의 컨트롤러[Rao2014]가 좋은 예다. 다른 노드들은 이 특별한 노드가 다운될 때를 알아야 한다. 그래야 다른 노드 중 하나가 이 책임을 맡을 수 있다. 이를 위해 데이터 클러스터 노드는 일관성 코어에 상태 감시를 등록한다. 특정 노드가 실패하면 일관성 코어는 해당 노드에 관심(interest)이 있는 모든 노드에게 알린다.

주피터가 클러스터 컨트롤러 역할을 맡았다고 해보자. 넵튠은 주피터의 리스가 언제 끝나는지 알고 싶어한다. 그래서 일관성 코어의 리더에게 연락해 관심을 등록한다. 주피터의 리스 만료, 즉 주피터가 더 이상 작동하지 않는다고 했을 때 일관성 코어의 리더는 어떤 노드에게 알려야 할지 확인한다. 이 경우 넵튠은 리스-삭제(lease-deleted) 이벤트를 통보받는다(그림 2.56).

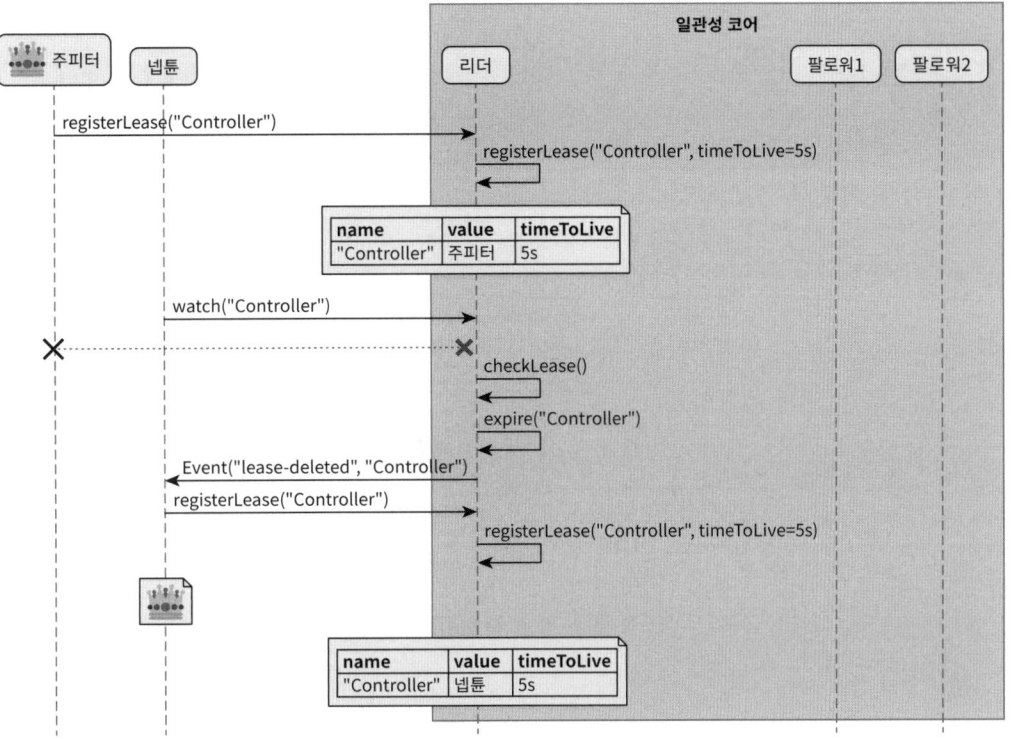

그림 2.56 노드는 일관성 코어를 사용해 클러스터의 상태 변화를 감시한다.

일관성 코어의 리더가 팔로워에 보내는 복제 메시지는 다이어그램에 표시하지 않았다.

넵튠이 모든 이벤트를 올바른 순서로 받는 일은 매우 중요하다. 통신 프로토콜이 이 문제를 해결할 수 있지만, 넵튠이 일관성 코어와 단일 소켓 채널(Single-Socket Channel)로 연결하는 방법이 더 효율적이다.

아파치 주키퍼와 etcd는 아파치 카프카와 쿠버네티스 같은 제품에서 사용하는 범용 프레임워크의 예다. 클러스터 소프트웨어가 복제 로그를 직접 구현하고 자체 일관성 코어로 의사 결정을 수행하는 방법도 때때로 편리하다. 예로는 아파치 카프카의 컨트롤러 기반 정족수[McCabe2021], 몽고DB의 주(primary) 클러스터, 유가바이트DB의 마스터 클러스터가 있다.

일관성 코어가 클러스터 노드에 고정 파티션을 할당하는 경우를 예로 들어보자. 주피터, 넵튠, 새턴 세 노드가 일관성 코어에 등록한다. 등록을 완료하면 일관성 코어는 파티션을 클러스터 노드 전체에 걸쳐 균등하게 매핑한다(그림 2.57).

2장 | 패턴 개요   **59**

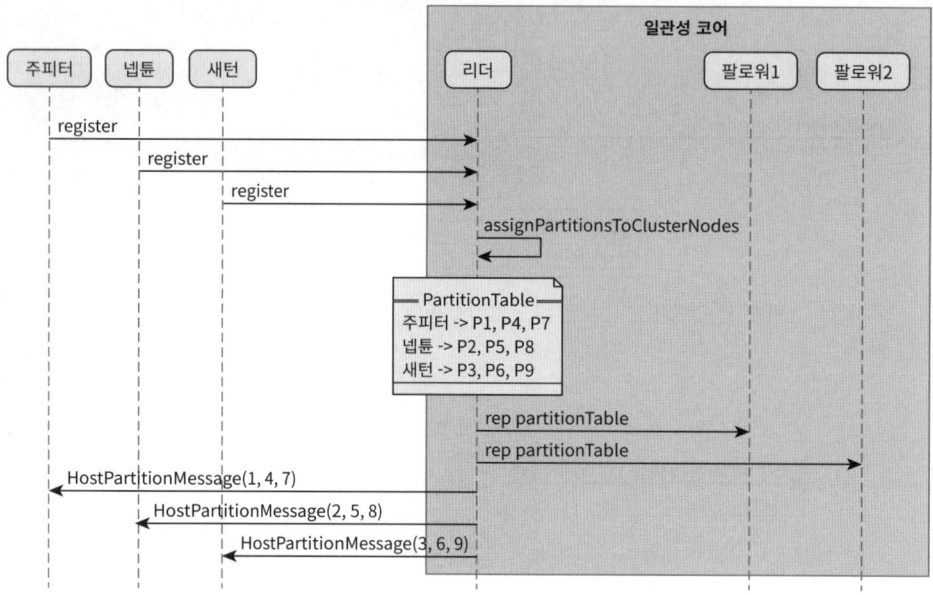

그림 2.57 일관성 코어는 파티션을 클러스터 노드에게 할당한다.

탈중앙화 클러스터 관리를 위한 가십 전파

카산드라 같은 일부 시스템은 중앙화된 일관성 코어에 의존하기보다는 최종적 일관성(eventual consistency)을 지향한다. 이런 시스템은 클러스터 메타데이터에 불일치가 약간 있더라도 메타데이터가 빠르게 수렴한다면 이를 용인한다. 노드 총 대수, 네트워크 주소, 호스팅하는 파티션 등과 같은 메타데이터는 여전히 모든 노드에 어떤 식으로든 전파해야 한다(이 글을 작성하는 시점에는 카산드라를 일관성 코어로 이주(migration)하자는 제안이 있다)[7].

이전 절에서 설명했듯이 클러스터에는 노드가 수천 대에 달할 수도 있는데, 각 노드의 정보는 다른 모든 노드에 전달해야 한다. 이때 모든 노드가 서로 통신하면 통신 오버헤드가 너무 크다. 가십 전파(Gossip Dissemination)는 이 문제를 해결하는 흥미로운 방법이다. 일정한 주기로 각각의 노드는 무작위로 다른 노드를 선택하고 클러스터의 상태 정보를 보낸다. 이 통신 방식에는 멋진 특성이 있는데, 노드 n대로

---

[7] (옮긴이) 글쓴이가 쓰는 시점에는 제안이었을지 모르나 2장 끝에서 카산드라가 일관성 코어로 전환을 완료했다는 내용이 나온다[Tunnicliffe2023].

이루어진 클러스터에서 정보가 모든 노드에 전달되는 시간은 $log(n)$에 비례한다는 점이다. 재밌게도 이 특성은 전염병이 대규모 지역 사회에 퍼지는 방식과 일치한다. 전염병학 내 수학 분야는 전염병이나 소문이 사회에 퍼지는 방식을 연구한다. 질병은 사람이 무작위로 소수의 개인과 접촉해도 매우 빠르게 퍼진다. 극소수의 접촉만으로 인구 전체가 감염될 수 있다. 가십 전파는 이런 수학 모델에 기반한다. 노드가 주기적으로 소수의 다른 노드에 정보를 보내면 대규모 클러스터라도 해당 정보를 빨리 얻을 수 있다.

예를 들어 서버 8대가 있고 각각의 서버는 서버 이름과 함께 사용되는 행성의 색깔 정보를 저장하고 있다고 하자(그림 2.58). 여기서 모든 서버는 색깔을 전부 알기 원한다.

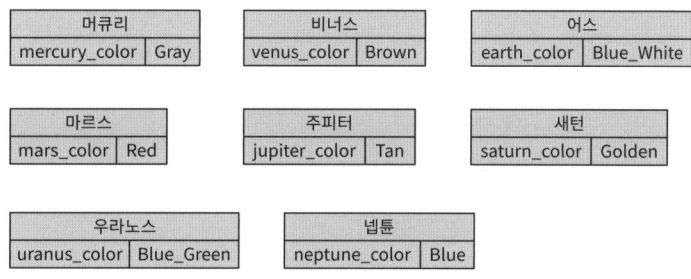

그림 2.58 예제 클러스터. 각각의 노드는 색깔을 보유한다.

머큐리가 비너스로 가십 메시지를 보내는 것으로 시작한다(그림 2.59).

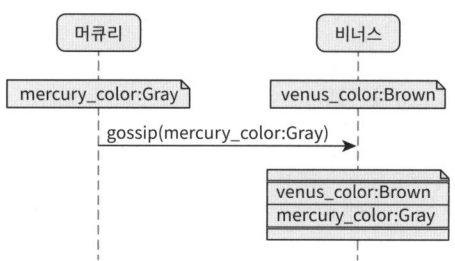

그림 2.59 머큐리는 비너스로 가십 메시지를 전달한다.

그러면 비너스는 넵튠에게 가십 메시지를 보낸다. 이때 가십 메시지는 이전 가십 메시지의 내용을 모두 포함한다(그림 2.60).

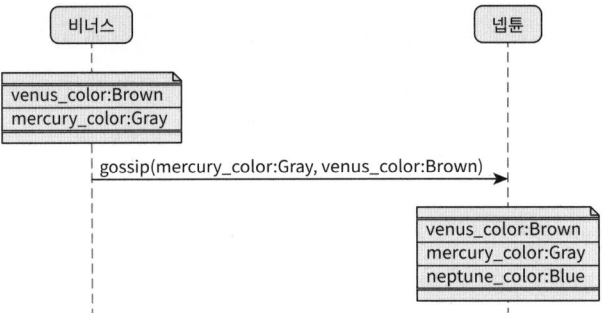

그림 2.60 비너스는 넵튠으로 가십 메시지를 전달한다.

동시에 주피터는 가십 메시지를 마르스로 보낸다(그림 2.61).

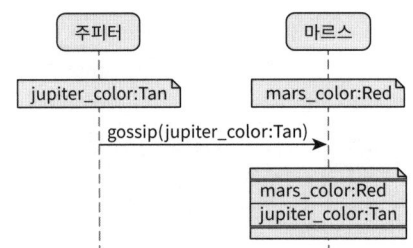

그림 2.61 주피터는 마르스로 가십 메시지를 전달한다.

우라노스는 어스로 가십 메시지를 전달한다(그림 2.62).

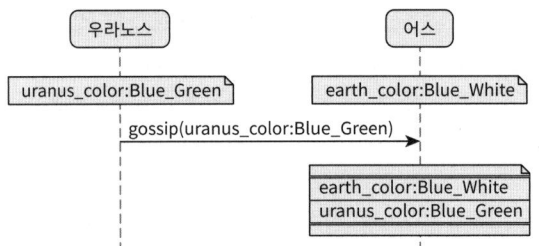

그림 2.62 우라노스는 어스로 가십 메시지를 전달한다.

어스는 마르스로 가십 메시지를 전달한다(그림 2.63).

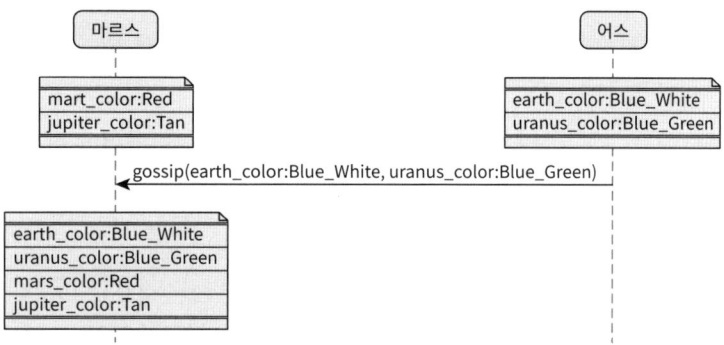

그림 2.63 어스는 마르스로 가십 메시지를 전달한다.

넵튠이 마르스로 가십 메시지를 전달하면 마르스는 머큐리, 비너스, 넵튠, 어스, 우라노스, 주피터, 마르스의 색깔을 가진다(그림 2.64)

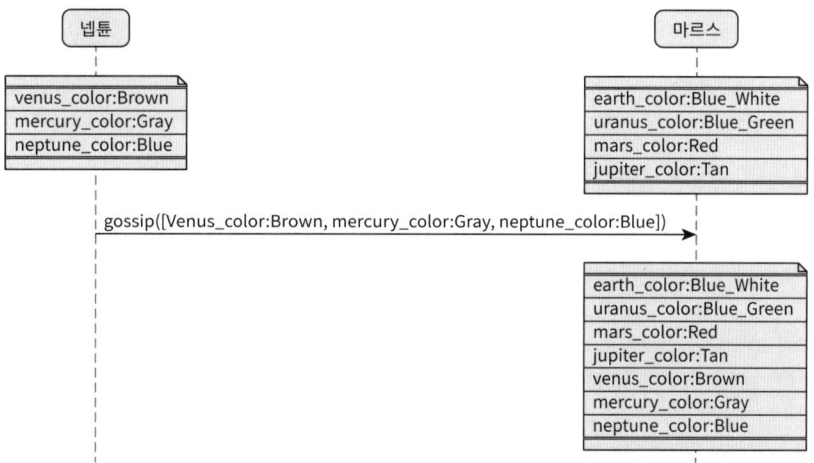

그림 2.64 넵튠은 마르스로 가십 메시지를 전달한다.

가십 전달은 각각의 노드에서 주기적으로 일어난다. 최종적으로 꽤나 빠르게 모든 노드가 같은 정보를 얻게 된다. 하시코프 컨슬(HashiCorp Consul)[8]에는 아주 훌륭한 수렴 시뮬레이터[9]가 있는데, 이 시뮬레이터는 가십 구현을 사용할 때 정보가 얼마나 빨리 수렴하는지 잘 보여 준다.

8 https://www.consul.io
9 https://www.serf.io/docs/internals/simulator.html

이 기술은 실제로 어떻게 사용할까? 카산드라 같은 제품에서 그룹 멤버십을 관리하는 방식이 일반적인 사용 사례 가운데 하나다. 100대의 노드로 구성된 큰 클러스터가 있다고 하자. 모든 노드는 서로를 알아야 한다. 클러스터 노드들은 무작위로 선택한 노드와 통신을 반복 수행해 이를 달성할 수 있다.

처음에는 모든 노드가 알고 있는 특별한 노드가 최소 하나 있어야 한다. 이 노드를 시드 노드(seed node)라 한다. 시드 노드는 설정해 지정하거나 시작할 때 알 수 있는 메커니즘을 사용할 수 있다. 시드 노드는 클러스터 노드 중 하나일 뿐이며 특별한 기능을 구현하지 않는다. 다만 다른 모든 노드에 알려져 있기만 하면 된다.

모든 노드는 시드 노드와 통신해 자신의 주소를 전송하는 것으로 시작한다. 시드 노드 또한 다른 노드처럼 무작위로 선택한 노드에 자신이 알고 있는 정보를 반복적으로 전송하는 작업 스케줄을 수행한다.

예를 들어 넵튠이 시드 노드라고 하자. 먼저 주피터가 넵튠에게 자신의 주소를 전송한다(그림 2.65).

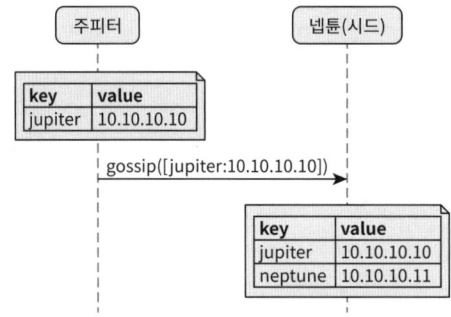

그림 2.65 주피터는 넵튠으로 가십 메시지를 전달한다.

그 후 새턴도 동작하면 넵튠에게 같은 식으로 자신의 주소를 전송한다(그림 2.66).

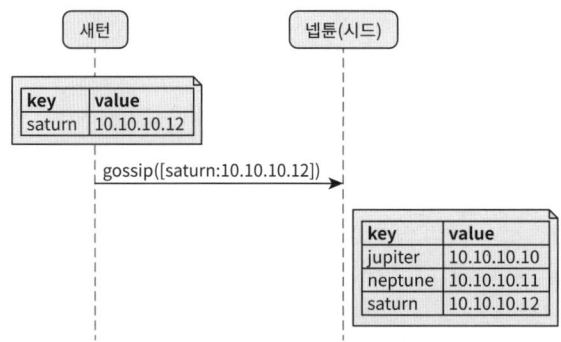

그림 2.66 새턴은 넵튠으로 가십 메시지를 전달한다.

주피터, 새턴, 넵튠 모두 반복적으로 무작위로 노드를 선택하고 자신이 가진 모든 정보를 선택한 노드에 전송한다. 그러다가 어느 순간 넵튠이 주피터를 선택하고 자신이 가진 정보를 주피터에 보낸다. 이제는 넵튠과 주피터 모두 새턴을 알게 된다(그림 2.67).

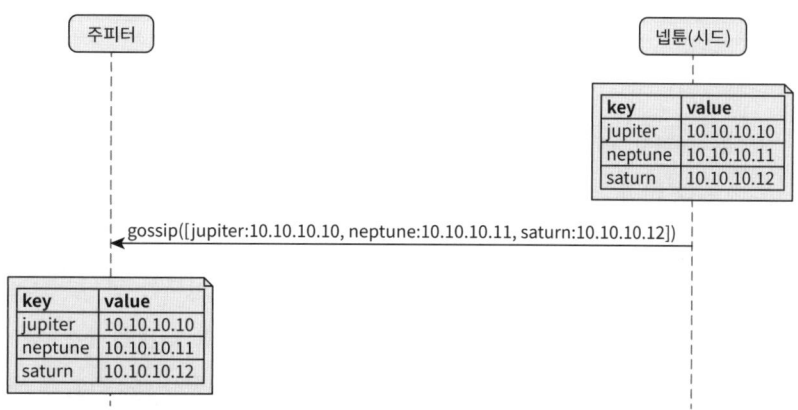

그림 2.67 넵튠은 주피터로 가십 메시지를 전달한다.

다음 주기에 주피터나 넵튠 중 하나가 새턴을 선택하고 자신이 가진 모든 정보를 새턴에 전송한다. 이제 새턴도 주피터를 알게 된다(그림 2.68). 이 시점에서 세 노드 모두 서로를 알게 된다(그림 2.69).

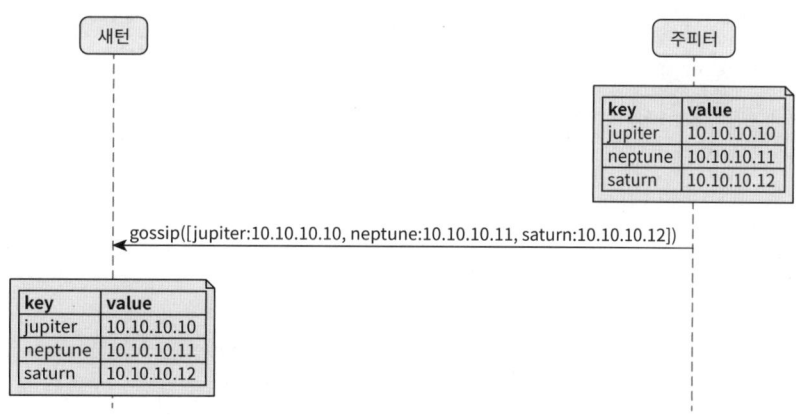

그림 2.68 주피터는 새턴으로 가십 메시지를 전달한다.

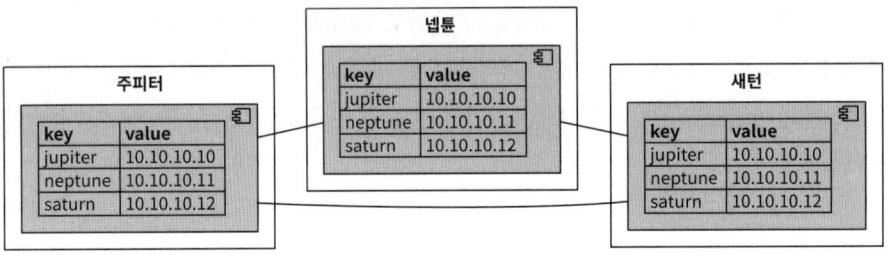

그림 2.69 모든 노드가 서로를 알고 있다.

가십 전파는 대규모 클러스터에서 정보를 전파하는 데 일반적으로 사용하는 기법이다. 카산드라, 아카, 컨슬 같은 제품은 가십 전파를 활용해 대규모 클러스터에서 그룹 멤버십 정보를 관리한다.

가십 프로토콜의 주요 제약 사항은 최종적 일관성만 제공한다는 점이다. 더욱 강한 일관성이 필요하다면 가십 전파보다 일관성 코어 구현을 선호한다. 예를 들어 카산드라는 가십 프로토콜에서 소규모의 일관성 코어[Tunnicliffe2023]로 전환해 메타데이터를 유지 관리한다.

아카와 같은 일부 시스템은 명시적인 리더 선출 없이 특정 클러스터 노드를 클러스터 코디네이터로 지정한다. 일관성 코어와 비슷하게 자생적 리더(Emergent Leader)는 클러스터를 대신해 의사 결정을 내린다. 리더를 지정하는 일반적인 방법은 클러스터에서 노드를 나이순으로 정렬하는 것이다. 가장 오래된 노드를 클러스터 리더로 지정하고 의사 결정을 맡긴다. 명시적으로 선출하지 않기 때문에 스플릿 브레인(split brain) 같은 문제로 비일관성이 발생할 수 있다. 스플릿 브레인은 자생적 리더 패턴의 '스플릿 브레인' 절에서 다시 설명한다.

Patterns of Distributed Systems

2부

데이터 복제 패턴

데이터 복제는 사용자에게 서비스 연속성을 보장하는 데 필수적이다. CAP[Brewer1999] 정리[1]에 따르면 설계의 선택은 실패가 발생했을 경우 데이터 일관성이 중요한지 아니면 가용성을 선호하는지에 따라 달라진다. 한편에서는 내결함성을 달성하면서도 강력한 일관성을 보장하는 상태 기계 복제(State Machine Replication)[Schneider1990]와 같은 기법이 있다. 상태 기계 복제에서는 키-값 저장소와 같은 스토리지 서비스가 여러 서버에 복제되며, 사용자 입력은 각각의 서버에서 동일한 순서로 실행된다. 여기서 핵심 구현 기술은 쓰기 전 로그(Write-Ahead Log)를 여러 서버에 복제해 복제 로그(Replicated Log)를 보유하는 일이다. 다른 한편으로 기본적인 과반수 정족수(Majority Quorum) 메커니즘을 사용하면 느슨한 일관성을 달성할 수 있다.

이 절에서 다루는 패턴은 주로 복제 메커니즘을 중심으로 설명한다.

---

[1] (옮긴이) Consistency, Availability, Partition tolerance의 약자다. *https://en.wikipedia.org/wiki/CAP_theorem*

Patterns of Distributed Systems　　　　　　　　　　　　　　　　　　　　3장

Pattern 1
쓰기 전 로그

> 모든 상태 변화를 명령어 형태로 덧붙이기(append) 전용 로그에 남겨 저장소 자료구조(data structure)를 디스크에 플러시(flush)*하지 않고도 지속성을 제공한다. 쓰기 전 로그는 커밋 로그라고도 한다.

flush
캐시나 버퍼 등 메모리에 있는 데이터를 하드디스크와 같은 영구 저장 매체에 기록하는 작업

문제

서버가 데이터 저장에 실패해도 강한 지속성을 보장해야 한다. 서버가 어떤 작업을 수행하기로 했으면 서버가 실패해 메모리에서 상태를 모두 잃고 재시작하더라도 해당 작업을 수행해야 한다.

해결책

각각의 상태 변화를 명령어 형태로 하드디스크의 파일에 저장한다(그림 3.1). 단일 로그는 각각의 서버 프로세스에 유지 관리하고 순차적으로 덧붙여진다(append). 순차적으로 단일 로그를 사용하면 재시작할 때 필요한 로그 작업과 이후 이어지는 온라인 작업(새 명령어가 로그에 추가될 때)의 처리가 단순해진다. 각각의 로그 엔트리에는 고유 식별자를 부여한다. 이 식별자는 분할 로그(Segmented Log)를 다루거나 로우 워터마크(Low-Water Mark)로 로그를 정리하는 등 특정 로그 작업을 구현하는 데 도움을 준다. 로그 갱신은 단일 갱신 큐(Singular Update Queue)로 구현할 수 있다.

다음 코드는 로그 엔트리의 전형적인 구조다.

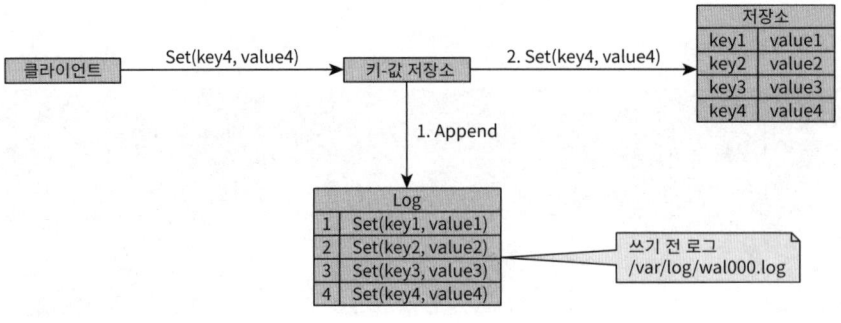

그림 3.1 쓰기 전 로그

```
class WALEntry...

  private final Long entryIndex;
  private final byte[] data;
  private final EntryType entryType;
  private final long timeStamp;
```

다시 시작할 때마다 로그를 덧붙인 파일을 읽고 모든 로그 엔트리를 다시 실행해 상태를 복구할 수 있다.

간단한 인메모리(in-memory)* 키-값 저장소가 있다고 하자.

in-memory
데이터를 주기억장치인 메모리에 저장하고 관리하는 방식.

```
class KVStore...

  private Map<String, String> kv = new HashMap<>();

  public String get(String key) {
      return kv.get(key);
  }

  public void put(String key, String value) {
      appendLog(key, value);
      kv.put(key, value);
  }

  private Long appendLog(String key, String value) {
      return wal.writeEntry(new SetValueCommand(key, value).serialize());
  }
```

put 동작은 'Command'로 표현된다. 이 'Command'를 직렬화해 로그에 저장한 다음, 인메모리 해시맵을 갱신한다.

```
class SetValueCommand...

  final String key;
  final String value;

  public SetValueCommand(String key, String value) {
      this.key = key;
      this.value = value;
  }

  @Override
  public void serialize(DataOutputStream os) throws IOException {
      os.writeInt(Command.SetValueType);
      os.writeUTF(key);
      os.writeUTF(value);
  }

  public static SetValueCommand deserialize(InputStream is) {
      try {
          var dataInputStream = new DataInputStream(is);
          return new SetValueCommand(dataInputStream.readUTF(),
                                     dataInputStream.readUTF());
      } catch (IOException e) {
          throw new RuntimeException(e);
      }
  }
}
```

put 메서드 실행에 성공하면 KVStore를 소유한 프로세스가 죽더라도, 프로세스가 재가동되면 로그 파일을 읽어 상태를 복원할 수 있다.

```
class KVStore...

  public KVStore(Config config) {
      this.config = config;
      this.wal = WriteAheadLog.openWAL(config);
      this.applyLog();
  }

  public void applyLog() {
      List<WALEntry> walEntries = wal.readAll();
      applyEntries(walEntries);
      applyBatchLogEntries(walEntries);
  }

  private void applyEntries(List<WALEntry> walEntries) {
      for (WALEntry walEntry : walEntries) {
```

```
            Command command = deserialize(walEntry);
            if (command instanceof SetValueCommand) {
                SetValueCommand setValueCommand = (SetValueCommand)command;
                kv.put(setValueCommand.key, setValueCommand.value);
            }
        }
    }
```

구현 시 고려사항

로그 파일에 기록한 엔트리를 물리적 매체에 실제로 저장했는지 확인하는 일이 매우 중요하다. 모든 프로그래밍 언어의 파일 처리 라이브러리에는 운영체제가 파일 변경 사항을 물리적 매체로 플러시하게 강제하는 메커니즘이 있다. 그러나 플러시를 사용할 때는 고려해야 할 트레이드오프(trade-off)*가 있다.

> **trade-off**
> 한 측면이 좋아지면 다른 측면이 나빠지는 상충 관계. 서로 대립하는 성질 사이에서 최적점을 찾아야 하는 상황을 말함.

로그를 쓸 때마다 디스크에 플러시하면 로그를 사용하는 주요 목적인 강한 지속성을 보장하지만 성능이 심각하게 떨어져 빠르게 병목 현상이 발생할 수 있다. 플러시를 지연 또는 비동기로 수행하면 성능은 향상되지만, 플러시 전에 서버가 죽으면 로그 엔트리를 잃어버릴 위험이 있다. 대부분의 구현체는 묶음 처리(batching) 등의 기법을 사용해 플러시 작업의 충격을 완화한다.

또 다른 고려사항은 로그를 읽을 때 로그 엔트리가 손상됐는지 감지하는 것이다. 이를 해결하기 위해 로그 엔트리는 대개 CRC* 레코드와 함께 기록되며 파일을 읽을 때 이를 검증한다. CRC는 저렴한 계산 비용으로 엔트리 손상을 감지할 수 있게 해주지만, 엔트리 종료 마커(end-of-entry marker)* 같은 간단한 기법도 매우 유용하다. 로그에 마커가 없다면 로그 엔트리가 제대로 기록되지 않은 것이므로 복구할 때 폐기될 수 있다.

> **cyclic redundancy check**
> 데이터 무결성을 검사하는 오류 감지 코드.
>
> **end-of-entry marker**
> 엔트리의 끝을 나타내는 특별한 표시.

단일 로그 파일은 관리가 점점 어려워지고 빠르게 저장소 용량을 전부 채울 수 있다. 분할 로그(Segmented Log)나 로우 워터마크(Low-Water Mark) 등의 기법을 사용하면 이 문제를 해결할 수 있다.

쓰기 전 로그는 덧붙이기 전용이다. 이런 특성 때문에 클라이언트 통신이 실패해 재시도할 때 로그에 중복 엔트리가 포함될 수 있다. 로그 엔트리를 적용할 때는 중복을 무시해야 한다. 최종 상태가 동일 키에 대한 갱신이 멱등(idempotent)*인 해시맵(HashMap) 같은 자료구조라면 여기에는 특별한 메커니즘이 필요 없다. 그렇지 않다면 각각의 요청에 고유 식별자를 부여해 중복을 감지하는 메커니즘이 필요하다.

> **Idempotent**
> 동일한 연산을 여러 번 적용하더라도 결과가 달라지지 않는 성질. 35쪽 참조.

중요한 사실은 쓰기 전 로그가 안전한 저장소를 전제로 한다는 점이다. 저장 매체가 실패하면 쓰기 전 로그 자체를 잃어버릴 수 있다. 이런 실패를 견디기 위해서 복제 로그(Replicated Log) 패턴을 사용해야 한다.

쓰기 전 로그는 특히 오늘날 사용하는 스토리지 시스템의 특성 때문에 널리 사용되는 패턴이다. 이는 데이터를 휘발성 메모리(RAM)에서 수정한 다음 하드디스크에 저장하는 식으로 유지하기 때문인데, 향후 인텔 옵테인(Intel Optane)[1]과 같은 비휘발성 메모리 제품이 부상한다면 쓰기 전 로그의 필요성이 줄어들지도 모른다. 대신 쓰기 후 로그(write-behind logging)[Arulraj2016]와 같은 기법을 활용할 수 있다.

트랜잭션 저장소에서의 활용법

쓰기 전 로그는 트랜잭션 저장소(transactional storage)를 구현하는 데 자주 사용한다. 브랜색션 개념에서는 난일 트랜잭션 내에서 발생한 변경 사항을 하나의 원자적 연산 수행으로 간주한다. 변경 사항은 트랜잭션을 완료하면 모두 반영하고, 실패하면 모두 반영하지 않는다. 또한 변경 사항을 한 번 반영하면 변경 사항은 지속된다. 여러 트랜잭션은 서로 간섭하지 않으며, 트랜잭션이 완료되면 데이터 저장소는 일관성 있는 상태가 된다.

쓰기 전 로그를 사용하면 간단하게 지속적으로 원자적 갱신이 이루어지는 방법을 제공한다. 트랜잭션의 다른 두 가지 속성인 일관성(consistency)과 격리성(isolation)은 잠금(lock)을 이용한 동시성 제어 메커니즘으로 제공되어야 한다. 이 속성의 구현은 2단계 커밋(Two-Phase Commit) 패턴의 '잠금과 트랜잭션 격리' 절에서 다룬다.

록스DB[2]는 쓰기 전 로그를 사용해 원자적 갱신을 제공하는 좋은 예다. 록스DB에서는 원자적으로 저장해야 하는 여러 키와 값을 엮어 하나의 묶음(batch)으로 만들고, 이후 전체 묶음은 데이터 저장소에 기록한다. 데이터 저장소는 전체 묶음에 대한 단일 엔트리를 쓰기 전 로그에 기록한다. 엔트리를 로그에 성공적으로 기록하면 키-값 저장소에 추가된다.

`"author"`와 `"title"`을 키로 하는 키-값 레코드 두 개를 원자적으로 추가하는 다음 예제를 보자. 쓰기 묶음 하나는 키-값 레코드 두 개를 생성한다.

---

[1] https://www.intel.in/content/www/in/en/products/docs/memory-storage/optane-persistent-memory/overview.html

[2] https://rocksdb.org

```
KVStore kv = new KVStore(config);
WriteBatch batch = new WriteBatch();
batch.put("title", "Microservices");
batch.put("author", "Martin");

kv.put(batch);
```

전체 묶음은 키-값 저장소에 기록된다. 해당 묶음은 단일 엔트리로 쓰기 전 로그에 덧붙여진다.

```
public void put(WriteBatch batch) {
    appendLog(batch);
    kv.putAll(batch.kv);
}
```

재시작에서 묶음 엔트리를 읽을 때 키와 값을 복구하기 위해 전체 묶음을 적용한다.

```
private void applyBatchLogEntries(List<WALEntry> walEntries) {
    for (WALEntry walEntry : walEntries) {
        Command command = deserialize(walEntry);
        if (command instanceof WriteBatchCommand) {
            WriteBatchCommand batchCommand = (WriteBatchCommand) command;
            WriteBatch batch = batchCommand.getBatch();
            kv.putAll(batch.kv);
        }
    }
}
```

서버가 죽었을 때 이렇게 하면 묶음 전체를 사용하거나 아예 사용하지 못하게 된다.

이벤트 소싱과의 비교

변경 사항 로그는 이벤트 소싱(Event Sourcing)[Fowler2005]의 이벤트 로그와 유사하다. 실제로 이벤트 소싱 시스템은 쓰기 전 로그처럼 로그를 사용해 여러 시스템을 동기화한다. 그러나 이벤트 소싱 시스템은 로그를 쓰기 전 로그보다 다양한 용도로 사용한다. 예를 들어 이벤트 소싱 시스템은 과거 시점의 상태를 재구성할 수 있다. 이때 이벤트 소싱 로그는 진실의 원천(source of truth)으로 사용되며 로그 엔트리는 상당히 오랜 기간 혹은 무기한 보관된다.

하지만 쓰기 전 로그의 엔트리는 상태 복구를 위해서만 필요하다. 그래서 모든 노드가 갱신에 확인 응답을 보내면 로우 워터마크(Low-Water Mark) 이하의 엔트리를 폐기할 수 있다.

사례

- 잽(Zab)[Reed2008]과 래프트[Ongaro2014]같은 모든 합의 알고리즘에서 로그는 쓰기 전 로그와 비슷한 방식으로 구현된다.
- 아파치 카프카의 저장소는 데이터베이스의 커밋 로그와 유사한 구조를 사용해 구현된다.
- 카산드라와 같은 nosql 데이터베이스를 포함해 모든 데이터베이스는 지속성을 보장하기 위해 쓰기 전 로그 기법을 사용한다.

Patterns of Distributed Systems

4장

Pattern 2

분할 로그

하나의 큰 파일 대신 작은 크기의 여러 파일로 나누어 작업을 쉽게 한다.

문제

단일 로그 파일은 점점 커지다 보면 기동할 때 이를 읽는 과정에서 성능 병목이 생길 수 있다. 오래된 로그는 주기적으로 지우지만, 거대한 단일 파일을 지우는 작업은 구현하기가 쉽지 않다.

해결책

rolling
로그 파일이 일정 크기에 도달하면 새로운 파일을 생성하고 이전 파일을 보관하는 방식

단일 로그를 복수 개의 분할로 나눈다. 로그 파일은 특정 크기가 되면 롤링(rolling)* 된다.

```
class WriteAheadLog...

  public Long writeEntry(WALEntry entry) {
      maybeRoll();
      return openSegment.writeEntry(entry);
  }

  private void maybeRoll() {
      if (openSegment.size() >= config.getMaxLogSize()) {
          openSegment.flush();
          sortedSavedSegments.add(openSegment);
```

```
            long lastId = openSegment.getLastLogEntryIndex();
            openSegment = WALSegment.open(lastId, config.getWalDir());
    }
}
```

로그 분할을 구현할 때 논리 로그 오프셋(또는 로그 시퀀스 번호)을 로그 분할 파일로 쉽게 매핑하는 방법이 필요하다. 두 가지 방법이 있다.

- 각 로그 분할의 이름을 정해진 방식의 접두사(prefix)와 기본 오프셋(또는 로그 시퀀스 번호)으로 생성한다.
- 각각의 로그 시퀀스 번호를 파일 이름과 트랜잭션 오프셋 두 부분으로 나눈다.

```
class WALSegment...

    public static String createFileName(Long startIndex) {
        return logPrefix + "_" + startIndex + logSuffix;
    }

    public static Long getBaseOffsetFromFileName(String fileName) {
        String[] nameAndSuffix = fileName.split(logSuffix);
        String[] prefixAndOffset = nameAndSuffix[0].split("_");
        if (prefixAndOffset[0].equals(logPrefix))
            return Long.parseLong(prefixAndOffset[1]);

        return -1l;
    }
```

읽기 연산은 이 정보를 바탕으로 두 단계로 진행한다. 주어진 오프셋(또는 트랜잭션 ID)에서 로그 분할을 식별하고 후속 로그 분할에서 로그 레코드를 모두 읽는다.

```
class WriteAheadLog...

    public List<WALEntry> readFrom(Long startIndex) {
        List<WALSegment> segments
                    = getAllSegmentsContainingLogGreaterThan(startIndex);
        return readWalEntriesFrom(startIndex, segments);
    }

    private List<WALSegment>
            getAllSegmentsContainingLogGreaterThan(Long startIndex) {

        List<WALSegment> segments = new ArrayList<>();
```

```
    // 마지막 분할에서 시작 오프셋이
    // startIndex보다 작은 첫 번째 분할까지 역순으로 탐색
    // 이렇게 하면 시작 인덱스보다 큰 로그 항목을 포함하는 모든 분할을 찾을 수 있다.
    for (int i = sortedSavedSegments.size() - 1; i >= 0; i--) {
        WALSegment walSegment = sortedSavedSegments.get(i);
        segments.add(walSegment);

        if (walSegment.getBaseOffset() <= startIndex) {
            // 시작 인덱스보다 작은 baseoffset을 가진 첫 번째 분할에서 중단
            break;
        }
    }

    if (openSegment.getBaseOffset() <= startIndex) {
        segments.add(openSegment);
    }

    return segments;
}
```

사례

- 래프트와 같은 모든 합의 구현체는 로그 분할을 사용한다.
- 아파치 카프카의 저장소도 로그 분할을 활용해 구현한다.
- 카산드라와 같은 nosql 데이터베이스를 포함해 모든 데이터베이스는 미리 설정한 로그 크기를 기반으로 롤오버(rollover)* 전략을 사용한다.

rollover
현재 사용 중인 로그 파일이 크기 제한 등 특정 조건에 도달했을 때 새로운 파일로 전환하는 것을 의미. 롤링과 혼용해서 사용됨.

Patterns of Distributed Systems 5장

Pattern 3

로우 워터마크

쓰기 전 로그에서 폐기할 수 있는 위치를 나타내는 인덱스다.

문제

쓰기 전 로그는 모든 갱신을 지속성 있는 저장소에서 유지 관리한다. 이 로그는 시간에 따라 무한히 커질 수 있다. 분할 로그(Segmented Log)는 개별 파일을 작게 유지하지만 따로 확인하지 않는다면 총 디스크 사용량은 무한히 커질 수 있다.

해결책

로그 관리 장치에 로그의 어떤 부분을 안전하게 폐기할 수 있는지 알려 주는 메커니즘이 필요하다. 이 메커니즘은 로그를 폐기할 수 있는 가장 낮은 오프셋인 로우 워터마크를 제공한다. 별도의 스레드에서 백그라운드 작업을 실행해 지속적으로 로그의 어떤 부분을 폐기할 수 있는지 확인하고 해당 파일을 디스크에서 삭제한다.

```
class WriteAheadLog...

  this.logCleaner = newLogCleaner(config);
  this.logCleaner.startup();
```

로그 클리너(log cleaner)는 작업 스케줄로 구현할 수 있다.

```
class LogCleaner...

    public void startup() {
        scheduleLogCleaning();
    }

    private void scheduleLogCleaning() {
        singleThreadedExecutor.schedule(() -> {
            cleanLogs();
        }, config.getCleanTaskIntervalMs(), TimeUnit.MILLISECONDS);
    }

    public void cleanLogs() {
        List<WALSegment> segmentsToBeDeleted = getSegmentsToBeDeleted();
        for (WALSegment walSegment : segmentsToBeDeleted) {
            wal.removeAndDeleteSegment(walSegment);
        }
        scheduleLogCleaning();
    }
```

스냅샷 기반 로우 워터마크

주키퍼나 etcd(래프트[Ongaro2014]를 구현) 같은 합의 구현체 대부분은 스냅샷 메커니즘을 사용한다. 스냅샷 메커니즘 구현에서 저장소 엔진은 주기적으로 스냅샷을 생성한다. 스냅샷에는 적용에 성공한 로그 인덱스도 함께 저장한다. 쓰기 전 로그 패턴에서 소개한 간단한 키-값 저장소 구현을 참조하면 스냅샷은 다음과 같이 생성할 수 있다.

```
class KVStore...

    public SnapShot takeSnapshot() {
        Long snapShotTakenAtLogIndex = wal.getLastLogIndex();
        return new SnapShot(serializeState(kv), snapShotTakenAtLogIndex);
    }
```

스냅샷을 성공적으로 디스크에 저장하고 나면 오래된 로그를 폐기하기 위해 로그 매니저에게 로우 워터마크를 전달한다.

```
class SnapshotBasedLogCleaner...

    @Override
    List<WALSegment> getSegmentsToBeDeleted() {
```

```
            return getSegmentsBefore(this.snapshotIndex);
    }

    List<WALSegment> getSegmentsBefore(Long snapshotIndex) {
        List<WALSegment> markedForDeletion = new ArrayList<>();
        List<WALSegment> sortedSavedSegments = wal.sortedSavedSegments;
        for (WALSegment sortedSavedSegment : sortedSavedSegments) {
            if (sortedSavedSegment.getLastLogEntryIndex() < snapshotIndex) {
                markedForDeletion.add(sortedSavedSegment);
            }
        }
        return markedForDeletion;
    }
```

시간 기반 로우 워터마크

일부 시스템에서는 시스템 상태를 갱신하는 데 로그를 사용하지 않는다. 이 시스템은 다른 하위 시스템이 로그를 제거해도 되는 최저 로그 인덱스를 공유해 주길 기다리지 않고 정해진 시간 윈도우(time window)*가 지나면 로그를 폐기할 수 있다. 예를 들어 카프카 같은 시스템에서는 7주 동안 로그를 유지 관리하고 7주 이상 지난 메시지를 포함한 모든 로그 분할은 폐기한다. 이 구현에서는 각각의 로그 엔트리에 생성 시간도 같이 포함된다. 그러면 로그 클리너가 각 로그 분할의 마지막 엔트리를 확인하고 해당 로그 분할이 설정한 시간 윈도우보다 오래된 분할을 폐기할 수 있다.

> **time window**
> 데이터나 이벤트를 처리하거나 유지하는 시간 범위

```
class TimeBasedLogCleaner...

    private List<WALSegment> getSegmentsPast(Long logMaxDurationMs) {
        long now = System.currentTimeMillis();
        List<WALSegment> markedForDeletion = new ArrayList<>();
        List<WALSegment> sortedSavedSegments = wal.sortedSavedSegments;
        for (WALSegment sortedSavedSegment : sortedSavedSegments) {
            Long lastTimestamp = sortedSavedSegment.getLastLogEntryTimestamp();
            if (timeElapsedSince(now, lastTimestamp) > logMaxDurationMs) {
                markedForDeletion.add(sortedSavedSegment);
            }
        }
        return markedForDeletion;
    }

    private long timeElapsedSince(long now, long lastLogEntryTimestamp) {
        return now - lastLogEntryTimestamp;
    }
```

이런 기법 외에도 로그 크기를 기준으로 로그를 삭제할 수 있다. 로그가 설정한 최대 크기에 도달하면 오래된 로그 엔트리를 자동으로 제거한다.

> **사례**
>
> - 주키퍼나 래프트 등의 모든 합의 구현체는 스냅샷 기반 로그 정리 기법을 사용한다.
> - 아파치 카프카의 저장소 구현체는 시간 기반 로그 정리 기법을 사용한다.

Patterns of Distributed Systems

6장

Pattern 4

리더 팔로워

> 여러 서버군에 걸쳐 복제를 조정하기 위한 단일 서버를 둔다.

문제

데이터를 관리하는 시스템에서 내결함성을 달성하려면 여러 서버로 데이터를 복제할 필요가 있다.

클라이언트에게 일관성을 어느 정도 보장해 주는 일도 매우 중요하다. 데이터를 여러 서버에서 갱신할 때는 클라이언트가 데이터를 언제 볼 수 있게 할지 결정해야 한다. 과반수 정족수(Majority Quorum) 읽기/쓰기는 충분한 해결책이 아니다. 일부 실패 시나리오에서는 클라이언트가 일치하지 않는 데이터를 보게 될 가능성이 있기 때문이다. 개별 서버는 정족수 내 다른 서버의 데이터 상태를 알지 못한다. 불일치를 해결하려면 여러 서버에서 데이터를 읽어야만 한다. 경우에 따라서는 이것도 부족하다. 클라이언트에 전송하는 데이터에는 보다 강한 일관성이 보장되어야 한다.

해결책

클러스터에서 서버 하나를 리더로 선택한다. 리더는 전체 클러스터를 대표해 결정을 내리고 그 결정을 다른 모든 서버에 전파하는 책임이 있다.

모든 서버는 시작할 때 기존의 리더를 찾는다. 리더를 찾지 못하면 리더 선출을 시작한다. 서버는 리더 선출이 성공적으로 끝난 후에 요청을 받아들인다. 클라이언트의 요청은 오직 리더만이 처리한다. 요청을 팔로워 서버가 직접 받으면 리더 서버로 요청을 다시 전달한다.

리더 선출

노드가 셋에서 다섯으로 구성된 작은 클러스터에서는 클러스터 규모가 합의를 구현하는 시스템과 비슷하기 때문에 별도의 외부 시스템에 의존하지 않고 데이터 클러스터 자체 내에서 리더를 선출할 수 있다. 리더 선출은 서버를 구동할 때 일어난다. 모든 서버는 구동하면 리더 선출을 시작하고 새 리더를 뽑으려 한다. 시스템은 리더가 선출되지 않는 한 어떤 클라이언트 요청도 받아들이지 않는다. 세대 시계(Generation Clock) 패턴에서 설명했듯이 리더를 선출할 때마다 세대 번호를 갱신해야 한다. 서버는 리더, 팔로워, 리더 탐색(때로는 후보(Candidate)라고도 부르는) 세 가지 중 하나의 상태로만 있다.

```
public enum ServerRole {
    LOOKING_FOR_LEADER,
    FOLLOWING,
    LEADING;
}
```

하트비트(HeartBeat) 메커니즘은 기존 리더가 실패했을 때를 감지하기 위해 사용된다. 실패를 감지하면 새로운 리더 선출을 시작한다.

> ☑ **동시성, 잠금 그리고 상태 갱신**
> 단일 갱신 큐(Singular Update Queue)를 사용하면 동기화나 잠금 조작의 번거로움 없이 상태 갱신을 수행할 수 있다.

새 리더 선출은 동료 서버 각각에게 투표를 요청하는 메시지를 보내면서 시작한다(그림 6.1)

```
class ReplicatedLog...

  private void startLeaderElection() {
      replicationState.setGeneration(replicationState.getGeneration() + 1);
```

```
    registerSelfVote();
    requestVoteFrom(followers);
}
```

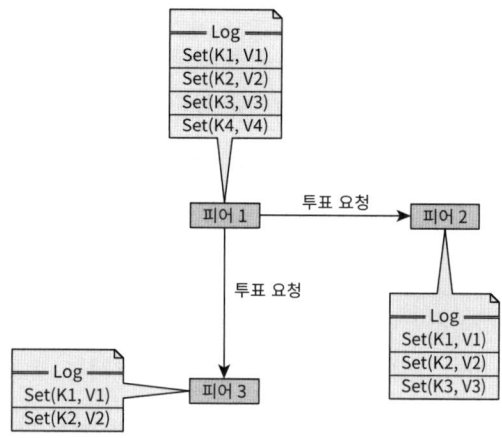

그림 6.1 노드는 시작 시점에 리더 선출을 유발한다.

선출 알고리즘

> **☑ 잽과 래프트**
>
> 리더 선출 알고리즘에는 유명한 주류 구현 두 가지가 있다. 주키퍼 구현의 일부인 잽[Reed2008]과 래프트[Ongaro2014]의 리더 선출 알고리즘, 두 구현은 미묘하게 다르다.
>
> 세대 번호가 증가하는 시점, 서버를 시작하는 기본 상태, 그리고 분리 투표(split vote)를 피하는 방법에서 차이가 있다. 잽에서는 각각의 서버가 시작될 때 리더를 찾으며 선출된 리더만이 세대 번호를 증가시킬 수 있다. 그리고 여러 서버가 동일하게 최신 상태일 때 모든 서버가 같은 로직으로 리더를 선택하도록 해서 분리 투표를 피한다. 래프트에서 서버는 기본적으로 팔로워 상태에서 시작하며 기존 리더에게서 하트비트를 받을 것으로 기대한다. 하트비트를 받지 못하면 세대 번호를 증가시키고 선거를 시작한다. 래프트는 분리 투표를 피하기 위해 선거 시작 전에 임의의 타임아웃(randomized timeout)을 사용한다.

리더를 선출할 때 반드시 고려해야 할 두 가지 요소가 있다.

- 이 시스템은 주로 데이터 복제에 사용하기 때문에 서버가 선거에서 승리하기 위해서는 몇 가지 추가적인 제한 사항이 있다. '가장 최신 상태'인 서버만이 합법적

으로 리더가 될 수 있는데, 예를 들어 일반적인 합의 기반 시스템에서 '가장 최신 상태'는 두 가지 사항으로 정의된다.
  - 최신 '세대 시계'
  - 쓰기 전 로그의 최신 로그 인덱스
- 모든 서버가 동일하게 최신 상태라면 다음 조건을 기반으로 리더를 선출한다.
  - 일부 구현의 특정 기준에 따라 어떤 서버가 더 높은 우선 순위를 가지는지 또는 높은ID를 가지는지(잽)
  - 한 번에 서버 하나만 투표를 요청할 수 있게 한다면 그중에서 가장 먼저 선거를 시작한 서버(래프트)

특정 세대 시계에서 서버가 리더로 선출되면 그 세대에서는 항상 동일한 투표 결과를 반환한다. 이미 리더 선출을 했다면 동일한 세대에서는 투표를 요청하는 다른 서버를 선출하지 않는다. 투표 요청은 다음과 같이 처리된다(그림 6.2).

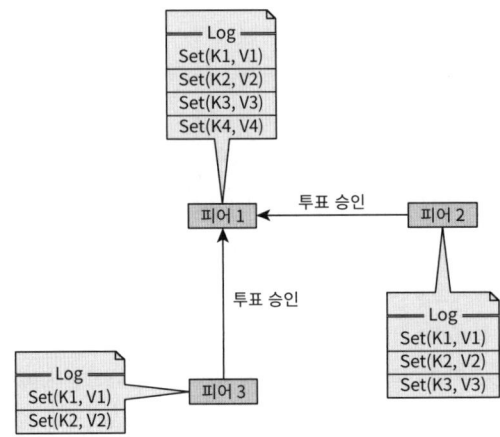

그림 6.2 노드는 투표를 승인한다.

```
class ReplicatedLog...

  VoteResponse handleVoteRequest(VoteRequest voteRequest) {
      // 요청에 포함된 세대가 더 높으면 요청 수신자는 팔로워가 된다.
      // 하지만 누가 리더인지는 아직 모른다.
      if (voteRequest.getGeneration() > replicationState.getGeneration()) {
          becomeFollower(LEADER_NOT_KNOWN, voteRequest.getGeneration());
      }
```

```
        VoteTracker voteTracker = replicationState.getVoteTracker();
        if (voteRequest.getGeneration() == replicationState.getGeneration()
                && !replicationState.hasLeader()) {

            if (isUptoDate(voteRequest) && !voteTracker.alreadyVoted()) {
                voteTracker.registerVote(voteRequest.getServerId());
                return grantVote();
            }
            if (voteTracker.alreadyVoted()) {
                return voteTracker.votedFor == voteRequest.getServerId() ?
                        grantVote() : rejectVote();
            }
        }
        return rejectVote();
    }

    private boolean isUptoDate(VoteRequest voteRequest) {
        Long lastLogEntryGeneration = voteRequest.getLastLogEntryGeneration();
        Long lastLogEntryIndex = voteRequest.getLastLogEntryIndex();
        return lastLogEntryGeneration > wal.getLastLogEntryGeneration()
                ||(lastLogEntryGeneration == wal.getLastLogEntryGeneration() &&
                lastLogEntryIndex >= wal.getLastLogIndex());
    }
```

서버 과반으로부터 표를 받은 서버는 리더 상태로 전환된다. 과반수는 과반수 정족수(Majority Quorum)에서 설명한 것과 같은 방식으로 결정된다. 리더가 선출되면 리더는 모든 팔로워에게 지속적으로 하트비트를 보낸다(그림 6.3). 팔로워가 지정된 시간 간격 내에 하트비트를 받지 못하면 새로운 리더 선출이 발동된다.

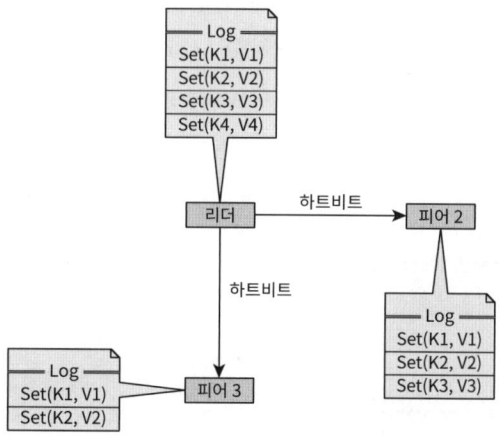

그림 6.3 선출된 리더는 하트비트를 보낸다.

일관성 코어를 이용한 리더 선출

데이터 클러스터에서 리더의 선출은 작은 클러스터에서는 잘 작동한다. 수천 대의 노드로 구성된 대규모 데이터 클러스터의 경우에는 주키퍼나 etcd 같이 일관성 코어를 사용하는 편이 더 수월하다. 이런 일관성 코어는 내부적으로 합의를 사용하며 선형성(linearizability)*을 보장한다. 대규모 클러스터에서는 일반적으로 마스터 또는 컨트롤러 노드로 지정한 서버를 두는데, 이 서버는 전체 클러스터를 대신해 모든 결정을 내린다. 리더 선출을 구현하기 위해서는 세 가지가 필요하다.

- 키를 원자적으로 설정할 수 있는 compareAndSwap 명령어
- 선출된 리더에게서 하트비트를 받지 못하면 키를 만료해 새 선거를 발동할 수 있는 하트비트 구현
- 키가 만료되면 관심 있는 모든 서버에 알릴 수 있는 알림 메커니즘

리더를 선출하기 위해 각각의 서버는 compareAndSwap 명령어를 사용해 외부 저장소에 키를 생성하려고 한다. 키를 가장 먼저 생성한 서버가 리더로 선출된다. 사용한 외부 저장소에 따라 키는 짧은 TTL(time to live)*로 생성된다. 선출된 리더는 유효 기간이 만료되기 전에 반복적으로 키를 갱신한다. 모든 서버는 이 키를 감시하며 기존 리더로부터 갱신이 없어 키가 만료되면 알림을 받는다. 예를 들어 etcd는 키가 이전에 존재하지 않는 경우에만 키 설정 연산을 허용하는 방식으로 compareAndSwap 연산을 가능하게 한다. 아파치 주키퍼에서는 명시적으로 compareAndSwap 연산을 지원하지 않지만, 노드를 생성하려 할 때 노드가 이미 존재하면 예외를 발생시키는 방식으로 구현할 수 있다. 주키퍼에서는 명시적인 유효 기간은 없지만 '일시 노드' 개념이 있다. 서버가 주키퍼와 활성 세션을 유지하는 동안에는 노드가 존재하지만, 그렇지 않으면 노드를 제거하고 노드를 감시하는 모든 대상 노드에 알림을 전달한다. 다음은 주키퍼를 사용한 리더 선출 예제다.

> **linearizability**
> 분산 시스템에서 데이터의 일관성을 보장하는 모델 중 가장 엄격한 수준의 모델. 모든 연산이 마치 노드 하나에서 순차적으로 실행되는 것처럼 보이도록 보장.

> **time to live**
> 데이터나 자원이 유효한 시간. 시간이 경과하면 데이터는 만료되어 자동으로 제거.

```
class Server...

  public void startup() {
      zookeeperClient.subscribeLeaderChangeListener(this);
      elect();
  }

  public void elect() {
      var leaderId = serverId;
```

```
    try {
        zookeeperClient.tryCreatingLeaderPath(leaderId);
        this.currentLeader = serverId;
        onBecomingLeader();
    } catch (ZkNodeExistsException e) {
        // 리더 후보에서 물러난다.
        this.currentLeader = zookeeperClient.getLeaderId();
    }
}
```

liveness
시스템이나 프로세스가 정상적으로 동작하고 있는 상태. 분산 시스템에서는 특정 노드가 여전히 살아 있고 응답할 수 있는지를 나타냄.

다른 모든 서버는 기존 리더의 활동성(liveness)* 상태를 감시한다. 기존 리더가 다운되었다고 감지하면 새로운 리더 선출을 발동한다. 실패 감지는 리더 선출에 사용한 것과 동일한 일관성 코어를 사용해 이루어진다. 일관성 코어에는 그룹 멤버십과 실패 감지 메커니즘을 구현할 수 있는 장치도 있다. 예를 들면 앞의 주키퍼 기반 구현을 확장해 변화 리스너(change listener)*를 주키퍼에 설정할 수 있는데, 이 변화 리스너는 기존 리더 노드에 변화가 생겼을 때 발동된다.

change listener
상태나 데이터의 변화를 감시하다가 변화가 발생하면 지정된 동작을 수행하는 구성 요소. 이벤트가 발생했을 때 자동으로 반응하는 역할.

```
class ZookeeperClient...

    public void subscribeLeaderChangeListener(IZkDataListener listener) {
        zkClient.subscribeDataChanges(LeaderPath, listener);
    }
```

클러스터에서 모든 서버는 이 변화를 구독한다. 콜백이 호출될 때마다 앞서 설명한 것과 같은 방식으로 새 선거가 발동된다. 그림 6.4에서 이를 보여 준다.

```
class Server...

    @Override
    public void handleDataDeleted(String dataPath) {
        elect();
    }
```

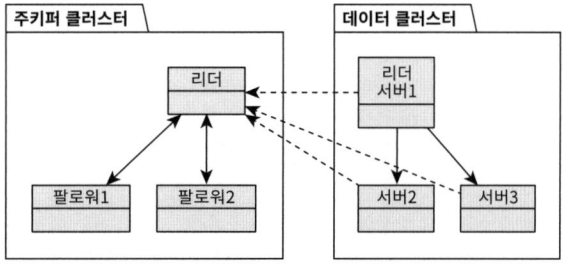

그림 6.4 주키퍼 기반 선거

etcd나 컨슬 같은 시스템도 동일한 방식을 사용해 리더 선출을 구현할 수 있다.

정족수 읽기/쓰기가 강한 일관성을 보장하기에 충분하지 않은 이유

카산드라처럼 다이나모(Dynamo) 스타일 데이터베이스에서 제공하는 정족수 읽기/쓰기가 서버가 실패했을 때 강한 일관성을 얻는 데 충분하다고 생각할 수 있다. 하지만 실제로는 그렇지 않다. 다음 예제를 보자. 서버 세 대로 구성된 클러스터가 있다고 하자. 변수 x는 세 대의 서버에 모두 저장되어 있다(복제 수는 3이다). 시작할 때 x의 값은 1이다.

- writer1이 복제 수 3으로 $x = 2$라고 쓴다고 해보자. 쓰기 요청은 세 서버 모두에 전송된다. 서버1에서는 쓰기가 성공한다. 하지만 서버2와 서버3에서는 실패한다(네트워크 오류가 발생했거나 writer1이 서버1에 쓰기 요청을 보낸 후에 가비지 컬렉션(garbage collection)이 길어져 일시 정지에 들어감).
- 클라이언트 c1이 서버1과 서버2에서 x의 값을 읽는다. 서버1이 최신 값을 가지고 있기 때문에 $x = 2$의 최신 값을 얻는다.
- 클라이언트 c2가 x의 값을 읽기 위해 요청한다. 그러나 서버1이 일시적으로 다운된다. 그래서 c2는 서버2 또는 서버3에서 읽는데, 이 서버들은 예전 값인 $x = 1$을 가지고 있다. 그 결과 c2는 c1이 최신 값을 읽은 후에 읽었음에도 예전 값을 받게 된다.

여기서 연속된 두 번의 읽기 처리 과정에서 최신 값이 사라지는 현상이 나타난다. 서버1이 다시 작동하면 이후의 읽기는 다시 최신 값을 제공한다. 그리고 읽기 복구(read repair)[1] 또는 반엔트로피 프로세스(anti-entropy process)[2]가 동작하고 있다면 나머지 서버도 결국 최신 값을 얻게 된다. 하지만 이 저장소 클러스터에서는 한 클라이언트가 특정 값을 읽었을 때 이후의 모든 읽기가 계속해서 동일한 값을 얻게 된다는 보장이 없다.

---

1 (옮긴이) 읽기 복구는 카산드라를 포함한 다이나모 스타일 데이터베이스의 복구 메커니즘으로, 읽기 요청을 처리하는 과정에서 복제본 간 데이터를 복구한다. 버전 벡터 패턴의 '읽기 복구' 절을 참고하라. *https://cassandra.apache.org/doc/latest/cassandra/managing/operating/read_repair.html*

2 (옮긴이) 반엔트로피 프로세스(또는 반엔트리피 복구(anti-entropy repair))도 마찬가지로 다이나모 스타일 데이터베이스의 복구 메커니즘으로, 머클 트리(merkle tree)를 사용해 복구를 수행한다. 반엔트로피는 모든 복제본의 데이터를 비교하고 각각의 복제본을 최신 버전으로 갱신하는 과정이다. 수동으로 작동시키는 특징이 있다. *https://www.datavail.com/blog/anti-entropy-repair-in-cassandra/*

> ### 사례
>
> - 합의를 구현하는 시스템에서 가장 중요한 점은 오직 하나의 서버가 복제 과정을 위한 여러 행동을 조정한다는 것이다. 〈Paxos Made Simple〉[Lamport2001] 논문에서 언급하듯이 이는 시스템의 활동성을 위해 중요하다.
> - 래프트와 잽의 합의 알고리즘에서 리더 선출은 시스템을 시작하거나 리더가 실패할 때 발생하는 명시적인 단계이다.
> - 뷰스탬프 복제(Viewstamped Replication)[Liskov2012] 알고리즘에는 으뜸(primary)이라는 개념이 있는데, 다른 알고리즘의 리더와 유사하다.
> - 아파치 카프카에는 클러스터의 나머지 노드를 대표해 모든 결정을 내리는 컨트롤러(controller)[Rao2014]가 있다. 이 컨트롤러는 주키퍼의 이벤트에 반응한다. 카프카의 각 파티션에는 지정된 리더 브로커와 팔로워 브로커가 있는데, 컨트롤러가 리더와 팔로워를 선택한다.

Pattern 5

하트비트

> 주기적으로 다른 모든 서버에 메시지를 보내
> 서버가 사용 가능한 상태임을 알린다.

문제

여러 서버로 구성된 클러스터에서 각각의 서버가 지정한 파티션과 복제 스키마에 따라 데이터의 일부를 저장하는 책임이 있다고 할 때, 서버 실패를 적시에 감지하는 일은 매우 중요하다. 서버 하나가 실패했다면 실패한 서버가 담당하는 데이터에 대한 요청을 다른 서버가 담당해 처리하도록 동작을 바로 수정해야 하기 때문이다.

해결책

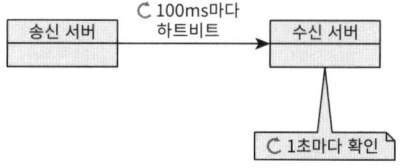

그림 7.1 하트비트

다른 모든 서버에 주기적으로 요청을 보내 송신 서버의 활동성을 알린다(그림 7.1). 요청 시간 간격을 서버 사이의 네트워크 왕복 시간(network round trip)보다 길게 설정한다. 모든 수신 서버는 요청 시간 간격의 배수인 타임아웃 간격 동안 기다린다. 일반적으로 각각의 시간 간격은 다음과 같다.

타임아웃 간격 > 요청 시간 간격 > 서버 간 네트워크 왕복 시간

하트비트 시간 간격 및 타임아웃 값을 선택할 때 데이터센터 내부와 데이터센터 간 네트워크 왕복 시간을 파악하는 것이 매우 도움이 된다. 예를 들어 서버 간 네트워크 왕복 시간이 20ms이고 하트비트는 100ms마다 보내는 것이 가능하다면, 서버들은 1초 후에 타임아웃을 검사해 거짓 음성(false negative)* 없이 여러 개의 하트비트를 받을 만큼 충분한 시간을 제공할 수 있다. 서버가 이 간격 내에 하트비트를 받지 못하면 송신 서버가 실패했다고 선언한다.

하트비트를 송신하는 서버와 수신하는 서버는 모두 다음과 같이 스케줄러가 정의되어 있다. 일정한 간격으로 실행할 메서드를 스케줄러에 지정한다. 스케줄러가 시작되면 해당 메서드가 실행되도록 작업을 예약한다.

> **false negative**
> 실제로 정상인 상태를 오류로 잘못 판단하는 것. 분산 시스템에서는 네트워크 지연 등으로 인해 정상 동작 중인 서버를 실패했다고 잘못 판단하는 경우.

```
class HeartBeatScheduler...
  public class HeartBeatScheduler {
      private ScheduledThreadPoolExecutor executor
              = new ScheduledThreadPoolExecutor(1);

      private Runnable action;
      private Long heartBeatInterval;

      public HeartBeatScheduler(Runnable action, Long heartBeatIntervalMs) {
          this.action = action;
          this.heartBeatInterval = heartBeatIntervalMs;
      }

      private ScheduledFuture<?> scheduledTask;

      public void start() {
          scheduledTask = executor.scheduleWithFixedDelay(
              new HeartBeatTask(action),
              heartBeatInterval,
              heartBeatInterval,
              TimeUnit.MILLISECONDS
          );
      }
  }
```

송신 서버에서 스케줄러는 하트비트 메시지를 전송하는 메서드를 실행한다.

```
class SendingServer...
  private void sendHeartbeat() throws IOException {
      socketChannel.blockingSend(newHeartbeatRequest(serverId));
  }
```

수신 서버에서도 비슷한 스케줄러가 시작한다. 이 스케줄러는 실패 감지 메커니즘으로서 규칙적인 간격으로 하트비트가 도착했는지 체크한다.

```
class AbstractFailureDetector...

  private HeartBeatScheduler heartbeatScheduler
        = new HeartBeatScheduler(this::heartBeatCheck, 100l);

  abstract void heartBeatCheck();
  abstract void heartBeatReceived(T serverId);
```

실패 감지자(failure detector) 구현에는 다음 메서드 두 개가 필요하다.

- 수신 서버가 하트비트를 받을 때마다 호출하는 메서드. 이 메서드가 호출되면 실패 감지자에게 이상 없음을 알린다.

```
class ReceivingServer...

  private void handleRequest(Message<RequestOrResponse> request,
                             ClientConnection clientConnection) {
      RequestOrResponse clientRequest = request.getRequest();
      if (isHeartbeatRequest(clientRequest)) {
          HeartbeatRequest heartbeatRequest = deserialize(clientRequest);
          failureDetector.heartBeatReceived(heartbeatRequest.getServerId());
          sendResponse(clientConnection,
                       request.getRequest().getCorrelationId());
      } else {
          // 다른 요청을 처리한다
      }
  }
```

- 주기적으로 하트비트 상태를 검사하고 실패 가능성을 감지하는 메서드

서버를 실패로 표시할 시점을 결정할 때 다양한 기준이 있는데, 여러 가지 반대급부도 고려해야 한다. 하트비트 간격이 짧을수록 실패 감지는 더 빠르지만 가짜 실

패 감지의 확률도 높아진다. 따라서 하트비트 누락에 대한 해석과 하트비트 간격은 클러스터의 요구사항에 따라 구현한다. 이 요구사항은 넓은 범주에서 소규모 클러스터와 대규모 클러스터로 나눌 수 있다.

소규모 클러스터: 합의 기반 시스템

래프트나 주키퍼 같은 시스템이 합의 기반 시스템이다. 모든 합의 시스템 구현에서 하트비트는 리더 서버에서 전체 팔로워 서버로 전송된다. 하트비트를 수신할 때마다 하트비트가 도착한 시간의 타임스탬프를 기록한다.

```
class TimeoutBasedFailureDetector...

  @Override
  public void heartBeatReceived(T serverId) {
      Long currentTime = System.nanoTime();
      heartbeatReceivedTimes.put(serverId, currentTime);
      markUp(serverId);
  }
```

고정 시간 윈도우 내에 하트비트를 수신하지 못하면 현재 리더를 죽은 상태로 간주하고 새로운 서버를 리더로 선출한다. 이 과정에서 프로세스들이 느리거나 네트워크 지연으로 인해 가짜 실패를 감지할 가능성이 있다. 그래서 예전 리더인지 감지하기 위해 세대 시계(Generation Clock)를 사용해야 한다. 세대 시계는 리더가 죽었음을 짧은 시간 내에 감지할 수 있어 시스템의 가용성을 높인다. 이 접근법은 대다수 합의 구현에서 사용되는 소규모 클러스터(3~5대의 노드로 구성)에 적합하다.

```
class TimeoutBasedFailureDetector...

  @Override
  void heartBeatCheck() {
      Long now = System.nanoTime();
      Set<T> serverIds = heartbeatReceivedTimes.keySet();
      for (T serverId : serverIds) {
          Long lastHeartbeatReceivedTime = heartbeatReceivedTimes.
                                           get(serverId);
          Long timeSinceLastHeartbeat = now - lastHeartbeatReceivedTime;
          if (timeSinceLastHeartbeat >= timeoutNanos) {
              markDown(serverId);
          }
      }
  }
```

기술적 고려사항

단일 소켓 채널(Single-Socket Channel)을 사용해 서버 사이에서 통신할 때는 HOL 블로킹(head-of-line blocking)*이 하트비트 메시지 처리를 방해하지 않도록 해야 한다. HOL 블로킹은 앞선 요청 처리가 느려져 요청이 블로킹될 때 발생한다. 이 블로킹은 하트비트를 정상적으로 보내고 있음에도 송신 서버가 다운된 것으로 잘못 감지할 정도의 긴 지연을 일으킬 수 있다. 요청 파이프라인(Request Pipeline)을 사용하면 서버가 이전 요청에 대한 응답을 기다리지 않고 하트비트를 보낼 수 있다. 단일 갱신 큐(Singular Update Queue)를 사용한다면 디스크 쓰기 같은 일부 작업이 타이밍 인터럽트(timing interrupt) 처리와 하트비트 전송에 지연을 초래할 수 있다.

이 문제는 하트비트를 비동기로 전송하는 별도의 스레드를 사용하는 방법으로 해결할 수 있다. 하시코프 컨슬과 아카 같은 프레임워크는 하트비트를 비동기로 보낸다. HOL 블로킹으로 인한 하트비트 전송 지연 현상은 수신 서버에서도 문제가 된다. 디스크 쓰기를 수행하고 있는 수신 서버는 쓰기를 끝내야만 하트비트를 확인할 수 있어 가짜 실패 감지를 유발할 가능성이 있다. 따라서 단일 갱신 큐(Singular Update Queue)를 사용하는 수신 서버는 이런 지연까지 감안해 하트비트 확인 메커니즘을 재설정하기도 한다. 래프트의 구현체인 로그캐빈(LogCabin)[1]이 이를 수행한다.

가비지 컬렉션과 같은 런타임 이벤트로 인해 발생하는 로컬 일시 정지(local pause)도 가끔 하트비트 처리를 지연할 수 있다. 이때는 로컬 일시 정지 후 처리가 이루어지는지 확인하는 메커니즘이 필요하다. 충분히 긴 시간 윈도우(예: 5초) 이후에 처리가 이루어지는지 확인하는 것이 간단한 해결책이다. 이때 해당 시간 윈도우 내에서는 실패로 표시하지 않고 다음 주기로 연기한다. 카산드라[2]가 이 구현의 좋은 예다.

head-of-line blocking
큐의 앞쪽에 있는 요청이 지연되면서 이후 요청들도 함께 지연되는 현상

대규모 클러스터: 가십 기반 프로토콜

앞서 설명한 하트비트 방식은 광역 네트워크에 걸쳐 있는 수백 대에서 수천 대의 서버로 구성된 대규모 클러스터에는 적합하지 않다. 대규모 클러스터에서는 다음 두 가지를 고려해야 한다.

- 각각의 서버는 고정된 수 이상의 메시지를 생성하지 않아야 한다.

---

1 https://github.com/logcabin/logcabin
2 https://issues.apache.org/jira/browse/CASSANDRA-9183

- 하트비트 메시지가 사용하는 총 대역폭이 너무 많은 네트워크 대역폭을 차지하지 않아야 한다. 하트비트가 클러스터에서 실제 데이터 전송에 영향을 미치지 않게끔 하트비트 메시지는 크기를 수백 킬로바이트 이하로 제한해야 한다.

이런 이유로 대규모 클러스터에서는 올투올(all-to-all) 하트비트 방식을 피한다. 이 상황에서는 실패 감지자와 가십 전파(Gossip Dissemination) 프로토콜을 함께 사용하는 게 일반적인데, 가십 전파 프로토콜은 실패 정보를 클러스터 전체에 전파하기 위해 사용한다. 일반적으로 대규모 클러스터에서 실패가 발생하면 노드 간 데이터 이동이 발생하므로 보다 정확한 실패 감지를 위해 상대적으로 더 긴(하지만 제한된) 지연을 허용하는 방식을 선호한다. 따라서 네트워크 지연과 느린 처리 속도로 인해 정상 노드를 실패로 감지하지 않도록 방지하는 일이 중요한 과제다. 일반적인 메커니즘으로는 각각의 프로세스에 의심 번호(suspicion number)를 할당하는 방법이 있다. 제한된 시간 내에 해당 프로세스를 포함한 가십이 없으면 이 번호를 증가시킨다. 의심 번호는 과거 통계를 기반으로 계산하는데, 설정한 상한선에 도달하면 노드를 실패로 표시한다.

아래에 두 가지 주요 구현이 있다.

- 아카와 카산드라에서 사용하는 파이 축적(Phi Accrual) 실패 감지자*
- 하시코프의 컨슬과 멤버리스트(memberlist)에서 사용하는 라이프가드 증강(Lifeguard Enhancement)*을 적용한 SWIM*

이 구현들은 수천 대의 서버가 있는 광역 네트워크에서도 확장성을 갖는다. 아카는 2,400대의 서버[3]에서 구동한 시도가 있다. 하시코프 컨슬은 한 그룹에 수천 대의 컨슬 서버로 배포하는 일이 일상적이다. 대규모 클러스터 배포에서도 효율적으로 작동하면서 일관성을 어느 정도 보장하는, 즉 신뢰할 수 있는 실패 감지자를 갖추는 방안은 여전히 활발한 연구 분야다. 래피드(Rapid)[4] 같은 프레임워크의 최근 발전이 유망해 보인다.

하트비트를 전송하는 데 반드시 별도의 메시지 유형이 필요하지 않다는 사실에

Phi Accrual
실패 감지를 위해 '의심 수준'을 점진적으로 쌓아가는 방식으로 네트워크 상태와 노드의 과거 동작 패턴을 고려해 실패 여부를 더 정확하게 판단. 고정된 타임아웃 대신 네트워크 상태에 따라 동적으로 조정되는 임곗값을 사용.

Lifeguard Enhancement
분산 시스템에서 노드의 장애 감지 정확도를 높이기 위한 개선 사항. 기존의 장애 감지 메커니즘에서 발생할 수 있는 거짓 양성, 거짓 음성 문제 완화를 목적으로 함.

SWIM(Scalable Weakly consistent Infection-style Process Group Membership Protocol)
대규모 분산 시스템에서 노드들의 멤버십을 효율적으로 관리하고 장애를 감지하기 위한 프로토콜. 2001년 코넬 대학교의 연구자들에 의해 처음 소개.

---

3 https://www.lightbend.com/blog/running-a-2400-akka-nodes-cluster-on-google-compute-engine
(옮긴이 덧붙임)이 페이지는 현재 접속되지 않지만 인터넷 아카이브로 내용을 확인할 수 있다. https://web.archive.org/web/20240311104043/https://www.lightbend.com/blog/running-a-2400-akka-nodes-cluster-on-google-compute-engine

4 https://github.com/lalithsuresh/rapid

유의해야 한다. 클러스터 노드가 이미 데이터 복제 등의 통신에 참여하고 있다면 기존 메시지가 하트비트 역할을 할 수 있다.

사례

- 3~5 노드로 구성된 소규모 클러스터에서 작동하는 합의 구현(잽, 래프트)은 고정 시간 윈도우 실패 감지를 구현한다.
- 아카 액터와 카산드라는 파이 축적 실패 감지자[Hayashibara2004]를 사용한다.
- 하시코프 컨슬은 SWIM[Das2002]을 바탕으로 하는 가십 기반 실패 감지자를 사용한다.

Patterns of Distributed Systems　8장

Pattern 6

과반수 정족수

> 모든 의사 결정에서 과반의 동의를 요구해
> 두 그룹의 서버가 독립적으로 결정을 내리는 상황을 방지한다.

문제

> ☑ **안전성과 활동성**
>
> 활동성은 시스템이 항상 진행하고 있음을 나타내는 속성이다. 안전성은 시스템이 항상 올바른 상태에 있음을 나타내는 속성이다. 안전성에만 집중하면 시스템 전체가 진행을 못할 수 있다. 활동성에만 집중하면 안전성이 손상될 수 있다.

분산 시스템에서 서버가 어떤 동작을 수행할 때는 해당 서버가 죽더라도 그 결과를 클라이언트에게 제공할 수 있도록 보장해야 한다. 이는 동작의 결과를 클러스터 내 다른 서버로 복제함으로써 달성할 수 있다. 하지만 여기서 의문이 생긴다. 원본 서버가 갱신을 완전히 적용했음을 확신하려면 몇 대의 서버에서 복제가 완료되었는지 확인해야 할까? 원본 서버가 너무 많은 서버에서 복제가 완료되기를 기다리면 응답이 느려져 활동성이 저하된다. 그러나 충분히 복제가 이루어지지 않으면 갱신 손실이 발생할 수 있어 안전성이 실패한다. 즉 전체 시스템 성능과 시스템 무결성 간에 균형을 맞추는 일이 매우 중요하다.

> **해결책**

클러스터는 클러스터 내 과반수 노드가 갱신을 확인하면 갱신을 수신했다고 간주한다. 이를 정족수라고 한다. 따라서 5대의 노드로 구성한 클러스터에서는 필요 정족수가 3이다. n대의 노드로 구성한 클러스터의 정족수는 $n/2+1$이다.

정족수의 필요성은 얼마나 많은 실패를 허용할 수 있는지를 가리킨다. 이는 클러스터 크기에서 정족수를 뺀 값이다. 5대의 노드로 구성한 클러스터는 노드 실패를 2대까지 허용할 수 있다. 일반적으로 f개의 실패를 허용하려면 $2f+1$ 크기의 클러스터가 필요하다.

정족수가 필요한 두 가지 예제를 보자.

- **클러스터 내 여러 서버에서 데이터를 갱신할 때**. 클라이언트에게 과반수 서버에서 사용 가능하다고 보장한 데이터만 볼 수 있게 하는 데 하이 워터마크(High-Water Mark)를 사용한다.
- **리더 선출**. 리더 팔로워(Leader and Followers)에서 리더는 과반수 서버로부터 표를 받은 경우에만 선택된다.

클러스터 내 서버 수 결정하기

> - 케네스 버먼 박사(Dr. Kenneth Birman)는 그의 책 《신뢰할 수 있는 분산 시스템 안내서(Guide to Reliable Distributed Systems)》[Birman2012]에서 짐 그레이 박사(Dr. Jim Gray)가 관계형 데이터베이스 분야를 대상으로 수행한 분석을 바탕으로 연구를 진행했다. 버먼 박사는 클러스터의 서버 수가 n일 때 정족수 기반 시스템의 처리량이 $O(1/n^2)$로 감소할 수 있다고 설명한다.
> - 주키퍼[Hunt2010] 및 다른 합의 기반 시스템은 클러스터의 서버 수가 5대를 넘어가면 쓰기 처리량이 떨어진다고 알려져 있다.
> - 닐 건터 박사(Dr. Neil Gunther)는 그의 강연 "분산 시스템에 범용 확장성 법칙 적용하기(Applying The Universal Scalability Law to Distributed Systems)"[1]에서 클러스터의 코디네이터 서버 수가 증가함에 따라 시스템의 처리량이 어떻게 감소하는지를 보여 준다.

클러스터는 정족수의 서버가 가동 중일 때만 제 기능을 수행한다. 데이터 복제를 수행하는 시스템에서는 다음 두 가지 사항을 고려해야 한다.

---

1 https://speakerdeck.com/drqz/applying-the-universal-scalability-law-to-distributed-systems?slide=68

- **쓰기 연산의 처리량.** 데이터를 클러스터에 쓸 때마다 여러 서버로 복사가 필요하다. 서버를 추가할 때마다 쓰기를 완료하기 위한 오버헤드가 추가로 발생한다. 데이터 쓰기의 지연 시간은 정족수를 형성하는 서버 수에 정비례한다. 이후 과정에서 보듯이 클러스터의 서버 수를 두 배로 늘리면 원래 클러스터의 처리량이 절반으로 줄어든다.
- **허용 가능한 실패 수.** 허용 가능한 서버 실패 수는 클러스터 크기에 따라 달라진다. 하지만 기존 클러스터에 서버 한 대를 추가한다고 해서 내결함성이 항상 높아지지는 않는다. 예컨대 3대의 서버 클러스터에 한 대를 더 추가해도 내결함성은 높아지지 않는다.

이 두 가지 요인을 고려해 보면 실제 대다수 정족수 기반 시스템은 클러스터의 크기가 3 또는 5다. 5대의 서버 클러스터는 2대의 서버 실패를 버틸 수 있고, 초당 수천 개의 요청을 견딜 수 있는 데이터 쓰기 처리량을 제공한다.

표 8.1은 허용 가능한 실패 수와 처리량의 대략적인 영향을 기반으로 서버 수를 선택하는 예시를 보여 준다. 처리량 열은 서버 수가 늘어남에 따라 처리량이 감소하는 정도를 보이기 위해 대략적인 상대 처리량을 보여 준다. 실제 숫자는 시스템에 따라 달라질 것이다. 실제 처리량 데이터의 예는 래프트 박사 학위 논문과 주키퍼 논문 원본에 게재된 값을 참고하면 된다.

표 8.1 정족수 크기가 허용 가능한 실패 수와 처리량에 미치는 영향

서버 수	정족수	실패 허용 가능 수	상대 처리량
1	1	0	100
2	2	0	85
3	2	1	82
4	3	1	57
5	3	2	48
6	4	2	41
7	4	3	36

탄력적 정족수

과반수 정족수에서 서로 다른 정족수 둘은 적어도 하나의 노드에서 항상 겹친다. 핵심은 이 정족수의 교집합에 있다. 여러 연산이 서로 다른 정족수 크기를 사용하

더라도 교집합이 있다면 연산 수행에 문제가 없다. 서로 다른 정족수 크기를 사용하는 주된 이점은 빈번한 연산에도 상대적으로 작은 크기의 정족수를 사용할 수 있다는 점이다. 예를 들어 5대의 노드 클러스터에서 90%의 상호작용이 읽기이고 10%만 쓰기라면 읽기에는 정족수 크기 2를, 쓰기에는 정족수 크기 4를 사용할 수 있다. 이렇게 해도 정족수 교집합이 여전히 유지된다. 대다수 연산에서 보다 작은 크기의 정족수를 사용하면 처리량은 더 높고 지연 시간은 낮아진다.

팍소스(Paxos)와 복제 로그(Replicated Log)의 정족수 활용에서 설명했듯이, 정족수 교집합은 두 단계에 걸쳐 실행이 필요하다. 복제 로그의 일반적인 구현에서 1단계는 리더 선출에 관여하는데, 빈도가 낮은 편이므로 이 단계에서는 더 큰 정족수를 사용할 수 있다. 그 외 모든 클라이언트 연산은 1단계보다 작은 정족수 크기를 사용해 전체 처리량과 지연 시간을 개선할 수 있다.

사례

- 모든 합의 구현체(잽[Reed2008], 래프트[Ongaro2014], 팍소스[Lamport2001])는 과반수 정족수를 사용한다.
- 합의를 사용하지 않는 시스템에서도 정족수를 사용할 수 있다. 실패나 네트워크 분할이 발생했을 경우, 최근의 갱신이 적어도 하나의 서버에서는 사용 가능하도록 보장하기 위해 정족수를 사용한다. 예를 들어 아파치 카산드라와 같은 데이터베이스에서는 과반수의 서버가 레코드를 성공적으로 갱신한 후에만 성공을 반환하게끔 데이터베이스 갱신 설정을 할 수 있다.

Patterns of Distributed Systems   9장

Pattern 7

세대 시계

> 서버 세대를 나타내는 단조 증가하는 숫자다.
> 별칭으로는 텀(Term), 에폭(Epoch), 세대(Generation)가 있다.

문제

리더 팔로워(Leader and Followers) 구성에서 일시적으로 리더와 팔로워의 연결이 끊어질 가능성이 있다. 리더 프로세스 내에서 가비지 컬렉션으로 일시 정지가 발생하거나 일시적인 네트워크 장애로 리더와 팔로워 사이에 연결이 끊어질 수도 있다. 이런 경우에 리더 프로세스는 여전히 작동하고 있으며 일시 중지나 네트워크 장애가 해결되면 팔로워에 복제 요청을 보내려 할 것이다. 이런 상황은 좋지 않은데, 그 사이에 클러스터에서 새 리더가 선출되어 클라이언트의 요청을 수락했을 수도 있기 때문이다. 따라서 클러스터의 나머지 노드가 원래의 리더가 보낸 요청을 감지하는 것이 중요하다. 이전 리더 스스로도 일시적으로 클러스터와 연결이 끊어졌음을 감지하고 리더십에서 물러나기 위해 필요한 조치를 취해야 한다.

해결책

세대 시계 패턴은 램포트 시계(Lamport Clock)의 한 예로서, 시스템 시계에 의존하지 않고 프로세스 집합 전반에 걸친 이벤트 순서를 결정하는 간단한 기법이다. 각각의 프로세스는 정수 카운터를 유지 관리하고 있다가 프로세스가 작업을 수행할 때마다 이 카운터를 증가시킨다. 또한 각각의 프로

> 세스는 프로세스 사이에서 메시지를 교환할 때 이 정숫값을 다른 프로세스에 보낸다. 메시지를 받은 프로세스는 자신의 카운터 값과 메시지의 정숫값 중 큰 값으로 자신의 정수 카운터를 설정한다. 이렇게 하면 프로세스는 연관된 정숫값을 비교해 어떤 작업이 다른 작업보다 먼저 발생했는지 알 수 있다. 프로세스 사이에 메시지 교환이 있다면 여러 프로세스에 걸친 작업의 순서 비교도 가능하다. 이렇게 비교할 수 있는 작업들은 인과 관계(causally related)가 있다고 말한다.

서버 세대를 나타내는 단조적으로 증가하는 숫자를 유지 관리한다. 새 리더의 선출이 있을 때마다 세대를 증가시킨다. 세대는 서버 리부팅 후에도 유지되어야 하므로 쓰기 전 로그(Write-Ahead Log)의 모든 엔트리와 함께 저장한다. 하이 워터마크(High-Water Mark)에서 설명했듯이 팔로워는 이 정보를 이용해 로그에서 충돌한 엔트리들을 찾는다.

서버가 시작될 때 서버는 로그에서 알려진 최신 세대를 읽는다.

```
class ReplicatedLog...

    this.replicationState = new ReplicationState(config,
                                  wal.getLastLogEntryGeneration());
```

리더 팔로워 패턴에서 서버들은 새 리더의 선출이 있을 때마다 세대를 증가시킨다.

```
class ReplicatedLog...

    private void startLeaderElection() {
        replicationState.setGeneration(replicationState.getGeneration() + 1);
        registerSelfVote();
        requestVoteFrom(followers);
    }
```

서버는 세대 정보를 투표 요청에 포함시켜 다른 서버에 전송한다. 성공적으로 리더 선출을 하고 나면 이를 통해 모든 서버는 동일한 세대를 갖게 된다. 리더가 선출되면 리더는 팔로워에게 새로운 세대를 알린다.

```
follower (class ReplicatedLog...)

    private void becomeFollower(int leaderId, Long generation) {
        replicationState.reset();
        replicationState.setGeneration(generation);
        replicationState.setLeaderId(leaderId);
```

```
    transitionTo(ServerRole.FOLLOWING);
}
```

리더는 다음부터 팔로워에게 보내는 모든 요청에 세대 정보를 포함한다. 모든 하트비트(HeartBeat) 메시지와 팔로워에게 보내는 복제 요청에도 세대를 포함한다.

리더는 자신의 쓰기 전 로그에 기록하는 모든 엔트리에도 세대 정보를 함께 기록한다.

```
leader (class ReplicatedLog...)

  Long appendToLocalLog(byte[] data) {
      Long generation = replicationState.getGeneration();
      return appendToLocalLog(data, generation);
  }

  Long appendToLocalLog(byte[] data, Long generation) {
      var logEntryId = wal.getLastLogIndex() + 1;
      var logEntry = new WALEntry(logEntryId, data, EntryType.DATA,
                                  generation);
      return wal.writeEntry(logEntry);
  }
```

이렇게 하면 리더 팔로워의 복제 메커니즘의 일환으로 팔로워 로그에도 세대 정보가 기록된다.

만일 팔로워가 퇴출된 리더에게서 메시지를 받으면 세댓값이 너무 낮기 때문에 그 사실을 알 수 있다. 그러면 팔로워는 실패 응답을 회신한다.

```
follower (class ReplicatedLog...)

  Long currentGeneration = replicationState.getGeneration();
  if (currentGeneration > request.getGeneration()) {
      return new ReplicationResponse(FAILED, serverId(),
              currentGeneration, wal.getLastLogIndex());
  }
```

리더는 실패 응답을 받으면 팔로워가 되어 새 리더로부터 통신을 기다린다.

```
Old leader (class ReplicatedLog...)

  if (!response.isSucceeded()) {
      if (response.getGeneration() > replicationState.getGeneration()) {
```

```
        becomeFollower(LEADER_NOT_KNOWN, response.getGeneration());
        return;
    }
```

다음 예시를 살펴보자. 3대의 서버 클러스터에서 리더1이 현재 리더다. 클러스터의 모든 서버는 세대가 1이다. 리더1은 팔로워에게 지속적으로 하트비트를 보낸다(그림 9.1). 그런데 리더1에게 가비지 컬렉션 일시 정지가 길게(5초 정도라고 하자) 발생한다. 팔로워는 하트비트를 받지 못하므로 타임아웃 후 새 리더를 선출한다(그림 9.2). 새 리더는 세대를 2로 증가시킨다. 가비지 컬렉션 일시 정지가 끝나면 리더1은 다른 서버에 요청을 이어서 보낸다. 세대가 2인 팔로워와 새 리더는 이 요청을 거부하고 세대 2로 실패 응답을 회신한다(그림 9.3). 리더1은 실패 응답을 처리하고 세대를 2로 갱신한 다음 리더에서 물러나 팔로워가 된다(그림 9.4).

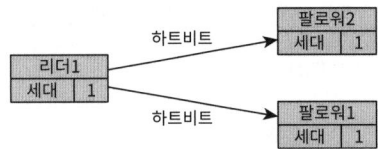

그림 9.1 리더는 하트비트를 보낸다.

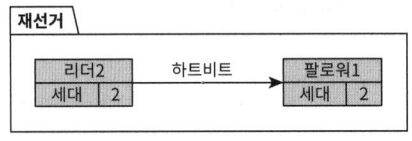

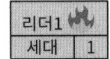

그림 9.2 리더를 새로 선출한다.

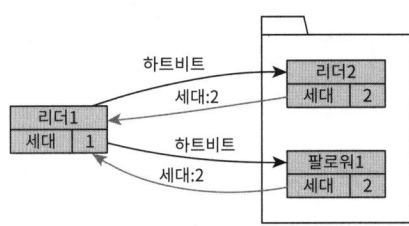

그림 9.3 이전 리더가 재연결된다.

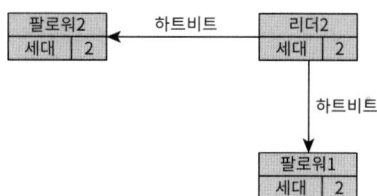

그림 9.4 이전 리더가 물러난다.

사례

- 래프트는 리더 세대를 표시하기 위해 텀(term) 개념을 사용한다.
- 주키퍼[Hunt2010]에서는 에폭(epoch) 번호를 트랜잭션 ID의 일부분으로 기록한다. 따라서 주키퍼에서 유지하는 모든 트랜잭션에는 에폭으로 표시된 세대가 포함된다.
- 아파치 카산드라에서는 각각의 서버가 재시작할 때마다 증가하는 세대 번호를 저장한다. 세대 정보는 시스템 키스페이스(system keyspace)에 기록하고 가십 메시지로 다른 서버로 전파한다. 가십 메시지를 받은 서버는 자신이 알고 있는 세댓값과 메시지의 세댓값을 비교한다. 메시지의 세대가 더 높으면 해당 서버가 재시작되었음을 인지하고, 유지하고 있던 해당 서버의 모든 상태를 버리고 새 상태를 요청한다.
- 아파치 카프카에서는 카프카 클러스터의 새 컨트롤러를 선출할 때마다 에폭 번호를 생성해 주키퍼에 저장한다. 컨트롤러가 클러스터의 다른 서버에 보내는 모든 요청에 에폭을 포함한다. 리더 에폭[Stopford2021]이라고 하는 또 다른 에폭이 파티션의 팔로워가 하이 워터마크에서 뒤처지는지 감지하기 위해 유지 관리된다.

Patterns of Distributed Systems 10장

Pattern 8

하이 워터마크

> 가장 최근에 성공한 복제를 나타내는 쓰기 전 로그의 인덱스로,
> 커밋 인덱스(commitIndex)라고도 한다.

문제

쓰기 전 로그(Write-Ahead Log) 패턴은 서버가 죽은 다음 다시 시작할 경우 상태를 복구하는 데 사용된다. 그러나 서버 실패가 발생하면 쓰기 전 로그만으로는 충분한 가용성을 제공하기 어렵다. 단일 서버가 실패하면 서버를 재시작할 때까지 클라이언트가 작동할 수 없다. 더 높은 가용성을 제공하려면 로그를 여러 서버에 복제해야 한다. 리더 팔로워(Leader and Followers)를 사용하면 리더가 모든 로그 엔트리를 과반수 정족수(Majority Quorum) 팔로워에 복제한다. 이제 리더에 장애가 발생해도 새 리더를 선출할 수 있으며 클라이언트는 대부분 이전과 같이 클러스터를 계속 사용할 수 있다. 그러나 여전히 몇 가지 문제가 발생할 수 있다.

- 리더가 로그 엔트리를 팔로워에게 보내기 전에 실패할 수 있다.
- 리더가 일부 팔로워에 로그 엔트리를 보냈지만 과반수에 미치기 전에 실패할 수 있다.

이런 오류 시나리오에서 어떤 팔로워는 로그 엔트리를 누락하고 어떤 팔로워는 다른 팔로워보다 더 많은 엔트리를 가질 수 있다. 따라서 각각의 팔로워는 클라이언트에게 로그의 어떤 부분까지를 안전하게 제공할 수 있는지 아는 것이 중요하다.

해결책

하이 워터마크는 로그 파일의 인덱스로, 과반수 정족수에 해당하는 팔로워에 성공적으로 복제된 마지막 로그 엔트리를 기록한다. 리더는 팔로워에 복제를 실행하는 과정에서도 하이 워터마크를 전달한다. 클러스터의 모든 서버는 하이 워터마크 이하에 있는 갱신 데이터만 클라이언트에게 전송해야 한다.

그림 10.1에서 이 작업 순서를 볼 수 있다.

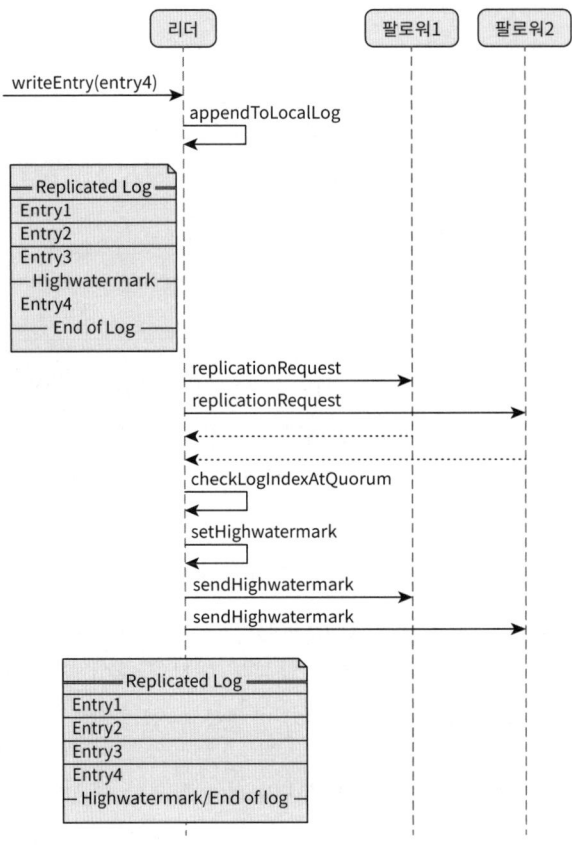

그림 10.1 하이 워터마크

리더는 각각의 로그 엔트리를 로컬의 쓰기 전 로그에 덧붙인 후 모든 팔로워에게 전송한다.

```
leader (class ReplicatedLog...)
```

```
private Long appendAndReplicate(byte[] data) {
    Long lastLogEntryIndex = appendToLocalLog(data);
    replicateOnFollowers(lastLogEntryIndex);
    return lastLogEntryIndex;
}

private void replicateOnFollowers(Long entryAtIndex) {
    for (final FollowerHandler follower : followers) {
        replicateOn(follower, entryAtIndex);  // 복제 요청을 팔로워에게 보낸다
    }
}
```

팔로워는 복제 요청을 처리하고 로그 엔트리를 자신의 로컬 로그에 덧붙인다. 로그 엔트리를 성공적으로 덧붙이고 나면 팔로워는 가장 최신 로그 엔트리의 인덱스와 함께 리더에게 응답한다. 응답에는 서버의 현재 세대 시계(Generation Clock)도 포함한다.

```
follower (class ReplicatedLog...)

private ReplicationResponse appendEntries(
        ReplicationRequest replicationRequest) {
    var entries = replicationRequest.getEntries();

    entries.stream()
        .filter(e -> !wal.exists(e))
        .forEach(e -> wal.writeEntry(e));

    return new ReplicationResponse(SUCCEEDED, serverId(),
            replicationState.getGeneration(), wal.getLastLogIndex());
}
```

리더가 응답을 받으면 각각의 서버에 복제한 로그 인덱스를 추적한다.

```
class ReplicatedLog...

logger.info("Updating matchIndex for " + response.getServerId()
        + " to " + response.getReplicatedLogIndex());

updateMatchingLogIndex(response.getServerId(),
        response.getReplicatedLogIndex());

var logIndexAtQuorum = computeHighwaterMark(logIndexesAtAllServers(),
        config.numberOfServers());

var currentHighWaterMark = replicationState.getHighWaterMark();
```

```
if (logIndexAtQuorum > currentHighWaterMark && logIndexAtQuorum != 0) {
    applyLogEntries(currentHighWaterMark, logIndexAtQuorum);
    replicationState.setHighWaterMark(logIndexAtQuorum);
}
```

하이 워터마크는 모든 팔로워의 로그 인덱스와 리더 자체의 로그를 살펴보고 계산할 수 있는데, 서버 과반 이상에서 사용할 수 있는 인덱스를 골라 하이 워터마크로 사용한다.

```
class ReplicatedLog...

  Long computeHighwaterMark(List<Long> serverLogIndexes, int noOfServers) {
      serverLogIndexes.sort(Long::compareTo);
      return serverLogIndexes.get(noOfServers / 2);
  }
```

> 리더 선출 과정에서 미묘한 문제가 발생할 수 있다. 서버가 클라이언트에 데이터를 전송하기 전에는 클러스터의 모든 서버가 최신 로그를 가지고 있어야 하는데, 기존 리더가 팔로워 모두에게 하이 워터마크를 전파하기 전에 실패한다면 문제가 발생한다. 래프트는 이 문제를 해결하기 위해 리더 선출이 성공하면 리더의 로그에 no-op* 엔트리를 추가하는데, 팔로워가 이를 확인했을 때만 클라이언트에게 서비스를 제공한다. 잽에서는 팔로워가 클라이언트에게 서비스를 시작하기 전에 새 리더가 모든 팔로워에게 자신의 모든 엔트리를 보내는 시도를 명시적으로 한다.

no-op(no operation)
아무 동작도 하지 않는 연산. 시스템의 상태를 변경하지 않으면서 특정 목적(여기서는 로그 동기화 확인)을 달성하기 위해 사용.

리더는 정기적으로 전송하는 하트비트(HeartBeat)의 일부 또는 별도의 요청으로 하이 워터마크를 팔로워에 전파한다. 그러면 팔로워는 이에 따라 자신의 하이 워터마크를 설정한다.

클라이언트는 하이 워터마크까지만 로그 엔트리를 읽을 수 있다. 하이 워터마크를 넘어서는 로그 엔트리는 복제되었다는 확인이 없기 때문에 클라이언트에게 보이지 않는다. 따라서 리더가 실패하고 다른 서버가 리더로 선출되면 하이 워터마크 이상의 엔트리는 사용하지 못할 수도 있다.

```
class ReplicatedLog...

  public WALEntry readEntry(long index) {
      if (index > replicationState.getHighWaterMark()) {
          throw new IllegalArgumentException("Log entry not available");
      }
```

```
    return wal.readAt(index);
}
```

로그 절단

서버가 죽은 다음 재시작해 클러스터에 다시 합류할 때 로그에서 충돌하는 엔트리가 남아 있을 가능성은 언제나 있다. 따라서 서버가 클러스터에 합류할 때마다 로그의 어느 엔트리가 잠재적으로 충돌하는지 리더에게 확인한다. 그런 다음 리더와 일치하는 지점까지 로그를 절단하고 후속 엔트리를 갱신해 자신의 로그를 클러스터 나머지 서버와 일치하도록 만든다.

다음 예제를 생각해 보자. 클라이언트가 로그에 엔트리 4개를 추가하라는 요청을 보낸다(그림 10.2). 리더는 엔트리 3개는 성공적으로 복제하지만, 자신의 로그에 엔트리 4를 추가한 다음 실패한다. 팔로워 중 하나가 새로운 리더로 선출되어 클라이언트로부터 엔트리를 더 수신한다(그림 10.3). 이때 실패한 리더가 클러스터에 다시 합류하면 실패 전에 추가했던 엔트리 4가 클러스터의 로그와 충돌하게 된다. 따라서 실패한 리더는 엔트리 3까지 로그를 절단한 다음, 엔트리 5를 추가해 클러스터의 나머지 로그와 일치시켜야 한다(그림 10.4).

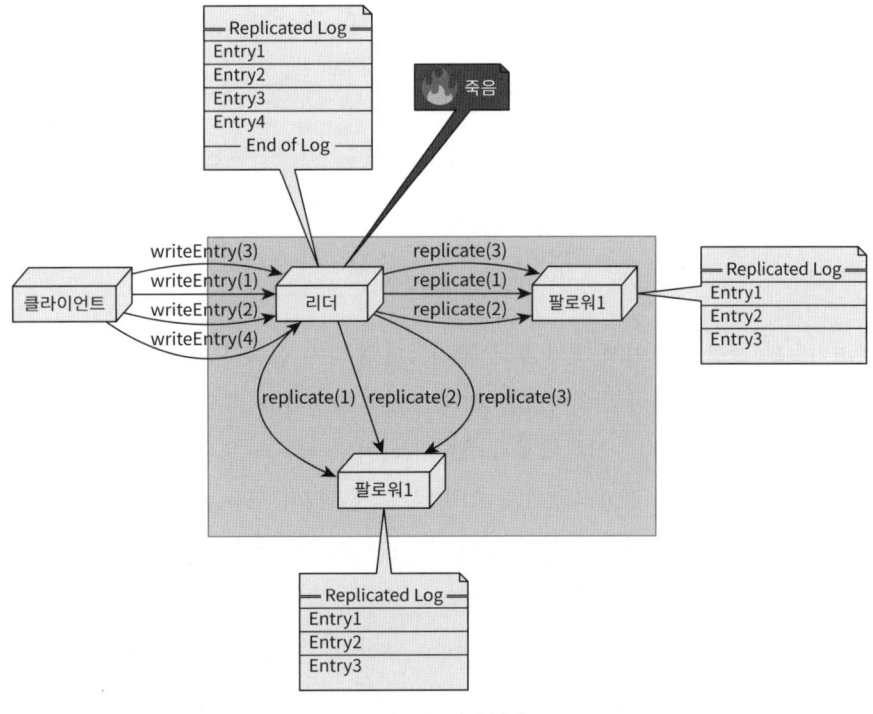

그림 10.2 리더 실패

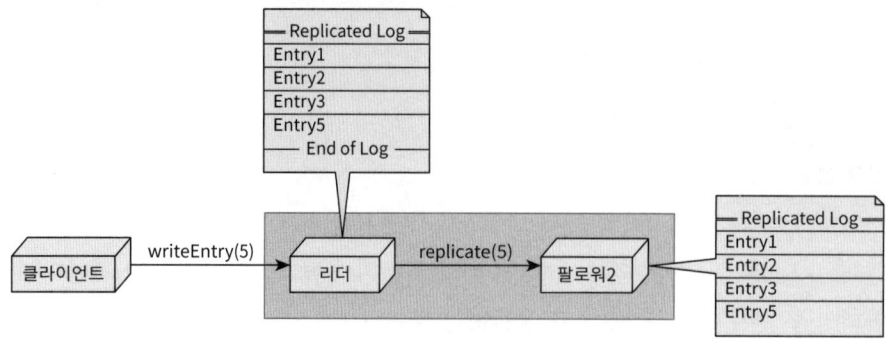

그림 10.3 신규 리더

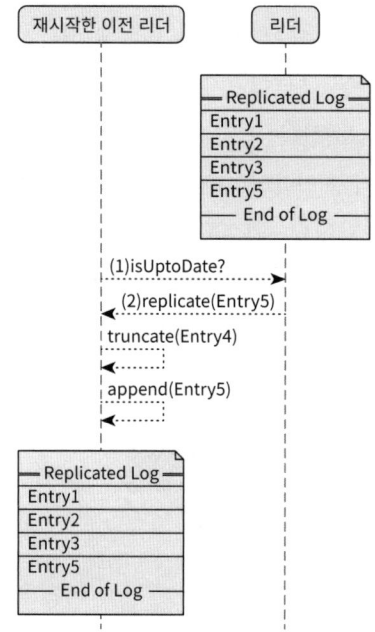

그림 10.4 로그 절단

서버가 재시작하거나 일시 정지 후에 클러스터에 다시 합류하면 최신 리더를 찾는다. 그리고 현재의 하이 워터마크를 명시적으로 요청하고 자신의 로그를 하이 워터마크까지 절단한 다음, 리더에게서 하이 워터마크 이후의 모든 엔트리를 받아 온다. 래프트 같은 복제 알고리즘에는 요청 로그 엔트리와 보유 로그 엔트리를 대조해 충돌 엔트리를 찾아내는 방법이 있다. 동일한 로그 인덱스지만 세대 시계(Generation Clock) 값이 낮은 엔트리는 제거한다.

```
class ReplicatedLog...

  void maybeTruncate(ReplicationRequest replicationRequest) {
      replicationRequest.getEntries().stream()
              .filter(this::isConflicting)
              .forEach(this::truncate);
  }

  private boolean isConflicting(WALEntry requestEntry) {
      return wal.getLastLogIndex() >= requestEntry.getEntryIndex()
              && requestEntry.getGeneration()
              != wal.getGeneration(requestEntry.getEntryIndex());
  }
```

로그 절단을 구현하는 간단한 방법은 로그 인덱스와 파일 위치로 구성된 맵을 유지하는 것이다. 그러면 지정한 인덱스에서 로그를 절단할 수 있다.

```
class WALSegment...

  public synchronized void truncate(Long logIndex) throws IOException {
      var filePosition = entryOffsets.get(logIndex);
      if (filePosition == null) {
          throw new IllegalArgumentException(
                  "No file position available for logIndex=" + logIndex);
      }

      fileChannel.truncate(filePosition);
      truncateIndex(logIndex);
  }

  private void truncateIndex(Long logIndex) {
      entryOffsets.entrySet().removeIf(entry -> entry.getKey() >= logIndex);
  }
```

사례

- 모든 합의 알고리즘은 요청된 상태 변경을 언제 적용할지 알기 위해 하이 워터마크 개념을 사용한다. 래프트 합의 알고리즘에서는 하이 워터마크를 커밋 인덱스(commitIndex)라고 한다.

- 아파치 카프카 복제 프로토콜에는 별도 인덱스로 유지 관리하는 하이 워터마크가 있다. 소비자(consumer)는 하이 워터마크까지의 엔트리만 볼 수 있다.
- 아파치 북키퍼(Apache BookKeeper)[1]에는 최종 추가 확인(last add confirmed)[2]이라는 개념이 있는데, 이는 부키(bookie)* 정족수에 복제를 성공한 엔트리를 말한다.

bookie
북키퍼 시스템에서 실제 데이터를 저장하고 관리하는 개별 서버.

1 https://bookkeeper.apache.org
2 https://bookkeeper.apache.org/archives/docs/r4.4.0/bookkeeperProtocol.html

Patterns of Distributed Systems

11장

Pattern 9

팍소스

— 운메시 조시와 마틴 파울러 공저

> 두 단계의 합의 구축 과정을 사용해
> 노드 간에 연결이 끊어졌을 때도 안전하게 합의에 도달한다.

문제

여러 노드가 상태를 공유할 때는 특정 값에 대해 서로 합의해야 하는 경우가 많다. 리더 팔로워(Leader and Followers) 패턴에서는 리더가 값을 결정하고 팔로워에게 전달하지만, 리더가 없다면 노드들이 스스로 값을 결정해야 한다(리더 팔로워 패턴에서도 리더를 선출하기 위해 이 과정이 필요하다).

리더는 2단계 커밋(Two-Phase Commit)을 사용해 복제본이 갱신값을 안전하게 가져가게 보장할 수 있다. 한편 리더 없이 노드들이 과반수 정족수(Majority Quorum) 소집을 시도하는 경쟁을 통해서도 이를 보장할 수 있다. 하지만 이 과정은 어떤 노드가 실패하거나 연결이 끊기면 더욱 복잡해진다. 노드가 특정 값에 대해 과반수 정족수를 달성하더라도 그 값을 전체 클러스터에 전파하기 전에 연결이 끊길 수 있다.

해결책

팍소스 알고리즘은 레슬리 램포트가 개발했으며, 1998년 〈The Part-Time Parliament〉[Lamport1998] 논문에서 발표되었다. 팍소스는 3단계로 동작하며 이를 통해 네트워크나 노드에 부분적으로 실패가 발생해도 여러 노드가 동일한 값에 대해 합의할 수 있다. 첫 번째와 두 번째 단계에서 값에 대한 합의를 구축하고 마지막 단계에서 그 합의 사항을 나머지 복제본에 전파한다.

- 준비 단계(Prepare phase): 최신 세대 시계(Generation Clock)를 설정하고 이미 수락한 값을 수집한다.
- 수락 단계(Accept phase): 이번 세대에서 복제본이 수락할 값을 제안한다.
- 커밋 단계(Commit phase): 값이 선택되었음을 모든 복제본에 알린다.

첫 번째 단계(준비 단계)에서 값을 제안하는 노드(제안자)는 클러스터의 모든 노드(수락자)에게 연락해 자신이 제안하는 값을 받아 줄지 물어본다. 수락자의 과반수 정족수가 이에 동의하면 제안자는 두 번째 단계로 넘어간다. 두 번째 단계(수락 단계)에서 제안자는 제안한 값을 보낸다. 노드의 과반수 정족수가 이 값을 수락하면 그 값이 선택된다. 마지막 단계(커밋 단계)에서 제안자는 선택된 값을 클러스터의 모든 노드에 커밋할 수 있다.

프로토콜의 흐름

팍소스는 이해하기 어려운 프로토콜이다. 먼저 프로토콜의 전반적인 흐름을 예(표 11.1)로 설명한 다음, 그 작동 원리에서 일부를 자세히 살펴본다. 간략한 이 설명은 프로토콜이 어떻게 작동하는지 직관적인 이해를 제공하기 위한 것이지 프로토콜 구현을 위한 포괄적인 설명은 아니다.

원래 팍소스 논문(1998년과 2001년[Lamport2001])에는 커밋 단계의 언급이 없는데, 이는 알고리즘의 초점이 단일 값이 선택되었을 때 제안자 클러스터 노드만 선택된 값을 알고 있어도 충분함을 증명하려는 데 있었기 때문이다. 하지만 실제에서는 모든 클러스터 노드가 선택된 값을 알아야 하므로 제안자가 결정 사항을 모든 클러스터 노드에 전달하는 커밋 단계가 필요하다.

팍소스를 위한 기본 규칙들이 있지만, 이 규칙들이 어떻게 결합해 효과적인 동작을 하는지 이해하기는 쉽지 않다. 그림 11.1에서는 팍소스가 어떻게 작동하는지 예시를 보여 준다.

표 11.1 팍소스 요약 - 프로토콜의 흐름

제안자	수락자
세대 시계(Generation Clock)에서 다음 세대 번호를 얻어 모든 수락자에게 세대 번호와 함께 준비 요청을 보낸다.	
	준비 요청의 세대 번호가 수락자의 약속된 세대(promised generation) 변수보다 최신이라면 수락자는 자신의 약속된 세대를 이 최신 값으로 갱신하고 약속 응답을 반환한다. 수락자가 이미 다른 제안을 수락한 경우에는 그 제안을 반환한다.
과반수 정족수의 수락자로부터 약속을 받으면 응답 중에 어떤 것이 수락값을 포함하고 있는지 확인한다. 수락값을 포함한 응답이 확인된다면 자신의 제안값을 가장 높은 세대 번호를 가진 반환 제안값으로 변경한다. 그리고 자신의 세대 번호와 제안값을 포함한 수락 요청을 모든 수락자에게 보낸다.	
	수락 요청의 세대 번호가 자신이 약속한 세댓값보다 최신이거나 같다면 수락된 제안으로서 해당 제안을 저장하고 요청을 수락했다고 응답한다.
과반수 정족수의 수락자에서 성공 응답을 받으면 그 값을 선택된 값으로 기록하고 모든 노드에게 커밋 메시지를 보낸다.	

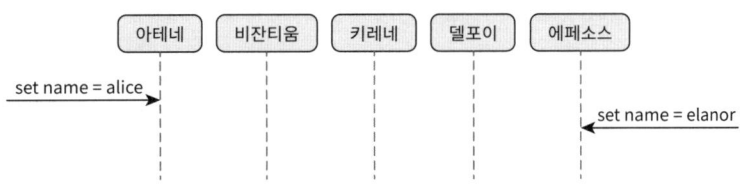

그림 11.1 아테네와 에페소스가 클라이언트의 요청을 받는다.

5대의 노드로 구성된 클러스터(아테네, 비잔티움, 키레네, 델포이, 에페소스)를 생각해 보자. 클라이언트가 아테네 노드에 연락해 클러스터 이름을 "alice"로 설정하라고 요청한다. 아테네 노드는 이제 다른 모든 노드가 이 변경 사항에 동의할지 확인하기 위해 팍소스 상호작용을 개시한다. 아테네는 제안자로서 클러스터 이름을 "alice"로 하자고 다른 모든 노드에 제안할 것이다. 클러스터의 모든 노드(아테네 포함)는 수락자로서 제안을 수락할 수 있다.

아테네가 "alice"를 제안하고 있는 순간 에페소스 노드가 클러스터의 이름을 "elanor"로 설정하라는 요청을 받는다. 그러면 에페소스가 또 다른 제안자가 된다 (그림 11.2).

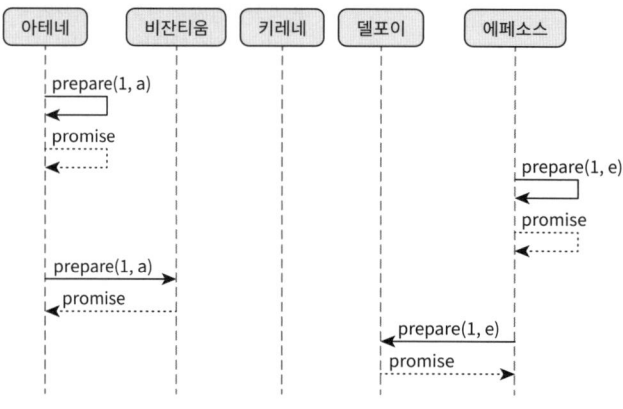

그림 11.2 아테나와 에페소스가 모두 준비 단계를 개시한다.

준비 단계에서 제안자들은 세대 번호를 포함해 준비 요청을 보내기 시작한다. 팍소스는 단일 실패 지점(single points of failure)을 피하도록 설계했기 때문에 단일 세대 시계의 세대 번호를 사용하지 않는다. 그 대신 각각의 노드는 세대 번호와 노드 ID를 결합한 자체 세대 시계를 유지 관리한다. 노드 ID는 동점 상황을 해결하는 데 사용한다. 즉 [2,a] > [1,e] > [1,a]가 된다. 각각의 수락자는 지금까지 확인해 온 약속 중에서 가장 최근의 약속을 기록한다.

노드	아테네	비잔티움	키레네	델포이	에페소스
약속한 세대	1, a	1, a	0	1, e	1, e
수락값	none	none	none	none	none

노드들은 이전에 요청을 받은 적이 없으므로 노드는 모두 호출한 제안자에게 약속을 반환한다. 반환값을 '약속'이라고 하는 이유는 수락자가 약속된 세대 시계보다 이전 세대 시계의 어떤 메시지도 인정하지 않겠다는 것을 약속하기 때문이다.

아테네는 키레네에게 준비 메시지를 보낸다(그림 11.3). 아테네가 약속을 반환받는다. 이는 5대 노드 중 3대, 즉 과반수 정족수(Majority Quorum)의 약속을 받았다는 뜻이다. 아테네는 이제 준비 메시지 전송에서 수락 메시지 전송으로 전환한다.

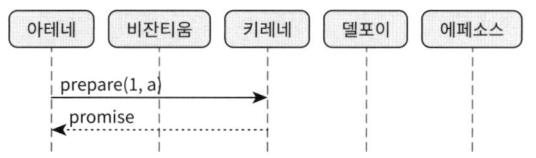

그림 11.3 아테네는 키레네의 응답으로 과반수 정족수 약속을 받는다.

아테네가 클러스터 노드의 과반수로부터 약속을 받는 데 실패할 수도 있다. 그런 경우 아테네는 세대 시계를 증가시켜 준비 요청을 다시 시도한다.

노드	아테네	비잔티움	키레네	델포이	에페소스
약속한 세대	1, a	1, a	1, a	1, e	1, e
수락값	none	none	none	none	none

아테네는 이제 수락 메시지를 전송하기 시작한다. 이 메시지에는 세대와 제안값이 포함된다(그림 11.4). 아테네와 비잔티움은 제안을 수락한다.

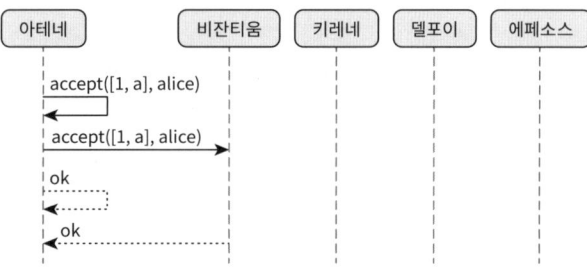

그림 11.4 아테네는 수락 단계를 개시한다.

노드	아테네	비잔티움	키레네	델포이	에페소스
약속한 세대	1, a	1, a	1, a	1, e	1, e
수락값	alice	alice	none	none	none

에페소스는 이제 준비 메시지를 키레네에게 보낸다(그림 11.5). 키레네는 아테네에게 약속을 보냈지만, 에페소스의 요청이 세대가 더 높아 에페소스의 요청을 우선한다. 키레네는 에페소스에게 약속을 반환한다.

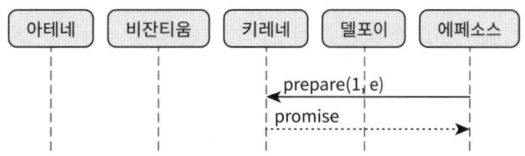

그림 11.5 에페소스는 키레네의 응답으로 과반수 정족수 약속을 받는다.

키레네는 이제 아테네에게서 수락 요청을 받지만, 세대 번호가 에페소스에서 보낸 약속보다 낮아 요청을 거절한다(그림 11.6).

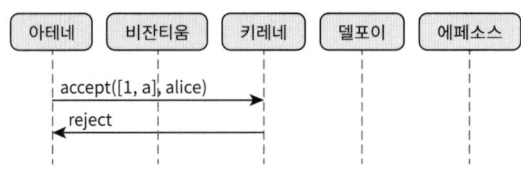

그림 11.6 키레네는 아테네의 수락 요청을 거절한다.

노드	아테네	비잔티움	키레네	델포이	에페소스
약속한 세대	1, a	1, a	1, e	1, e	1, e
수락값	alice	alice	none	none	none

에페소스는 과반수 정족수로부터 준비 메시지를 받았기 때문에 수락 요청을 전송하는 단계로 넘어갈 수 있다(그림 11.7). 에페소스는 수락 메시지를 자신과 델포이에게 보냈지만 더 이상의 수락 메시지를 보내기 전에 죽는다.

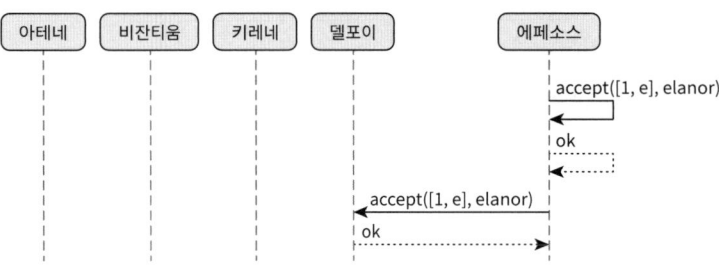

그림 11.7 에페소스는 수락 단계를 개시한다.

노드	아테네	비잔티움	키레네	델포이	에페소스
약속한 세대	1, a	1, a	1, e	1, e	1, e
수락값	alice	alice	none	elanor	elanor

한편 아테네는 키레네에게서 받은 수락 요청 거부를 처리해야 한다. 이는 과반수 정족수가 더 이상 약속되지 않았음을 의미한다. 즉, 그 제안은 실패한다. 이런 상황은 초기 과반수 정족수를 잃은 제안자에게 빈번히 일어나는 일이다. 다른 제안자가 정족수를 달성하려면 첫 번째 제안자의 과반수 정족수 멤버 중 최소한 하나의 멤버는 이탈해야 한다.

단순한 2단계 커밋을 사용했다면 에페소스가 계속 작동하면서 자신의 값이 선택될 것으로 예상했겠지만, 에페소스가 죽어 버렸기 때문에 이 작전은 이제 곤란해졌다. 혹시 에페소스가 과반수 정족수의 수락자를 잠금했다면 에페소스의 죽음은 제안 과정 전체를 교착 상태로 만들었을 것이다. 하지만 이런 일은 팍소스에서는 예상했던 상황이라 이번에는 아테네가 더 높은 세대로 다시 시도한다(그림 11.8).

아테네는 준비 메시지를 다시 보낸다. 다만 이번에는 더 높은 세대 번호로 보낸다. 첫 라운드처럼 약속 세 개를 받지만 여기에는 중요한 차이가 있다. 아테네는 이미 앞서 "alice"를 수락했고 델포이는 "elanor"를 수락했다. 이 두 수락자는 약속을 반환하지만 이미 수락한 값과 수락한 제안의 세대 번호도 함께 반환한다. 수락값을 반환할 때는 약속한 세대를 [2, a]로 갱신해 아테네에게 한 약속을 반영한다.

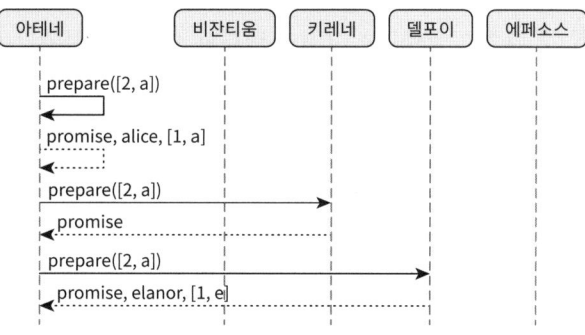

그림 11.8 아테네는 더 높은 세대로 준비 단계를 개시한다.

노드	아테네	비잔티움	키레네	델포이	에페소스
약속한 세대	2, a	1, a	2, a	2, a	1, e
수락값	alice	alice	none	elanor	elanor

정족수를 보유한 아테네는 이제 수락 단계로 넘어가야 하지만 가장 높은 세대로 이미 수락한 값인 "elanor"를 제안해야 한다. 이 값은 델포이가 [1, e] 세대로 수락했던 값으로 아테네가 [1, a]로 수락한 "alice"보다 크다(그림 11.9).

그림 11.9 아테네는 이미 수락한 값인 elanor를 제안한다.

아테네는 수락 요청을 보내기 시작한다. 하지만 이번에는 "elanor"와 자신의 현재 세대로 보낸다. 아테네는 자신에게 수락 요청을 보내고 이를 수락한다. 이 수락이 중요한 이유는 이제 "elanor"를 수락하는 노드가 세 개이고 이는 정족수가 된다. 따라서 "elanor"를 선택된 값으로 볼 수 있다.

노드	아테네	비잔티움	키레네	델포이	에페소스
약속한 세대	2, a	1, a	2, a	2, a	1, e
수락값	elanor	alice	none	elanor	elanor

하지만 "elanor"가 선택된 값이라고 해도 아직 아무도 이를 알지 못한다. 수락 단계에서 아테네는 자신만이 "elanor"를 값으로 가지고 있다는 것을 알고 있는데, 이는 정족수가 아니고 에페소스는 오프라인이다. 아테네가 해야 할 일은 수락 요청에 대한 수락을 몇 개 더 받는 것이다. 그러면 커밋할 수 있다. 하지만 이제는 아테네가 죽는다.

아테네와 에페소스는 이 시점에서 모두 죽은 상태다. 그러나 클러스터에는 작동 중인 노드의 과반수 정족수가 아직 있으므로 작업은 진행 가능해야 한다. 실제로 노드들은 프로토콜에 따라 "elanor"가 선택된 값이라는 사실을 발견할 수 있다(그림 11.10).

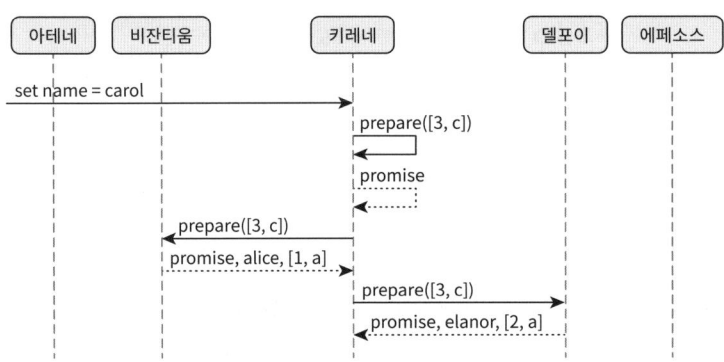

그림 11.10 키레네는 준비 단계를 개시한다.

키레네는 이름을 "carol"로 설정하라는 요청을 받아 제안자가 된다. 키레네는 [2, a] 세대를 봤기 때문에 [3, c] 세대로 준비 단계를 시작한다. 키레네는 "carol"을 이름으로 제안하길 원한다. 하지만 당장은 준비 요청만 발행한다.

키레네는 남아 있는 클러스터 노드에게 준비 메시지를 보낸다. 이전 아테네의 준비 단계와 마찬가지로 키레네는 수락값을 반환받기 때문에 "carol"은 제안값이 될 수 없다. 이전과 같이 델포이의 "elanor"가 비잔티움의 "alice"보다 더 최신이기 때문에 키레네는 "elanor"와 [3, c]로 수락 단계를 시작한다(그림 11.11).

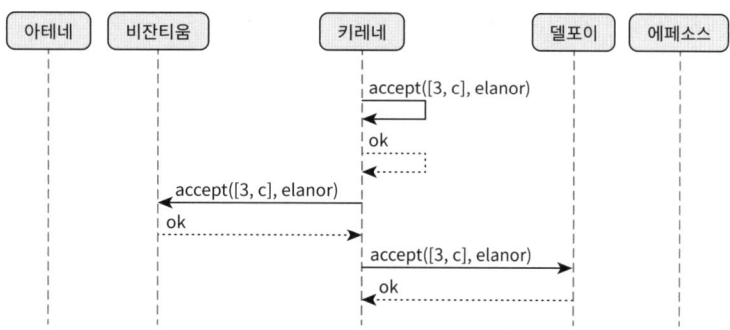

그림 11.11 키레네는 기존 수락값 "elanor"를 제안한다.

일부러 노드들을 지속적으로 다운시키고 복구한다 해도 이제 "elanor"의 승리가 확실해졌다. 노드의 과반수 정족수가 작동하는 한 적어도 그중 하나는 "elanor"를 해당 값으로 가지고 있고, 준비 단계를 시도하는 다른 노드도 정족수를 얻기 위해 "elanor"를 수락한 노드 하나와는 반드시 연락을 취해야 한다. 결국 키레네가 커밋을 보내는 것으로 상황은 마무리된다(그림 11.12).

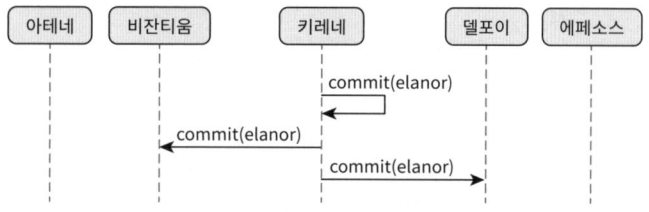

그림 11.12 키레네는 "elanor"를 커밋한다.

아테네와 에페소스가 온라인으로 돌아온 시점에는 과반수 정족수가 무엇을 선택했는지 알게 될 것이다.

요청에 거부가 꼭 필요하지는 않다

앞선 예제에서 수락자가 오래된 세대의 요청을 거부하는 것을 보았다. 그러나 이 같은 명시적인 거부가 프로토콜에 필수는 아니다. 정의된 바에 따르면 수락자는 유효 기간이 지난 요청을 무시할 수 있다. 이 경우에도 프로토콜은 여전히 단일 합의 값으로 수렴할 것이다. 이는 프로토콜에서 상당히 중요한 기능으로, 분산 시스템에서는 언제든 연결이 끊길 수 있기 때문에 프로토콜의 안전성을 보장하기 위해 거부에 의존하지 않는 편이 더 낫다(여기서 안전성(safety)이란 프로토콜이 오직 하나의 값만 선택하며 일단 선택하면 덮어쓰지 않는다는 의미다).

하지만 거부를 보내는 것 또한 유용한데, 이는 성능을 향상시키기 때문이다. 제안자가 자신이 오래되었음을 더 빨리 알게 되면 될수록 높은 세대로 다음 라운드를 더 빨리 시작할 수 있다.

경쟁하는 제안자는 선택에 실패할 수 있다

이 프로토콜이 잘못 동작하는 한 가지 방법은 두 개 이상의 제안자가 순환에 빠지는 일이다. 이 상황을 라이브락(livelock)이라고 한다.

- 아테네와 비잔티움이 "alice"를 수락한다.
- "elanor"가 모든 노드에서 준비되어 "alice"가 정족수를 얻지 못하게 된다.
- 델포이와 에페소스가 "elanor"를 수락한다.
- "alice"가 모든 노드에서 준비되어 "elanor"가 정족수를 얻지 못하게 된다.
- 아테네와 비잔티움이 "alice"를 수락한다.

이런 식으로 계속된다.

FLP 불가능성 결과[Fischer1985][1]는 단일 장애 노드만으로도 클러스터가 값을 영원히 선택하지 못하는 상황이 발생할 수 있음을 보여 준다.

라이브락 발생 가능성을 줄이기 위해 제안자가 새로운 세대를 선택할 때마다 무작위 시간 동안 기다리게 할 수 있다. 이 무작위성으로 인해 하나의 제안자가 전체 정족수에 준비 요청을 보내기 전에 다른 제안자가 과반수 정족수의 수락을 얻을 수 있게 한다.

---

[1] (옮긴이) FLP 불가능성 결과는 분산 시스템에서 단 하나의 프로세스라도 실패할 수 있는 비동기 시스템에서는 완벽한 합의가 불가능하다는 것을 수학적으로 증명한 이론이다. 피셔(Fischer), 린치(Lynch), 패터슨(Patterson)이 1985년에 발표했다.

그러나 라이브락이 발생하지 않는다고 보장할 수는 없다. 이는 근본적으로 트레이드오프 관계로 안전성과 활동성 중 하나만을 보장할 수 있다. 팍소스는 안전성을 우선했다.

키-값 저장소 예제

여기서 설명한 팍소스 프로토콜은 단일 값에 대해 합의를 구축한다(단일 판결 팍소스(single-decree Paxos)라고도 한다). 애저 코스모스DB(Azure Cosmos DB)[2]나 구글 스패너같은 주류 제품에서 사용하는 대부분의 실제 구현은 다중 팍소스(Multi-Paxos)라고 하는 팍소스의 변형으로, 복제 로그(Replicated Log) 구현에 사용한다.

하지만 간단한 키-값 저장소는 기본 팍소스를 사용해 구축할 수 있다. 아파치 카산드라는 경량 트랜잭션을 구현하기 위해 기본 팍소스를 사용한다.

키-값 저장소는 키마다 팍소스 인스턴스 하나를 유지 관리한다.

```
class PaxosPerKeyStore...

  int serverId;
  public PaxosPerKeyStore(int serverId) {
      this.serverId = serverId;
  }

  Map<String, Acceptor> key2Acceptors = new HashMap<String, Acceptor>();
  List<PaxosPerKeyStore> peers;
```

수락자는 promisedGeneration, acceptedGeneration, acceptedValue를 저장한다.

```
class Acceptor...

  public class Acceptor {
      MonotonicId promisedGeneration = MonotonicId.empty();

      Optional<MonotonicId> acceptedGeneration = Optional.empty();
      Optional<Command> acceptedValue = Optional.empty();

      Optional<Command> committedValue = Optional.empty();
      Optional<MonotonicId> committedGeneration = Optional.empty();

      public AcceptorState state = AcceptorState.NEW;
      private BiConsumer<Acceptor, Command> kvStore;
```

---

[2] https://azure.microsoft.com/en-in/products/cosmos-db

kvStore에 키와 값이 들어오면(put) 팍소스 프로토콜을 실행한다.

```
class PaxosPerKeyStore...

  int maxKnownPaxosRoundId = 1;
  int maxAttempts = 4;
  public void put(String key, String defaultProposal) {
      int attempts = 0;
      while (attempts <= maxAttempts) {
          attempts++;
          var requestId = new MonotonicId(maxKnownPaxosRoundId++, serverId);
          var setValueCommand = new SetValueCommand(key, defaultProposal);

          if (runPaxos(key, requestId, setValueCommand)) {
              return;
          }
          Uninterruptibles.sleepUninterruptibly(
              ThreadLocalRandom.current().nextInt(100), MILLISECONDS);
          logger.warn("Experienced Paxos contention. " +
                      "mpting with higher generation");
      }
      throw new WriteTimeoutException(attempts);
  }

  private boolean runPaxos(String key,
                           MonotonicId generation,
                           Command initialValue) {
      var allAcceptors = getAcceptorInstancesFor(key);
      var prepareResponses = sendPrepare(generation, allAcceptors);
      if (isQuorumPrepared(prepareResponses)) {
          Command proposedValue = getValue(prepareResponses, initialValue);
          if (sendAccept(generation, proposedValue, allAcceptors)) {
              sendCommit(generation, proposedValue, allAcceptors);
          }
          if (proposedValue == initialValue) {
              return true;
          }
      }
      return false;
  }

  public Command getValue(List<PrepareResponse> prepareResponses,
                          Command initialValue) {
      var mostRecentAcceptedValue
              = getMostRecentAcceptedValue(prepareResponses);
      var proposedValue
              = mostRecentAcceptedValue.acceptedValue.isEmpty()
              ? initialValue
```

```
                : mostRecentAcceptedValue.acceptedValue.get();
    return proposedValue;
}

private PrepareResponse getMostRecentAcceptedValue(List<PrepareResponse>
                                                           prepareResponses) {
    return prepareResponses
            .stream()
            .max(Comparator
                    .comparing(r ->
                            r.acceptedGeneration
                                    .orElse(MonotonicId.empty()))).get();
}
```

class Acceptor...

```
public PrepareResponse prepare(MonotonicId generation) {

    if (promisedGeneration.isAfter(generation)) {
        return new PrepareResponse(false,
                acceptedValue,
                acceptedGeneration,
                committedGeneration,
                committedValue);
    }
    promisedGeneration = generation;
    state = AcceptorState.PROMISED;
    return new PrepareResponse(true,
            acceptedValue,
            acceptedGeneration,
            committedGeneration,
            committedValue);
}
```

class Acceptor...

```
public boolean accept(MonotonicId generation, Command value) {
    if (generation.equals(promisedGeneration)
            || generation.isAfter(promisedGeneration)) {
        this.promisedGeneration = generation;
        this.acceptedGeneration = Optional.of(generation);
        this.acceptedValue = Optional.of(value);
        state = AcceptorState.ACCEPTED;
        return true;
    }
    return false;
}
```

성공적으로 커밋된 경우에만 값을 kvStore에 저장한다.

```
class Acceptor...

  public void commit(MonotonicId generation, Command value) {
      committedGeneration = Optional.of(generation);
      committedValue = Optional.of(value);
      state = AcceptorState.COMMITTED;
      kvStore.accept(this, value);
  }

class PaxosPerKeyStore...

  private void accept(Acceptor acceptor, Command command) {
      if (command instanceof SetValueCommand) {
          var setValueCommand = (SetValueCommand) command;
          kv.put(setValueCommand.getKey(), setValueCommand.getValue());
      }
      acceptor.resetPaxosState();
  }
```

팍소스 상태는 지속되어야 하는데, 쓰기 전 로그(Write-Ahead Log)를 사용하면 상태를 쉽게 유지할 수 있다.

다중 값 처리

팍소스는 이미 입증되었듯이 단일 값에 특화해 작동된다는 점이 매우 중요하다. 따라서 단일 값 팍소스 프로토콜로 다중 값을 처리하는 것은 팍소스 프로토콜 명세 외부에서 다루어야 한다. 한 가지 대안으로 상태를 다시 설정하고 커밋된 값을 별도로 저장해 값을 잃어버리지 않게 하는 방법이 있다.

```
class Acceptor...

  public void resetPaxosState() {
      // 이 구현은 커밋한 값을 저장하지 않고 준비 단계에서 별도로 처리하지 않는다면
      // 문제가 발생한다. 아파치 카산드라의 구현을 살펴보라.
      promisedGeneration = MonotonicId.empty();
      acceptedGeneration = Optional.empty();
      acceptedValue = Optional.empty();
  }
```

CASPaxos[Rystsov2018]에서 설명한 대안은 기본 팍소스를 약간 수정해 여러 값을 설정할 수 있도록 한다. 이와 같이 기본 팍소스 알고리즘을 넘어 여러 단계를 실행해야 하는 문제로 인해 실제로는 복제 로그(Replicated Log)를 선호한다.

값 읽기

팍소스는 커밋하지 않은 값을 준비 단계에서 감지한다. 그래서 앞서 보았듯이 키-값 저장소 구현에 기본 팍소스를 사용한다면 읽기 연산 또한 전체 팍소스 알고리즘을 실행해야 한다.

```
class PaxosPerKeyStore...

  public String get(String key) {
      int attempts = 0;
      while (attempts <= maxAttempts) {
          attempts++;
          var requestId = new MonotonicId(maxKnownPaxosRoundId++, serverId);
          var getValueCommand = new NoOpCommand(key);
          if (runPaxos(key, requestId, getValueCommand)) {
              return kv.get(key);
          }

          Uninterruptibles
                  .sleepUninterruptibly(ThreadLocalRandom
                          .current()
                          .nextInt(100), MILLISECONDS);
          logger
                  .warn("Experienced Paxos contention. " +
                          "Attempting with higher generation");
      }
      throw new ReadTimeoutException(attempts);
  }
```

탄력적 팍소스

팍소스는 원래 준비 단계와 수락 단계 모두 과반수 정족수를 요구한다고 설명한다. 하지만 하이디 하워드(Heidi Howard) 등의 최근 연구[Howard2016]에 따르면 팍소스의 주요 요구사항은 준비 단계와 수락 단계의 정족수가 겹쳐야 한다는 것이다. 이 요구사항을 만족한다면 두 단계 모두에서 과반수 정족수가 필요하지는 않다.

사례

- 아파치 카산드라는 팍소스를 경량 트랜잭션을 구현하는 데 사용한다.
- 래프트 같은 모든 합의 알고리즘에서는 기본 팍소스와 유사한 개념을 사용한다. 2단계 커밋, 과반수 정족수, 세대 시계도 비슷한 방식을 사용한다.

Patterns of Distributed Systems　　　　　　　　　　　　　　　　　　12장

Pattern 10

복제 로그

클러스터 전체 노드에 복제되는 쓰기 전 로그를 이용해 여러 노드 상태를 동기화한다.

문제

여러 노드가 상태를 공유한다면 상태를 동기화해야 한다. 일부 노드가 죽거나 연결이 끊기더라도 클러스터 전체 노드는 동일한 상태로 일치해야 한다. 그러기 위해서는 상태 변경 요청이 있을 때마다 합의에 도달해야 한다.

그러나 개별 요청의 합의만으로는 충분하지 않다. 각각의 복제 서버가 요청을 처리하는 순서도 동일해야 한다. 그렇지 않으면 개별 요청에 합의했더라도 복제 서버들의 최종 상태가 달라질 수 있다.

해결책

클러스터 노드들은 쓰기 전 로그(Write-Ahead Log)를 유지 관리한다. 로그 엔트리에는 사용자 요청과 함께 합의에 필요한 상태도 저장한다. 노드들은 협조해 로그 엔트리에 대한 합의를 이루고 클러스터 전체 노드가 정확히 동일한 쓰기 전 로그를 갖도록 만든다. 그런 다음 요청을 로그 순서대로 실행한다. 클러스터 전체 노드가 개별 로그 엔트리에 동의하므로 동일한 요청을 동일한 순서로 실행한다. 이렇게 클러스터 전체 노드가 동일한 상태를 공유하도록 보장한다.

과반수 정족수(Majority Quorum)를 이용해 내결함성 합의를 구축하는 메커니즘에는 두 단계가 필요하다.

- 세대 시계(Generation Clock)를 확정하고 이전의 과반수 정족수를 구성하는 노드에 복제된 로그 엔트리를 알아내는 단계
- 클러스터 전체 노드에 요청을 복제하는 단계

상태 변경을 요청할 때마다 2단계를 수행하는 것은 비효율적이다. 따라서 클러스터 노드들은 초기에 리더를 선출한다. 리더 선출 단계에서 세대 시계를 확정하고 이전의 과반수 정족수 노드에 존재하는 모든 로그 엔트리(이전 리더가 클러스터 과반수 정족수에 복사한 로그 엔트리)를 검출한다. 리더가 자리 잡으면 오직 리더만이 복제를 조정한다. 클라이언트들은 리더와 통신한다. 리더는 개별 요청을 로그에 추가하고 모든 팔로워에 복제되도록 보장한다. 로그 엔트리가 팔로워 과반수 정족수에 복제되면 합의에 도달한다. 이렇게 리더가 자리 잡으면 상태 변경을 요청할 때마다 1단계 수행만으로 합의에 도달한다.

> ☑ **실패 가정**
>
> 로그 엔트리에 대한 합의를 형성할 때는 실패 가정에 따라 다른 알고리즘을 사용한다. 가장 흔히 사용하는 가정은 죽는 결함(crash fault)이다. 죽는 결함을 사용하는 경우 노드에 결함이 생기면 동작을 중단한다. 보다 복잡한 실패 가정으로 비잔틴 결함(Byzantine fault)*이 있다. 비잔틴 결함 상황에서 결함이 생긴 클러스터 노드는 임의로 동작할 수 있다. 노드는 동작을 계속하지만 공격자가 고의적으로 잘못된 데이터로 요청을 보내거나 응답하도록 노드를 제어할 수도 있다. 예를 들어 돈을 훔치기 위해 부정 거래를 요청할 수 있다.
>
> 대다수 엔터프라이즈 시스템은 죽는 결함을 가정한다. 데이터베이스, 메시지 브로커, 심지어 하이퍼레저 패브릭(Hyperledger Fabric)[1] 같은 엔터프라이즈 블록체인 제품도 예외는 아니다. 따라서 이런 시스템에서 대부분 사용하는 래프트나 팍소스(Paxos) 같은 합의 알고리즘도 죽는 결함을 가정하고 설계됐다.
>
> 비잔틴 실패를 허용할 필요가 있는 시스템에는 PBFT[Castro1999]* 같은 알고리즘을 사용한다. PBFT 알고리즘은 비슷한 방법으로 로그를 사용하지만, 비잔틴 실패를 용인하기 위해 3단계로 실행해야 하며 $3f + 1$의 정족수가 필요하다. 여기서 f는 용인하는 실패 횟수다.

Byzantine fault
결함이 발생했을 때, 단순히 노드가 죽는 데 그치지 않고 관찰자에 따라 다른 영향이 나타나거나 시스템 컴포넌트의 실패 여부조차 불확실할 수 있는 상태.

Practical Byzantine Fault Tolerance
비잔틴 결함을 용인하기 위해 제안된 알고리즘.

1 https://github.com/hyperledger/fabric

다중 팍소스와 래프트

다중 팍소스[Lamport2001]와 래프트[Ongaro2014]는 복제 로그를 구현하는 가장 대중적인 알고리즘이다. 학술 논문에서는 다중 팍소스를 명확히 설명하지 않는다. 구글 스패너나 애저 코스모스DB 같은 클라우드 데이터베이스는 다중 팍소스를 사용하지만, 구현 세부 사항은 문서화가 부족하다. 학계는 팍소스와 그 변형을 훨씬 더 많이 논의하지만, 대다수 오픈소스 시스템에서는 모든 구현 세부 사항을 매우 명확하게 문서화하는 래프트를 선호한다.

다음 절에서 복제 로그를 래프트로 구현하는 방법을 설명한다.

클라이언트 요청을 복제하기

리더는 로그 엔트리를 자신의 로컬 쓰기 전 로그에 덧붙인 후 모든 팔로워에게 전송한다(그림 12.1).

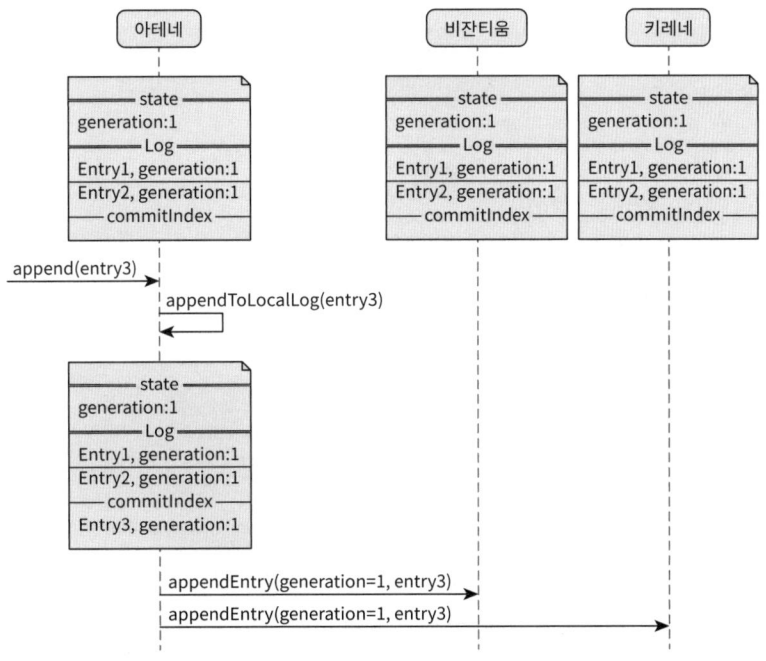

그림 12.1 리더는 자신의 로그에 엔트리를 덧붙인다.

```
leader (class ReplicatedLog...)

  private Long appendAndReplicate(byte[] data) {
    Long lastLogEntryIndex = appendToLocalLog(data);
```

```
        replicateOnFollowers(lastLogEntryIndex);
        return lastLogEntryIndex;
    }

    private void replicateOnFollowers(Long entryAtIndex) {
        for (final FollowerHandler follower : followers) {
            replicateOn(follower, entryAtIndex);  // 복제 요청을 팔로워에게 전송
        }
    }
```

팔로워는 복제 요청을 처리해 로그 엔트리를 자신의 로컬 로그에 덧붙인다. 로그 엔트리를 덧붙이는 데 성공하면 자신이 가진 가장 최신의 로그 인덱스로 리더에게 응답한다(그림 12.2).

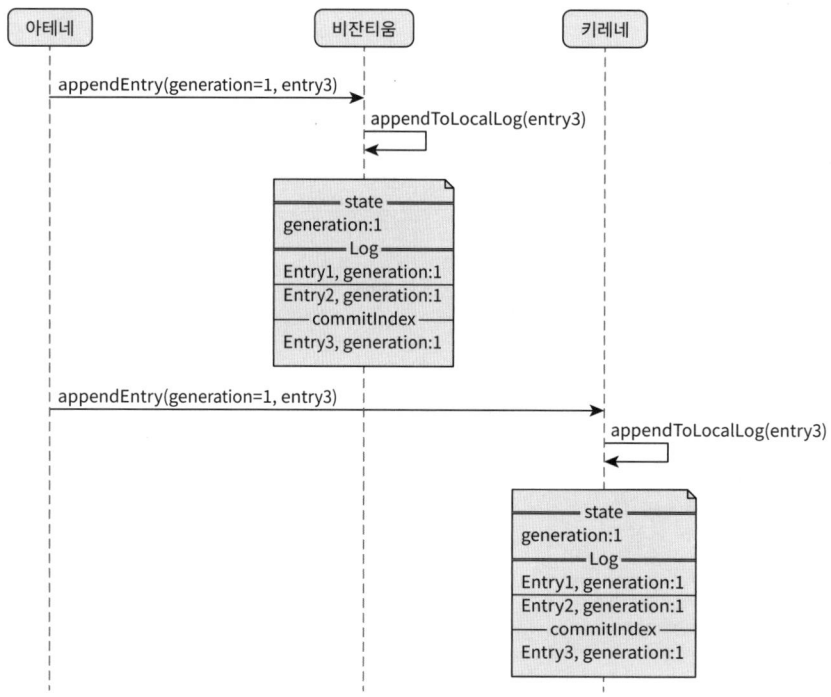

그림 12.2 팔로워는 자신의 로그에 엔트리를 덧붙인다.

응답에는 서버의 현재 세대 시계(Generation Clock)도 포함된다.

팔로워는 로그 엔트리가 이미 존재하는지, 복제 중인 로그 엔트리를 넘어서는 엔트리가 있는지 확인한다. 팔로워는 이미 존재하는 엔트리는 무시한다. 그러나 세대가 다른 엔트리가 있다면 충돌하는 엔트리를 제거한다.

```
follower (class ReplicatedLog...)

  void maybeTruncate(ReplicationRequest replicationRequest) {
      replicationRequest.getEntries().stream()
              .filter(this::isConflicting)
              .forEach(this::truncate);
  }

  private boolean isConflicting(WALEntry requestEntry) {
      return wal.getLastLogIndex() >= requestEntry.getEntryIndex()
              && requestEntry.getGeneration()
              != wal.getGeneration(requestEntry.getEntryIndex());
  }

  private void truncate(WALEntry entry) {
      wal.truncate(entry.getEntryIndex());
  }

follower (class ReplicatedLog...)

  private ReplicationResponse appendEntries(ReplicationRequest
                                              replicationRequest) {
      var entries = replicationRequest.getEntries();

      entries.stream()
              .filter(e -> !wal.exists(e))
              .forEach(e -> wal.writeEntry(e));

      return new ReplicationResponse(SUCCEEDED, serverId(),
              replicationState.getGeneration(), wal.getLastLogIndex());
  }
```

팔로워는 요청에 포함된 세대 번호가 팔로워 서버가 알고 있는 최근 세대 번호보다 낮으면 복제 요청을 거부한다. 복제 요청을 거부함으로써 리더에게 물러나 팔로워가 되라고 알린다.

```
follower (class ReplicatedLog...)

  Long currentGeneration = replicationState.getGeneration();
  if (currentGeneration > request.getGeneration()) {
      return new ReplicationResponse(FAILED, serverId(),
              currentGeneration, wal.getLastLogIndex());
  }
```

리더는 응답을 받으면 각각의 서버에 복제된 로그 인덱스를 추적한다. 과반수 정족수(Majority Quorum)로 복제가 성공한 로그 엔트리를 추적하고 그 인덱스를 commitIndex로 기록한다. commitIndex는 로그의 하이 워터마크(High-Water Mark)다(그림 12.3).

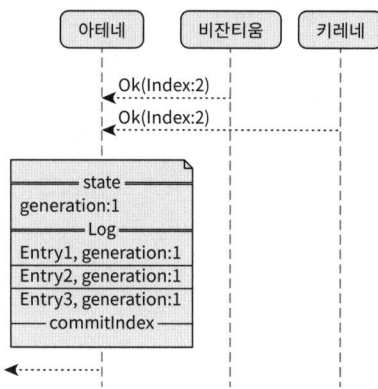

그림 12.3 리더는 commitIndex를 갱신한다.

```
leader (class ReplicatedLog...)

    logger.info("Updating matchIndex for "
            + response.getServerId()
            + " to "
            + response.getReplicatedLogIndex());

    updateMatchingLogIndex(response.getServerId(),
            response.getReplicatedLogIndex());

    var logIndexAtQuorum = computeHighwaterMark(logIndexesAtAllServers(),
            config.numberOfServers());

    var currentHighWaterMark = replicationState.getHighWaterMark();

    if (logIndexAtQuorum > currentHighWaterMark && logIndexAtQuorum != 0) {
        applyLogEntries(currentHighWaterMark, logIndexAtQuorum);
        replicationState.setHighWaterMark(logIndexAtQuorum);
    }

leader (class ReplicatedLog...)

    Long computeHighwaterMark(List<Long> serverLogIndexes, int noOfServers) {
        serverLogIndexes.sort(Long::compareTo);
        return serverLogIndexes.get(noOfServers / 2);
    }
```

```
leader (class ReplicatedLog...)

  private void updateMatchingLogIndex(int serverId, long replicatedLogIndex) {
      FollowerHandler follower = getFollowerHandler(serverId);
      follower.updateLastReplicationIndex(replicatedLogIndex);
  }

leader (class FollowerHandler)

  public void updateLastReplicationIndex(long lastReplicatedLogIndex) {
      this.matchIndex = lastReplicatedLogIndex;
  }
```

완전 복제

클러스터 노드들이 연결이 끊기거나 죽었다 살아날 때도 전체 노드가 리더로부터 로그 엔트리를 모두 받도록 보장하는 게 중요하다. 래프트는 클러스터 전체 노드가 리더로부터 모든 로그 엔트리를 받도록 보장하는 메커니즘이 있다.

래프트에서 복제 요청을 보낼 때마다 리더는 새 엔트리를 복제하기 바로 직전에 복제된 로그 엔트리의 로그 인덱스와 세대도 함께 보낸다. 이전 로그 인덱스와 텀(term)*이 팔로워의 로컬 로그와 일치하지 않으면 팔로워는 요청을 거부한다. 이는 리더에게 팔로워 로그가 일부 이전 엔트리와 동기화되어야 함을 알려 준다.

> **term**
> 래프트에서 세대 시계를 가리키는 용어.

```
follower (class ReplicatedLog...)

  if (!wal.isEmpty()
          && request.getPrevLogIndex() >= wal.getLogStartIndex()
          && isPreviousEntryGenerationMismatched(request)) {
      return new ReplicationResponse(FAILED, serverId(),
              replicationState.getGeneration(), wal.getLastLogIndex());
  }

follower (class ReplicatedLog...)

  private boolean isPreviousEntryGenerationMismatched(ReplicationRequest request) {
      return generationAt(request.getPrevLogIndex())
              != request.getPrevLogGeneration();
  }

  private Long generationAt(long prevLogIndex) {
      WALEntry walEntry = wal.readAt(prevLogIndex);
```

```
    return walEntry.getGeneration();
}
```

리더는 `matchIndex`라는 또 다른 인덱스를 유지 관리한다. `matchIndex`는 팔로워 로그가 어느 지점까지 동기화됐는지 나타내는 인덱스다. 리더는 복제 요청이 거부되어 이전 로그 엔트리의 일부를 동기화해야 한다고 판단하면 `matchIndex`를 감소시켜 인덱스가 더 낮은 로그 엔트리를 보내려고 시도한다. 이 과정은 팔로워가 복제 요청을 수락할 때까지 계속된다.

```
leader (class ReplicatedLog...)

// 충돌하는 엔트리 때문에 거부되어 matchIndex를 감소시킴
FollowerHandler peer = getFollowerHandler(response.getServerId());
logger.info("decrementing nextIndex for peer " + peer.getId()
        + " from " + peer.getNextIndex());
peer.decrementNextIndex();
replicateOn(peer, peer.getNextIndex());
```

이처럼 이전 로그 인덱스와 세대를 확인하면 리더는 두 가지를 감지할 수 있다.

- 팔로워 로그에 누락된 엔트리가 있는지 여부. 예를 들어 팔로워 로그에는 엔트리가 하나만 있고 리더가 세 번째 엔트리를 복제하기 시작했다면 리더가 두 번째 엔트리를 복제할 때까지 요청은 거부된다.
- 팔로워 로그의 이전 엔트리의 세대가 리더 로그에 속한 엔트리의 세대와 다른지 여부(더 높거나 낮은 세대). 리더는 요청이 수락될 때까지 더 낮은 인덱스로 복제를 시도한다. 팔로워는 세대가 일치하지 않는 엔트리는 절단한다.

이런 방법으로 리더는 이전 인덱스를 이용해 누락됐거나 충돌하는 엔트리를 찾아내면서 지속적으로 자신의 로그를 팔로워에게 전달한다. 이는 일정 기간 연결이 끊긴 노드가 있더라도 리더의 모든 로그 엔트리를 클러스터 전체 노드에 전송하도록 보장한다.

래프트는 별도의 커밋 메시지가 없지만 일반적인 복제 요청의 일부로서 `commitIndex`를 전송한다. 또한 빈 복제 요청을 하트비트로 전송하면서 `commitIndex`를 하트비트 메시지에 포함시켜 팔로워에게 보낸다.

리더와 팔로워는 로그 엔트리를 로그 순서대로 실행한다

리더는 commitIndex를 갱신한 다음 commitIndex의 지난 값부터 최신 값까지 로그 엔트리를 순서대로 실행한다. 로그 엔트리의 실행을 마치면 클라이언트의 요청을 완료하고 클라이언트에게 응답을 전송한다.

```
class ReplicatedLog...

  private void applyLogEntries(Long previousCommitIndex, Long commitIndex) {
      for (long index = previousCommitIndex + 1; index <= commitIndex; index++) {
          WALEntry walEntry = wal.readAt(index);
          logger.info("Applying entry at " + index + " on server " + serverId());
          var responses = stateMachine.applyEntry(walEntry);
          completeActiveProposals(index, responses);
      }
  }
```

리더는 팔로워에게 보내는 하트비트 메시지에도 commitIndex를 포함시킨다. 팔로워는 commitIndex를 갱신하고 같은 방법으로 엔트리를 적용한다. commitIndex는 하이 워터마크(High-Water Mark)의 한 가지 예다.

```
class ReplicatedLog...

  private void updateHighWaterMark(ReplicationRequest request) {
      if (request.getHighWaterMark() > replicationState.getHighWaterMark()) {
          var previousHighWaterMark = replicationState.getHighWaterMark();
          replicationState.setHighWaterMark(request.getHighWaterMark());
          applyLogEntries(previousHighWaterMark, request.getHighWaterMark());
      }
  }
```

리더 선출

여러 클러스터 노드가 동시에 리더 선출을 시작할 수도 있다. 이런 가능성을 줄이기 위해 각각의 클러스터 노드는 선출을 시작하기 전에 임의의 시간 동안 대기한다. 이런 방법으로 한 번에 하나의 클러스터 노드만 선출을 시작하고 리더 자격을 얻게 된다.

또한 리더 선출은 클러스터 전체 노드가 동의해야 하는 문제이기도 하다. 래프트와 여타 합의 알고리즘에서는 최악의 경우 동의에 실패할 수도 있다. 이 경우 일관성이 가용성보다 중시된다[2]. 클

---

2 (옮긴이) 래프트의 기본 구현은 클라이언트의 요청을 모두 리더가 처리하므로 리더를 선출하는 동안에는 클라이언트의 요청을 처리할 수 없어 가용성이 떨어진다. 대안으로 리더가 아직 선출되지 않은 경우 클라이언트의 요청을 팔로워에서 처리할 수 있으나, 이렇게 하면 노드 간에 일치하지 않는 정보가 생기므로 일관성이 떨어진다.

라우드플레어(Cloudflare)에서 발생한 사고[3]는 그 좋은 예다. 또한 예전(stale) 리더도 존재할 수 있는데, 이런 경우에 세대 시계(Generation Clock)를 사용하면 오직 하나의 리더만이 팔로워의 요청을 받는 데 성공하도록 보장한다.

리더 선출은 이전 정족수에서 커밋된 로그 엔트리를 검출하는 단계다. 전체 클러스터 노드는 후보, 리더, 팔로워, 이 세 가지 상태로 동작한다. 클러스터 노드는 기존 리더로부터 하트비트(HeartBeat)를 기대하며 팔로워 상태로 시작한다. 팔로워가 미리 정해진 시간 안에 어떤 리더에게서도 하트비트를 받지 못하면 후보 상태로 바뀌고 리더 선출을 시작한다. 리더 선출 알고리즘은 새로운 세대 시곗값을 결정한다. 래프트에서는 세대 시계를 텀(term)이라고 한다.

또한 리더 선출 메커니즘은 선출된 리더가 과반수 정족수(Majority Quorum)에 의해 규정된 최신 로그 엔트리를 갖도록 한다. 이는 래프트에서 수행하는 최적화로서, 이전 과반수 정족수의 로그 엔트리를 새로운 리더에게 전송할 필요를 없애 준다.

새 리더 선출은 피어 서버 각각에게 투표를 요구하는 메시지를 보내면서 시작한다.

```
class ReplicatedLog...

  private void startLeaderElection() {
      replicationState.setGeneration(replicationState.getGeneration() + 1);
      registerSelfVote();
      requestVoteFrom(followers);
  }
```

서버가 특정 세대에서 투표되면 그 세대에서는 항상 동일한 투표 결과를 반환한다. 이렇게 선출이 이미 성공하고 나면 다른 서버가 동일 세대에서 투표를 요청하더라도 선출하지 못하게 막는다. 투표 요청 처리는 다음과 같이 실행한다.

```
class ReplicatedLog...

  VoteResponse handleVoteRequest(VoteRequest voteRequest) {
      // 요청에 포함된 세대가 더 높으면 요청 수신자는 팔로워가 된다
      // 하지만 누가 리더인지는 아직 모른다
      if (voteRequest.getGeneration() > replicationState.getGeneration()) {
          becomeFollower(LEADER_NOT_KNOWN, voteRequest.getGeneration());
      }
```

---

[3] https://blog.cloudflare.com/a-byzantine-failure-in-the-real-world

```
        VoteTracker voteTracker = replicationState.getVoteTracker();
        if (voteRequest.getGeneration() == replicationState.getGeneration()
                && !replicationState.hasLeader()) {

            if (isUptoDate(voteRequest) && !voteTracker.alreadyVoted()) {
                voteTracker.registerVote(voteRequest.getServerId());
                return grantVote();
            }
            if (voteTracker.alreadyVoted()) {
                return voteTracker.votedFor == voteRequest.getServerId() ?
                        grantVote() : rejectVote();
            }
        }
        return rejectVote();
    }

    private boolean isUptoDate(VoteRequest voteRequest) {
        Long lastLogEntryGeneration = voteRequest.getLastLogEntryGeneration();
        Long lastLogEntryIndex = voteRequest.getLastLogEntryIndex();
        return lastLogEntryGeneration > wal.getLastLogEntryGeneration()
                || (lastLogEntryGeneration == wal.getLastLogEntryGeneration() &&
                    lastLogEntryIndex >= wal.getLastLogIndex());
    }
```

과반수의 서버로부터 투표를 받은 서버는 리더 상태로 바뀐다. 과반수는 과반수 정족수에서 설명한 대로 결정된다. 리더를 선출하면 리더는 모든 팔로워에게 하트비트를 지속적으로 보낸다. 팔로워가 지정한 시간 간격 내에 하트비트를 받지 못하면 리더 선출을 새롭게 시작한다.

이전 세대의 로그 엔트리

앞 절에서 설명한 대로 합의 알고리즘의 첫 단계에서는 합의 알고리즘의 이전 실행에서 복제된 기존 값들을 검출한다. 또 다른 핵심적인 측면은 이 값을 과거 리더의 세댓값[4]으로 제안한다는 점이다. 두 번째 단계에서는 현재 세대에서 값이 제안된 경우에만 커밋을 결정할 수 있다. 래프트는 기존 로그 엔트리의 세대 번호를 절대 갱신하지 않는다. 따라서 리더가 일부 팔로워가 누락한 이전 세대의 로그 엔트리를 갖고 있다면, 단지 과반수 정족수에 기반해 이 엔트리를 커밋된 것으로 표시할 수

---

[4] (옮긴이) 과거 리더가 로그를 복제했을 때의 세대를 의미한다. 후술하듯이 래프트는 기존 로그 엔트리의 세대 번호를 바꾸지 않는다.

는 없다. 지금은 가동 상태가 아닐지도 모르는 다른 서버에 인덱스가 동일한 엔트리가 더 높은 세대로 존재할 수도 있기 때문이다. 만약 리더가 현재 세대 엔트리를 복제하지 못하고 다운되면 새로운 리더가 그 엔트리들을 덮어쓸 수 있다. 그래서 래프트에서 새로운 리더는 그 텀(term)에서 적어도 하나의 엔트리를 커밋해야만 한다. 그런 다음에 리더는 이전 모든 엔트리를 안전하게 커밋할 수 있다. 대다수 실제 래프트 구현은 리더를 선출하면 바로 no-op 엔트리를 커밋하려 하며, 그 후에야 리더가 클라이언트의 요청에 응답할 준비가 되었다고 간주한다. 자세한 내용은 래프트 논문 3.6.1 절을 참고하라.

리더 선출 예시

아테네, 비잔티움, 키레네, 델포이, 에페소스 이렇게 다섯 대의 서버가 있다고 하자. 에페소스는 1세대 리더다. 에페소스는 엔트리를 자신과 델포이, 아테네에 복제했다(그림 12.4).

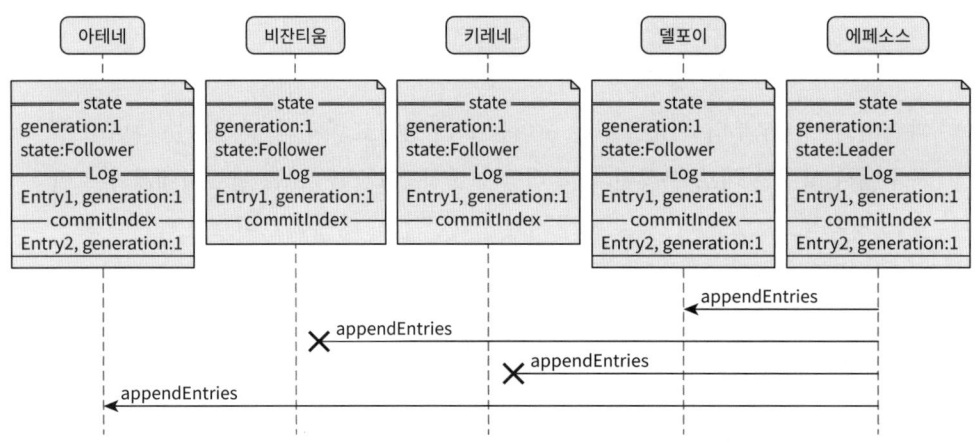

그림 12.4 하트비트가 손실되면 리더 선출을 시작한다.

이 시점에서 에페소스와 델포이는 클러스터의 다른 노드와 연결이 끊겼다.

비잔티움은 리더 선출 타임아웃 설정값이 가장 낮아 세대 시계(Generation Clock)를 2로 올려 리더 선출을 시작한다. 키레네는 세대가 2보다 낮고 비잔티움과 동일한 로그 엔트리를 갖고 있어서 찬성표를 던진다. 하지만 아테네는 로그 엔트리가 더 있어서 반대표를 던진다.

비잔티움은 과반수인 3표를 얻지 못해(그림 12.5) 선출되지 못하고 팔로워 상태로 되돌아간다(그림 12.6).

아테네는 타임아웃이 되어 다음 리더 선출을 시작한다(그림 12.7). 아테네는 세대 시계를 3으로 증가시키고 비잔티움과 키레네에게 투표 요청을 보낸다. 비잔티움과 키레네 둘 다 아테네보다 세대 번호가 낮고 로그 엔트리도 적기 때문에 모두 아테네에게 투표한다. 아테네가 과반수 표를 획득하면 리더가 되고 비잔티움과 키레네에게 하트비트를 보내기 시작한다(그림 12.8). 비잔티움과 키레네가 보다 높은 세대의 리더인 아테네에게서 하트비트를 받으면 아테네가 리더로 확정된다. 그리고 아테네는 자신의 로그를 비잔티움과 키레네에게 복제한다.

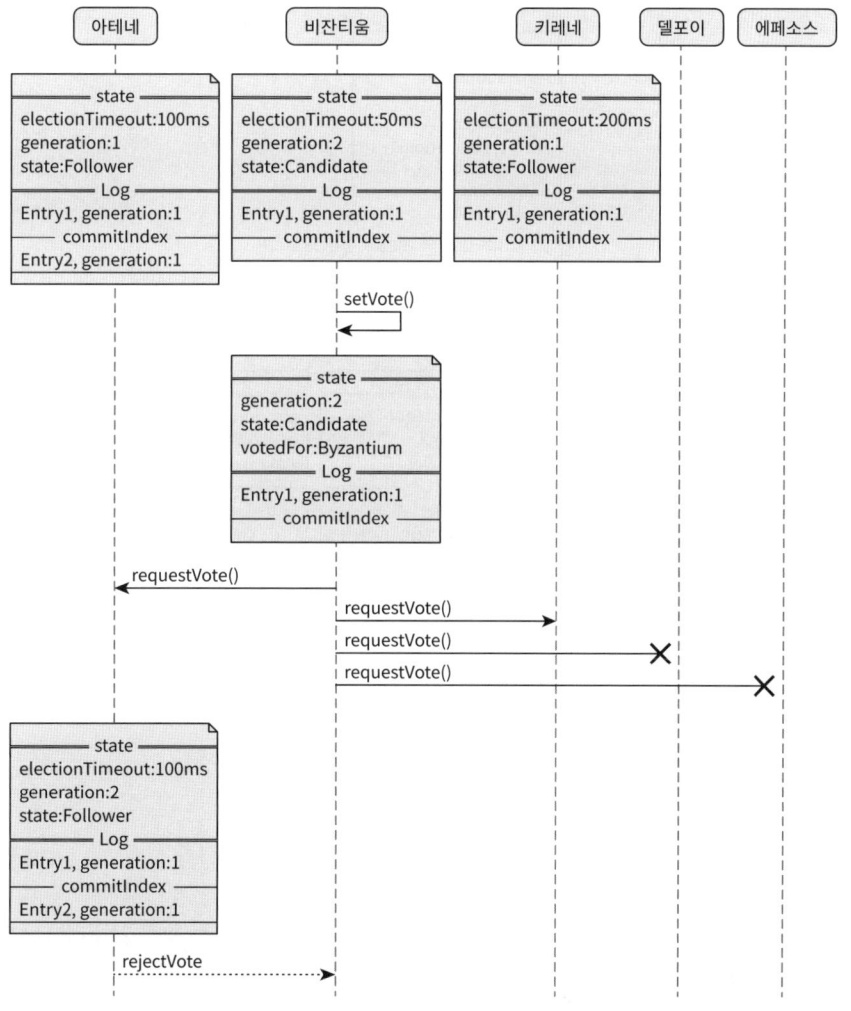

그림 12.5 비잔티움은 과반수 정족수로부터 찬성표를 받을 수 없다.

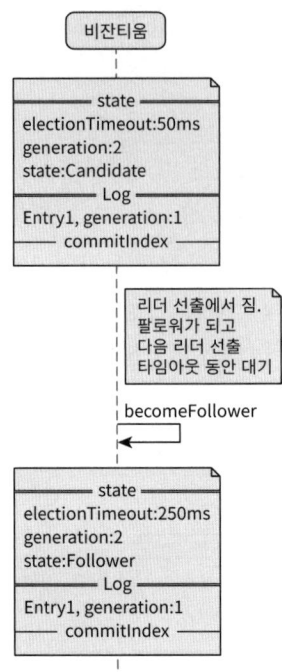

그림 12.6 비잔티움은 리더 선출에서 진다.

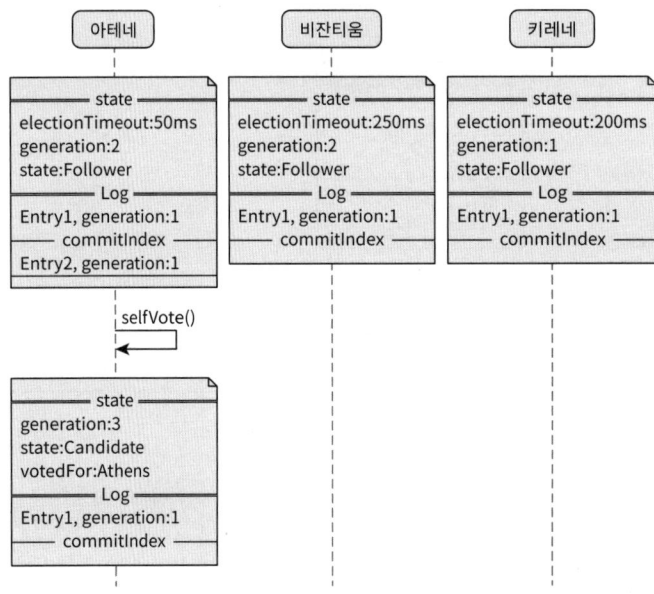

그림 12.7 아테네는 리더 선출을 시작한다.

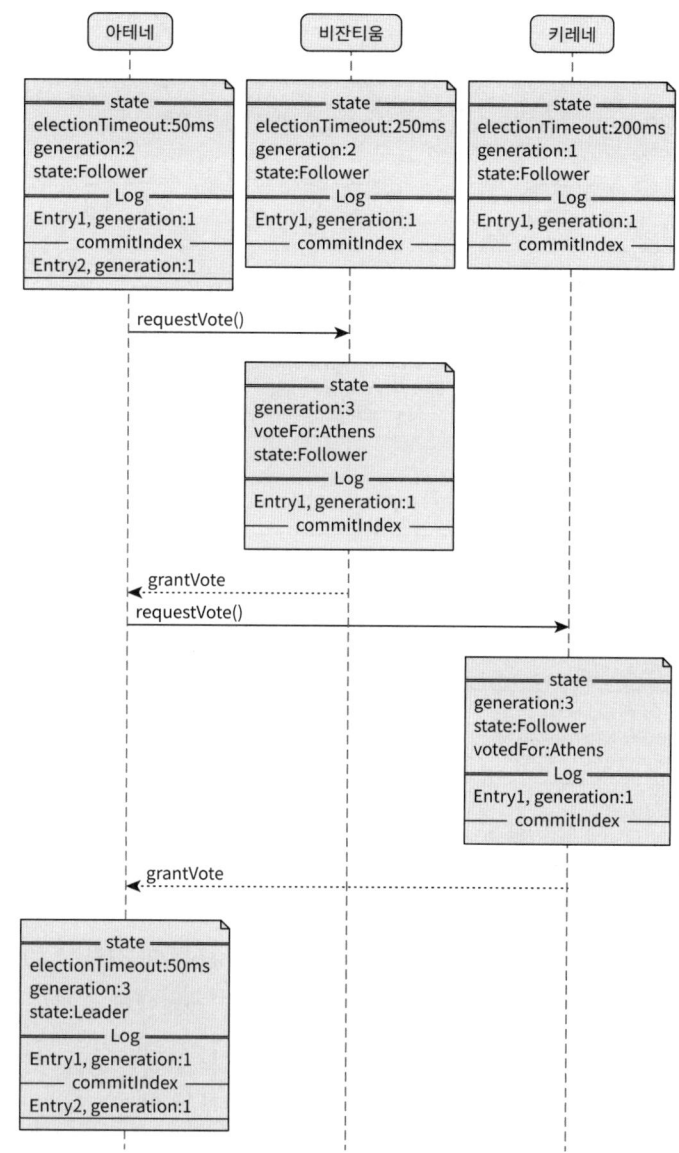

그림 12.8 아테네가 리더로 선출된다.

아테네는 이제 1세대 2번 엔트리를 비잔티움과 키레네에 복제한다. 그러나 2번 엔트리는 이전 세대에서 만들어진 것이므로 그림 12.9처럼 2번 엔트리를 과반수 정족수에 성공적으로 복제하더라도 commitIndex를 갱신하지 않는다.

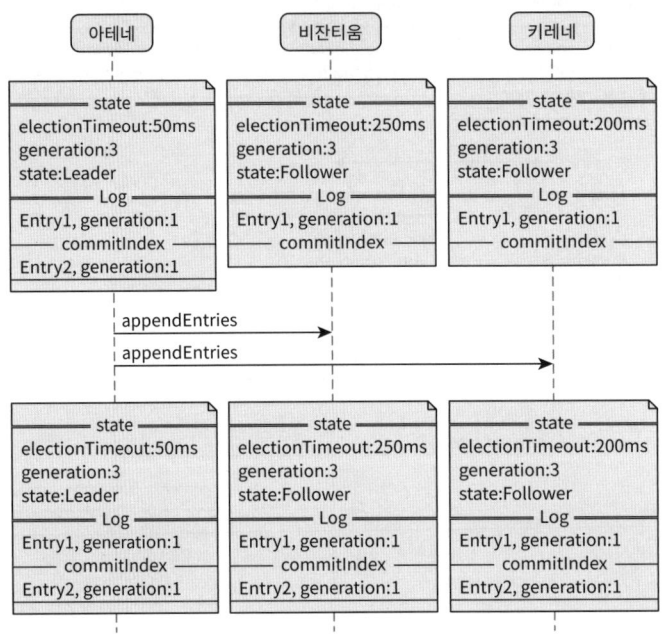

그림 12.9 아테네는 이전 세대 엔트리를 복제한다.

아테네는 로컬 로그에 no-op 엔트리를 덧붙인다. 3세대에서 새로 생성한 이 엔트리를 성공적으로 복제하면 아테네는 commitIndex를 갱신한다(그림 12.10).

에페소스는 살아나서 네트워크 연결이 복원되면 키레네에게 요청을 보낸다. 하지만 키레네는 이제 3세대이므로 그 요청을 거부한다. 에페소스는 거부 응답으로부터 새 텀을 얻고 리더에서 물러나 팔로워가 된다(그림 12.11)

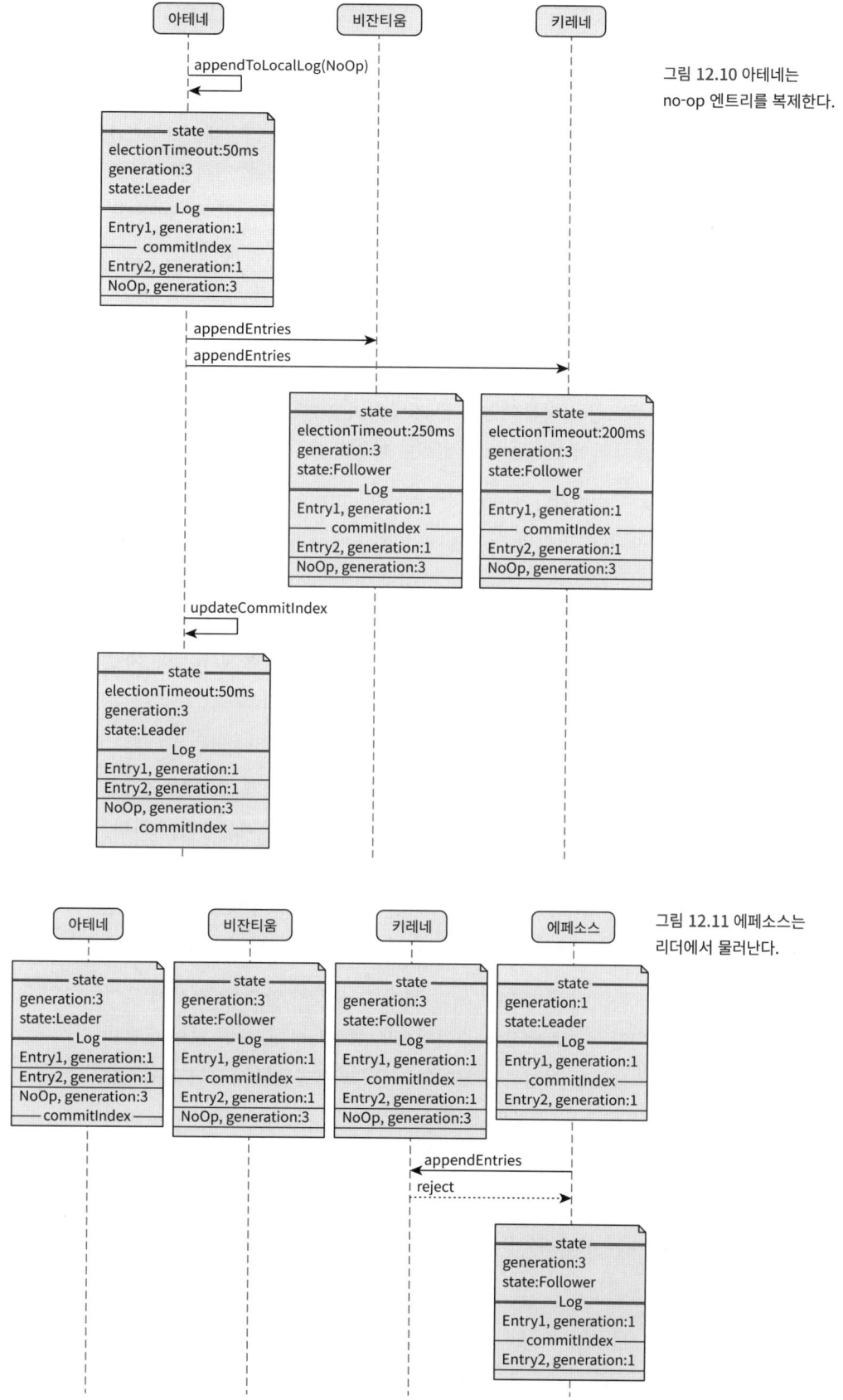

그림 12.10 아테네는 no-op 엔트리를 복제한다.

그림 12.11 에페소스는 리더에서 물러난다.

기술적 고려사항

복제 로그 메커니즘은 다음과 같은 기술적 사항을 고려해야 한다.

- 어떤 합의 구축 메커니즘이든 첫 번째 단계에서는 이전 과반수 정족수(Majority Quorum)에서 복제됐을지 모르는 로그 엔트리를 알아내야 한다. 리더는 이런 로그 엔트리를 모두 알아내서 각각의 클러스터 노드에 복제해 줘야 한다.

  래프트는 서버의 과반수 정족수에 복제된 최신 로그를 보유한 노드를 리더로 선출하므로 다른 클러스터 노드에서 새 리더로 로그 엔트리를 전달할 필요가 없다. 일부 로그 엔트리가 충돌할 수도 있다. 이 경우 팔로워 로그에 있는 충돌 엔트리를 덮어쓴다. 이런 엔트리는 덧붙여졌을 뿐 커밋되지 않아 클라이언트는 이들에 대한 확인 응답을 받지 않았으므로 이렇게 해도 안전하다.

- 클러스터의 어떤 노드는 죽었다가 다시 살아나거나 리더와 연결이 끊겨 뒤처질 수도 있다. 리더는 이런 클러스터 노드를 추적해 누락된 엔트리를 모두 전송해 줘야 한다.

  래프트는 각각의 클러스터 노드에 복제 성공한 로그 엔트리의 인덱스를 알기 위해 상태 정보를 유지 관리한다. 각각의 클러스터 노드에 대한 복제 요청은 해당 로그 인덱스부터 최신 로그 인덱스까지 모든 엔트리를 전송하므로 클러스터 노드는 로그 엔트리를 모두 받게 된다.

- 클라이언트는 요청을 보내기 위해 리더를 찾아야 한다. 리더가 요청의 순서를 정하고 과반수 정족수에 복제한 후에만 실행되도록 보장하기 때문에 필요하다. 클라이언트가 리더를 찾기 위해 어떻게 복제 로그와 상호작용하는지는 일관성 코어(Consistent Core) 패턴의 '리더 찾기' 절에서 설명한다. 클라이언트의 재시도로 생기는 중복 요청은 멱등 수신자(Idempotent Receiver)가 검출한다.

- 로그는 일반적으로 로우 워터마크(Low-Water Mark)를 사용해 압축한다. 복제 로그를 기반으로 하는 저장소는 스냅샷을 주기적으로 생성하는데, 수천 개의 엔트리를 적용할 때마다 스냅샷을 생성하는 식이다. 그리고 스냅샷이 생성된 인덱스까지의 로그는 폐기된다. 느린 팔로워나 새로 추가된 서버는 전체 로그를 받아야 하는데, 개별적인 로그 엔트리 대신 이 스냅샷을 전송한다.

- 여기서 핵심 가정의 하나는 모든 요청이 엄격하게 정렬된다는 점이다. 하지만 이 가정이 항상 필수는 아니다. 예를 들어 키-값 저장소는 서로 다른 키의 요청

에서는 순서가 필요하지 않을 수 있다. 이런 상황에서는 키마다 다른 합의 인스턴스를 실행하는 방법도 가능하다. 모든 요청에서 리더가 하나만 있어야 할 필요도 없다.

E팍소스[Moraru2013]는 요청을 정렬하는 데 단일 리더에 의존하지 않는 알고리즘이다.

몽고DB처럼 파티션된 데이터베이스에서는 복제 로그를 파티션마다 유지 관리한다. 따라서 요청은 파티션 내에서만 정렬되고 파티션 간에는 정렬되지 않는다.

푸시 대 풀

여기서 설명한 래프트 복제 메커니즘에서 리더는 모든 로그 엔트리를 팔로워에게 푸시(push)한다. 팔로워가 로그 엔트리를 풀(pull)하는 것도 가능하다. 아파치 카프카 내의 래프트 구현[Gustafson2023]은 풀 기반 복제를 사용한다.

로그에는 무엇을 기록하나?

복제 로그 메커니즘은 키-값 저장소부터 블록체인에 이르기까지 다양한 애플리케이션에서 사용한다.

키-값 저장소에서 사용한다면 로그 엔트리는 키-값 레코드 설정에 관한 내용을 담는다. 리스(Lease)에서 사용한다면 로그 엔트리는 이름을 지정한 리스 설정에 관한 내용을 담는다. 블록체인에서 사용한다면 로그 엔트리는 모든 피어(peers)에 동일한 순서로 제공해야 하는 블록체인 내의 블록이다. 몽고DB 같은 데이터베이스라면 로그 엔트리는 일관성 있게 복제해야 하는 데이터다.

보다 일반적으로 말하자면 상태를 변경하는 요청은 모두 복제 로그에 저장한다.

읽기 요청은 로그를 건너뛰기

복제 로그는 일반적으로 데이터 저장소의 쓰기 전 로그(Write-Ahead Log) 역할을 한다. 데이터 저장소는 읽기 요청을 쓰기 요청보다 많이 처리하리라고 예상된다. 읽기 요청은 쓰기 요청에 비해 지연 시간에 민감하다. 그래서 래프트를 사용하는 etcd나 아파치 주키퍼 같은 대다수 복제 로그 구현에서 읽기 요청은 복제 로그를 통하지 않고 키-값 저장소에서 직접 처리한다. 이렇게 로그 복제 비용을 회피한다.

여기서 중요한 문제 가운데 하나는 리더가 다른 클러스터 노드와 연결이 끊겼다면 읽기 요청에서 오래된 값을 응답할 수 있다는 점이다. 표준 로그 복제 방식을 사용하면 리더는 로그에 일방적으로 들어간 요청을 처리하지 않는다. 그러면 다음과 같은 이유로 안전성을 제공한다.

- 리더는 과반수 정족수(Majority Quorum) 노드에 요청을 복제할 수 없다면 요청을 실행하지 않는다.
- 과반수 정족수는 정족수에 도달한 요청이 손실되지 않도록 한다.
- 로그는 요청에 엄격한 순서를 부여한다. 그래서 요청을 실행할 때 이전에 실행된 요청의 결과를 읽을 수 있게 보장한다.

이 메커니즘을 사용하지 않으면 미묘한 문제를 만나게 된다. 키-값 저장소에서 실행되는 읽기 요청을 처리할 때 클라이언트가 리더라고 생각하는 노드로부터 값을 읽더라도 오래된 값을 읽거나 최신 갱신을 놓칠 수 있다.

이전처럼 아테네, 비잔티움, 키레네 세 노드를 살펴보자. 아테네가 리더다. 세 노드 모두 title에 "Nitroservices"라는 초깃값을 갖고 있다(그림 12.12).

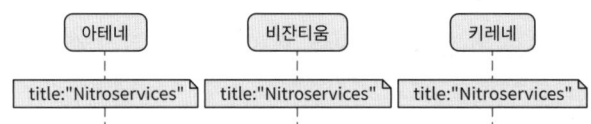

그림 12.12 복제 로그를 구현하는 세 노드의 초깃값

아테네가 클러스터의 다른 노드들과 연결이 끊겼다고 하자. 그러면 비잔티움과 키레네는 리더 선출을 시작하고 키레네가 세 리더가 된다. 아테네는 하트비트를 받거나 리더에서 물러나라고 요구하는 새 리더의 응답을 받는 등 어떤 종류가 됐든 통신하지 않으면 연결이 끊겼음을 알지 못한다. 앨리스는 키레네와 통신해서 title을 "Microservices"로 갱신한다. 얼마 후 밥은 아테네와 통신해 title의 최신 값을 읽는다. 아테네는 여전히 자신이 리더라고 믿기 때문에 최신 값이라고 생각하는 값으로 응답한다. 앨리스가 값 갱신에 성공했음에도 밥은 결국 오래된 값을 읽게 된다. 비록 밥은 정당한 리더에게서 값을 읽었다고 생각하겠지만 말이다(그림 12.13).

etcd나 컨슬 같은 제품에는 이런 문제가 있다고 알려져 있었으나[5] 나중에 수정됐다. 아파치 주키퍼는 이런 제한을 문서로 기록해 두었고[6], 읽기 요청에서 최신 값을 읽는다는 보장을 하지 않는다.

---

5 https://github.com/etcd-io/etcd/issues/741
6 (옮긴이) https://zookeeper.apache.org/doc/r3.9.2/zookeeperInternals.html#sc_consistency

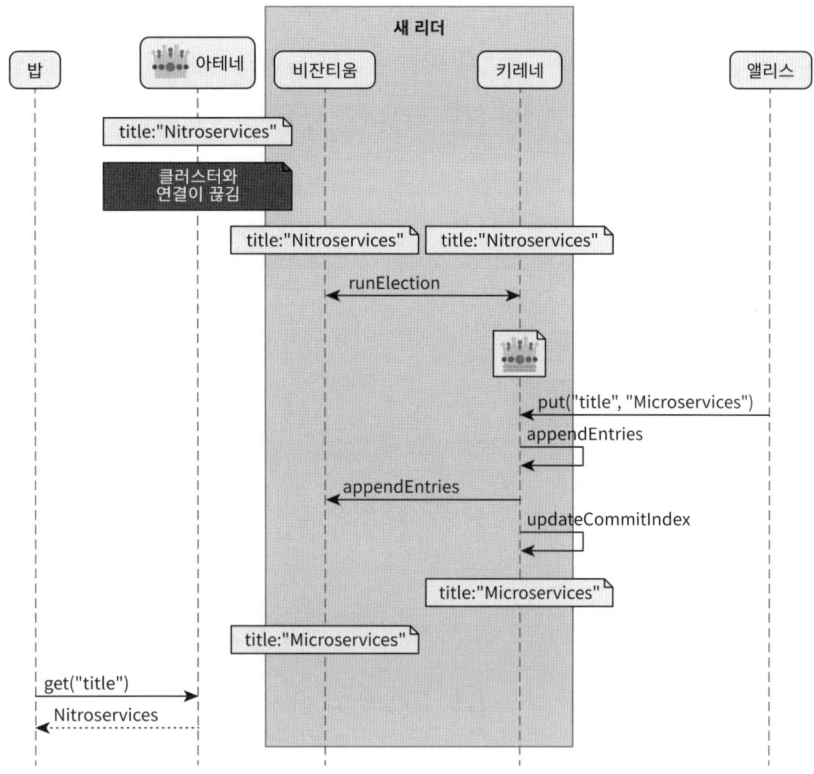

그림 12.13 클라이언트는 연결이 끊긴 리더에게서 예전 값을 읽는다.

이 문제에 대한 두 가지 해결책이 있다.

- 읽기 요청을 처리하기 전에 리더는 팔로워에게 하트비트 메시지를 보낼 수 있다. 과반수 정족수를 구성하는 팔로워에게서 성공적으로 응답을 받을 때만 읽기 요청을 처리한다. 이를 통해 리더가 여전히 유효한 리더임을 보장한다. 래프트는 이 같은 방법으로 동작하는 메커니즘을 문서에 명시한다.

  앞의 예에서 밥의 요청을 아테네가 처리할 때 아테네는 다른 노드에게 하트비트(HeartBeat)를 보낸다. 과반수 정족수로부터 응답을 받지 못한다면 리더에서 물러나고 밥에게 오류를 반환한다(그림 12.14).

- 읽기 요청마다 하트비트에 소모되는 네트워크 왕복 시간은 너무 큰 비용일 수 있다. 클러스터가 지리적으로 분산되어 있어 거리가 먼 지역에 서버들이 위치한다면 더욱 그렇다. 이게 바로 리더에 리더 리스를 구현하는 또 다른 해결책을 사

용하는 이유다.[7] 이 해결책은 단조 시계에 의존한다.[8] 이 방법은 클러스터로부터 연결이 끊겼음을 감지하면 반드시 이전 리더가 물러나도록 한다. 더 오래된 리더가 아직 활동 중일 가능성이 있는 동안에는 다른 리더가 요청에 응답하는 게 허용되지 않는다.

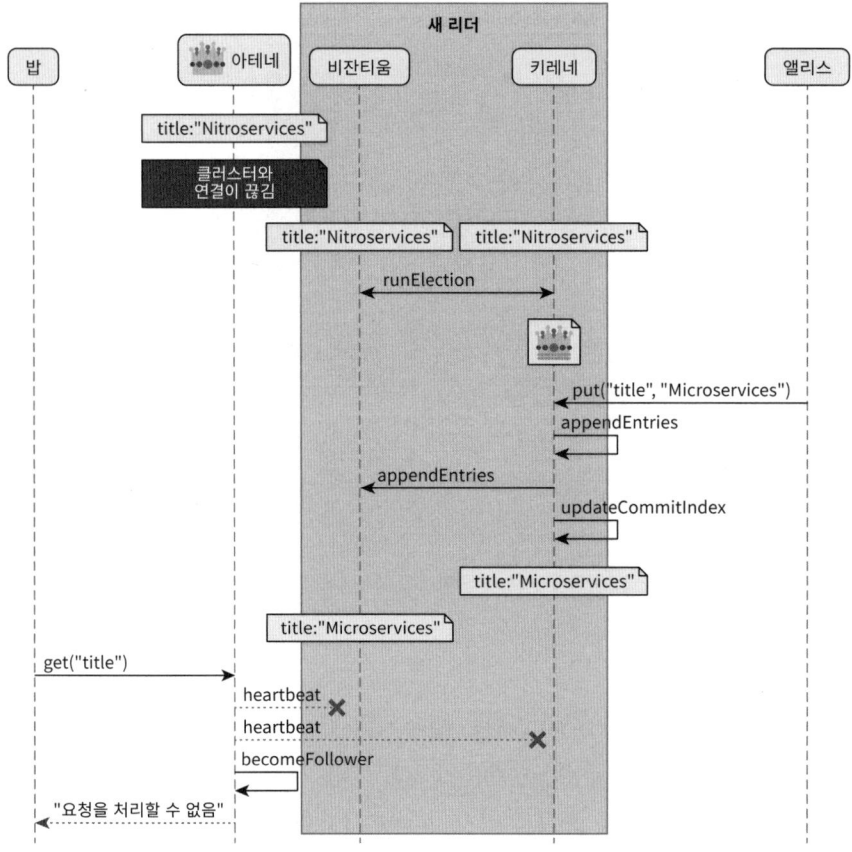

그림 12.14 리더는 값을 응답하기 전에 자신이 리더인지 확인한다.

리더는 `leaderLeaseTimeout`이라고 하는 시간 간격을 유지 관리한다. 이는 팔로워에게서 성공적인 응답을 받을 수 있으리라고 예상하는 시간 간격이다. 리더는 팔로워에게 보낸 요청에 응답을 받으면 팔로워마다 응답받은 시간을 기록한다(그림 12.15).

---

7 https://www.yugabyte.com/blog/low-latency-reads-in-geo-distributed-sql-with-raft-leader-leases
8 https://linux.die.net/man/2/clock_gettime

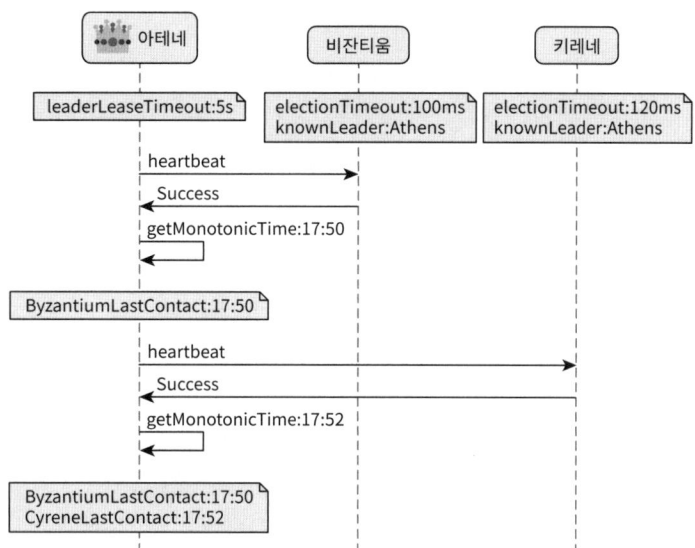

그림 12.15 리더는 팔로워마다 마지막으로 접촉한 시간을 추적한다.

읽기 요청에 응답하기 전에 리더는 leaderLeaseTimeout 안에 과반수 정족수 팔로워와 접촉할 수 있었는지 확인한다. 충분한 수의 팔로워에게서 성공 응답을 받았다면 읽기 요청에 응답한다. 이것은 클러스터에 아직 다른 리더가 없음을 입증한다. leaderLeaseTimeout이 5초라고 하자. 17:55에 아테네가 밥의 요청을 수신한다. 아테네는 17:52에 키레네에게서 응답을 받은 적이 있다. 노드가 세 대인 클러스터라면 아테네와 키레네가 과반수 정족수를 충족한다. 따라서 아테네는 지난 5초 안에 과반수 정족수를 이룰 수 있었다고 확인한다(그림 12.16).

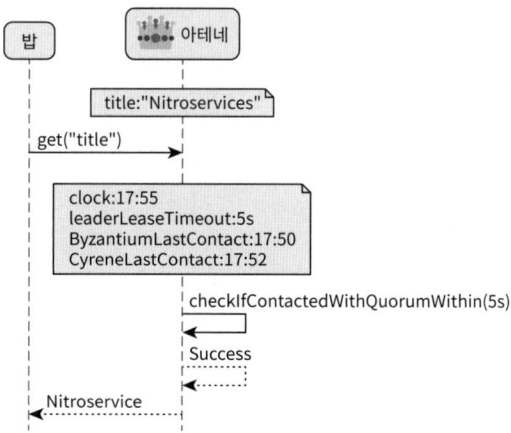

그림 12.16 리더는 leaderLeaseTimeout 안에 과반수 정족수를 이룰 수 있었는지 확인한다.

이제 아테네는 17:52에 키레네에게서 응답을 받은 후에는 아무 응답도 받지 못했다. 만약 밥이 18:00에 읽기 요청을 보낸다면 아테네는 충분히 최근이라고 할 만한 시간 동안 서버들의 과반수 정족수로부터 응답을 받지 못했음을 알게 된다. 아테네는 리더에서 물러나 읽기 요청을 거부한다(그림 12.17).

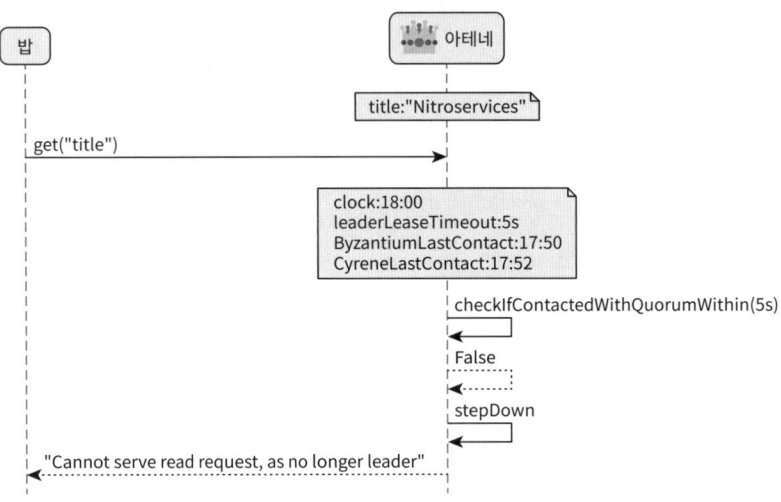

그림 12.17 리더는 leaderLeaseTimeout 안에 접촉을 못했다면 요청을 거부한다.

컨슬 GitHub 이슈[9]에서의 논의처럼 electionTimeout은 leaderLeaseTimeout보다 높게 유지된다. 팔로워는 알려진 리더 주소도 저장하는데, 리더에게서 하트비트를 받지 못한 채 electionTimeout을 경과할 때만 리셋한다. 알려진 리더가 있다면 팔로워는 어떤 투표 요청도 승인하지 않는다(그림 12.18).

이 두 가지 장치는 현재 리더가 자신의 리더 리스가 유효하다고 판단하는 한, 다른 어떤 노드도 리더 선출에서 승리할 수 없고 따라서 또 다른 리더가 존재하지 않도록 보장한다.

이 구현은 클러스터 내 단조 시계[10] 사이에서 발생하는 시계 드리프트(clock drift)*는 상한이 있으며, 팔로워의 electionTimeout은 리더의 leaderLeaseTimeout보다 일찍 만료하지 않는다고 가정한다.

clock drift
시계의 속도가 기준 시계와 달라 시간이 불일치할 수 있는 현상.

9 https://github.com/hashicorp/raft/issues/108
10 https://linux.die.net/man/2/clock_gettime

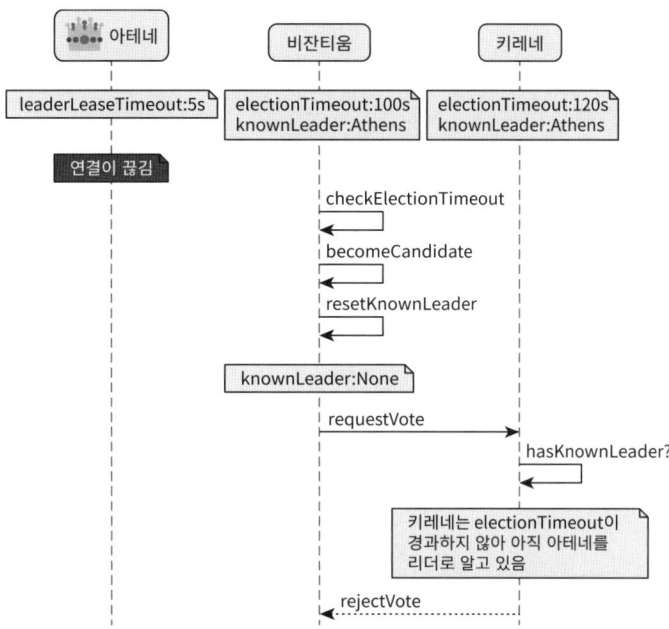

그림 12.18 노드는 알려진 리더가 있을 때는 투표를 승인하지 않는다.

유가바이트DB, etcd, 하시코프 컨슬 같은 제품은 리더 리스[11]를 구현해 동시에 두 리더가 읽기 쓰기 요청을 처리하지 않게 보장한다.

사례

- 복제 로그는 래프트, 다중 팍소스, 잽[Reed2008], 뷰스탬프 복제[Liskov2012] 프로토콜에서 사용하는 메커니즘이다. 복제 서버들이 동일한 명령어를 동일한 순서로 실행하는 기법을 상태 기계 복제[Schneider1990]라고 한다. 일관성 코어(Consistent Core)는 주로 상태 기계 복제를 사용해 구현한다.
- 하이퍼레저 패브릭 같은 블록체인 구현에는 복제 로그 메커니즘에 기반한 정렬 컴포넌트가 있다. 하이퍼레저 패브릭의 이전 버전들은 블록체인 내에서 블록을 정렬하기 위해 아파치 카프카를 사용했다. 최근 버전은 같은 목적을 위해 래프트를 사용한다.

11 https://www.yugabyte.com/blog/low-latency-reads-in-geo-distributed-sql-with-raft-leader-leases

Patterns of Distributed Systems

Pattern 11

단일 갱신 큐

단일 스레드를 사용해 요청을 비동기로 처리하고 호출자 블록 없이 순서를 유지한다.

문제

여러 클라이언트가 동시에 상태를 갱신하는 경우 변경 사항을 한 번에 하나씩 적용해 상태를 안전하게 갱신해야 한다. 쓰기 전 로그(Write-Ahead Log) 패턴 예시를 생각해 보자. 여러 클라이언트가 동시에 쓰기를 시도할 때도 엔트리를 한 번에 하나씩 처리해야 한다. 일반적으로 잠금을 사용해 동시 변경을 방지한다. 그러나 파일 쓰기처럼 시간이 걸리는 작업을 수행할 때 작업이 완료될 때까지 다른 호출 스레드를 블록하면 전체 시스템의 처리량과 응답 지연 시간에 심각한 영향을 줄 수 있다. 즉, 한 번에 하나씩 실행하도록 보장하면서도 계산 자원을 효과적으로 사용하는 게 중요하다.

해결책

작업 큐와 이 큐에서 작업을 꺼내 실행하는 단일 스레드를 구현한다(그림 13.1). 여러 클라이언트가 동시에 상태 변경을 큐에 제출할 수 있다. 그러나 상태 변경은 단일 스레드가 처리한다. Go 언어에서는 고루틴과 채널을 사용해 이 패턴을 자연스럽게 구현할 수 있다.

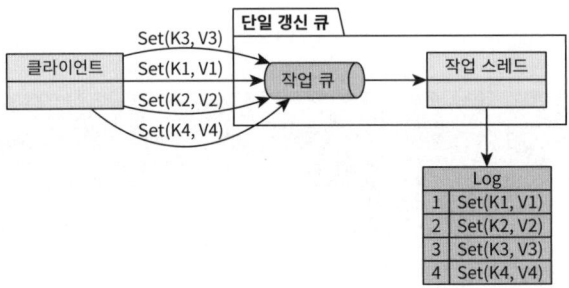

그림 13.1 배후에 작업 큐가 존재하는 단일 스레드

그림 13.2는 전형적인 자바 구현을 보여 준다.

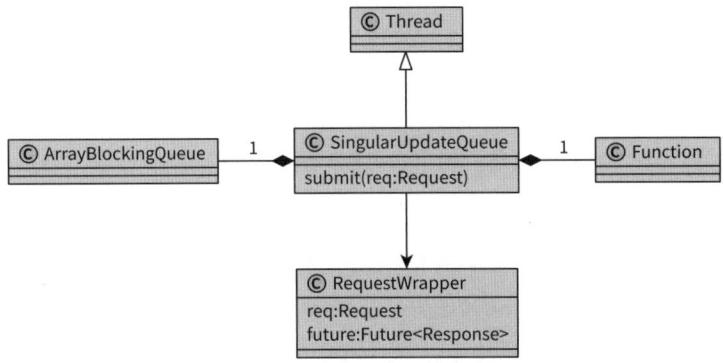

그림 13.2 자바로 구현한 SingularUpdateQueue

> 여기 제시한 구현은 자바 Thread 클래스를 사용해 기본 코드 구조만 보여 준다. 같은 목적을 달성하기 위해 단일 스레드가 있는 자바 ExecutorService를 사용할 수도 있다. ExecutorService를 더 알고 싶다면 Java Concurrency in Practice[Goetz2006]를 참고하라.

SingularUpdateQueue는 큐와 큐 내부의 작업 항목에 적용할 함수로 구성된다. 이 자료구조는 java.lang.Thread를 상속해 자신을 단일 스레드로 실행한다.

```
public class SingularUpdateQueue<Req, Res> extends Thread {
    private ArrayBlockingQueue<RequestWrapper<Req, Res>> workQueue
            = new ArrayBlockingQueue<RequestWrapper<Req, Res>>(100);
    private Function<Req, Res> handler;
    private volatile boolean isRunning = false;
```

클라이언트는 자신의 스레드에서 요청을 큐에 제출한다. 큐는 개별 요청을 간단한

> **future**
> 관련 연산이 완료되지 않아 아직 그 값을 알 수 없는 객체로, 동시성을 지원하는 프로그래밍 언어나 라이브러리에서 동기화를 위해 사용.

래퍼(wrapper)로 감싸서 퓨처(future)*와 결합하고, 그 퓨처를 클라이언트에게 반환해 요청이 완료됐을 때 클라이언트가 반응할 수 있게 한다.

```
class SingularUpdateQueue...

  public CompletableFuture<Res> submit(Req request) {
      try {
          var requestWrapper = new RequestWrapper<Req, Res>(request);
          workQueue.put(requestWrapper);
          return requestWrapper.getFuture();

      } catch (InterruptedException e) {
          throw new RuntimeException(e);
      }
  }

class RequestWrapper...

  private final CompletableFuture<Res> future;
  private final Req request;

  public RequestWrapper(Req request) {
      this.request = request;
      this.future = new CompletableFuture<Res>();
  }

  public CompletableFuture<Res> getFuture() { return future; }
  public Req getRequest()                   { return request; }
```

큐의 요소들은 Thread를 상속한 단일 전용 스레드인 SingularUpdateQueue에서 처리한다. 큐는 동시에 여러 생산자(producer)가 실행할 작업을 추가하도록 허용한다. 큐 구현은 스레드 안전(thread-safe)해야 하고 경합 상황에서도 오버헤드를 많이 발생시키면 안 된다. 실행 스레드는 큐에서 요청을 꺼내 한 번에 하나씩 처리한다. 작업 실행에 대한 응답을 CompletableFuture에 채워서 완료 처리한다.

```
class SingularUpdateQueue...

  @Override
  public void run() {
      isRunning = true;
      while(isRunning) {
          Optional<RequestWrapper<Req, Res>> item = take();
          item.ifPresent(requestWrapper -> {
              try {
```

```
                Res response = handler.apply(requestWrapper.getRequest());
                requestWrapper.complete(response);

            } catch (Exception e) {
                requestWrapper.completeExceptionally(e);
            }
        });
    }
}

class RequestWrapper...

    public void complete(Res response) {
        future.complete(response);
    }

    public void completeExceptionally(Exception e) {
        future.completeExceptionally(e);
    }
```

큐에서 항목을 읽을 때 무기한으로 대기하는 대신 타임아웃을 걸 수도 있다. 그러면 필요할 때 isRunning을 false로 지정해 스레드를 종료할 수 있고, 큐가 비었을 때 실행 스레드를 블록해서 큐에서 무기한으로 대기하지 않게 된다. 그래서 무기한으로 대기하는 take 메서드 대신 타임아웃이 있는 poll 메서드를 사용한다. 그러면 실행 스레드를 깔끔하게 종료할 수 있다.

```
class SingularUpdateQueue...

    private Optional<RequestWrapper<Req, Res>> take() {
        try {
            return Optional.ofNullable(workQueue.poll(2, TimeUnit.MILLISECONDS));

        } catch (InterruptedException e) {
            return Optional.empty();
        }
    }

    public void shutdown() {
        this.isRunning = false;
    }
```

예를 들어 여러 클라이언트로부터 받은 요청을 처리하고 쓰기 전 로그를 갱신하는 서버는 그림 13.3처럼 SingularUpdateQueue를 활용할 수 있다.

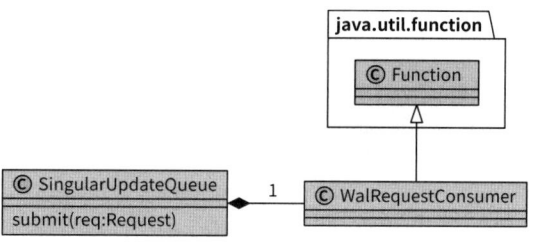

그림 13.3 쓰기 전 로그를 갱신하는 SingularUpdateQueue

SingularUpdateQueue의 클라이언트는 매개변수화된 타입과 큐에서 꺼낸 메시지를 처리할 때 실행할 함수를 명시해 SingularUpdateQueue를 설정한다. 이 예시에서는 쓰기 전 로그 요청의 소비자를 사용하고 있다. 이 단일 소비자 인스턴스가 로그 자료구조에서 접근을 제어한다. 소비자는 요청을 로그에 넣은 후 응답을 반환해야 한다. 응답 메시지는 메시지를 로그에 입력한 후에야 전송할 수 있다. SingularUpdateQueue를 사용하면 이런 동작에서 신뢰성 있는 순서를 보장할 수 있다.

```java
public class WalRequestConsumer
        implements Function<Message<RequestOrResponse>,
                CompletableFuture<Message<RequestOrResponse>>> {

    private final SingularUpdateQueue<Message<RequestOrResponse>,
            Message<RequestOrResponse>> walWriterQueue;
    private final WriteAheadLog wal;

    public WalRequestConsumer(Config config) {
        this.wal = WriteAheadLog.openWAL(config);
        walWriterQueue = new SingularUpdateQueue<>((message) -> {
            wal.writeEntry(serialize(message));
            return responseMessage(message);
        });
        startHandling();
    }

    private void startHandling() { this.walWriterQueue.start(); }
```

소비자의 apply 메서드는 메시지를 넘겨 받아 큐에 넣고 메시지를 처리한 다음 응답을 보낸다. 이 메서드는 호출자의 스레드에서 실행되며 여러 호출자가 동시에 apply 메서드를 호출할 수 있게 허용한다.

```
class WalRequestConsumer...

  @Override
  public CompletableFuture<Message<RequestOrResponse>> apply(Message message) {
      return walWriterQueue.submit(message);
  }
```

큐 선택

큐 자료구조의 선택은 중요하다. JDK 동시성 컬렉션 라이브러리는 선택 가능한 다양한 자료구조를 제공한다.

- `ArrayBlockingQueue`(카프카 요청 큐에서 사용)

  이름에서 알 수 있듯이 배열 기반 블로킹 큐다. 최대 크기가 고정된 큐를 생성해야 할 때 사용한다. 큐가 가득 차면 생산자는 블록된다. 이 큐는 블로킹 배압(backpressure)*을 제공하는데, 소비자가 느리고 생산자가 빠를 때 도움이 된다.

- `ForkJoinPool`과 `ConcurrentLinkedQueue`를 함께 사용하기(아카 액터(Akka Actors) 메일 박스 구현에 사용됨)

  `ConcurrentLinkedQueue`는 소비자가 먼저 시작해서 생산자의 작업 큐잉을 기다리는 대신, 생산자가 작업을 큐잉하고 나면 어떤 코디네이터가 소비자를 스케줄링해 주는 상황에서 사용될 수 있다.

- `LinkedBlockingDeque`(주키퍼와 카프카 응답 큐에 사용됨)

  생산자를 블록하지 않는 무제한 큐에서 주로 사용된다. 이 선택은 신중해야 한다. 배압 구현이 없다면 큐가 빠르게 가득 차서 메모리를 전부 소모해 버릴지도 모른다.

- 링 버퍼(ring buffer)(LMAX 디스럽터(LMAX Disruptor)에 사용됨)

  LMAX 디스럽터(LMAX Disruptor)[Thomson2011b]에서 설명한 대로 작업 처리는 때로 지연 시간에 민감한데, 처리 단계 사이에 `ArrayBlockingQueue`를 사용해 작업을 복사하는 것만으로도 허용할 수 없는 지연 시간을 추가할 수 있다. 이런 경우 링 버퍼를 사용하면 단계 사이에 작업을 전달할 수 있다.

> **backpressure**
> 처리 용량을 넘어서지 않도록 데이터 흐름을 제어하는 기법

채널과 경량 스레드 사용하기

이 방법은 Go 언어나 코틀린처럼 채널 개념과 경량 스레드를 지원하는 언어 또는 라이브러리에 딱 맞는 선택이다. 모든 요청은 단일 채널로 전달되어 처리된다. Go 언어에서는 고루틴 하나가 모든 메시지를 처리하고 상태를 갱신한다. 그 후 응답을 별도 채널에 쓰고 별도의 고루틴이 처리해 클라이언트에게 보낸다. 다음 코드에서 볼 수 있듯이 키값 갱신 요청은 단일 공유 요청 채널로 전달된다.

```go
func (s *server) putKv(w http.ResponseWriter, r *http.Request) {
  kv, err := s.readRequest(r, w)
  if err != nil {
    log.Panic(err)
    return
  }

  request := &requestResponse{
    request:         kv,
    responseChannel: make(chan string),
  }

  s.requestChannel <- request
  response := s.waitForResponse(request)
  w.Write([]byte(response))
}
```

단일 고루틴에서 모든 요청을 처리하고 상태를 갱신한다.

```go
func (s* server) Start() error {
  go s.serveHttp()

  go s.singularUpdateQueue()

  return nil
}

func (s *server) singularUpdateQueue() {
  for {
    select {
    case e := <-s.requestChannel:
      s.updateState(e)
      e.responseChannel <- buildResponse(e);
    }
  }
}
```

배압

배압은 스레드 간 통신에서 작업 큐를 사용할 때 중요한 관심 사항이다. 소비자가 느리고 생산자가 빠르다면 큐가 빠르게 가득 찰 수 있다. 예방 조치를 하지 않으면 많은 작업이 큐를 채워 메모리가 다 소모되어 버릴지도 모른다. 일반적으로 큐는 가득 차면 전송자를 블록해 최대 크기의 상한을 유지한다. 예를 들어 java.util. concurrent.ArrayBlockingQueue에는 요소를 추가하는 메서드가 두 가지 있다. put 메서드는 배열이 가득 차면 생산자를 블록한다. add 메서드는 큐가 가득 차면 IllegalStateException을 발생시키지만 생산자를 블록하지는 않는다. 작업을 큐에 추가하는 데 사용할 수 있는 메서드들의 의미론(semantics)을 이해하는 게 중요하다. ArrayBlockingQueue의 경우 put 메서드는 전송자를 블록하고 블로킹으로 배압을 제공하는 데 사용한다. 리액티브 스트림즈(Reactive Streams) 같은 프레임워크는 소비자와 생산자 사이에서 보다 세련된 배압 메커니즘을 구현하는 데 도움을 줄 수 있다.

다른 고려사항

- **작업 연쇄**. 작업을 처리할 때는 대부분 여러 작업을 연쇄적으로 처리해야 한다. SingularUpdateQueue 실행의 결과를 다음 단계로 전달해야 하는데, 예를 들어 앞서 나온 WalRequestConsumer에서 레코드를 쓰기 전 로그에 기록한 다음 소켓 연결로 응답을 전송해야 한다. 이렇게 하려면 SingularUpdateQueue가 반환한 퓨처를 별도 스레드에서 실행하면 된다. 이 스레드에서 다른 SingularUpdateQueue에 작업을 제출할 수도 있다.

- **외부 서비스 호출**. 종종 SingularUpdateQueue 내 작업의 일부로서 외부 서비스를 호출해야 할 때가 있다. 이는 서비스 호출에 대한 응답으로 SingularUpdateQueue의 상태를 갱신하는 데 필요하다. 이 시나리오에서는 블로킹 네트워크 호출을 하지 않아야 한다. 그렇지 않으면 모든 작업을 처리하는 유일한 스레드를 블록한다. 호출은 비동기적이어야 한다. 비동기 서비스 호출의 퓨처 콜백에서 SingularUpdateQueue 상태에 접근하지 않도록 주의해야 한다. 콜백은 별도 스레드에서 실행될 수 있어 SingularUpdateQueue에서 모든 상태 변경을 단일 스레드에서 수행하려는 목적을 무력화할 수 있다. 호출 결과는 다른 이벤트나 요청과 마찬가지로 작업 큐에 추가해야 한다.

사례

주키퍼(잽)나 etcd(래프트) 같은 모든 합의 구현은 요청을 한 번에 하나씩 엄격한 순서대로 처리해야 한다. 이런 구현은 사용하는 코드 구조가 비슷하다.

- 주키퍼의 요청 처리 파이프라인은 단일 스레드 요청 처리자들로 구현된다.
- 아파치 카프카의 컨트롤러[Qin2015]는 주키퍼에서 발생한 여러 개의 동시 이벤트에 기반해 상태를 갱신해야 하는데, 모든 이벤트 핸들러가 이벤트를 하나의 큐에 넣고 단일 스레드에서 이 이벤트들을 처리하도록 한다.
- 아파치 카산드라(Apache Cassandra)는 SEDA[Welsh2001]*를 사용하는데, 가십 상태를 갱신할 때는 단일 스레드로 구성한 단계를 활용한다.
- etcd와 그 외 Go 언어 기반 구현은 요청을 채널에서 꺼내 처리하고 상태를 갱신하는 단일 고루틴을 갖고 있다.
- LMAX 디스럽터 아키텍처는 로컬 상태를 갱신하는 동안 단일 쓰기 원칙(Single Writer Principle)[Thomson2011a]을 준수해 상호 배제(mutual exclusion)를 회피한다.

Staged Event-Driven Architecture
복잡한 이벤트 기반 애플리케이션을 몇 단계로 나누고 큐로 연결한 아키텍처

Patterns of Distributed Systems

14장

Pattern 12

요청 대기 목록

> 다른 클러스터 노드 응답에 기반하는 기준을 만족한 후에
> 응답을 받아야 하는 클라이언트 요청을 추적한다.

문제

클러스터 노드는 클라이언트 요청을 처리하는 동안 데이터를 복제하기 위해 다른 노드와 통신해야 한다. 클라이언트에게 응답하려면 클러스터 전체 노드나 과반수 정족수(Majority Quorum)로부터 응답이 필요하다.

다른 클러스터 노드와의 통신은 비동기로 수행한다. 비동기 통신을 사용하면 요청 파이프라인(Request Pipeline)이나 묶음 요청(Request Batch) 같은 패턴을 적용할 수 있다.

따라서 클러스터 노드는 여러 다른 노드에서 비동기로 응답을 받아 처리한다. 그리고 특정 클라이언트 요청이 과반수 정족수에 도달했는지 확인하려면 응답들을 상관지어 판단해야 한다.

해결책

클러스터 노드는 키와 콜백 함수를 매핑하는 대기 목록을 유지 관리한다. 키는 콜백을 호출하기 위한 특정 기준에 따라 선택된다. 예를 들어 다른 클러스터 노드에

서 메시지를 받을 때마다 호출해야 한다면 메시지의 상관 ID(correlation ID)[1]를 키로 쓸 수 있다. 복제 로그(Replicated Log)의 경우는 하이 워터마크(High-Water Mark)가 키가 된다. 콜백은 응답을 처리하고 클라이언트 요청이 기준을 만족했는지 결정한다.

데이터를 여러 서버에 복제하는 키-값 저장소 예를 보자. 여기서는 복제가 성공적으로 완료되어 클라이언트에게 응답을 보낼 시점을 결정하는 데 과반수 정족수를 사용할 수 있다. 그런 다음 클러스터 노드는 다른 노드에 전송한 요청을 추적하며 각 요청마다 콜백을 등록한다. 각각의 요청에는 응답을 요청에 매핑하는 데 사용하는 상관 ID를 포함한다. 대기 목록은 다른 클러스터 노드에게서 응답이 도착할 때 알림을 받아 콜백을 호출한다.

아테네, 비잔티움, 키레네 3대의 노드로 구성된 클러스터 예시를 보자(그림 14.1). 클라이언트는 아테네에 접속해 "title"을 "Microservices"로 저장하려고 한다. 아테네는 이것을 비잔티움과 키레네에 복제해야 하므로 자신에게 이 키-값을 저장하라는 요청을 하는 동시에 비잔티움과 키레네에게 요청을 보낸다. 응답을 추적하기 위해 아테네는 전송한 요청마다 `WriteQuorumCallback`을 생성하고 대기 목록에 추가한다.

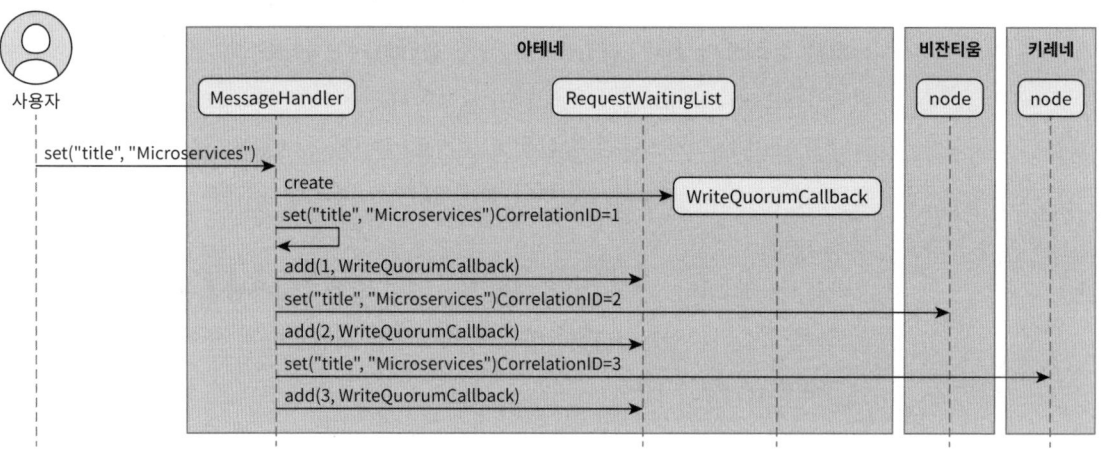

그림 14.1 호출자는 요청 대기 목록에 상관 ID와 콜백을 추가한다.

---

1 https://www.enterpriseintegrationpatterns.com/CorrelationIdentifier.html

응답을 받을 때마다 `WriteQuorumCallback`을 호출해 응답을 처리한다. 이 과정에서 필요한 수의 응답이 도착했는지 확인한다. 비잔티움에게서 응답을 받으면 정족수에 도달하며 보류 중인 클라이언트의 요청이 완료된다. 나중에 키레네가 응답할 수 있지만 그것을 기다리지 않고 클라이언트에게 응답을 전송할 수 있다(그림 14.2).

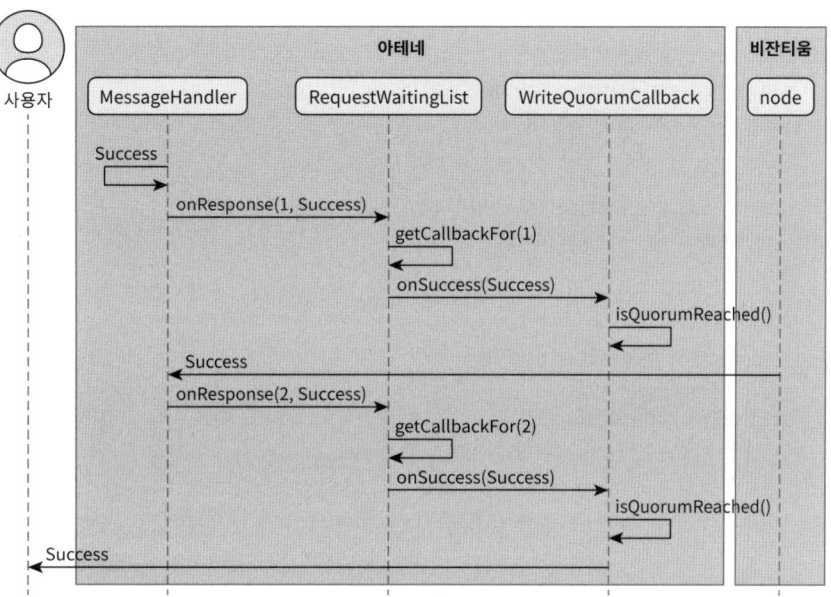

그림 14.2 콜백은 정족수에 도달했는지 확인하고 클라이언트에게 응답한다.

코드는 다음과 같다. 모든 클러스터 노드가 각자의 대기 목록을 따로 유지 관리한다는 점에 주목하라. 대기 목록은 키와 관련 콜백을 추적하고 콜백이 등록된 타임스탬프를 저장한다. 타임스탬프는 응답이 기대한 시간 내에 도착하지 않으면 만료할지를 판단하는 데 사용한다.

```
public class RequestWaitingList<Key, Response> {
    private Map<Key, CallbackDetails> pendingRequests
        = new ConcurrentHashMap<>();

    public void add(Key key, RequestCallback<Response> callback) {
        pendingRequests.put(key, new CallbackDetails(callback,
                                                     clock.nanoTime()));
    }
```

```java
class CallbackDetails {
    RequestCallback requestCallback;
    long createTime;

    public CallbackDetails(RequestCallback requestCallback, long createTime) {
        this.requestCallback = requestCallback;
        this.createTime = createTime;
    }

    public RequestCallback getRequestCallback() {
        return requestCallback;
    }

    public long elapsedTime(long now) {
        return now - createTime;
    }
}

public interface RequestCallback<T> {
    void onResponse(T r);
    void onError(Throwable e);
}
```

다른 클러스터 노드에게서 응답을 수신하면 응답이나 오류 처리를 요청받는다.

```java
class RequestWaitingList...

  public void handleResponse(Key key, Response response) {
      if (!pendingRequests.containsKey(key)) {
          return;
      }
      CallbackDetails callbackDetails = pendingRequests.remove(key);
      callbackDetails.getRequestCallback().onResponse(response);
  }

class RequestWaitingList...

  public void handleError(int requestId, Throwable e) {
      CallbackDetails callbackDetails = pendingRequests.remove(requestId);
      callbackDetails.getRequestCallback().onError(e);
  }
```

정족수 응답을 처리하는 데 대기 목록을 사용할 수 있다. 구현은 다음과 같다.

```java
static class WriteQuorumCallback
        implements RequestCallback<RequestOrResponse> {

    private final int quorum;
    private volatile int expectedNumberOfResponses;
    private volatile int receivedResponses;
    private volatile int receivedErrors;
    private volatile boolean done;

    private final RequestOrResponse request;
    private final ClientConnection clientConnection;

    public WriteQuorumCallback(int totalExpectedResponses,
                               RequestOrResponse clientRequest,
                               ClientConnection clientConnection) {

        this.expectedNumberOfResponses = totalExpectedResponses;
        this.quorum = expectedNumberOfResponses / 2 + 1;
        this.request = clientRequest;
        this.clientConnection = clientConnection;
    }

    @Override
    public void onResponse(RequestOrResponse response) {
        receivedResponses++;
        if (receivedResponses == quorum && !done) {
            respondToClient("Success");
            done = true;
        }
    }

    @Override
    public void onError(Throwable t) {
        receivedErrors++;
        if (receivedErrors == quorum && !done) {
            respondToClient("Error");
            done = true;
        }
    }

    private void respondToClient(String response) {
        clientConnection
                .write(new RequestOrResponse(
                        new StringRequest(
                                RequestId.SetValueResponse,
                                response.getBytes()),
                                request.getCorrelationId())));
    }
}
```

클러스터 노드가 요청을 다른 노드에게 보낼 때마다 콜백을 대기 목록에 추가하고
전송한 요청의 상관 ID를 콜백에 매핑한다.

```
class ClusterNode...

  private void handleSetValueClientRequestRequiringQuorum(
          List<InetAddressAndPort> replicas,
          RequestOrResponse request, ClientConnection clientConnection) {

      SetValueRequest setValueRequest = deserialize(request);

      var totalExpectedResponses = replicas.size();
      var requestCallback = new WriteQuorumCallback(totalExpectedResponses,
              request, clientConnection);

      for (InetAddressAndPort replica : replicas) {
          var correlationId = nextRequestId();
          requestWaitingList.add(correlationId, requestCallback);
          sendRequestToReplica(replica, setValueRequest, correlationId);
      }
  }

  private void sendRequestToReplica(InetAddressAndPort replica,
                                    SetValueRequest setValueRequest,
                                    int correlationId) {
      try {
          var client = new SocketClient(replica);
          var requestOrResponse = new RequestOrResponse(setValueRequest,
                                                        correlationId,
                                                        listenAddress);

          client.sendOneway(requestOrResponse);

      } catch (IOException e) {
          requestWaitingList.handleError(correlationId, e);
      }
  }
```

응답을 수신하면 대기 목록에서 처리하도록 요청한다.

```
class ClusterNode...

  private void handleSetValueResponse(RequestOrResponse response) {
      requestWaitingList.handleResponse(response.getCorrelationId(), response);
  }
```

그러면 대기 목록은 연관된 WriteQuorumCallback을 호출한다. WriteQuorumCallback 인스턴스는 정족수 응답이 도착했는지 확인하고 콜백을 호출해 클라이언트에게 응답한다.

오래 보류 중인 요청 만료하기

때로는 다른 클러스터 노드로부터 응답이 지연된다. 이 경우를 대비해 대기 목록은 타임아웃이 지난 후 요청을 만료하는 메커니즘이 필요하다.

```
class RequestWaitingList...

  private SystemClock clock;
  private ScheduledExecutorService executor
        = Executors.newSingleThreadScheduledExecutor();
  private long expirationIntervalMillis = 2000;

  public RequestWaitingList(SystemClock clock) {
      this.clock = clock;
      executor
            .scheduleWithFixedDelay(this::expire,
                    expirationIntervalMillis,
                    expirationIntervalMillis, MILLISECONDS);
  }

  private void expire() {
      long now = clock.nanoTime();
      List<Key> expiredRequestKeys = getExpiredRequestKeys(now);

      expiredRequestKeys.stream().forEach(expiredRequestKey -> {
          CallbackDetails request = pendingRequests.remove(expiredRequestKey);
          request.requestCallback
                  .onError(new TimeoutException("Request expired"));
      });
  }

  private List<Key> getExpiredRequestKeys(long now) {
      return pendingRequests
              .entrySet()
              .stream()
              .filter(entry -> entry.getValue()
                              .elapsedTime(now) > expirationIntervalMillis)
              .map(e -> e.getKey()).collect(Collectors.toList());
  }
```

사례

- 아파치 카산드라는 노드 간 통신에 비동기 메시지 전달을 사용한다. 또한 과반수 정족수(Majority Quorum)를 사용하고 응답 메시지도 동일하게 비동기적으로 처리한다.
- 아파치 카프카는 'purgatory'[2]라는 자료구조를 사용해 보류 중인 요청을 추적한다.
- etcd도 비슷한 방법으로 대기 목록을 유지 관리해 클라이언트 요청에 응답한다.

---

2 https://www.confluent.io/blog/apache-kafka-purgatory-hierarchical-timing-wheels

Patterns of Distributed Systems　　　　　　　　　　　　　　15장

Pattern 13

멱등 수신자

> 클라이언트 요청을 고유하게 식별해 클라이언트가 재시도하더라도
> 중복 요청을 무시할 수 있게 한다.

문제

클라이언트가 서버에게 요청을 보냈지만 응답을 받지 못할 수도 있다. 클라이언트는 응답이 손실됐는지, 아니면 서버가 요청을 처리하기 전에 죽었는지 알 수가 없다. 요청 처리를 보장하기 위해서는 클라이언트가 요청을 다시 전송해야 한다.

서버가 요청을 처리하고 죽었다면 클라이언트가 재시도할 때 서버는 중복 요청을 받게 된다.

해결책

클라이언트마다 고유 ID를 부여해 클라이언트를 고유하게 식별한다. 클라이언트는 요청을 보내기 전에 서버에 스스로를 등록한다.

```
class ConsistentCoreClient...

  private void registerWithLeader() {
      RequestOrResponse request
              = new RequestOrResponse(RequestId.RegisterClientRequest,
              correlationId.incrementAndGet());
```

```
        // blockingSend는 네트워크 오류가 발생하면 연결을 새로 시도한다.
        RequestOrResponse response = blockingSend(request);
        RegisterClientResponse registerClientResponse
                = deserialize(response.getMessageBody(),
                RegisterClientResponse.class);
        this.clientId = registerClientResponse.getClientId();
}
```

서버는 클라이언트 등록 요청을 받으면 클라이언트에게 고유 ID를 할당한다. 서버가 일관성 코어(Consistent Core)라면 쓰기 전 로그(Write-Ahead Log) 인덱스를 클라이언트 식별자로 할당할 수 있다.

```
class ReplicatedKVStore...

  private Map<Long, Session> clientSessions = new ConcurrentHashMap<>();

  private RegisterClientResponse registerClient(WALEntry walEntry) {
      Long clientId = walEntry.getEntryIndex();
      // 클라이언트 응답을 저장할 clientId
      clientSessions.put(clientId, new Session(clock.nanoTime()));
      return new RegisterClientResponse(clientId);
  }
```

서버는 세션을 생성해 등록된 클라이언트 요청에 대한 응답을 저장한다. 세션이 생성된 시간도 추적해 비활성 세션을 폐기할 수 있도록 한다. 이에 대해서는 다음 절에서 설명한다.

```
public class Session {
    long lastAccessTimestamp;
    Queue<Response> clientResponses = new ArrayDeque<>();

    public Session(long lastAccessTimestamp) {
        this.lastAccessTimestamp = lastAccessTimestamp;
    }

    public long getLastAccessTimestamp() {
        return lastAccessTimestamp;
    }

    public Optional<Response> getResponse(int requestNumber) {
        return clientResponses.stream().
                filter(r -> requestNumber == r.getRequestNumber()).findFirst();
    }
```

```
    private static final int MAX_SAVED_RESPONSES = 5;

    public void addResponse(Response response) {
        if (clientResponses.size() == MAX_SAVED_RESPONSES) {
            clientResponses.remove();   // 가장 오래된 요청을 제거한다
        }
        clientResponses.add(response);
    }

    public void refresh(long nanoTime) {
        this.lastAccessTimestamp = nanoTime;
    }
}
```

일관성 코어에서는 클라이언트 등록 요청도 합의 알고리즘의 일부로서 복제된다. 따라서 기존 리더가 죽더라도 이미 성공한 클라이언트 등록은 여전히 유효하다. 그리고 서버는 후속 요청을 위해 클라이언트에 전송한 응답도 저장한다.

> **☑ 멱등 요청과 비멱등 요청**
>
> 어떤 요청은 본질적으로 멱등하다는 점을 주목해야 한다. 예를 들어 키-값 저장소에서 키와 값을 설정하는 것은 본질적으로 멱등하다. 동일한 키-값을 여러 번 설정해도 문제가 생기지 않는다.
>
> 반면 리스(Lease) 생성은 비멱등하다. 리스가 이미 생성됐다면 리스 생성 재시도 요청은 실패한다. 이것은 문제다. 다음 시나리오를 고려해 보자. 클라이언트가 리스 생성 요청을 보낸다. 서버가 리스를 성공적으로 생성하지만, 그 응답이 클라이언트에게 전송되기 전에 죽거나 연결이 끊긴다. 클라이언트는 연결을 다시 생성하고 리스 생성을 재시도 한다. 서버는 지정된 이름의 리스가 이미 있으므로 오류를 반환한다. 그래서 클라이언트는 리스가 없다고 생각한다. 이는 분명 의도한 동작이 아니다.
>
> 멱등 수신자를 사용하면 클라이언트는 동일한 요청 번호를 붙여 리스 요청을 보낸다. 이미 처리된 요청에 대한 응답이 서버에 저장되어 있으므로 동일한 응답이 반환된다. 이런 방법으로 연결이 끊기기 전에 클라이언트가 리스 생성에 성공할 수 있다면 동일한 요청을 재시도할 때 동일한 응답을 받게 된다.

서버는 비멱등 요청(358쪽 "벽시계는 단조적이지 않다" 참고)을 받으면 실행이 성공한 다음 응답을 클라이언트 세션에 저장한다.

```
class ReplicatedKVStore...

  private Response applyRegisterLeaseCommand(WALEntry walEntry,
                                    RegisterLeaseCommand command) {
      logger.info("Creating lease with id " + command.getName()
              + "with timeout " + command.getTimeout()
              + " on server " + getReplicatedLog().getServerId());
      try {
          leaseTracker.addLease(command.getName(),
                  command.getTimeout());
          Response success =
                  Response.success(RequestId.RegisterLeaseResponse,
                          walEntry.getEntryIndex());

          if (command.hasClientId()) {
              Session session = clientSessions.get(command.getClientId());
              session.addResponse(success
                      .withRequestNumber(command.getRequestNumber()));
          }

          return success;

      } catch (DuplicateLeaseException e) {
          logger.error("lease with id " + command.getName()
                  + " on server "
                  + getReplicatedLog().getServerId()
                  + " already exists.");

          return Response
                  .error(RequestId.RegisterLeaseResponse,
                          DUPLICATE_LEASE_ERROR,
                          e.getMessage(),
                          walEntry.getEntryIndex());
      }
  }
```

클라이언트는 서버로 보내는 요청에 클라이언트 식별자를 함께 보낸다. 또한 클라이언트는 카운터를 관리해 서버로 전송하는 요청마다 요청 번호를 할당한다.

```
class ConsistentCoreClient...

  AtomicInteger nextRequestNumber = new AtomicInteger(1);

  public void registerLease(String name, Duration ttl)
          throws DuplicateLeaseException {
      var registerLeaseRequest
```

```
                = new RegisterLeaseRequest(clientId,
                                nextRequestNumber.getAndIncrement(),
                                name, ttl.toNanos());

        var serializedRequest = new RequestOrResponse(
                registerLeaseRequest,
                correlationId.getAndIncrement());

        logger.info("Sending RegisterLeaseRequest for " + name);
        var serializedResponse = sendWithRetries(serializedRequest);
        Response response = deserialize(serializedResponse.getMessageBody(),
                Response.class);

        if (response.error == Errors.DUPLICATE_LEASE_ERROR) {
            throw new DuplicateLeaseException(name);
        }
    }

    private static final int MAX_RETRIES = 3;

    private RequestOrResponse blockingSendWithRetries(RequestOrResponse request)
    {
        for (int i = 0; i <= MAX_RETRIES; i++) {
            try {
                // blockingSend는 아직 연결되지 않았다면 새로 연결을 시도한다.
                logger.info("ConsistentCoreClient Attempt " + i);
                return blockingSend(request);

            } catch (NetworkException e) {
                resetConnectionToLeader();
                logger.error("ConsistentCoreClient Failed sending request "
                        + request + ". Try " + i, e);
            }
        }

        throw new NetworkException("Timed out after " + MAX_RETRIES
                + " retries");
    }
```

서버는 요청을 받으면 먼저 확인 절차를 거친다. 동일한 클라이언트에서 보낸 요청인지 해당 요청 번호가 이미 처리됐는지 확인한다. 저장된 응답이 있다면 요청을 다시 처리하지 않고 동일한 응답을 클라이언트에게 반환한다.

```
class ReplicatedKVStore...

  private Response applyWalEntry(WALEntry walEntry) {
      Command command = deserialize(walEntry);
      if (command.hasClientId()) {
          var session = clientSessions.get(command.getClientId());
          var savedResponse = session.getResponse(command.getRequestNumber());
          if (savedResponse.isPresent()) {
              return savedResponse.get();
          } // 그렇지 않으면 계속 진행해서 명령어를 실행한다.
      }
```

저장된 클라이언트 요청의 만료 처리

클라이언트별로 저장한 요청을 영원히 저장할 수는 없다. 요청을 만료하는 여러 가지 방법이 있다. 래프트의 참조 구현체에서 클라이언트는 별도의 번호를 유지하는데, 이 번호는 성공적으로 수신한 요청 번호를 나타낸다. 이 번호는 서버로 요청을 보낼 때 함께 전송된다. 서버는 이 요청 번호보다 번호가 작은 요청을 안전하게 폐기할 수 있다.

  클라이언트가 이전 요청에 대한 응답을 받은 후에야 다음 요청을 보낸다는 게 보장된다면, 서버가 클라이언트로부터 새 요청을 받을 때 이전의 모든 요청을 안전하게 제거할 수 있다. 요청 파이프라인(Request Pipeline)을 사용할 때는 문제가 있는데, 클라이언트가 아직 응답받지 못한 여러 요청이 실행 중일 수 있기 때문이다. 클라이언트가 실행할 수 있는 최대 요청 개수를 안다면 서버는 그만큼의 응답만 저장하고 나머지는 제거할 수 있다. 이를테면 아파치 카프카는 생산자마다 실행 중인 요청 개수를 최대 5개로 제한하므로 이전 요청을 최대 5개까지만 저장한다.

```
class Session...

  private static final int MAX_SAVED_RESPONSES = 5;

  public void addResponse(Response response) {
      if (clientResponses.size() == MAX_SAVED_RESPONSES) {
          clientResponses.remove();   // 가장 오래된 요청을 제거한다
      }
      clientResponses.add(response);
  }
```

등록된 클라이언트 제거

> 중복 메시지를 검출하는 이 메커니즘은 연결 실패에 따른 클라이언트 재시도에서만 적용할 수 있다는 점에 유의해야 한다. 클라이언트가 죽어 재시작된다면 다시 등록하므로 클라이언트 재시작 과정에서는 중복 제거를 하지 않는다.
>
> 또한 이 메커니즘은 애플리케이션 수준의 로직을 전혀 알지 못한다. 따라서 애플리케이션이 애플리케이션 수준에서 중복이라 생각되는 여러 요청을 보내더라도 저장 서버 구현에서 이런 사실을 알아낼 방법이 없다. 이런 경우는 애플리케이션이 별도로 처리해야 한다.

클라이언트 세션은 서버에 영원히 저장되지 않는다. 서버는 클라이언트 세션을 저장할 때 최대 TTL(time-to-live)을 설정할 수 있다. 클라이언트는 주기적으로 하트비트(HeartBeat)를 보낸다. TTL 내에 클라이언트로부터 하트비트를 받지 못하면 서버에서 클라이언트 상태를 제거할 수 있다.

서버는 주기적으로 만료된 세션을 확인해 제거하는 작업 스케줄을 시작한다.

```
class ReplicatedKVStore...

  private long sessionCheckingIntervalMs = TimeUnit.SECONDS.toMillis(10);
  private long sessionTimeoutNanos = TimeUnit.SECONDS.toNanos(30);

  private void startSessionCheckerTask() {
      scheduledTask = executor.scheduleWithFixedDelay(() -> {
          removeExpiredSession();
      }, sessionCheckingIntervalMs, sessionCheckingIntervalMs,
          TimeUnit.MILLISECONDS);
  }

  private void removeExpiredSession() {
      long now = System.nanoTime();
      for (Long clientId : clientSessions.keySet()) {
          Session session = clientSessions.get(clientId);
          long elapsedNanosSinceLastAccess
                  = now - session.getLastAccessTimestamp();
          if (elapsedNanosSinceLastAccess > sessionTimeoutNanos) {
              clientSessions.remove(clientId);
          }
      }
  }
```

최대 한 번, 최소 한 번, 정확히 한 번 실행

클라이언트가 서버와 어떻게 상호작용하는지에 따라 서버가 특정 동작을 수행할지에 대한 보장이 미리 결정된다. 클라이언트가 요청을 보낸 다음 응답을 받기 전에 실패한다면 세 가지 가능성이 있다.

실패한 클라이언트가 요청을 재시도하지 않는다면 서버는 해당 요청을 처리했을 수도 있고 처리하기 전에 실패했을 수도 있다. 따라서 요청은 서버에서 최대 한 번(At-Most-Once) 처리된다.

클라이언트가 요청을 재시도한다면 서버에서 통신 실패 전에 요청을 이미 처리했어도 다시 처리할 수 있다. 따라서 요청은 최소 한 번(At-Least-Once) 처리된다. 하지만 여러 번 처리될 수도 있다.

멱등 수신자를 사용하면 클라이언트가 여러 번 재시도하더라도 서버는 요청을 오직 한 번만 처리한다. 따라서 정확히 한 번(Exactly-Once)의 실행을 보장하려면 멱등 수신자가 필요하다.

사례

- 래프트의 참조 구현체인 로그캐빈은 선형적(linearizable) 동작을 제공하는 멱등성을 지닌다.
- 아파치 카프카는 멱등 생산자[1]를 제공해 클라이언트 요청의 재시도를 허용하고 중복 요청을 무시한다.
- 주키퍼는 클라이언트가 실패 상황에서 복구할 수 있는 세션 개념과 zxid를 제공한다.
- HBase에는 멱등 실행을 구현하는 래퍼[2]가 있는데, 주키퍼의 오류 처리 가이드라인[3]을 따라 구현했다.

---

1 https://cwiki.apache.org/confluence/display/KAFKA/Idempotent+Producer
2 https://docs.cloudera.com/HDPDocuments/HDP2/HDP-2.4.0/bk_hbase_java_api/org/apache/hadoop/hbase/zookeeper/RecoverableZooKeeper.html
3 https://cwiki.apache.org/confluence/display/ZOOKEEPER/ErrorHandling

Patterns of Distributed Systems　　16장

Pattern 14

팔로워 읽기

팔로워에서 읽기 요청을 처리해 처리량과 지연 시간을 개선한다.

문제

리더 팔로워(Leader and Followers) 패턴을 사용할 때 리더가 너무 많은 요청을 받으면 과부하가 걸릴 수 있다. 게다가 클라이언트가 원격 데이터센터에 있는 다중 데이터센터 구성에서는 리더로 요청을 보낼 때 추가적인 지연 시간이 발생한다.

해결책

쓰기 요청은 일관성을 유지하기 위해 리더로 보내야 하지만 읽기 요청은 리더 대신 가장 가까운 팔로워로 보낼 수 있다. 클라이언트가 주로 읽기만 할 때 특히 유용하다.

　팔로워에서 읽는 클라이언트는 오래된 값을 얻을 수 있다는 점을 명심해야 한다. 리더와 팔로워 사이에는 언제나 복제 지연이 생길 수 있다. 래프트 같은 합의 알고리즘을 구현하는 시스템에서도 마찬가지다. 이는 리더가 어떤 값이 커밋됐는지 알더라도 커밋된 값을 팔로워에게 전달하려면 추가 메시지가 필요하기 때문이다. 따라서 그림 16.1처럼 약간 오래된 값을 읽어도 무방한 상황에서만 팔로워에서 읽어야 한다.

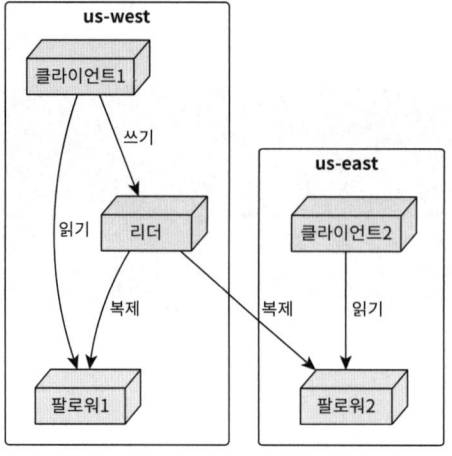

그림 16.1 가장 가까운 팔로워에서 읽기

가장 가까운 복제 서버 찾기

클러스터 노드는 자기 위치에 관한 메타데이터를 추가적으로 유지 관리한다.

```
class ReplicaDescriptor...

  public class ReplicaDescriptor {
      private InetAddressAndPort address;
      private String region;

      public ReplicaDescriptor(InetAddressAndPort address, String region) {
          this.address = address;
          this.region = region;
      }

      public InetAddressAndPort getAddress() {
          return address;
      }

      public String getRegion() {
          return region;
      }
  }
```

클러스터의 클라이언트는 자신의 리전(region)에 기반해 로컬 복제 서버를 선택할 수 있다.

```
class ClusterClient...

    public List<String> get(String key) {
        var allReplicas = allFollowerReplicas(key);
        var nearestFollower = findNearestFollowerBasedOnLocality(allReplicas,
                clientRegion);
        var getValueResponse = sendGetRequest(nearestFollower.getAddress(),
                new GetValueRequest(key));
        return getValueResponse.getValue();
    }

    ReplicaDescriptor findNearestFollowerBasedOnLocality(
                                    List<ReplicaDescriptor> followers,
                                    String clientRegion) {

        var sameRegionFollowers = matchLocality(followers, clientRegion);
        var finalList = sameRegionFollowers.isEmpty()
                ? followers
                : sameRegionFollowers;
        return finalList.get(0);
    }

    private List<ReplicaDescriptor> matchLocality(
                                        List<ReplicaDescriptor> followers,
                                        String clientRegion) {
        return followers
                .stream()
                .filter(rd -> clientRegion.equals(rd.getRegion()))
                .collect(Collectors.toList());
    }
```

예를 들어 팔로워 복제 서버가 하나는 US-west 리전에, 다른 하나는 US-east 리전에 이렇게 두 대 있다고 하자. US-east 리전에 있는 클라이언트는 US-east 복제 서버에 연결한다.

```
class CausalKVStoreTest...

  @Test
  public void getFollowersInSameRegion() {
      var followers = createReplicas("us-west", "us-east");
      var nearestFollower =
              new ClusterClient(followers, "us-east")
                      .findNearestFollower(followers);
      assertEquals(nearestFollower.getRegion(), "us-east");
  }
```

클라이언트나 코디네이터 역할을 하는 클러스터 노드는 클러스터 노드 사이에서 관찰되는 지연 시간을 추적할 수도 있다. 클라이언트는 주기적으로 하트비트를 보내 지연 시간을 수집하고 이를 이용해 지연 시간이 가장 짧은 팔로워를 선택한다. 보다 공정한 선택을 위해 몽고DB나 코크로치DB 같은 제품에서는 지연 시간을 이동 평균으로 계산한다. 클러스터 노드는 일반적으로 다른 노드와 통신하기 위해 단일 소켓 채널(Single-Socket Channel)을 유지 관리한다. 단일 소켓 채널은 연결을 활성화 상태로 유지하기 위해 하트비트(HeartBeat)를 보내야 하므로 지연 시간 수집과 이동 평균 계산을 쉽게 구현할 수 있다.

```java
class WeightedAverage...

  public class WeightedAverage {
      long averageLatencyMs = 0;

      public void update(long heartbeatRequestLatency) {
          // 몽고DB에서 사용하는 가중 평균 구현 예시
          // 대상 노드로 전송하는 하트비트 메시지 왕복 시간의 이동 가중 평균.
          // 과거 왕복 시간에 80%, 새 왕복 시간에 20%의 가중치를 준다.
          averageLatencyMs = averageLatencyMs == 0
                  ? heartbeatRequestLatency
                  : (averageLatencyMs * 4 + heartbeatRequestLatency) / 5;
      }

      public long getAverageLatency() {
          return averageLatencyMs;
      }
  }

class ClusterClient...

  private Map<InetAddressAndPort, WeightedAverage> latencyMap
          = new HashMap<>();

  private void sendHeartbeat(InetAddressAndPort clusterNodeAddress) {
      try {
          long startTimeNanos = System.nanoTime();
          sendHeartbeatRequest(clusterNodeAddress);
          long endTimeNanos = System.nanoTime();

          WeightedAverage heartbeatStats = latencyMap.get(clusterNodeAddress);
          if (heartbeatStats == null) {
              heartbeatStats = new WeightedAverage();
              latencyMap.put(clusterNodeAddress, new WeightedAverage());
          }
```

```
        heartbeatStats
                .update(endTimeNanos - startTimeNanos);

    } catch (NetworkException e) {
        logger.error(e);
    }
}
```

이렇게 얻은 지연 시간 정보를 바탕으로 네트워크 지연이 최소가 되는 팔로워를 선택할 수 있다.

```
class ClusterClient...

  ReplicaDescriptor findNearestFollower(List<ReplicaDescriptor> allFollowers) {

      var sameRegionFollowers = matchLocality(allFollowers, clientRegion);
      var finalList
              = sameRegionFollowers.isEmpty() ? allFollowers
                                              : sameRegionFollowers;

      return finalList.stream().sorted((r1, r2) -> {
          if (!latenciesAvailableFor(r1, r2)) {
              return 0;
          }

          return Long.compare(latencyMap.get(r1).getAverageLatency(),
                              latencyMap.get(r2).getAverageLatency());

      }).findFirst().get();
  }

  private boolean latenciesAvailableFor(ReplicaDescriptor r1,
                                        ReplicaDescriptor r2) {

      return latencyMap.containsKey(r1) && latencyMap.containsKey(r2);
  }
```

연결이 끊기거나 느린 팔로워

팔로워가 리더와 연결이 끊겨 갱신된 데이터를 받지 못할 수도 있다. 어떤 경우는 디스크가 느린 관계로 복제 과정이 지연되어 팔로워가 리더보다 뒤처질 수도 있다. 팔로워는 얼마 동안 리더에게서 데이터를 전달받지 못했는지 추적할 수 있는데, 그렇다면 사용자 요청 처리를 중단할 수 있다.

예를 들어 몽고DB 같은 제품은 최대 허용 지연 시간[1]을 이용해 복제 서버를 선택할 수 있다. 리더와의 복제 지연 차이가 이 최대 시간을 넘어서는 복제 서버는 요청을 보낼 서버로 선택하지 않는다. 아파치 카프카에서는 소비자가 요청한 오프셋이 너무 크면 OFFSET_OUT_OF_RANGE 오류를 응답한다. 그러면 소비자는 리더와 직접 통신해야 한다[Gustafson2018].

자신이 쓴 값 읽기

> ☑ **인과적 일관성(Causal Consistency)**
> 시스템에서 이벤트 A가 다른 이벤트 B보다 먼저 발생했다면 이들 사이에 인과 관계(causal relationship)가 있다고 말한다. A가 B를 유발하는 데 어떤 역할을 했을지도 모른다는 의미다.
> 데이터 저장 시스템에서 이벤트란 값을 쓰거나 읽는 동작을 말한다. 인과적 일관성을 제공하려면 저장 시스템은 읽기 이벤트와 쓰기 이벤트 사이의 선후(happens-before) 관계를 추적해야 한다. 램포트 시계(Lamport Clock)와 그 변형을 이런 목적을 위해 사용한다.

팔로워 서버에서 읽는 것이 문제가 될 수도 있다. 특히 클라이언트가 어떤 값을 쓰고 바로 읽으려고 하는 보통의 시나리오에서 기대와 다른 결과를 얻을 수 있다.

클라이언트가 어떤 책의 데이터가 "title": "Nitroservices"으로 잘못되어 있음을 알았다고 해보자. 클라이언트는 "title": "Microservices"로 써서 오류를 수정하고 이 데이터를 리더에게 전달한다. 그 후 이 클라이언트가 바로 그 값을 다시 읽는다. 하지만 아직 갱신되지 않았을지도 모르는 팔로워로 읽기 요청이 전달된다(그림 16.2).

이것은 흔한 문제다. 예를 들어 아마존 S3에서도 최근에서야 이 문제를 해결했다.[2]

이 문제를 해결하기 위해 서버는 쓰기를 실행할 때마다 새로운 값뿐만 아니라 단조 증가하는 버전 스탬프를 함께 저장한다. 버전 스탬프는 하이 워터마크(High-Water Mark)나 하이브리드 시계(Hybrid Clock)가 될 수 있다. 서버는 쓰기 요청에 대한 응답으로 저장된 값의 버전 스탬프를 반환한다. 그러면 나중에 그 값을 읽기를 원하는 클라이언트는 읽기 요청의 일부에 버전 스탬프를 포함한다. 읽기 요청이 팔로워로 전달되면 팔로워는 저장된 값의 버전 스탬프가 요청된 버전 스탬프와 동일하거

---

[1] https://docs.mongodb.com/manual/core/read-preference-staleness/#std-label-replica-set-readpreference-max-staleness
[2] https://aws.amazon.com/about-aws/whats-new/2020/12/amazon-s3-now-delivers-strong-read-after-write-consistency-automatically-for-all-applications

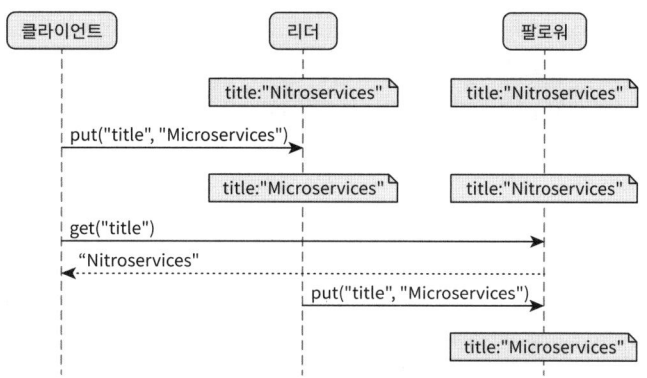

그림 16.2 팔로워에서 예전 값을 읽는 문제

나 더 큰지 살핀다. 그렇지 않다면 최신 버전이 될 때까지 기다렸다가 반환한다. 이런 방법으로 클라이언트는 항상 자신이 쓴 값과 일치하는 값을 읽게 된다. 이를 보통 자신이 **쓴 값 읽기 일관성**(read-your-writes consistency)이라고 한다.

그림 16.3에서는 요청 과정을 보여 준다. 잘못된 값을 수정하기 위해 리더에서 **"title": "Microservices"**를 쓴다. 리더는 응답으로 클라이언트에게 버전 2를 반환한다. 클라이언트가 **"title"**의 값을 읽을 때 요청과 함께 버전 번호 2를 보낸다. 요청을 받은 팔로워 서버는 자신의 버전 번호가 최신인지 확인한다. 팔로워 서버의 버전 번호가 아직 1이므로 리더에게서 버전 2 값을 받을 때까지 기다린다. 동일하거나 버전이 더 크면 읽기 요청을 완료하고 값 **"Microservices"**를 반환한다.

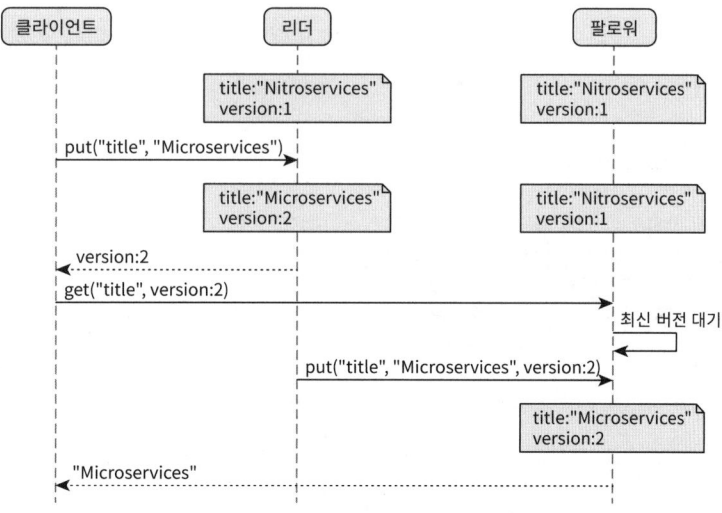

그림 16.3 팔로워에서 자신이 쓴 값 읽기

키-값 저장소 코드는 다음과 같다. 팔로워가 많이 뒤처지거나 리더와 연결이 끊길 수도 있다는 점에 주목하자. 따라서 무기한 대기하지 않도록 타임아웃을 설정한다. 팔로워 서버가 타임아웃 내에 갱신을 받지 못하면 클라이언트에게 오류 응답을 반환한다. 그러면 클라이언트는 다른 팔로워에서 읽기를 재시도할 수 있다.

```
class ReplicatedKVStore...

  Map<Integer, CompletableFuture> waitingRequests = new ConcurrentHashMap<>();
  public CompletableFuture<Optional<String>> get(String key, int atVersion) {
      if (this.replicatedLog.getRole() == ServerRole.FOLLOWING) {
          // 해당 버전이 있는지 확인
          if (!isVersionUptoDate(atVersion)) {
              // 최신 버전을 받을 때까지 대기
              var future = new CompletableFuture<Optional<String>>();
              // 필요한 버전을 followerWaitTimeout 밀리초 동안 얻지 못하면 타임아웃 발생
              future.orTimeout(config.getFollowerWaitTimeoutMs(),
                      TimeUnit.MILLISECONDS);
              waitingRequests.put(atVersion, future);
              return future;
          }
      }
      return CompletableFuture.completedFuture(mvccStore.get(key, atVersion));
  }

  private boolean isVersionUptoDate(int atVersion) {
      return version >= atVersion;
  }
```

키-값 저장소는 클라이언트가 요청한 버전에 도달하면 클라이언트에게 응답을 보낼 수 있다.

```
class ReplicatedKVStore...

  private Response applyWalEntry(WALEntry walEntry) {
      Command command = deserialize(walEntry);
      if (command instanceof SetValueCommand) {
          return applySetValueCommandsAndCompleteClientRequests(
                  (SetValueCommand) command);
      }
      throw new IllegalArgumentException("Unknown command type " + command);
  }
```

```
private Response
    applySetValueCommandsAndCompleteClientRequests(SetValueCommand
                                                    setValueCommand) {
    version = version + 1;
    getLogger()
            .info(replicatedLog.getServerId() + " Setting key value "
                + setValueCommand.getKey()
                + " =" + setValueCommand.getValue() + " at " + version);
    mvccStore.put(new VersionedKey(setValueCommand.getKey(), version),
            setValueCommand.getValue());

    completeWaitingFuturesIfFollower(version, setValueCommand.getValue());

    var response = Response.success(RequestId.SetValueResponse, version);
    return response;
}

private void completeWaitingFuturesIfFollower(int version, String value) {
    CompletableFuture completableFuture = waitingRequests.remove(version);

    if (completableFuture != null) {
        logger.info("Completing pending requests for version "
                + version + " with " + value);
        completableFuture.complete(Optional.of(value));
    }
}
```

선형성 읽기

때로는 복제 지연 없이 최신 값을 얻어야 할 때도 있다. 이때는 읽기 요청을 리더에게 전달해야 한다. 리더는 복제 로그(Replicated Log) 패턴의 '읽기 요청은 로그를 건너뛰기' 절에서 설명한 대로 사용자 질의에 응답하기 전에 자신이 여전히 리더 역할을 수행하고 있는지 확인하기 위한 예방책을 추가로 취해야 한다. 이것은 일관성 코어(Consistent Core)를 이용해 해결할 수 있는 일반적인 설계 문제다.

사례

- 네오포제이(Neo4j)[3]에서는 인과적 클러스터(causal clusters)[4]를 설정할 수 있다. 모든 쓰기 연산은 북마크(bookmark)를 반환하는데, 읽기 복제 서버에 질의할 때 북마크를 전달할 수 있다. 북마크를 사용함으로써 클라이언트가 북마크 시점에 쓴 값을 언제나 읽을 수 있게 보장한다.
- 몽고DB는 복제 집합에 인과적 일관성[5]을 유지한다. 쓰기 연산은 `operationTime`을 반환하고, 후속 읽기 요청에서 `operationTime`을 사용해 해당 읽기 요청보다 먼저 쓰인 값을 반환하도록 보장한다.
- 코크로치DB는 클라이언트가 팔로워 서버에서 읽기를 수행할 수 있다.[6] 리더 서버는 리더에서 쓰기를 완료할 때 최신 타임스탬프를 발행하는데, 이를 클로즈드 타임스탬프(closed timestamp)라고 한다. 팔로워는 클로즈드 타임스탬프 시점의 값이 있다면 값을 읽는 것을 허용한다.
- 아파치 카프카는 팔로워 브로커에서 메시지를 소비할 수 있다. 팔로워는 리더의 하이 워터마크(High-Water Mark)를 알고 있다. 카프카 설계에서는 최신 갱신값을 기다리는 대신 브로커가 소비자에게 `OFFSET_NOT_AVAILABLE` 오류를 반환하고 소비자가 재시도하게 한다.

---

3 *https://neo4j.com*
4 *https://neo4j.com/developer/kb/when-to-use-bookmarks*
5 *https://docs.mongodb.com/manual/core/causal-consistency-read-write-concerns*
6 *https://www.cockroachlabs.com/docs/v20.2/follower-reads.html*

Patterns of Distributed Systems

Pattern 15

버전화 값

값을 갱신할 때마다 새로운 버전을 붙여 과거의 값을 읽을 수 있도록 한다.

문제

분산 시스템에서 노드는 키의 어떤 값이 최신인지 알아야 한다. 때로는 값의 변화에 적절히 대응할 수 있도록 과거의 값도 알아야 한다.

해결책

값마다 버전을 함께 저장한다. 값이 갱신될 때마다 버전 번호가 증가한다. 그러면 값 갱신을 새로운 값 쓰기로 변환해 처리할 수 있고 읽기 요청을 블록하지 않는다. 클라이언트는 특정 버전 번호에 해당하는 과거의 값을 읽을 수 있다.

복제 기능이 있는 간단한 키-값 저장소 예시를 보자. 클러스터 리더는 키-값 저장소의 모든 쓰기를 처리한다. 리더는 쓰기 요청을 쓰기 전 로그(Write-Ahead Log)에 저장한다. 쓰기 전 로그는 리더 팔로워(Leader and Followers)를 사용해 복제한다. 리더는 하이 워터마크(High-Water Mark) 위치의 쓰기 전 로그 엔트리들을 키-값 저장소에 적용한다. 이것은 상태 기계 복제[Schneider1990]라고 하는 표준 복제 방법이다. (래프트 같은) 합의 알고리즘에 기반한 대다수 데이터 시스템은 이런 방식으로 구현된다. 여기서 키-값 저장소는 정수 버전 카운터를 유지한다. 쓰기 전 로그로부터 키-값 쓰기 명령어를 적용할 때마다 버전 카운터를 증가시킨다. 그리고 버전 카운터가 증가된 새 키를 생성한다. 이렇게 모든 쓰기 요청은 기존 값을 갱신하는 대신 내부 저장소에 새로운 값을 추가한다.

```
class ReplicatedKVStore...

  int version = 0;
  MVCCStore mvccStore = new MVCCStore();

  @Override
  public CompletableFuture<Response> put(String key, String value) {
      return replicatedLog.propose(new SetValueCommand(key, value));
  }
```

버전화 키의 정렬

> 록스DB나 볼트(Bolt) 같은 내장형(embedded) 데이터 저장소는 보통 데이터베이스의 저장 계층으로 사용된다. 이 데이터 저장소에서 모든 데이터는 여기서 설명하는 구현과 비슷하게 키 정렬순으로 논리적으로 배열된다. 이 저장소는 바이트 배열 기반 키와 값을 사용하므로 키를 바이트 배열로 직렬화할 때 순서를 유지하는 게 중요하다.

가장 가까운 버전을 빠르게 탐색하는 일은 중요한 구현 관심사다. 그러므로 버전 번호를 키의 접미사로 사용해 버전화 키를 기본 순서가 유지되는 방식으로 배열한다. 이렇게 기반 자료구조에 잘 맞는 순서를 유지한다. 이를테면 key의 두 버전 key1과 key2가 있다면 key1이 key2보다 순서상 먼저 나오게 된다.

가장 가까운 버전을 빠르게 탐색할 수 있게 하는 스킵 리스트(skip list)* 같은 자료구조를 사용해 버전화 키값을 저장한다. 자바에서는 MVCC(다중 버전 동시성 제어, multiversion concurrency control) 저장소를 다음과 같이 구현할 수 있다.

skip list
연결 리스트의 일종이며 빠른 탐색을 지원하는 자료구조.

```
class MVCCStore...

  public class MVCCStore {
      NavigableMap<VersionedKey, String> kv = new ConcurrentSkipListMap<>();

      public void put(VersionedKey key, String value) {
          kv.put(key, value);
      }
```

탐색 가능한 맵(navigable map)을 사용하기 위해 버전화 키를 다음과 같이 구현한다. 키의 기본 순서를 이용하는 비교자(comparator) 구현도 포함한다.

class VersionedKey...

```java
public class VersionedKey implements Comparable<VersionedKey> {
    private String key;
    private long version;

    public VersionedKey(String key, long version) {
        this.key = key;
        this.version = version;
    }

    public String getKey() {
        return key;
    }

    public long getVersion() {
        return version;
    }

    @Override
    public int compareTo(VersionedKey other) {
        int keyCompare = this.key.compareTo(other.key);
        if (keyCompare != 0) {
            return keyCompare;
        }
        return Long.compare(this.version, other.version);
    }
}
```

이렇게 구현하면 탐색 가능한 맵 API를 사용해 특정 버전값을 얻을 수 있다.

class MVCCStore...

```java
public Optional<String> get(final String key, final int readAt) {
    var entry = kv.floorEntry(new VersionedKey(key, readAt));
    return Optional
            .ofNullable(entry)
            .filter(e -> e.getKey().getKey().equals(key))
            .map(e -> e.getValue());
}
```

키의 네 가지 버전 1, 2, 3, 5가 저장된 예를 보자(그림 17.1). 클라이언트가 값을 읽을 때 사용한 버전과 가장 가까운 버전이 반환된다.

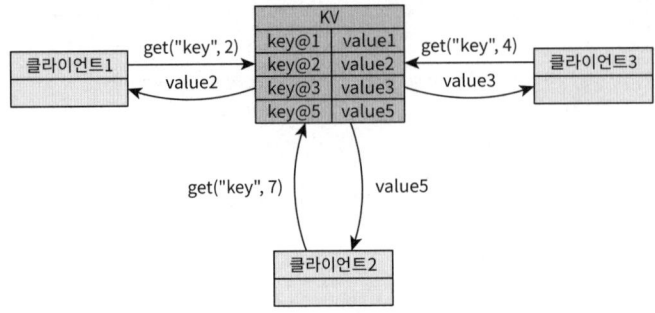

그림 17.1 읽기 요청은 가장 가깝게 일치하는 버전을 반환한다.

클라이언트에게는 특정 키값을 저장할 때 사용한 버전이 함께 반환된다. 그러면 클라이언트는 이 버전을 사용해 값을 읽을 수 있다. 전체 과정이 그림 17.2와 17.3에 있다.

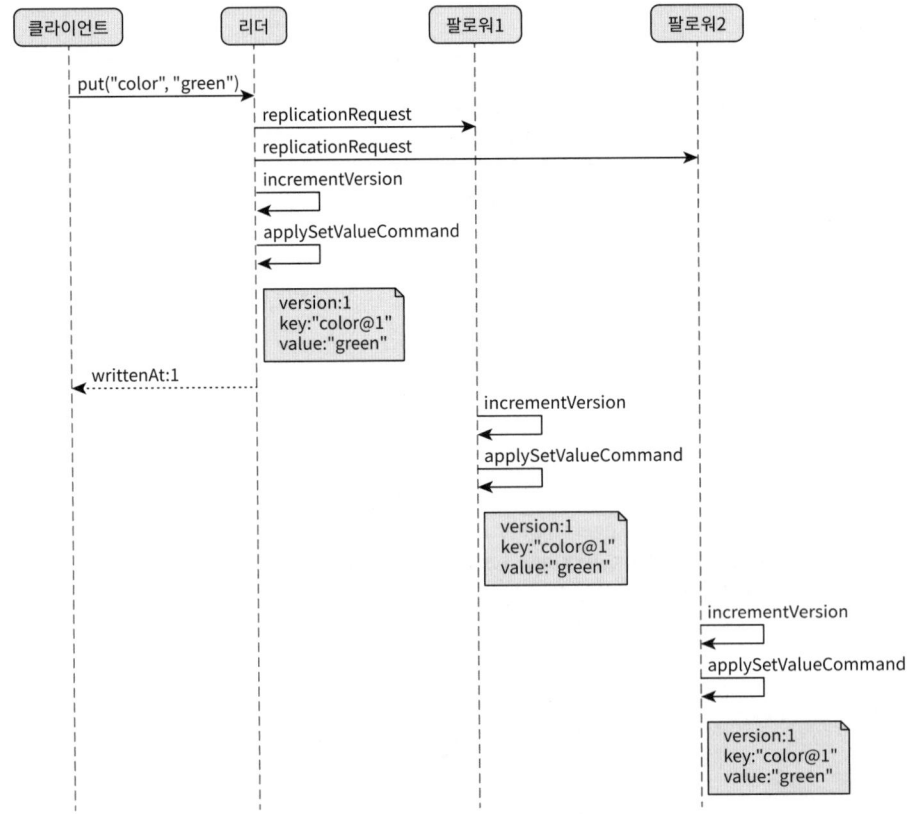

그림 17.2 put 요청 처리

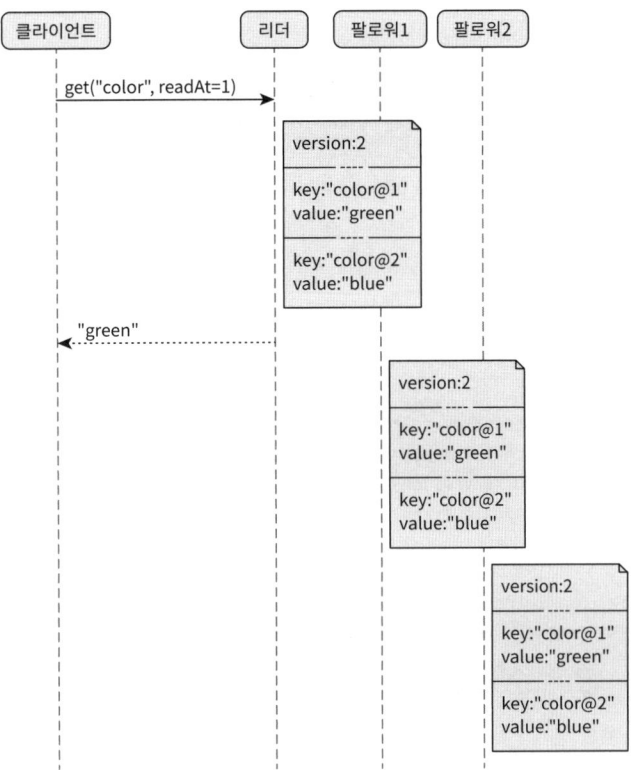

그림 17.3 특정 버전 읽기

여러 버전 읽기

클라이언트는 때때로 특정 버전 번호부터 시작해 모든 버전을 얻어야 한다. 예를 들어 상태 감시(State Watch)에서는 클라이언트가 특정 버전부터 시작하는 모든 이벤트를 얻어야 한다.

클러스터 노드는 색인 구조를 추가로 사용해 키의 모든 버전을 저장할 수 있다.

```
class IndexedMVCCStore...

  public class IndexedMVCCStore {
      NavigableMap<String, List<Integer>> keyVersionIndex = new TreeMap<>();
      NavigableMap<VersionedKey, String> kv = new TreeMap<>();

      ReadWriteLock rwLock = new ReentrantReadWriteLock();

      int version = 0;

      public int put(String key, String value) {
```

```
        rwLock.writeLock().lock();
        try {
            version = version + 1;
            kv.put(new VersionedKey(key, version), value);

            updateVersionIndex(key, version);

            return version;
        } finally {
            rwLock.writeLock().unlock();
        }
    }

    private void updateVersionIndex(String key, int newVersion) {
        List<Integer> versions = getVersions(key);
        versions.add(newVersion);
        keyVersionIndex.put(key, versions);
    }

    private List<Integer> getVersions(String key) {
        List<Integer> versions = keyVersionIndex.get(key);
        if (versions == null) {
            versions = new ArrayList<>();
            keyVersionIndex.put(key, versions);
        }
        return versions;
    }
```

그러면 클라이언트 API로 특정 버전이나 버전 범위에 있는 값을 읽을 수 있다.

```
class IndexedMVCCStore...

    public List<String> getRange(String key, int fromVersion, int toVersion) {
        rwLock.readLock().lock();

        try {
            int maxVersionForKey = getMaxVersionForKey(key);
            int maxVersionToRead = Math.min(maxVersionForKey, toVersion);
            var versionMap = kv.subMap(
                    new VersionedKey(key, fromVersion),
                    new VersionedKey(key, maxVersionToRead)
            );
            return new ArrayList<>(versionMap.values());
        } finally {
            rwLock.readLock().unlock();
        }
```

```
    }

    private int getMaxVersionForKey(String key) {
        List<Integer> versions = keyVersionIndex.get(key);
        int maxVersionForKey = versions.stream()
                                .max(Integer::compareTo).orElse(0);
        return maxVersionForKey;
    }
```

색인을 갱신하거나 읽을 때는 적절하게 잠금을 사용하도록 주의해야 한다.

키와 함께 버전화 값 목록을 모두 저장하는 다른 구현도 있다. 이런 구현은 가십 전파(Gossip Dissemination)에 사용되며 가십 전파 패턴의 '불필요한 상태 교환 방지' 절에서 설명한다.

MVCC와 트랜잭션 격리

데이터베이스에서는 버전화 값을 사용해 MVCC와 트랜잭션 격리를 구현한다.

동시성 제어는 동시에 실행되는 스레드들이 데이터를 손상시키지 않게 막는 것이 목적이다. 접근을 동기화할 때 잠금을 사용하면 잠금을 소유한 요청이 완료되고 잠금이 해제될 때까지 다른 모든 요청을 블록한다. 버전화 값을 사용하면 요청을 쓸 때마다 새 레코드를 추가한다. 그러면 값을 저장하는 데 논블로킹 자료구조를 사용할 수 있다.

스냅샷 격리 같은 트랜잭션 격리 수준도 자연스럽게 구현할 수 있다. 이에 대해서는 2단계 커밋(Two-Phase Commit) 패턴의 '스냅샷 격리' 절에서 설명한다. 클라이언트가 특정 버전을 읽으면(그림 17.4) 데이터베이스에서 읽을 때마다 동일한 값을 얻

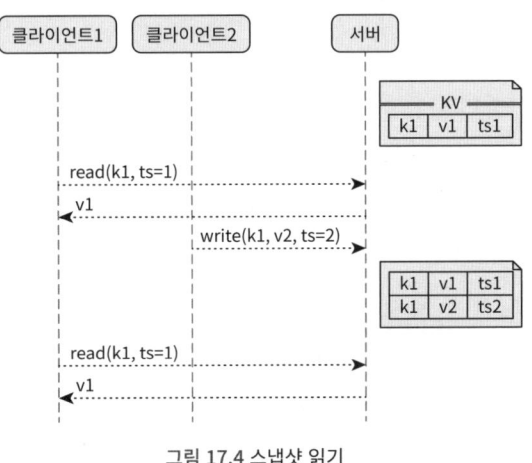

그림 17.4 스냅샷 읽기

도록 보장한다. 읽기 요청 과정에서 다른 값을 커밋하는 쓰기 트랜잭션이 동시에 실행될 때도 그렇다.

록스DB 방식 저장 엔진 사용하기

록스DB나 이와 비슷한 내장형 저장소 엔진은 데이터 저장소의 저장 백엔드로 매우 빈번히 사용한다. 이를테면 etcd는 볼트[1]를 사용하며 코크로치DB는 초기에 록스DB를 사용했고 지금은 록스DB의 Go 언어 클론인 페블(Pebble)을 사용한다.

이들 저장 엔진은 버전화 값을 저장하는 데 적합하다. 이 엔진들은 앞 절에서 설명한 대로 내부에서 스킵 리스트를 사용하며 키의 순서에 의존한다. 키를 정렬하는 데 맞춤형 비교자를 사용할 수도 있다.

```
class VersionedKeyComparator...

  public class VersionedKeyComparator extends Comparator {
      public VersionedKeyComparator() {
          super(new ComparatorOptions());
      }

      @Override
      public String name() {
          return "VersionedKeyComparator";
      }

      @Override
      public int compare(Slice s1, Slice s2) {
          var key1 = VersionedKey.deserialize(ByteBuffer.wrap(s1.data()));
          var key2 = VersionedKey.deserialize(ByteBuffer.wrap(s2.data()));
          return key1.compareTo(key2);
      }
  }
```

록스DB를 사용한다면 다음과 같이 구현할 수 있다.

```
class RocksDBStore...

  private final RocksDB db;

  public RocksDBStore(File cacheDir) {
```

---

[1] https://github.com/etcd-io/bbolt

```
    Options options = new Options();
    options.setKeepLogFileNum(30);
    options.setCreateIfMissing(true);
    options.setLogFileTimeToRoll(TimeUnit.DAYS.toSeconds(1));
    options.setComparator(new VersionedKeyComparator());

    try {
        db = RocksDB.open(options, cacheDir.getPath());
    } catch (RocksDBException e) {
        throw new RuntimeException(e);
    }
}

public void put(String key, int version, String value) throws RocksDBException {
    VersionedKey versionKey = new VersionedKey(key, version);
    db.put(versionKey.serialize(), value.getBytes());
}

public String get(String key, int readAtVersion) {
    RocksIterator rocksIterator = db.newIterator();
    rocksIterator.seekForPrev(new VersionedKey(key, readAtVersion).
                              serialize());

    byte[] valueBytes = rocksIterator.value();
    return new String(valueBytes);
}
```

사례

- etcd3[2]는 단일 정수로 버전을 표현하는 MVCC 백엔드를 사용한다.
- 몽고DB와 코크로치DB는 하이브리드 논리 시계로 구현한 MVCC 백엔드를 사용한다.

---

2 *https://coreos.com/blog/etcd3-a-new-etcd.html*
   (옮긴이 덧붙임) 이 페이지는 현재 접속되지 않지만 인터넷 아카이브로 내용을 확인할 수 있다. *https://web.archive.org/web/20201108125359/https://coreos.com/blog/etcd3-a-new-etcd.html*

Patterns of Distributed Systems　　　　　　　　　　　　　　　　18장

Pattern **16**

버전 벡터

> 클러스터 노드마다 하나씩 카운터 목록을 유지 관리해 동시 갱신을 검출한다.

문제

여러 서버에서 동일한 키를 갱신할 수 있게 허용하려면 복제 서버 사이에 값이 동시에 갱신될 때를 검출하는 게 중요하다.

해결책

개별 키값을 클러스터 노드마다 할당된 번호를 유지 관리하는 버전 벡터에 연관시킨다.

　버전 벡터의 본질은 노드마다 하나씩 할당된 카운터 집합이다. 노드 3대(블루, 그린, 블랙)의 버전 벡터는 [blue: 43, green: 54, black: 12] 같은 형태다. 노드가 내부 갱신을 할 때마다 자신의 카운터를 갱신한다. 그린 노드에서 갱신이 일어났다면 버전 벡터는 [blue: 43, green: 55, black: 12]로 바뀐다. 두 노드가 통신할 때마다 벡터 스탬프를 동기화해 동시 갱신을 검출할 수 있다.

> **☑ 벡터 시계와의 차이**
>
> 벡터 시계 구현도 비슷하다. 하지만 벡터 시계는 서버에서 발생한 모든 이벤트를 추적하는 데 사용한다. 반면 버전 벡터는 복제 서버 사이에서 동일한 키가 동시에 갱신됐는지 검출하기 위해 사용한

> 다. 따라서 버전 벡터 인스턴스는 서버마다 저장되지 않고 키마다 저장된다. 리악(Riak)[1]같은 데이터베이스는 벡터 시계 구현[2]에서 버전 벡터라는 용어를 대신 사용한다.

전형적인 버전 벡터 구현은 다음과 같다.

```
class VersionVector...

  private final TreeMap<String, Long> versions;

  public VersionVector() {
      this(new TreeMap<>());
  }

  public VersionVector(TreeMap<String, Long> versions) {
      this.versions = versions;
  }

  public VersionVector increment(String nodeId) {
      TreeMap<String, Long> versions = new TreeMap<>();
      versions.putAll(this.versions);
      Long version = versions.get(nodeId);

      if (version == null) {
          version = 1L;
      } else {
          version = version + 1L;
      }
      versions.put(nodeId, version);
      return new VersionVector(versions);
  }
```

서버에 저장하는 개별 값은 버전 벡터와 연관된다.

```
class VersionedValue...

  String value;
  VersionVector versionVector;

  public VersionedValue(String value, VersionVector versionVector) {
      this.value = value;
      this.versionVector = versionVector;
  }
```

1　*https://riak.com*
2　*https://riak.com/posts/technical/vector-clocks-revisited/index.html?p=9545.html*

```
@Override
public boolean equals(Object o) {
    if (this == o) return true;
    if (o == null || getClass() != o.getClass()) return false;
    VersionedValue that = (VersionedValue) o;
    return Objects.equal(value, that.value)
            && Objects.equal(versionVector, that.versionVector);
}

@Override
public int hashCode() {
    return Objects.hashCode(value, versionVector);
}
```

버전 벡터 비교

버전 벡터는 각 노드의 버전 번호를 비교해 평가한다. 버전 벡터 A와 버전 벡터 B에 동일한 클러스터 노드의 버전 번호가 있고, A에 있는 각각의 버전 번호가 B에 있는 해당 번호보다 높다면 버전 벡터 A가 버전 벡터 B보다 높다고 판정한다. 버전 번호가 더 높은 벡터가 모두 없거나 서로 다른 클러스터 노드의 버전 번호를 갖는다면 이 벡터들은 동시적인 것으로 간주된다.

다음은 몇 가지 비교 예시다.

{blue:2, green:1}은	{blue:1, green:1}보다	크다
{blue:2, green:1}은	{blue:1, green:2}와	동시적이다
{blue:1, green:1, red:1}은	{blue:1, green:1}보다	크다
{blue:1, green:1, red:1}은	{blue:1, green:1, pink:1}과	동시적이다

볼드모트[3] 같은 데이터베이스에서는 비교를 다음과 같이 구현한다.

```
public enum Ordering {
    Before,
    After,
    Concurrent
}

class VersionVector...
```

[3] https://www.project-voldemort.com/voldemort
(옮긴이 덧붙임) 현재는 볼드모트 웹사이트 접속이 되지 않으며, GitHub에도 개발이 중단됐다는 안내가 있다. https://github.com/voldemort/voldemort

```java
public static Ordering compare(VersionVector v1, VersionVector v2) {
    validateNotNull(v1, v2);

    SortedSet<String> v1Nodes = v1.getVersions().navigableKeySet();
    SortedSet<String> v2Nodes = v2.getVersions().navigableKeySet();
    SortedSet<String> commonNodes = getCommonNodes(v1Nodes, v2Nodes);

    // v1이나 v2에서 공통 노드 외 다른 노드가 더 있는지 판단
    boolean v1Bigger = v1Nodes.size() > commonNodes.size();
    boolean v2Bigger = v2Nodes.size() > commonNodes.size();

    // 공통 노드의 버전 비교
    for (String nodeId : commonNodes) {
        if (v1Bigger && v2Bigger) {
            break;   // 더 이상 비교할 필요 없음
        }
        long v1Version = v1.getVersions().get(nodeId);
        long v2Version = v2.getVersions().get(nodeId);
        if (v1Version > v2Version) {
            v1Bigger = true;
        } else if (v1Version < v2Version) {
            v2Bigger = true;
        }
    }

    return determineOrdering(v1Bigger, v2Bigger);
}

private static Ordering determineOrdering(boolean v1Bigger,
                                          boolean v2Bigger) {
    if (!v1Bigger && !v2Bigger) {
        return Ordering.Before;
    } else if (v1Bigger && !v2Bigger) {
        return Ordering.After;
    } else if (!v1Bigger && v2Bigger) {
        return Ordering.Before;
    } else {
        return Ordering.Concurrent;
    }
}

private static void validateNotNull(VersionVector v1, VersionVector v2) {
    if (v1 == null || v2 == null) {
        throw new IllegalArgumentException(
                "Can't compare null vector clocks!");
    }
}
```

```
private static SortedSet<String> getCommonNodes(SortedSet<String> v1Nodes,
                                                SortedSet<String> v2Nodes) {
    // v1과 v2에 모두 존재하는 시계(노드 ID) 얻기
    SortedSet<String> commonNodes = Sets.newTreeSet(v1Nodes);
    commonNodes.retainAll(v2Nodes);
    return commonNodes;
}
```

키-값 저장소에서 버전 벡터 사용하기

키-값 저장소에서 버전 벡터를 다음과 같이 사용할 수 있다. 동시에 발생한 값이 여러 개 존재할 수 있으므로 버전화 값의 목록이 필요하다.

class VersionVectorKVStore...

```
public class VersionVectorKVStore {
    Map<String, List<VersionedValue>> kv = new HashMap<>();
```

클라이언트가 값을 저장하려 할 때 해당 키의 알려진 최신 버전을 먼저 읽는다. 그리고 그 키에 기반해 값을 저장할 클러스터 노드를 선택한다. 값을 저장하는 동안 클라이언트는 알려진 버전을 다시 전달한다. 그림 18.1에서 요청 흐름을 보여 준다.

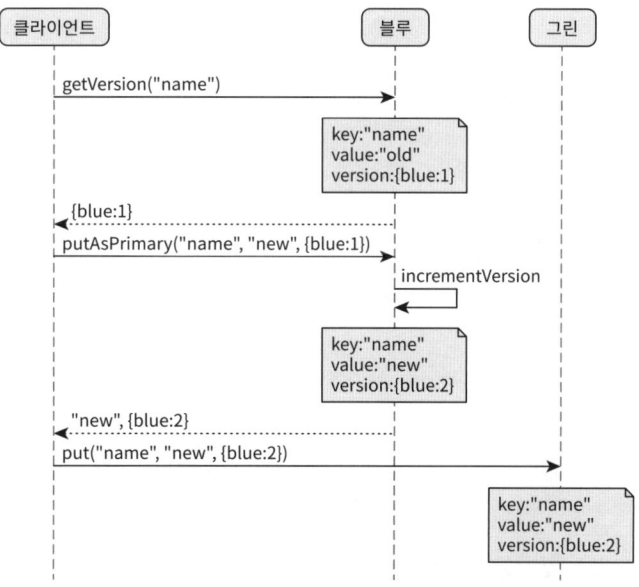

그림 18.1 값을 저장할 때 주 노드의 버전 카운터가 증가된다.

블루와 그린이라는 두 대의 서버가 있다. 키 "name"은 블루가 주 서버다.

리더 없는 복제 방식에서는 클라이언트나 코디네이터 노드가 키에 기반해 데이터를 쓸 노드를 선택한다. 버전 벡터는 키가 매핑된 주 클러스터 노드를 기준으로 갱신된다. 동일한 버전 벡터를 가진 값이 다른 클러스터 노드로 복제된다. 키에 매핑된 클러스터 노드를 사용할 수 있는 상태가 아니면 다음 노드를 선택한다. 버전 벡터는 값이 저장되는 첫 번째 클러스터 노드에서만 증가한다. 다른 노드는 모두 데이터 복사본을 저장한다. 볼드모트 같은 데이터베이스에서 버전 벡터를 증가시키는 코드는 다음과 같다.

```
class ClusterClient...

  public void put(String key, String value, VersionVector existingVersion) {
    List<Integer> allReplicas = findReplicas(key);
    int nodeIndex = 0;
    List<Exception> failures = new ArrayList<>();
    VersionedValue valueWrittenToPrimary = null;

    for (; nodeIndex < allReplicas.size(); nodeIndex++) {
        try {
            ClusterNode node = clusterNodes.get(nodeIndex);
            // 키값을 저장하는 주 노드가 버전 번호의 증가를 담당한다.
            valueWrittenToPrimary = node.putAsPrimary(key,
                    value, existingVersion);
            break;

        } catch (Exception e) {
            // 노드에 값을 쓸 때 예외가 발생하면 다른 복제 서버로 시도한다.
            failures.add(e);
        }
    }

    if (valueWrittenToPrimary == null) {
        throw new NotEnoughNodesAvailable("No node succeeded " +
                "in writing the value.", failures);
    }

    // 첫 번째 노드에 쓰기가 성공되면 다른 노드에도 똑같이 복제한다.
    nodeIndex++;
    for (; nodeIndex < allReplicas.size(); nodeIndex++) {
        ClusterNode node = clusterNodes.get(nodeIndex);
        node.put(key, valueWrittenToPrimary);
    }
  }
```

주 서버 역할을 하는 노드가 버전 번호를 증가시킨다.

```
public VersionedValue putAsPrimary(String key, String value,
                                   VersionVector existingVersion) {
    VersionVector newVersion = existingVersion.increment(nodeId);
    VersionedValue versionedValue = new VersionedValue(value, newVersion);
    put(key, versionedValue);
    return versionedValue;
}

public void put(String key, VersionedValue value) {
    versionVectorKvStore.put(key, value);
}
```

이 코드에서 볼 수 있듯이 여러 클라이언트가 서로 다른 노드에서 동일한 키를 갱신할 수도 있다. 예를 들어 클라이언트가 특정 노드에 접근할 수 없을 때 그렇다. 그러면 여러 노드가 다른 값을 갖는 상황이 되며, 이는 버전 벡터에 의해 동시 갱신이 발생한 것으로 간주된다.

그림 18.2에서 클라이언트1과 클라이언트2 모두 "name" 키에 쓰기를 시도한다. 클라이언트1이 그린 서버에 쓰지 못하면 그린 서버는 클라이언트1이 쓴 값을 놓친다. 클라이언트2는 쓰려고 할 때 블루 서버에 연결하지 못해서 그린 서버에 쓴다. "name" 키에 대한 버전 벡터는 블루 서버와 그린 서버에서 동시 쓰기가 발생했음을 나타낸다.

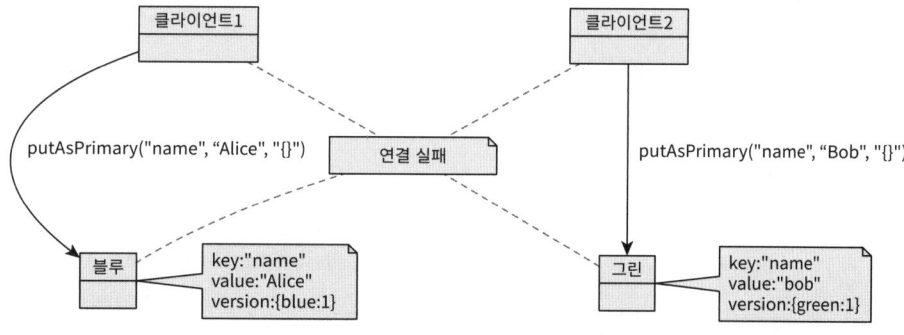

그림 18.2 다른 복제 서버가 동시에 갱신됨

따라서 버전이 동시적이라고 판정될 때 버전 벡터 기반 저장소는 키 하나에 대해 여러 버전을 갖는다.

```
class VersionVectorKVStore...

  public void put(String key, VersionedValue newValue) {
      List<VersionedValue> existingValues = kv.get(key);
      if (existingValues == null) {
          existingValues = new ArrayList<>();
      }

      rejectIfOldWrite(key, newValue, existingValues);
      List<VersionedValue> newValues = merge(newValue, existingValues);
      kv.put(key, newValues);
  }

  // newValue가 기존 값보다 오래됐다면 거부한다.
  private void rejectIfOldWrite(String key,
                                VersionedValue newValue,
                                List<VersionedValue> existingValues) {

      for (VersionedValue existingValue : existingValues) {
          if (existingValue.descendsVersion(newValue)) {
              throw new ObsoleteVersionException(
                      "Obsolete version for key '" + key
                      + "': " + newValue.versionVector);
          }
      }
  }

  // 새 값을 기존 값과 합친다. newValue보다 버전이 낮은 값을 제거한다.
  // 기존 값이 newValue보다 이전도 이후도 아니라면(동시적) 유지한다.
  private List<VersionedValue> merge(VersionedValue newValue,
                                     List<VersionedValue> existingValues) {

      var retainedValues = removeOlderVersions(newValue, existingValues);
      retainedValues.add(newValue);
      return retainedValues;
  }

  private List<VersionedValue> removeOlderVersions(VersionedValue newValue,
                                                  List<VersionedValue> existingValues) {

      // newValue보다 더 오래되지 않은 버전들을 유지한다.
      return existingValues
              .stream()
              .filter(v -> !newValue.descendsVersion(v))
              .collect(Collectors.toList());
  }
```

여러 노드에서 읽는 동안 동시적인 값이 발견되면 오류가 발생해 클라이언트는 충돌 해소를 시도할 수 있다.

충돌 해소

다른 복제 서버에서 여러 버전을 반환한다면 버전 벡터를 비교해 최신 값을 검출할 수 있다.

```
class ClusterClient...

  public List<VersionedValue> get(String key) {
      List<Integer> allReplicas = findReplicas(key);

      List<VersionedValue> allValues = new ArrayList<>();
      for (Integer index : allReplicas) {
          ClusterNode clusterNode = clusterNodes.get(index);
          List<VersionedValue> nodeVersions = clusterNode.get(key);

          allValues.addAll(nodeVersions);
      }
      return latestValuesAcrossReplicas(allValues);
  }

  private List<VersionedValue>
              latestValuesAcrossReplicas(List<VersionedValue> allValues) {

      var uniqueValues = removeDuplicates(allValues);
      return retainOnlyLatestValues(uniqueValues);
  }

  private List<VersionedValue>
              retainOnlyLatestValues(List<VersionedValue> versionedValues) {

      for (int i = 0; i < versionedValues.size(); i++) {
          var v1 = versionedValues.get(i);
          versionedValues.removeAll(getPredecessors(v1, versionedValues));
      }
      return versionedValues;
  }

  private List<VersionedValue> getPredecessors(VersionedValue v1,
                                  List<VersionedValue> versionedValues) {

      var predecessors = new ArrayList<VersionedValue>();
      for (VersionedValue v2 : versionedValues) {
          if (!v1.sameVersion(v2) && v1.descendsVersion(v2)) {
```

```
            predecessors.add(v2);
        }
    }
    return predecessors;
}

private List<VersionedValue>
            removeDuplicates(List<VersionedValue> allValues) {

    return allValues
            .stream()
            .distinct()
            .collect(Collectors.toList());
}
```

버전 벡터 기반 충돌 해소만으로는 동시 갱신이 발생할 때 충분하지 않다. 따라서 클라이언트가 애플리케이션별로 충돌 해소기(conflict resolver)를 직접 제공하도록 허용하는 것이 중요하다. 충돌 해소기는 클라이언트가 값을 읽을 때 같이 제공할 수 있다.

```
public interface ConflictResolver {
    VersionedValue resolve(List<VersionedValue> values);
}

class ClusterClient...

  public VersionedValue getResolvedValue(String key, ConflictResolver resolver) {
      List<VersionedValue> versionedValues = get(key);
      return resolver.resolve(versionedValues);
  }
```

예를 들어 리악에서는 애플리케이션이 충돌 해소기를 제공할 수 있다.[4]

최종 쓰기 승리 충돌 해소

> ☑ **카산드라와 최종 쓰기 승리(Last Write Wins, LWW)**
> 아파치 카산드라는 구조적으로는 리악이나 볼드모트와 동일하지만 버전 벡터를 사용하지 않고 최종 쓰기 승리만을 충돌 해소 전략으로 지원한다. 카산드라는 단순한 키-값 저장소가 아닌 컬럼-패밀리(column-family) 데이터베이스로, 값 전체가 아니라 컬럼마다 타임스탬프를 저장한다. 그래서

---

4 https://docs.riak.com/riak/kv/latest/developing/usage/conflict-resolution/java/index.html

> 사용자가 충돌을 해소해야 하는 부담은 없지만 카산드라 노드 전체에 NTP 서비스를 설정하고 올바른 동작을 보장해야 한다. 최악의 시나리오에서는 시계 드리프트 때문에 오래된 값이 최신 값을 덮어 쓸 수 있다.

버전 벡터로 여러 서버에서 발생하는 동시 쓰기를 검출할 수 있지만, 검출만으로는 충돌이 발생했을 때 클라이언트가 어떤 값을 선택해야 할지 알 수 없다. 충돌 해소 책임은 클라이언트에게 있다. 때때로 클라이언트는 키-값 저장소가 타임스탬프로 충돌을 해소하길 원한다. 여러 서버에서 타임스탬프를 사용하면 시계 드리프트로 인해 갱신의 일부를 잃어버릴 위험이 있다고 알려져 있지만, 이 방법이 단순하기 때문에 클라이언트에게 좋은 선택이 될 수 있다. 이 방법은 클러스터 전체에 설정하고 동작해야 하는 NTP 같은 시간 서비스에 의존한다. 리악과 볼드모트 같은 데이터베이스에서는 최종 쓰기 승리(LWW) 충돌 해소 전략을 사용자가 선택할 수 있게 한다.

LWW 충돌 해소를 지원하려면 값을 쓸 때 타임스탬프도 함께 저장한다.

```
class TimestampedVersionedValue...

  class TimestampedVersionedValue {
      String value;
      VersionVector versionVector;
      long timestamp;

      public TimestampedVersionedValue(String value, VersionVector versionVector,
                                       long timestamp) {
          this.value = value;
          this.versionVector = versionVector;
          this.timestamp = timestamp;
      }
```

클라이언트는 값을 읽을 때 타임스탬프를 사용해 최신 값을 선택할 수 있다. 이 경우 버전 벡터는 완전히 무시된다.

```
class ClusterClient...

  public Optional<TimestampedVersionedValue>
              getWithLWW(List<TimestampedVersionedValue> values) {

      return values.stream().max(Comparator.comparingLong(v -> v.timestamp));
  }
```

읽기 복구

모든 클러스터 노드가 쓰기 요청을 받을 수 있다면 가용성이 개선된다. 하지만 결국 모든 복제 서버는 동일한 데이터를 가져야 한다는 점이 중요하다. 복제 서버를 복구하는 일반적인 방법의 하나는 클라이언트가 데이터를 읽는 시점에 데이터 복구를 진행하는 것이다.

충돌을 해소할 때 어떤 노드에 더 오래된 버전이 있는지 검출하는 일도 가능하다. 오래된 버전이 있는 노드는 읽기 요청 처리의 일부로 클라이언트로부터 최신 버전을 전송받을 수 있다. 이를 읽기 복구라 한다.

그림 18.3에 나온 시나리오를 고려해 보자. 블루와 그린 두 노드는 "name" 키의 값이 있다. 그린 노드는 버전 벡터 [blue: 1, green: 1]로서 최신 버전이 있다. 블루와 그린, 두 복제 서버에서 값을 읽으면 어떤 노드가 최신 값을 놓쳤는지 서로 비교해 알아내며, 최신 버전의 put 요청을 놓친 클러스터 노드로 전송한다.

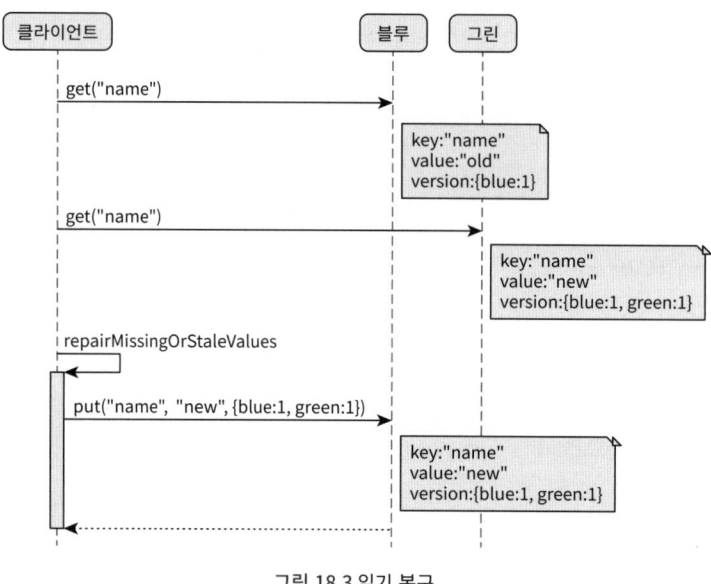

그림 18.3 읽기 복구

동일한 클러스터 노드에서 동시 갱신 허용하기

두 클라이언트가 동시에 동일한 노드에 쓰기를 시도할 가능성이 있다. 앞서 설명한 기본 구현에서는 두 번째 쓰기를 거부한다. 클러스터 노드마다 버전 번호를 부여하는 기본 구현만으로는 이 경우에 충분하지 않다.

다음 시나리오를 고려해 보자. 두 클라이언트가 동일한 키를 갱신하려고 하는데,

두 번째 클라이언트는 put 요청에 전달한 버전이 예전 버전이라서 예외를 받는다 (그림 18.4).

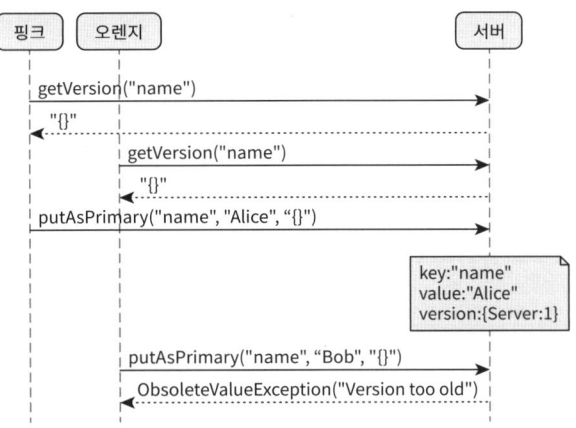

그림 18.4 두 클라이언트가 서버 ID를 사용해 동일한 키를 동시에 갱신

리악 같은 데이터베이스는 클라이언트에게 유연성을 제공하는데, 클라이언트는 오류 응답 없이 이런 종류의 동시 쓰기를 허용할 수 있다.

서버 ID 대신 클라이언트 ID 사용하기

클러스터 클라이언트마다 고유 ID가 있다면 클라이언트 ID를 사용할 수 있다. 클라이언트 ID별로 버전 번호를 저장한다. 클라이언트가 값을 쓸 때마다 먼저 기존 버전을 읽고 클라이언트 ID와 연관된 번호를 증가시킨 후 서버에 쓰기를 실행한다.

```
class ClusterClient...

  private VersionedValue putWithClientId(String clientId,
                                         int nodeIndex,
                                         String key,
                                         String value,
                                         VersionVector version) {
    var node = clusterNodes.get(nodeIndex);
    var newVersion = version.increment(clientId);
    var versionedValue = new VersionedValue(value, newVersion);
    node.put(key, versionedValue);
    return versionedValue;
  }
```

각각의 클라이언트가 자신의 카운터를 증가시키므로 동시 쓰기는 서버에서 형제(sibling)[5] 값을 생성하지만 동시 쓰기가 실패하지 않는다.

이전 절에서 설명한 시나리오는 두 번째 클라이언트에서 오류가 발생했지만 그림 18.5에서는 잘 동작한다.

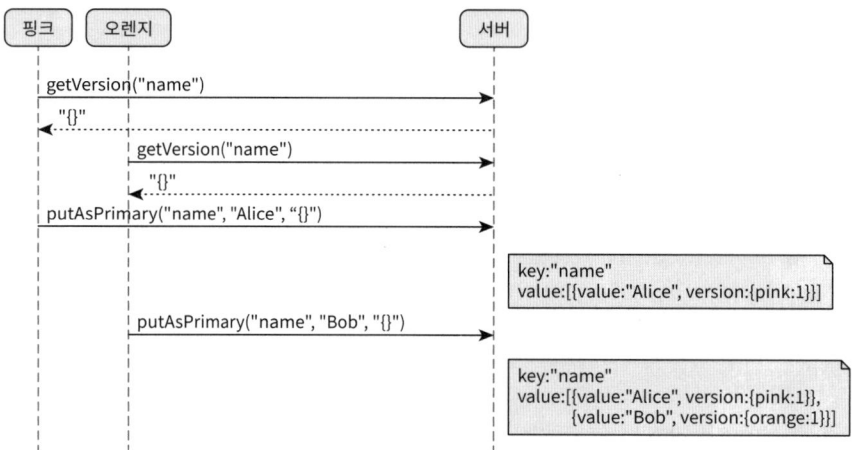

그림 18.5 두 클라이언트가 클라이언트 ID를 사용해 동일한 키를 동시에 갱신

도트 버전 벡터

클라이언트 ID 기반 버전 벡터의 주요 문제점 중 하나는 버전 벡터 크기가 클라이언트 개수에 직접 비례한다는 점이다. 이것은 시간이 지나면 클라이언트 노드들이 키 하나에 너무 많은 동시적인 값을 누적하게 되는 원인이 된다. 이 문제를 형제 폭발(sibling explosion)[6]이라고 한다. 이 문제를 해결하면서 클러스터 노드 기반 버전 벡터도 여전히 사용할 수 있도록 하기 위해 리악은 도트 버전 벡터(Dotted Version Vectors)[7]라고 하는 변형된 버전 벡터를 사용한다.

---

5 (옮긴이) 리악에서 동시 쓰기가 발생했으나 그중 최신 값을 선택할 수 없는 경우 두 값이 동시에 존재할 수 있는데, 이를 형제라고 한다.
   https://docs.riak.com/riak/kv/latest/developing/usage/conflict-resolution/index.html#siblings
6 https://docs.riak.com/riak/kv/2.2.3/learn/concepts/causal-context/index.html#sibling-explosion
7 https://riak.com/posts/technical/vector-clocks-revisited-part-2-dotted-version-vectors/index.html

> **사례**
>
> - 볼드모트는 여기서 설명한 버전 벡터를 사용한다. 또한 타임스탬프 기반 최종 쓰기 승리 충돌 해소 방식을 지원한다.
> - 리악은 처음에는 클라이언트 ID 기반 버전 벡터를 사용했지만, 클러스터 노드 기반 버전 벡터로 바꿨고 결국에는 도트 버전 벡터를 사용하게 되었다. 리악은 시스템 타임스탬프 기반 최종 쓰기 승리 충돌 해소도 지원한다.
> - 아파치 카산드라는 버전 벡터를 사용하지 않는다. 시스템 타임스탬프 기반 최종 쓰기 승리 충돌 해소만 지원한다.

Patterns of Distributed Systems

3부

데이터 파티션 패턴

데이터를 여러 서버로 파티션하는 일은 분산 시스템을 확장하는 데 매우 중요하다. 그러나 여기에는 여러 난관이 따른다. 클라이언트가 데이터를 갖고 있는 서버를 빠르게 찾을 수 있어야 하고 서버 추가나 제거가 데이터 이동을 많이 유발하지 않아야 한다. 또한 서로 다른 서버에 존재하는 여러 파티션에 데이터를 추가해야 한다면 이를 원자적으로 처리하는 방법도 찾아내야 한다.

이어지는 장에서는 데이터 파티션에 공통적으로 사용하는 패턴을 알아본다.

이 패턴들은 주로 파티션 방식에 초점을 맞추지만, 각각의 파티션은 보통 데이터 복제 패턴(Patterns of Data Replication)으로 복제해 내결함성을 달성한다는 점을 기억해 두어야 한다.

Patterns of Distributed Systems　　　　　　　　　　19장

Pattern 17

고정 파티션

> 파티션 개수를 고정해 클러스터 크기가 바뀔 때도
> 데이터와 파티션의 매핑을 동일하게 유지한다.

문제

데이터를 클러스터 노드 전체에 분할하려면 각각의 데이터 항목을 클러스터 노드에 매핑해야 한다. 데이터를 클러스터 노드에 매핑하는 방법에는 두 가지 요구사항이 있다.

- 균등하게 분배해야 한다.
- 전체 노드에 요청을 보내지 않아도 특정 데이터를 어떤 클러스터 노드가 저장하는지 알 수 있어야 한다.

많은 저장소 시스템에서 대표격인 키-값 저장소를 예로 살펴보자. 키의 해시를 생성하고 그 값에 나머지(modulo) 연산을 수행해 클러스터 노드에 매핑하는 방법으로 두 가지 요구사항을 모두 달성할 수 있다. 노드 3대짜리 클러스터라면 앨리스, 밥, 메리, 필립의 키를 표 19.1처럼 매핑할 수 있다.

표 19.1 3 노드 클러스터의 키 매핑

키	해시	노드 인덱스 = 해시 % 3
앨리스	133299819613694460644197938031451912208	0
밥	63479738429015246738359000453022047291	1
메리	37724856304035789372490171084843241126	2
필립	83980963731216160506671196398339418866	2

그러나 이 방법은 클러스터의 크기가 바뀌면 문제가 생긴다. 클러스터에 노드를 두 대 더 추가하면 노드가 다섯 대가 된다. 매핑은 표 19.2처럼 바뀐다.

표 19.2 5 노드 클러스터의 키 매핑

키	해시	노드 인덱스 = 해시 % 5
앨리스	133299819613694460644197938031451912208	3
밥	63479738429015246738359000453022047291	1
메리	37724856304035789372490171084843241126	1
필립	83980963731216160506671196398339418866	1

이렇게 거의 모든 키의 매핑이 변경된다. 새 클러스터 노드를 몇 대만 더 추가해도 모든 데이터를 이동해야 한다. 데이터의 크기가 크다면 달갑지 않은 상황이다.

해결책

> 아파치 카프카 같은 메시지 브로커는 파티션마다 데이터의 순서를 보장해야 한다. 고정 파티션(Fixed Partitions)을 사용하면 새 노드가 추가되어 파티션이 클러스터 노드 간에 옮겨가더라도 파티션별 데이터는 변하지 않는다. 이렇게 파티션마다 데이터의 순서를 유지한다.

가장 빈번히 사용하는 해결책은 데이터를 논리 파티션에 매핑하는 방법이다. 논리 파티션은 클러스터 노드에 매핑된다. 클러스터 노드가 추가되거나 제거되더라도 데이터와 파티션 사이의 매핑은 바뀌지 않는다. 클러스터는 파티션의 개수를 미리 설정하고 시작한다. 이를테면 1024로 설정할 수 있다. 이 개수는 새 노드가 클러스터에 추가되어도 바뀌지 않는다. 따라서 키의 해시를 사용해 데이터를 파티션에 매핑하는 방법은 그대로 유지된다.

파티션을 클러스터 전체 노드에 균등하게 분배하는 게 중요하다. 파티션이 새 노드로 옮겨갈 때는 데이터의 작은 부분만 이동해야 하고 이동은 비교적 빨라야 한다.

파티션 개수는 한 번 설정하면 바꿀 수 없다. 이는 미래의 데이터 용량 증가에 대비해 충분한 공간이 필요하다는 뜻이다. 파티션 개수는 클러스터 노드 대수보다 훨씬 커야 한다. 예를 들어 아카에서는 샤드 개수를 클러스터 노드 대수의 10배로 설정하라고 권장한다. 아파치 이그나이트[1]는 기본값이 1024다. 헤이즐캐스트는 클러스터 크기가 100 미만일 때 기본값이 271이다.

데이터 저장이나 검색은 두 단계 과정을 거친다.

1. 먼저 주어진 데이터 항목의 파티션을 찾는다.
2. 이어서 파티션이 저장된 클러스터 노드를 찾는다.

새 노드가 추가되면 클러스터 노드 전체에서 데이터의 균형을 맞추기 위해 일부 파티션이 새 노드로 옮겨갈 수 있다.

해시 함수 선택

플랫폼이나 런타임과 관계없이 동일한 해시값을 생성하는 해시 방법을 선택하는 일은 매우 중요하다. 이를테면 자바 같은 프로그래밍 언어는 모든 객체에 해시값이 있다. 하지만 해시는 JVM 런타임에 의존적이라서 키가 동일해도 JVM마다 다른 해시를 생성할 수도 있다. 이 문제를 해결하려면 MD5 해시나 Murmur 해시[2] 같은 해시 알고리즘을 사용해야 한다.

```
class HashingUtil...

  public static BigInteger hash(String key)
  {
    try {
        var messageDigest = MessageDigest.getInstance("MD5");
        return new BigInteger(messageDigest.digest(key.getBytes()));
    } catch (NoSuchAlgorithmException e) {
        throw new RuntimeException(e);
    }
  }
```

[1] https://ignite.apache.org/docs/latest/data-modeling/data-partitioning
[2] (옮긴이)
  - MD5 해시: https://en.wikipedia.org/wiki/MD5
  - Murmur 해시: https://en.wikipedia.org/wiki/MurmurHash

키는 노드가 아니라 파티션에 매핑된다. 파티션이 9개라면 표 19.3처럼 매핑할 수 있다.

표 19.3 고정 논리 파티션을 사용한 키 매핑

키	해시	파티션 = 해시 % 9	노드
앨리스	133299819613694460644197938031451912208	0	0
밥	63479738429015246738359000453022047291	1	1
메리	37724856304035789372490171084843241126	5	1
필립	83980963731216160506671196398339418866	2	2

클러스터에 새 노드를 추가할 때 키와 파티션 사이의 매핑은 바뀌지 않는다.

파티션을 클러스터 노드에 매핑하기

파티션은 클러스터 노드에 매핑해야 한다. 또한 매핑을 저장해 클라이언트가 접근할 수 있어야 한다. 이 두 가지를 모두 처리하는 일관성 코어(Consistent Core)를 전용으로 사용하는 방법이 일반적이다. 전용 일관성 코어는 클러스터의 모든 노드를 추적하고 파티션을 노드에 매핑하는 코디네이터(coordinator) 역할을 한다. 또한 복제 로그(Replicated Log)를 사용해 매핑을 내결함성 있는 방식으로 저장한다. 유가바이트 DB의 마스터 클러스터와 카프카[McCabe2021]의 컨트롤러 구현이 좋은 예다.

아카나 헤이즐캐스트 같은 피어 투 피어 시스템도 코디네이터 역할을 하는 특별한 클러스터 노드가 필요하다. 이 시스템들은 자생적 리더(Emergent Leader)를 코디네이터로 사용한다.

쿠버네티스 같은 시스템은 etcd 같은 범용 일관성 코어를 사용한다. 리더 팔로워(Leader and Followers) 패턴의 '일관성 코어를 이용한 리더 선출' 절에서 설명한 대로 클러스터 노드 중 하나를 선출해서 코디네이터 역할을 맡겨야 한다.

클러스터 멤버십 추적

각각의 클러스터 노드는 일관성 코어에 자신을 등록한다(그림 19.1). 또한 주기적으로 하트비트(HeartBeat)를 보내서 일관성 코어에게 노드가 죽었는지 알아낼 수 있도록 한다.

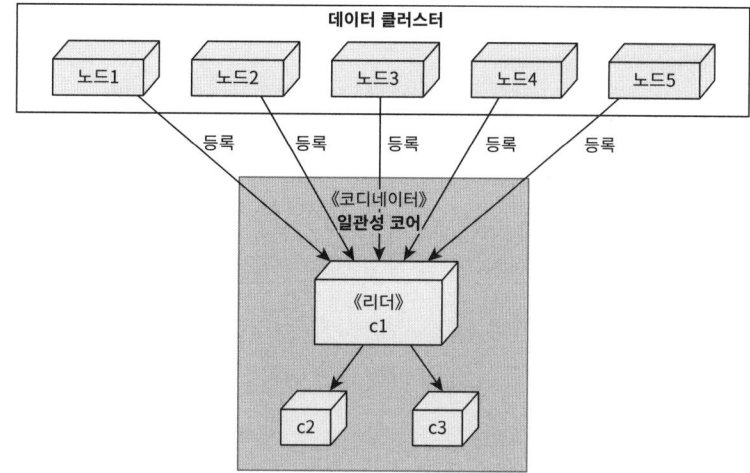

그림 19.1 클러스터 멤버십을 추적하는 일관성 코어

```
class KVStore...

    public void start() {
        socketListener.start();
        requestHandler.start();
        network.sendAndReceive(coordLeader,
                new RegisterClusterNodeRequest(generateMessageId(),
                        listenAddress));
        scheduler.scheduleAtFixedRate(() -> {
            network
                    .send(coordLeader,
                            new HeartbeatMessage(generateMessageId(),
                                    listenAddress));
        }, 200, 200, TimeUnit.MILLISECONDS);
    }
```

코디네이터는 등록 요청을 처리하고 멤버 정보를 저장한다.

```
class ClusterCoordinator...

    ReplicatedLog replicatedLog;
    Membership membership = new Membership();
    TimeoutBasedFailureDetector failureDetector
            = new TimeoutBasedFailureDetector(Duration.ofMillis(TIMEOUT_MILLIS));

    private void handleRegisterClusterNodeRequest(Message message) {
        logger.info("Registering node " + message.from);
        var completableFuture = registerClusterNode(message.from);
        completableFuture.whenComplete((response, error) -> {
```

```
            logger.info("Sending register response to node " + message.from);
            network.send(message.from,
                    new RegisterClusterNodeResponse(message.messageId,
                            listenAddress));
        });
    }

    public CompletableFuture registerClusterNode(InetAddressAndPort address) {
        return replicatedLog.propose(new RegisterClusterNodeCommand(address));
    }
```

등록 정보가 복제 로그(Replicated Log)에 커밋되면 멤버십을 갱신한다.

```
class ClusterCoordinator...

    private void applyRegisterClusterNodeEntry(
            RegisterClusterNodeCommand command) {

        updateMembership(command.memberAddress);
    }

class ClusterCoordinator...

    private void updateMembership(InetAddressAndPort address) {
        membership = membership.addNewMember(address);
        failureDetector.heartBeatReceived(address);
    }
```

코디네이터는 클러스터에 속하는 전체 노드 목록을 유지 관리한다.

```
class Membership...

    List<Member> liveMembers = new ArrayList<>();
    List<Member> failedMembers = new ArrayList<>();

    public boolean isFailed(InetAddressAndPort address) {
        return failedMembers.stream().anyMatch(m -> m.address.equals(address));
    }

class Member...

    public class Member implements Comparable<Member> {
        InetAddressAndPort address;
        MemberStatus status;
```

코디네이터는 리스(Lease)와 비슷한 메커니즘을 사용해 클러스터 노드가 죽었는지 알아낸다. 클러스터 노드에게서 하트비트가 오지 않으면 그 노드를 죽었다고 표시한다.

```java
class ClusterCoordinator...

  @Override
  public void onBecomingLeader() {
      scheduledTask = executor.scheduleWithFixedDelay(this::checkMembership,
              1000,
              1000,
              TimeUnit.MILLISECONDS);
      failureDetector.start();
  }

  private void checkMembership() {
      var failedMembers = getFailedMembers();
      if (!failedMembers.isEmpty()) {
          replicatedLog.propose(new MemberFailedCommand(failedMembers));
      }
  }

  private List<Member> getFailedMembers() {
      var liveMembers = membership.getLiveMembers();
      return liveMembers.stream()
              .filter(m ->
                      failureDetector.isMonitoring(m.getAddress())
                              && !failureDetector.isAlive(m.getAddress()))
              .collect(Collectors.toList());
  }
```

코디네이터는 `MemberFailedCommand`가 커밋되면 멤버십을 갱신한다.

```java
class ClusterCoordinator...

  private void applyMemberFailedCommand(MemberFailedCommand command) {
      membership = membership.failed(command.getFailedMember());
  }

class Membership...

  public Membership failed(List<Member> failedMembers) {
      List<Member> liveMembers = new ArrayList<>(this.liveMembers);
      liveMembers.removeAll(failedMembers);

      for (Member m : failedMembers) {
          m.markDown();
      }
```

```
        return new Membership(version + 1, liveMembers, failedMembers);
    }
```

클러스터 노드에 파티션 할당

> 아파치 카프카나 헤이즐캐스트 같은 데이터 저장소에는 토픽, 캐시, 테이블 같은 논리 저장 구조가
> 있고 파티션을 이런 논리 저장 구조와 함께 생성한다. 클러스터의 전체 노드를 구동하고 일관성 코
> 어에 등록한 다음 이 저장 구조를 생성하는 것이 일반적이다.

코디네이터는 파티션 할당 시점에 알려진 클러스터 노드에 파티션을 할당한다. 새 클러스터 노드가 추가될 때마다 파티션 할당을 실행하면 클러스터가 안정된 상태에 도달하기 전에 파티션을 너무 일찍 매핑할 수 있다. 이런 이유로 클러스터가 최소 크기에 도달할 때까지 코디네이터는 기다리도록 설정해야 한다.

  파티션을 처음 할당할 때는 단순하게 라운드 로빈(round robin) 방식을 사용할 수도 있다. 아파치 이그나이트는 랑데부(rendezvous) 해싱[3]을 사용해 보다 정교한 매핑을 수행한다.

```
class ClusterCoordinator...

  CompletableFuture assignPartitionsToClusterNodes() {
      if (!minimumClusterSizeReached()) {
          var e = new NotEnoughClusterNodesException(MINIMUM_CLUSTER_SIZE);
          return CompletableFuture.failedFuture(e);
      }
      return initializePartitionAssignment();
  }

  private boolean minimumClusterSizeReached() {
      return membership.getLiveMembers().size() >= MINIMUM_CLUSTER_SIZE;
  }

  private CompletableFuture initializePartitionAssignment() {
      partitionAssignmentStatus = PartitionAssignmentStatus.IN_PROGRESS;
      var partitionTable = arrangePartitions();
      return replicatedLog.propose(new PartitiontableCommand(partitionTable));
  }

  public PartitionTable arrangePartitions() {
```

---

3 https://www.gridgain.com/resources/blog/data-distribution-in-apache-ignite

```
    var partitionTable = new PartitionTable();
    var liveMembers = membership.getLiveMembers();

    for (int partitionId = 1; partitionId <= noOfPartitions;
         partitionId++) {

        var index = partitionId % liveMembers.size();
        var member = liveMembers.get(index);
        partitionTable.addPartition(partitionId,
                new PartitionInfo(partitionId,
                                  member.getAddress(),
                                  PartitionStatus.ASSIGNED));
    }
    return partitionTable;
}
```

복제 로그(Replicated Log)를 사용해 파티션 테이블을 영속적으로 관리한다.

```
class ClusterCoordinator...

  PartitionTable partitionTable;
  PartitionAssignmentStatus partitionAssignmentStatus
          = PartitionAssignmentStatus.UNASSIGNED;

  private void applyPartitionTableCommand(PartitiontableCommand command) {
      this.partitionTable = command.partitionTable;
      partitionAssignmentStatus = PartitionAssignmentStatus.ASSIGNED;
      if (isLeader()) {
          sendMessagesToMembers(partitionTable);
      }
  }
```

파티션 할당이 영속적으로 저장되면 코디네이터는 클러스터 전체 노드에게 각각의 노드가 어떤 파티션을 담당하는지 메시지를 보낸다.

```
class ClusterCoordinator...

  List<Integer> pendingPartitionAssignments = new ArrayList<>();

  private void sendMessagesToMembers(PartitionTable partitionTable) {
      var partitionsTobeHosted = partitionTable.getPartitionsTobeHosted();
      partitionsTobeHosted.forEach((partitionId, partitionInfo) -> {
          pendingPartitionAssignments.add(partitionId);
          var message = new HostPartitionMessage(requestNumber++,
                  this.listenAddress, partitionId);
          scheduler.execute(new RetryableTask(partitionInfo.hostedOn,
```

```
                    network, this, partitionId, message));
        });
    }
```

코디네이터는 성공할 때까지 지속적으로 노드에 메시지 전송을 시도한다.

```
class RetryableTask...

    static class RetryableTask implements Runnable {
        Logger logger = LogManager.getLogger(RetryableTask.class);
        InetAddressAndPort address;
        Network network;
        ClusterCoordinator coordinator;
        Integer partitionId;
        int attempt;
        private Message message;

        public RetryableTask(InetAddressAndPort address, Network network,
                             ClusterCoordinator coordinator,
                             Integer partitionId, Message message) {
            this.address = address;
            this.network = network;
            this.coordinator = coordinator;
            this.partitionId = partitionId;
            this.message = message;
        }

        @Override
        public void run() {
            attempt++;
            try {
                // 노드가 죽었다면 중단
                if (coordinator.isSuspected(address)) {
                    return;
                }
                network.send(address, message);
            } catch (Exception e) {
                scheduleWithBackOff();
            }
        }

        private void scheduleWithBackOff() {
            scheduler.schedule(this, getBackOffDelay(attempt),
                    TimeUnit.MILLISECONDS);
        }

        private long getBackOffDelay(int attempt) {
```

```
        long baseDelay = (long) Math.pow(2, attempt);
        long jitter = randomJitter();
        return baseDelay + jitter;
    }

    private long randomJitter() {
        int i = new Random(1).nextInt();
        i = i < 0 ? i * -1 : i;
        long jitter = i % 50;
        return jitter;
    }
}
```

클러스터 노드는 파티션 생성 요청을 받으면 주어진 파티션 ID로 파티션을 생성한다. 간단한 키-값 저장소에서 이 과정은 다음과 같이 구현할 수 있다.

```
class KVStore...

  Map<Integer, Partition> allPartitions = new ConcurrentHashMap<>();
  private void handleHostPartitionMessage(Message message) {
      var partitionId = ((HostPartitionMessage) message).getPartitionId();
      addPartitions(partitionId);

      logger.info("Adding partition " + partitionId + " to " + listenAddress);

      network.send(message.from,
              new HostPartitionAcks(message.messageId,
                      this.listenAddress, partitionId));
  }

  public void addPartitions(Integer partitionId) {
      allPartitions.put(partitionId, new Partition(partitionId));
  }

class Partition...

  SortedMap<String, String> kv = new TreeMap<>();
  private Integer partitionId;
```

코디네이터는 파티션 생성에 성공했다는 메시지를 받으면 복제 로그에 저장하고 파티션 상태를 온라인(online)으로 갱신한다.

```
class ClusterCoordinator...

  private void handleHostPartitionAck(Message message) {
```

```
        var partitionId = ((HostPartitionAcks) message).getPartitionId();

        pendingPartitionAssignments.remove(Integer.valueOf(partitionId));

        var future =
                replicatedLog.propose(
                        new UpdatePartitionStatusCommand(partitionId,
                            PartitionStatus.ONLINE));
        future.join();
    }
```

하이 워터마크(High-Water Mark)에 도달하면 그 레코드를 적용한 후 파티션 상태를 갱신한다.

```
class ClusterCoordinator...

    private void updateParitionStatus(UpdatePartitionStatusCommand command) {
        removePendingRequest(command.partitionId);
        partitionTable.updateStatus(command.partitionId, command.status);
    }
```

클라이언트 인터페이스

다시 간단한 키-값 저장소를 고려해 보자. 클라이언트가 특정 키의 값을 저장하거나 얻으려면 다음과 같은 단계를 거친다.

1. 클라이언트는 키에 해시 함수를 적용하고 파티션 전체 개수에 기반해 적절한 파티션을 찾는다.
2. 클라이언트는 코디네이터로부터 파티션 테이블을 얻고 해당 파티션을 담당하는 클러스터 노드를 찾는다. 또한 클라이언트는 파티션 테이블을 주기적으로 리프레시한다.

> 아파치 카프카는 모든 생산자와 소비자가 동시에 파티션 메타데이터를 읽을 때 문제가 있었다[4]. 카프카 브로커가 주키퍼에서 모든 메타데이터를 읽어 와야 하므로 카프카 브로커에 극심한 부하를 유발한다. 해결책으로 전체 브로커에 메타데이터를 캐시하기로 했다.
> 유가바이트DB에서도 비슷한 문제[5]가 보고되었다.

---

4 *https://issues.apache.org/jira/browse/KAFKA-901*
5 *https://gist.github.com/jrudolph/be4e04a776414ce07de6019ccb0d3e42*

클라이언트들이 코디네이터로부터 파티션 테이블을 얻으면 빠르게 병목 현상이 발생할 수 있다. 특히 모든 요청을 단일 코디네이터 리더에서 처리한다면 더욱 그렇다. 이런 이유로 클러스터 전체 노드에 메타데이터를 보관하는 방법이 일반적이다. 코디네이터가 메타데이터를 클러스터 노드에 푸시(push)할 수도 있고, 클러스터 노드가 코디네이터로부터 메타데이터를 풀(pull)할 수도 있다. 그러면 클라이언트는 어느 클러스터 노드에 접속해도 메타데이터를 리프레시할 수 있다.

이 로직은 키-값 저장소가 제공하는 클라이언트 라이브러리에서 구현하거나 클러스터 노드에서 실행하는 클라이언트 요청 처리 부분에서 구현할 수도 있다.

```
class Client...

  public void put(String key, String value) throws IOException {
      var partitionId = findPartition(key, noOfPartitions);
      var nodeAddress = getNodeAddressFor(partitionId);
      sendPutMessage(partitionId, nodeAddress, key, value);
  }

  private InetAddressAndPort getNodeAddressFor(Integer partitionId) {
      var partitionInfo = partitionTable.getPartition(partitionId);
      var nodeAddress = partitionInfo.getAddress();
      return nodeAddress;
  }

  private void sendPutMessage(Integer partitionId,
                              InetAddressAndPort address,
                              String key, String value) throws IOException {
      var partitionPutMessage = new PartitionPutMessage(partitionId, key, value);
      var socketClient = new SocketClient(address);
      socketClient
              .blockingSend(new RequestOrResponse(partitionPutMessage));
  }

  public String get(String key) throws IOException {
      var partitionId = findPartition(key, noOfPartitions);
      var nodeAddress = getNodeAddressFor(partitionId);
      return sendGetMessage(partitionId, key, nodeAddress);
  }

  private String sendGetMessage(Integer partitionId,
                                String key,
                                InetAddressAndPort address) throws IOException {
      var partitionGetMessage = new PartitionGetMessage(partitionId, key);
      var socketClient = new SocketClient(address);
      var response =
```

```
        socketClient
                .blockingSend(new RequestOrResponse(partitionGetMessage));
    var partitionGetResponseMessage =
                deserialize(response.getMessageBody(),
                PartitionGetResponseMessage.class);
    return partitionGetResponseMessage.getValue();
}
```

새로 추가한 멤버로 파티션 이동

클러스터에 새 노드를 추가하면 일부 파티션을 다른 노드로 이동할 수 있다. 새 클러스터 노드를 추가할 때 파티션 이동을 자동으로 실행할 수 있다. 하지만 클러스터 내에서 많은 데이터의 이동을 유발할 수 있어 보통 관리자가 리파티션(repartitioning)을 수동으로 실행한다. 리파티션하는 간단한 방법은 각각의 노드가 담당해야 하는 파티션 개수의 평균을 계산한 다음 현재 담당하는 파티션 개수와 평균의 차이만큼 파티션을 새 노드로 옮기는 것이다. 예를 들어 파티션 개수가 30이고 클러스터에 노드가 3대 있다면 노드마다 파티션을 10개씩 담당해야 한다. 새 노드가 추가되면 노드별 평균이 약 7이 된다. 따라서 코디네이터는 각각의 클러스터 노드에서 파티션을 3개씩 새 노드로 옮기려고 할 것이다.

```
class ClusterCoordinator...

  List<Migration> pendingMigrations = new ArrayList<>();

  boolean reassignPartitions() {
      if (partitionAssignmentInProgress()) {
          logger.info("Partition assignment in progress");
          return false;
      }
      var migrations = repartition(this.partitionTable);
      var proposalFuture =
              replicatedLog.propose(new MigratePartitionsCommand(migrations));
      proposalFuture.join();
      return true;
  }

  public List<Migration> repartition(PartitionTable partitionTable) {
      int averagePartitionsPerNode = getAveragePartitionsPerNode();
      List<Member> liveMembers = membership.getLiveMembers();
      var overloadedNodes = partitionTable
              .getOverloadedNodes(averagePartitionsPerNode, liveMembers);
```

```
        var underloadedNodes = partitionTable
                .getUnderloadedNodes(averagePartitionsPerNode, liveMembers);

        return tryMovingPartitionsToUnderLoadedMembers(averagePartitionsPerNode,
                                                      overloadedNodes,
                                                      underloadedNodes);
    }

    private List<Migration>
        tryMovingPartitionsToUnderLoadedMembers(int averagePartitionsPerNode,
                Map<InetAddressAndPort, PartitionList> overloadedNodes,
                Map<InetAddressAndPort, PartitionList> underloadedNodes) {

        List<Migration> migrations = new ArrayList<>();
        for (InetAddressAndPort member : overloadedNodes.keySet()) {
            var partitions = overloadedNodes.get(member);
            var toMove = partitions
                    .subList(averagePartitionsPerNode, partitions.getSize());
            overloadedNodes.put(member,
                    partitions.subList(0, averagePartitionsPerNode));
            var moveQ = new ArrayDeque<Integer>(toMove.partitionList());
            while (!moveQ.isEmpty() && nodeWithLeastPartitions(underloadedNodes,
                    averagePartitionsPerNode).isPresent()) {
                assignToNodesWithLeastPartitions(migrations, member, moveQ,
                        underloadedNodes, averagePartitionsPerNode);
            }
            if (!moveQ.isEmpty()) {
                overloadedNodes.get(member).addAll(moveQ);
            }
        }
        return migrations;
    }

    int getAveragePartitionsPerNode() {
        return noOfPartitions / membership.getLiveMembers().size();
    }
```

코디네이터는 계산된 파티션 이전 정보를 복제 로그에 저장하고 클러스터 노드에게 파티션 이동 요청을 보낸다.

```
private void applyMigratePartitionCommand(
        MigratePartitionsCommand command) {

    logger.info("Handling partition migrations " + command.migrations);
    for (Migration migration : command.migrations) {
        var message = new RequestPartitionMigrationMessage(requestNumber++,
                this.listenAddress, migration);
```

```
            pendingMigrations.add(migration);
            if (isLeader()) {
                scheduler.execute(new RetryableTask(migration.fromMember,
                        network, this, migration.getPartitionId(), message));
            }
        }
    }
}
```

클러스터 노드는 이전 요청을 받으면 파티션을 이전 중으로 표시한다. 그러면 해당 파티션은 변경이 중단된다. 그리고 노드는 전체 파티션 데이터를 이전 대상 노드로 전송한다.

```
class KVStore...

  private void handleRequestPartitionMigrationMessage(
          RequestPartitionMigrationMessage message) {

      Migration migration = message.getMigration();
      Integer partitionId = migration.getPartitionId();
      InetAddressAndPort toServer = migration.getToMember();
      if (!allPartitions.containsKey(partitionId)) {
          return;   // 이 노드에 해당 파티션이 없음
      }
      Partition partition = allPartitions.get(partitionId);
      partition.setMigrating();
      network.send(toServer,
              new MovePartitionMessage(requestNumber++, this.listenAddress,
                  toServer, partition));
  }
```

요청을 받은 클러스터 노드는 자신에게 새 파티션을 추가하고 확인 응답을 반환한다.

```
class KVStore...

  private void handleMovePartition(Message message) {
      var movePartitionMessage = (MovePartitionMessage) message;
      var partition = movePartitionMessage.getPartition();
      allPartitions.put(partition.getId(), partition);
      network.send(message.from,
                  new PartitionMovementComplete(message.messageId, listenAddress,
                  new Migration(movePartitionMessage.getMigrateFrom(),
                          movePartitionMessage.getMigrateTo(),
                          partition.getId())));
  }
```

그 후 이전에 파티션을 소유했던 클러스터 노드는 '이전 완료' 메시지를 클러스터 코디네이터에게 보낸다.

```
class KVStore...

  private void handlePartitionMovementCompleteMessage(
        PartitionMovementComplete message) {

    allPartitions.remove(message.getMigration().getPartitionId());
    network.send(coordLeader,
            new MigrationCompleteMessage(requestNumber++, listenAddress,
            message.getMigration()));
  }
```

그러면 클러스터 코디네이터는 이전이 완료됐다고 표시한다. 이 변경은 복제 로그에 저장된다.

```
class ClusterCoordinator...

  private void
        handleMigrationCompleteMessage(MigrationCompleteMessage message) {

    var command = new MigrationCompletedCommand(message.getMigration());
    var propose = replicatedLog.propose(command);
    propose.join();
  }

class ClusterCoordinator...

  private void applyMigrationCompleted(MigrationCompletedCommand command) {
    pendingMigrations.remove(command.getMigration());
    logger.info("Completed migration " + command.getMigration());
    logger.info("pendingMigrations = " + pendingMigrations);
    partitionTable.migrationCompleted(command.getMigration());
  }

class PartitionTable...

  public void migrationCompleted(Migration migration) {
    this
          .addPartition(migration.partitionId,
                new PartitionInfo(migration.partitionId,
                migration.toMember,
                    ClusterCoordinator.PartitionStatus.ONLINE));
  }
```

예시 시나리오

다시 한 번 아테네, 비잔티움, 키레네 3대의 데이터 서버가 있다고 하자. 파티션이 9개 있다면 그림 19.2와 같은 흐름을 따르게 된다. 일관성 코어(Consistent Core)의 리더가 팔로워에게 전송하는 복제 메시지는 다이어그램에 표시하지 않았다는 점에 유의한다.

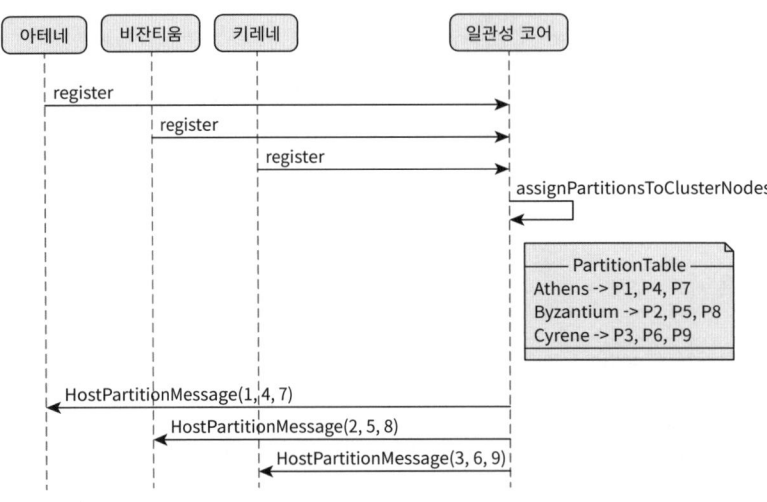

그림 19.2 일관성 코어로 파티션 할당하기

클라이언트는 파티션 테이블을 사용해 키를 특정 클러스터 노드에 매핑할 수 있다(그림 19.3).

이제 새 노드 에페소스를 클러스터에 추가한다. 관리자가 재할당을 시작하면 코디네이터가 파티션 테이블을 확인해 어떤 노드에 파티션이 미달 적재됐는지 검사한다. 코디네이터는 에페소스가 미달 적재된 노드라는 것을 알아내고 아테네에 있는 7번 파티션을 에페소스로 옮기기로 결정한다. 코디네이터는 이전 정보를 저장하고 아테네에게 7번 파티션을 에페소스로 이동하라고 요청한다. 이전이 완료되면 아테네는 코디네이터에게 알린다. 그러면 코디네이터는 파티션 테이블을 갱신한다(그림 19.4).

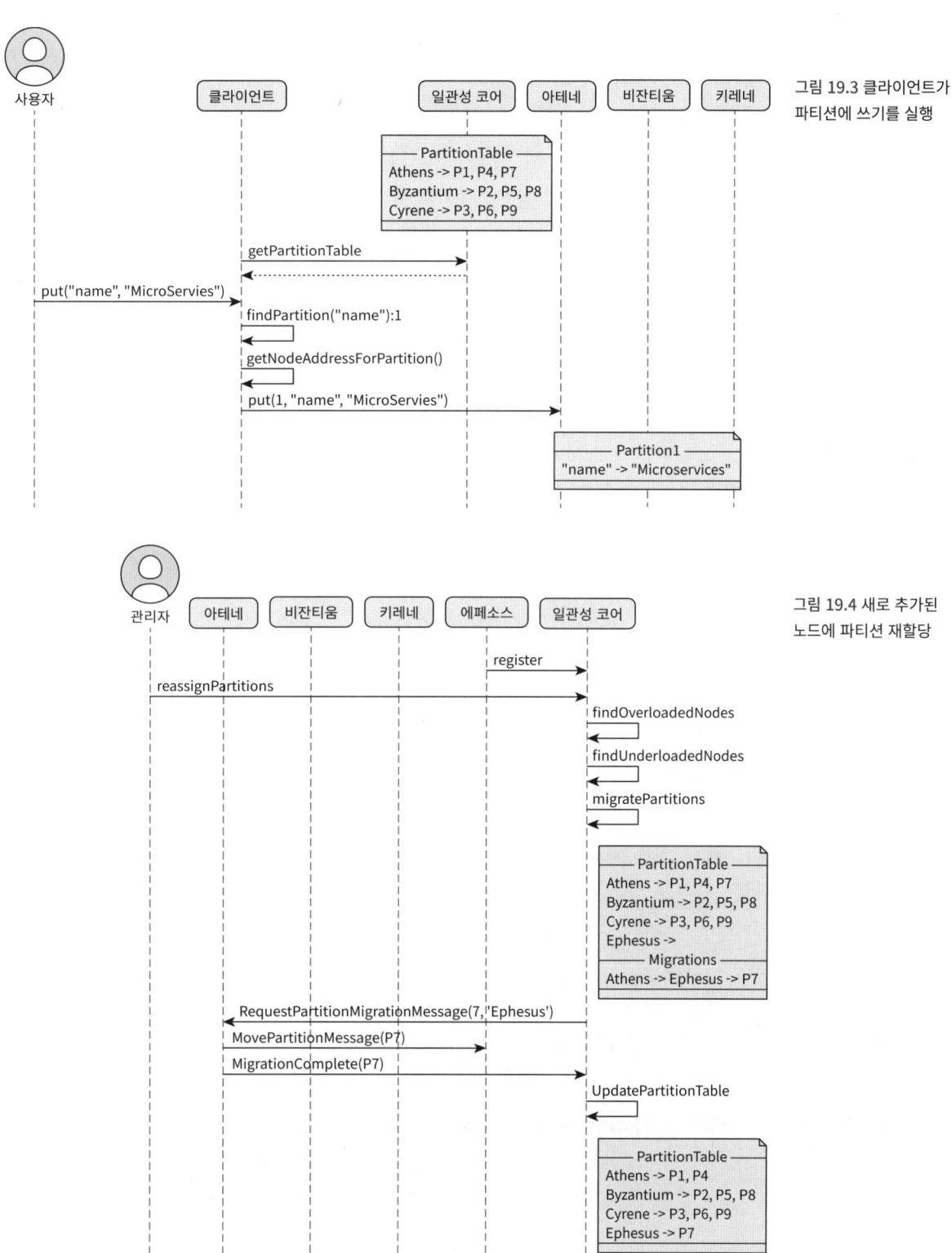

그림 19.3 클라이언트가 파티션에 쓰기를 실행

그림 19.4 새로 추가된 노드에 파티션 재할당

19장 | Pattern 17 고정 파티션

대안: 노드 대수 비례 파티션

고정 파티션의 대안으로 아파치 카산드라로 인해 널리 알려진 방법이 있는데, 파티션 개수를 클러스터에 존재하는 노드 대수에 비례하도록 하는 방법이다. 새 노드가 클러스터에 추가되면 파티션 개수가 증가한다. 이 기법을 일관성 해싱(consistent hashing)이라고도 한다. 이 기법은 파티션마다 무작위로 생성한 해시를 저장하고 해시의 정렬 목록을 탐색해야 한다. $O(1)$ 연산인 `hash % number of partitions`보다는 시간이 더 걸린다. 이 기법은 파티션에 할당된 데이터가 약간 불균형하다고 알려져서 대다수 데이터 시스템은 고정 파티션 기법을 사용한다.

기본 메커니즘은 다음과 같이 동작한다. 각각의 노드에 무작위 정수 토큰을 할당한다. 이 값은 보통 무작위 GUID*의 해시로 생성한다.

> **Globally Unique Identifier**
> 전역 고유 식별자

클라이언트가 키를 클러스터 노드에 매핑하는 방법은 다음과 같다.

- 클라이언트는 키의 해시를 계산한다.
- 클라이언트는 가용한 모든 토큰의 정렬 목록을 얻는다. 그리고 키의 해시보다 큰 토큰값 중 최솟값을 찾는다. 이 토큰을 소유하는 클러스터 노드가 해당 키를 저장할 노드가 된다.
- 이 목록은 순환형이라서 목록의 마지막 토큰보다 큰 키의 해시값은 첫 번째 토큰에 매핑된다.

코드는 이렇게 작성할 수 있다.

```
class TokenMetadata...

  Map<BigInteger, Node> tokenToNodeMap;

  public Node getNodeFor(BigInteger keyHash) {
      List<BigInteger> tokens = sortedTokens();
      BigInteger token = searchToken(tokens, keyHash);
      return tokenToNodeMap.get(token);
  }

  private static BigInteger searchToken(List<BigInteger> tokens,
                                        BigInteger keyHash) {

      int index = Collections.binarySearch(tokens, keyHash);
      if (index < 0) {
```

```
        index = (index + 1) * (-1);  // 6
        if (index >= tokens.size())
            index = 0;
    }
    BigInteger token = tokens.get(index);
    return token;
}

List<BigInteger> sortedTokens() {
    List<BigInteger> tokens = new ArrayList<>(tokenToNodeMap.keySet());
    Collections.sort(tokens);
    return tokens;
}
```

작동 원리를 이해하기 위해 토큰값을 예시로 살펴보자. 노드 3대로 구성된 클러스터에서 아테네, 비잔티움, 키레네의 토큰값이 각각 10, 20, 30이라고 하자(그림 19.5).

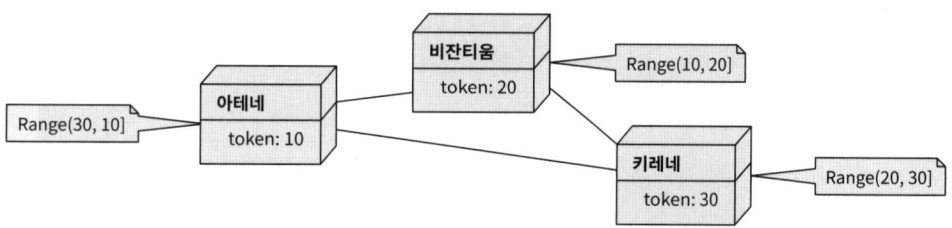

그림 19.5 클러스터 노드들은 토큰 링을 형성한다

이 예시에서 메타데이터는 일관성 코어(Consistent Core)를 이용해 저장한다고 가정한다. 클라이언트 라이브러리는 토큰 메타데이터를 얻어 주어진 키를 클러스터 노드에 매핑하는 데 사용한다(그림 19.6).

---

6 (옮긴이) 자바 Collections.binarySearch()는 찾는 키가 존재하지 않으면 (-(insertion point) - 1)을 반환하므로 인덱스를 얻으려면 반환값을 이렇게 변환해야 한다.
https://docs.oracle.com/javase/8/docs/api/java/util/Collections.html#binarySearch-java.util.List-T-

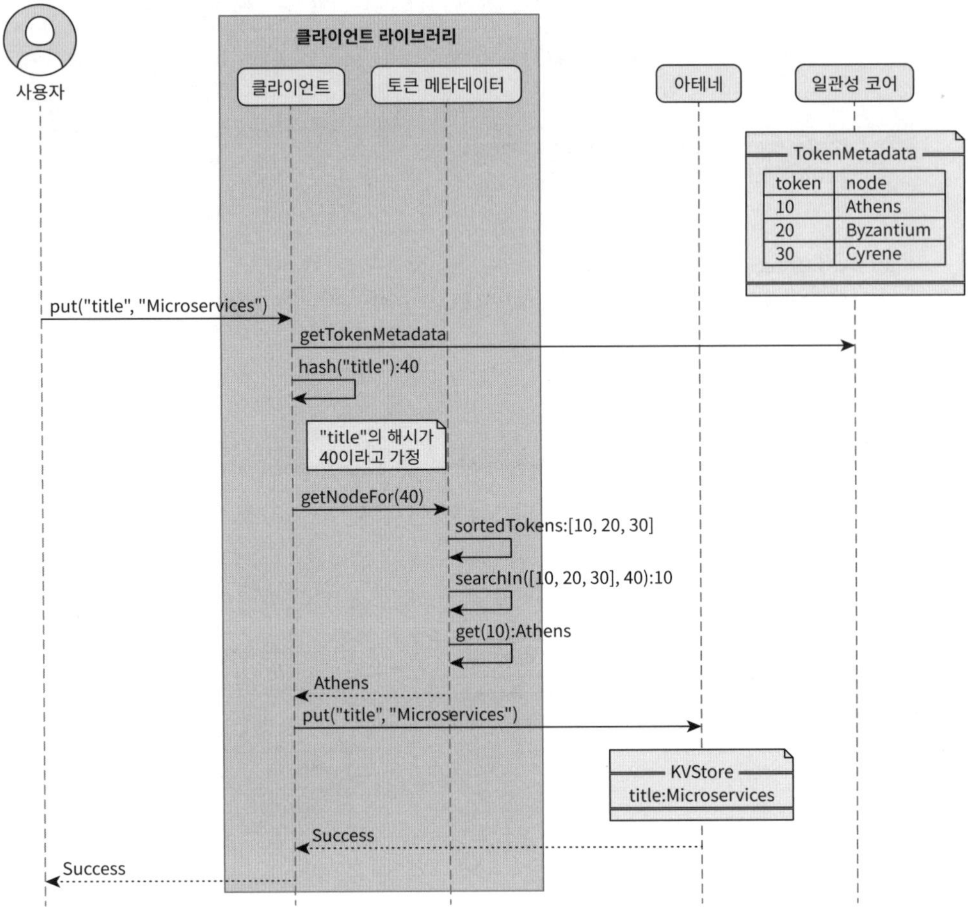

그림 19.6 클라이언트는 토큰 링을 사용해 파티션에 쓰기를 실행한다.

클러스터에 새 노드 추가

이 방식의 주요 장점은 새 노드가 클러스터에 추가될 때 파티션이 늘어난다는 점이다(그림 19.7).

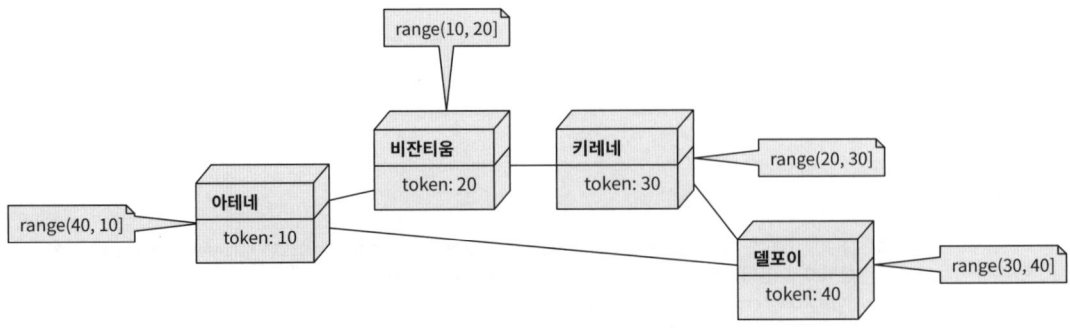

그림 19.7 새 노드는 기존 토큰 범위의 일부를 소유한다.

새 노드 델포이를 클러스터에 추가하고 무작위 토큰 40을 할당받았다고 하자. 해시가 30보다 큰 모든 키를 담당하던 아테네가 이제 30과 40 사이의 해시를 갖는 키들을 새 노드로 이동시켜야 한다. 모든 키를 이동할 필요는 없고 작은 부분만 새 노드로 이동시키면 된다.

이전처럼 클러스터 멤버십을 추적하고 파티션을 클러스터 노드에 매핑해 주는 일관성 코어(Consistent Core)를 생각해 보자. 델포이는 일관성 코어에 등록할 때 먼저 자신이 추가되면 기존의 어떤 노드들이 영향받는지 알아낸다. 이 예시에서는 아테네가 데이터의 일부를 새 노드로 옮겨야 한다. 일관성 코어는 아테네에게 해시가 30과 40 사이인 키를 모두 델포이로 이동하라고 요청한다. 이동을 완료하면 델포이의 토큰이 토큰 메타데이터에 추가된다(그림 19.8).

노드마다 단일 토큰을 할당하는 이런 기본 기법은 데이터 불균형을 유발한다. 새 노드가 추가되면 데이터 이동 부담 전부를 기존 노드 중 하나에게 부과하게 된다. 이런 이유 때문에 아파치 카산드라는 노드마다 여러 개의 무작위 토큰[7]을 할당하도록 설계를 변경했다. 이것으로 데이터를 더 균등하게 분배할 수 있다. 새 노드가 클러스터에 추가되면 단일 노드에 과부하를 주지 않으면서 여러 기존 노드로부터 일부 데이터만 이동하게 된다.

이 예시에서 아테네, 비잔티움, 키레네에는 각각 하나가 아닌 세 개의 토큰이 있다(세 개는 예시를 단순화하려고 선택한 것이다. 아파치 카산드라의 기본값은 256이었다).[8] 토큰은 무작위로 노드에 할당된다. 노드에 할당된 토큰은 무작위로 생성한 GUID 해시라서 연속적이지 않다는 점에 주목해야 한다. 10, 20, 30처럼 연속적인 숫자가 각 노드에 할당되면 새 노드가 추가될 때 노드마다 단일 토큰을 할당할 때와 동일한 문제가 생긴다(그림 19.9).

---

[7] https://www.datastax.com/blog/virtual-nodes-cassandra-12
[8] (옮긴이) 카산드라의 num_tokens 기본값이 256이었지만 4.0 버전부터 16으로 변경됐다. https://issues.apache.org/jira/browse/CASSANDRA-13701

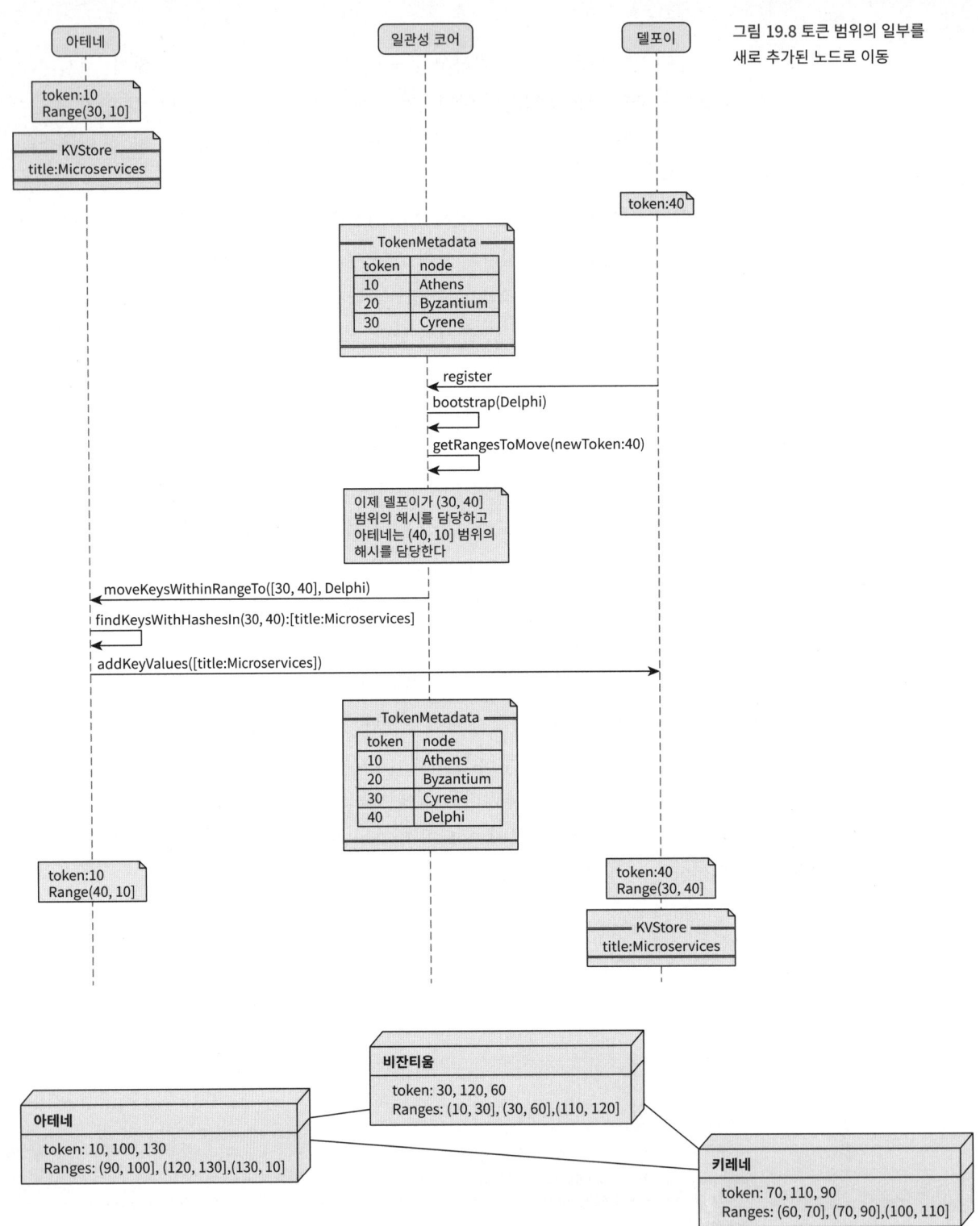

그림 19.8 토큰 범위의 일부를 새로 추가된 노드로 이동

그림 19.9 노드가 여러 토큰 범위를 소유한다

토큰값이 40, 50, 200인 새 노드 델포이를 추가하면 아테네와 비잔티움의 키 범위가 변경된다. 아테네에 있던 (130, 10] 범위는 쪼개져서 델포이는 해시가 (130, 200] 범위에 있는 키를 소유한다. 비잔티움에 있던 (30, 60] 범위는 쪼개져서 해시가 (40, 50] 범위에 있는 키를 델포이로 넘긴다. 아테네의 (130, 200] 범위와 비잔티움의 (40, 50] 범위에 속하는 모든 키는 델포이로 이동한다(그림 19.10).

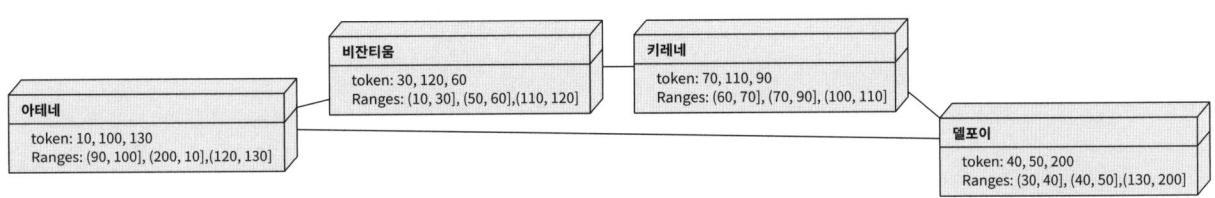

그림 19.10 데이터 범위가 여러 노드로부터 이동한다.

사례

- 아파치 카프카에서 토픽은 각자 고정된 개수의 파티션을 갖도록 생성된다.
- 아카의 샤드 할당[9]은 샤드의 개수를 고정된 숫자로 설정한다. 권장하는 샤드 개수 설정은 클러스터 크기의 10배다.
- 아파치 이그나이트의 파티션[10]과 헤이즐캐스트의 파티션[11] 같은 인메모리 데이터 그리드 제품은 파티션 개수가 고정되어 있으며 캐시에 설정한다.

---

9 https://doc.akka.io/docs/akka/current/typed/cluster-sharding.html#shard-allocation
10 https://ignite.apache.org/docs/latest/data-modeling/data-partitioning
11 https://docs.hazelcast.com/imdg/4.2/overview/data-partitioning

Patterns of Distributed Systems　20장

Pattern 18

키 범위 파티션

정렬한 키 범위로 데이터를 파티션해 범위 질의를 효율적으로 처리한다.

문제

데이터를 클러스터 전체 노드에 분할하려면 개별 데이터 항목을 노드에 매핑해야 한다. 사용자가 시작 키와 끝 키만 지정해 키 범위의 질의를 하려면 값을 얻기 위해 모든 파티션에 질의해야 한다. 단일 요청에 대해 파티션마다 질의해야 한다면 효율이 떨어진다.

키-값 저장소를 예로 들어 보자. 고정 파티션(Fixed Partitions)에서 사용했던 해시 기반 매핑을 사용해 글쓴이의 이름을 저장할 수 있다(표 20.1).

표 20.1 해시를 사용해 키를 클러스터 노드에 매핑하기

키	해시	파티션 = 해시 % 파티션 개수 (9)	노드
앨리스	13329981961369446064419793803145191 2208	0	0
밥	63479738429015246738359000453022047291	1	1
메리	37724856304035789372490171084843241126	5	1
필립	83980963731216160506671196398339418866	2	2

사용자가 특정 이름 범위(첫 글자가 'a'부터 'f'까지인 이름)에 속하는 값을 얻으려 한다고 해보자. 키를 파티션에 매핑하는 데 키의 해시를 사용한다면 어떤 파티션에서 읽어야 할지 알 방법이 없다. 요청한 값을 얻기 위해서는 전체 파티션에 질의해야 한다.

> **해결책**

정렬된 키 범위에서 논리 파티션을 생성한다. 그리고 파티션을 클러스터 노드에 매핑한다. 특정 범위의 데이터를 질의하려면 클라이언트는 주어진 범위의 키를 포함하는 모든 파티션 정보를 받아 그 특정 파티션에만 질의해 요청한 값을 얻는다.

키 범위를 미리 정하기

전체 키 공간과 키 분포를 미리 알고 있다면 파티션 범위를 미리 지정할 수 있다.

키와 값이 문자열인 간단한 키-값 저장소를 다시 살펴보자. 이 예시에서는 글쓴이의 이름과 책을 저장한다. 글쓴이의 이름 분포를 미리 알 수 있다면 특정 문자로 파티션 분할 지점을 정할 수 있다. 이를테면 이 예시에서는 "b"와 "d"다.

전체 키 범위의 시작과 끝은 특별하게 표시해야 한다. 가장 낮은 키와 가장 높은 키를 빈 문자열로 표시할 수 있다. 이렇게 하면 범위를 표 20.2처럼 생성할 수 있다.

표 20.2 키 범위 파티션 예시

키 범위	설명
["", "b"]	"a"와 "b" 사이("b"는 제외) 문자로 시작하는 모든 이름을 담당
["b", "d"]	"b"와 "d" 사이("d"는 제외) 문자로 시작하는 모든 이름을 담당
["d", ""]	나머지 전부를 담당

시작 키와 끝 키로 범위를 나타낸다.

```
class Range...

  private String startKey;
  private String endKey;
```

클러스터 코디네이터는 지정한 분할 지점에서 범위를 생성한다. 그런 다음 파티션을 클러스터 노드에 할당한다.

```
class ClusterCoordinator...

  PartitionTable createPartitionTableFor(List<String> splits) {
      var ranges = createRangesFromSplitPoints(splits);
      return arrangePartitions(ranges, membership.getLiveMembers());
  }
```

```java
List<Range> createRangesFromSplitPoints(List<String> splits) {
    var ranges = new ArrayList<Range>();
    String startKey = Range.MIN_KEY;
    for (String split : splits) {
        String endKey = split;
        ranges.add(new Range(startKey, endKey));
        startKey = split;
    }
    ranges.add(new Range(startKey, Range.MAX_KEY));
    return ranges;
}

PartitionTable arrangePartitions(List<Range> ranges,
                                 List<Member> liveMembers) {
    var partitionTable = new PartitionTable();
    for (int i = 0; i < ranges.size(); i++) {
        // 단순하게 라운드 로빈 방식으로 할당
        var member = liveMembers.get(i % liveMembers.size());
        var partitionId = newPartitionId();
        var range = ranges.get(i);
        var partitionInfo = new PartitionInfo(partitionId,
                                              member.getAddress(),
                                              PartitionStatus.ASSIGNED,
                                              range);
        partitionTable.addPartition(partitionId, partitionInfo);
    }
    return partitionTable;
}
```

클러스터 코디네이터 역할을 하는 일관성 코어는 복제 로그(Replicated Log)를 사용해 매핑을 내결함성 있는 방식으로 저장한다. 이 구현은 고정 파티션(Fixed Partitions) 패턴의 '파티션을 클러스터 노드에 매핑하기' 절에서 설명한 것과 유사하다.

클라이언트 인터페이스

클라이언트가 키-값 저장소에 특정 키의 값을 저장하거나 저장소에서 값을 얻으려면 다음 단계를 따라야 한다.

```java
class Client…

  public List<String> getValuesInRange(Range range) throws IOException {
      var partitionTable = getPartitionTable();
```

```java
        var partitionsInRange = partitionTable.getPartitionsInRange(range);
        var values = new ArrayList<String>();

        for (PartitionInfo partitionInfo : partitionsInRange) {
            var partitionValues =
                    sendGetRangeMessage(partitionInfo.getPartitionId(),
                            range, partitionInfo.getAddress());
            values.addAll(partitionValues);
        }
        return values;
    }
```

class PartitionTable...

```java
    public List<PartitionInfo> getPartitionsInRange(Range range) {
        var allPartitions = getAllPartitions();
        var partitionsInRange =
                allPartitions
                        .stream()
                        .filter(p -> p.getRange().isOverlapping(range))
                        .collect(Collectors.toList());
        return partitionsInRange;
    }
```

class Range...

```java
    public boolean isOverlapping(Range range) {
        return this.contains(range.startKey)
                || range.contains(this.startKey)
                || contains(range.endKey);
    }

    public boolean contains(String key) {
        return key.compareTo(startKey) >= 0 &&
                (endKey.equals(Range.MAX_KEY) || endKey.compareTo(key) > 0);

    }
```

class Partition...

```java
    public List<String> getAllInRange(Range range) {
        return kv.subMap(range.getStartKey(), range.getEndKey())
                .values().stream().toList();
    }
```

값 저장하기

값을 저장하려면 클라이언트는 주어진 키를 담당하는 파티션을 찾아야 한다. 파티션을 찾으면 해당 파티션을 담당하는 클러스터 노드로 요청을 보낸다.

```
class Client...

  public void put(String key, String value) throws IOException {
      var partition = findPartition(key);
      sendPutMessage(partition.getPartitionId(),
              partition.getAddress(), key, value);
  }

  private PartitionInfo findPartition(String key) {
      return partitionTable.getPartitionFor(key);
  }

class PartitionTable...

  public PartitionInfo getPartitionFor(String key) {
      List<PartitionInfo> allPartitions = getAllPartitions();
      Optional<PartitionInfo> partition = allPartitions.stream()
              .filter(p -> !p.isMarkedForSplit() && p.containsKey(key))
              .findFirst();
      return partition
              .orElseThrow(()->
              new RuntimeException("No partition available for key " + key));
  }
```

예시 시나리오

또 다른 예시를 살펴보자. 아테네, 비잔티움, 키레네 3대의 데이터 서버가 있다고 하자. 파티션 분할 경계는 "b"와 "d"로 정한다. 세 범위는 표 20.3처럼 생성한다.

표 20.3 "b"와 "d"에서 분할한 키 범위 파티션

키 범위	설명
["", "b")	"a"와 "b" 사이("b"는 제외) 문자로 시작하는 모든 이름을 담당
["b", "d")	"b"와 "d" 사이("d"는 제외) 문자로 시작하는 모든 이름을 담당
["d", "")	나머지 전부를 담당

그리고 코디네이터는 이 범위에 대응되는 파티션 세 개를 생성해 클러스터 노드에 매핑한다(그림 20.1).

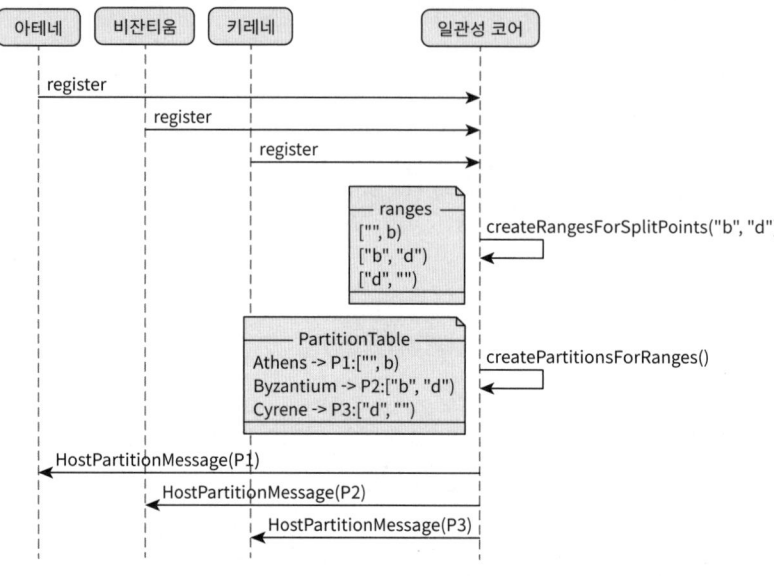

그림 20.1 일관성 코어를 사용한 파티션 할당

이제 클라이언트가 "a"와 "c" 사이의 문자로 시작하는 이름에서 값을 얻으려면 "a"와 "c" 사이 문자로 시작하는 키 범위의 파티션을 모두 얻는다. 그리고 그 파티션에만 요청을 보내 값을 얻는다(그림 20.2).

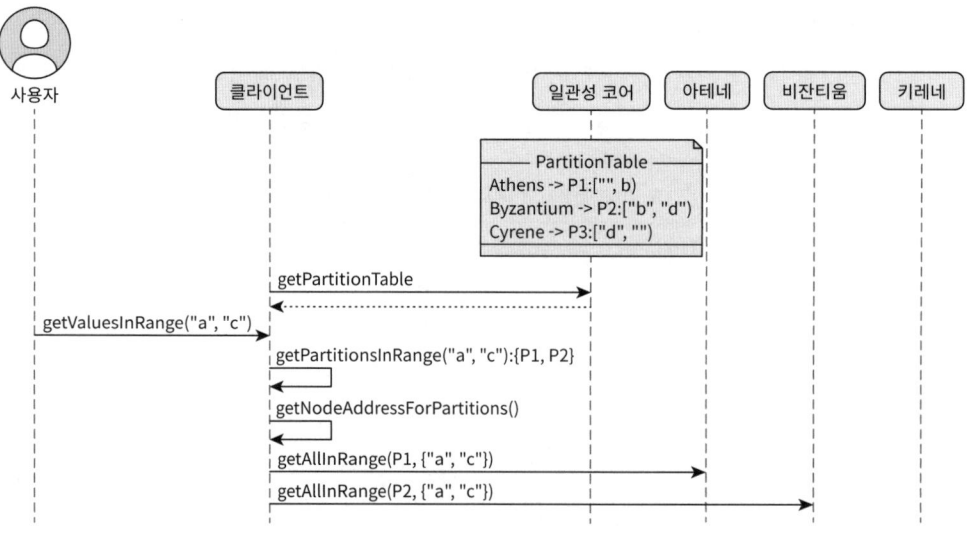

그림 20.2 특정 범위를 읽는 클라이언트

범위 자동 분할

적절한 분할 지점을 알기 어려울 때가 많다. 이럴 경우 자동 분할을 구현해 사용할 수 있다.

여기서 코디네이터는 전체 키 공간을 키 범위로 하는 파티션을 하나만 생성한다.

```
class ClusterCoordinator...

  private CompletableFuture initializeRangePartitionAssignment(
          List<String> splits) {

      partitionAssignmentStatus = PartitionAssignmentStatus.IN_PROGRESS;
      var partitionTable = splits.isEmpty() ?
              createPartitionTableWithOneRange()
              :createPartitionTableFor(splits);

      return replicatedLog.propose(new PartitiontableCommand(partitionTable));
  }

  public PartitionTable createPartitionTableWithOneRange() {
      var partitionTable = new PartitionTable();
      var liveMembers = membership.getLiveMembers();
      var member = liveMembers.get(0);
      var firstRange = new Range(Range.MIN_KEY, Range.MAX_KEY);
      int partitionId = newPartitionId();
      partitionTable
              .addPartition(partitionId,
                      new PartitionInfo(partitionId,
                              member.getAddress(),
                              PartitionStatus.ASSIGNED, firstRange));
      return partitionTable;
  }
```

각각의 파티션에 최대 크기를 고정된 값으로 설정할 수 있다. 그리고 각각의 클러스터 노드에서 파티션 크기를 추적하는 백그라운드 작업을 실행한다. 파티션이 최대 크기에 도달하면 대략 원래의 절반 크기인 두 개의 파티션으로 분할한다.

```
class KVStore...

  public void scheduleSplitCheck() {
      scheduler.scheduleAtFixedRate(() -> {
          splitCheck();
      }, 1000, 1000, TimeUnit.MILLISECONDS);
  }
```

```
public void splitCheck() {
    for (Integer partitionId : allPartitions.keySet()) {
        splitCheck(allPartitions.get(partitionId));
    }
}

int MAX_PARTITION_SIZE = 1000;
public void splitCheck(Partition partition) {
    var middleKey = partition.getMiddleKeyIfSizeCrossed(MAX_PARTITION_SIZE);

    if (!middleKey.isEmpty()) {
        logger.info("Partition " + partition.getId()
                + " reached size " + partition.size() + ". Triggering " +
                "split");
        network.send(coordLeader,
                new SplitTriggerMessage(partition.getId(),
                        middleKey, requestNumber++, listenAddress));
    }
}
```

파티션 크기 측정과 중간 키 탐색

> 분할 키를 찾기 위해 파티션 전체를 스캔하는 방법은 자원 소모가 크다. 이런 이유로 TiKV[1] 같은 데이터베이스는 파티션 크기와 파티션에 대응하는 키를 데이터 저장소에 저장한다. 그러면 전체 파티션을 스캔하지 않고도 중간 키를 찾을 수 있다.
>
> 파티션별 스토어(store)를 사용하는 유가바이트DB[2]나 HBase[3] 같은 데이터베이스는 스토어 파일의 메타데이터를 스캔해 대략 중간에 가까운 키를 찾아낸다.

파티션 크기 측정과 중간 키 탐색은 사용하는 저장 엔진에 따라 달라진다. 간단한 방법은 전체 파티션을 스캔해 크기를 계산하는 것이다. TiKV는 처음에 이 방법을 사용했다. 태블릿(tablet)을 분할하려면 중간 지점에 위치한 키를 찾아내야 한다. 파티션을 두 번 스캔하지 않기 위해 스캔하면서 누적 크기가 설정된 최댓값의 절반을 초과할 때 중간 키를 얻는 방식으로 간단히 구현할 수 있다.

---

1 *https://tikv.org*
2 *https://github.com/yugabyte/yugabyte-db/issues/1463*
3 *https://hbase.apache.org*

```
class Partition...

  public String getMiddleKeyIfSizeCrossed(int partitionMaxSize) {
      int kvSize = 0;
      for (String key : kv.keySet()) {
          kvSize += key.length() + kv.get(key).length();
          if (kvSize >= partitionMaxSize / 2) {
              return key;
          }
      }
      return "";
  }
```

코디네이터가 분할 트리거 메시지를 처리할 때는 원래 파티션의 키 범위 메타데이터를 갱신해 분할 범위에 대한 새 파티션 메타데이터를 생성한다.

```
class ClusterCoordinator...

  private void handleSplitTriggerMessage(SplitTriggerMessage message) {
      logger.info("Handling SplitTriggerMessage "
              + message.getPartitionId()
              + " split key " + message.getSplitKey());
      splitPartition(message.getPartitionId(), message.getSplitKey());
  }

  public CompletableFuture splitPartition(int partitionId, String splitKey) {
      logger.info("Splitting partition " + partitionId + " at key " +
              splitKey);

      var parentPartition = partitionTable.getPartition(partitionId);
      var originalRange = parentPartition.getRange();
      var splits = originalRange.split(splitKey);
      var shrunkOriginalRange = splits.get(0);
      var newRange = splits.get(1);
      return replicatedLog
              .propose(new SplitPartitionCommand(partitionId,
                      splitKey, shrunkOriginalRange, newRange));
  }
```

파티션 메타데이터 저장에 성공하면 코디네이터는 부모 파티션을 담당하는 클러스터 노드에게 부모 파티션 데이터를 분할하라는 메시지를 보낸다.

```
class ClusterCoordinator...

  private void applySplitPartitionCommand(SplitPartitionCommand command) {
```

```
    var originalPartition =
            partitionTable.getPartition(command.getOriginalPartitionId());
    var originalRange = originalPartition.getRange();
    if (!originalRange
            .coveredBy(command.getUpdatedRange().getStartKey(),
                    command.getNewRange().getEndKey())) {
        logger.error("The original range start and end keys "
                + originalRange + " do not match split ranges");
        return;
    }

    originalPartition.setRange(command.getUpdatedRange());
    var newPartitionInfo = new PartitionInfo(newPartitionId(),
            originalPartition.getAddress(),
            PartitionStatus.ASSIGNED,
            command.getNewRange());
    partitionTable.addPartition(newPartitionInfo.getPartitionId(),
            newPartitionInfo);

    // 이 노드가 리더라면 클러스터 노드에게 요청을 보낸다
    if (isLeader()) {
        var message
                = new SplitPartitionMessage(
                        command.getOriginalPartitionId(),
                        command.getSplitKey(), newPartitionInfo,
                        requestNumber++, listenAddress);

        scheduler.execute(new RetryableTask(originalPartition.getAddress(),
                network, this, originalPartition.getPartitionId(),
                message));
    }
}

class Range...

    public boolean coveredBy(String startKey, String endKey) {
        return getStartKey().equals(startKey)
                && getEndKey().equals(endKey);
    }
```

클러스터 노드는 원래 파티션을 분할해서 새 파티션을 만든다. 그리고 원래의 파티션 데이터를 새 파티션으로 복사한다. 그 후 분할을 완료했다고 코디네이터에게 응답한다.

```
class KVStore...

  private void handleSplitPartitionMessage(
          SplitPartitionMessage splitPartitionMessage) {

      splitPartition(splitPartitionMessage.getPartitionId(),
          splitPartitionMessage.getSplitKey(),
          splitPartitionMessage.getSplitPartitionId());
      network.send(coordLeader,
              new SplitPartitionResponseMessage(
                      splitPartitionMessage.getPartitionId(),
                      splitPartitionMessage.getPartitionId(),
                      splitPartitionMessage.getSplitPartitionId(),
                      splitPartitionMessage.messageId, listenAddress));
  }

  private void splitPartition(int parentPartitionId, String splitKey,
                              int newPartitionId) {

      var partition = allPartitions.get(parentPartitionId);
      var splitPartition = partition.splitAt(splitKey, newPartitionId);
      logger.info("Adding new partition "
              + splitPartition.getId()
              + " for range " + splitPartition.getRange());
      allPartitions.put(splitPartition.getId(), splitPartition);
  }

class Partition...

  public Partition splitAt(String splitKey, int newPartitionId) {
      var splits = this.range.split(splitKey);
      var shrunkOriginalRange = splits.get(0);
      var splitRange = splits.get(1);

      var partition1Kv =
              (range.getStartKey().equals(Range.MIN_KEY))
                      ? kv.headMap(splitKey)
                      : kv.subMap(range.getStartKey(), splitKey);

      var partition2Kv =
              (range.getEndKey().equals(Range.MAX_KEY))
                      ? kv.tailMap(splitKey)
                      : kv.subMap(splitKey, range.getEndKey());

      this.kv = partition1Kv;
      this.range = shrunkOriginalRange;

      return new Partition(newPartitionId, partition2Kv, splitRange);
  }
```

```
class Range...

  public List<Range> split(String splitKey) {
      return Arrays.asList(new Range(startKey, splitKey),
              new Range(splitKey, endKey));
  }
```

코디네이터는 메시지를 받으면 파티션을 온라인 상태로 표시한다.

```
class ClusterCoordinator...

  private void handleSplitPartitionResponse(
          SplitPartitionResponseMessage message) {

      replicatedLog
          .propose(new UpdatePartitionStatusCommand(message.getPartitionId(),
              PartitionStatus.ONLINE));
  }
```

기존 파티션을 변경하려고 할 때 생기는 문제 중 하나는 클라이언트가 파티션 메타데이터를 캐시할 수 없고, 클러스터 노드에 어떤 요청을 보내기 전에 항상 최신 파티션 메타데이터를 얻어야 한다는 점이다. 데이터 저장소는 파티션에 세대 시계(Generation Clock)를 사용하며 파티션이 분할될 때마다 세대 시계를 갱신한다. 세대 번호가 더 오래된 클라이언트의 요청은 거부된다. 그러면 클라이언트는 코디네이터로부터 파티션 테이블을 다시 얻어 요청을 재시도한다. 이렇게 하여 오래된 메타데이터를 소유한 클라이언트가 잘못된 결과를 얻지 않게 보장한다. 유가바이트DB는 두 개의 별도 파티션을 생성하고 원래 파티션을 분할 파티션이라고 표시한다. 분할 파티션은 유가바이트DB의 자동 테이블 분할 설계 문서[4]의 설명에 따라 클라이언트로부터 더 이상 어떤 읽기-쓰기 요청도 받아들이지 않는다.

예시 시나리오

클러스터 노드 아테네가 전체 키 범위에 대응되는 파티션 P1을 담당하는 예시를 보자(그림 20.3). 파티션의 최대 크기는 10바이트로 설정됐다. splitCheck가 파티션의 크기가 10바이트를 넘어섰음을 발견하고 bob을 근사적인 중간 키로 찾는다. 그리

---

[4] https://github.com/yugabyte/yugabyte-db/blob/master/architecture/design/docdb-automatic-tablet-splitting.md

고 클러스터 코디네이터에게 파티션 분할용 메타데이터를 생성해 달라는 요청을 보낸다. 코디네이터가 메타데이터를 성공적으로 생성하면 아테네에게 파티션 P1을 분할하라고 요청하고 메타데이터의 `partitionId`를 전달한다. 그러면 아테네는 P1을 줄이고 새 파티션을 생성하며 P1의 데이터를 새 파티션에 복사한다. 아테네는 파티션이 성공적으로 생성된 다음에 코디네이터에게 확인을 보낸다. 그러면 코디네이터는 새 파티션을 온라인으로 표시한다.

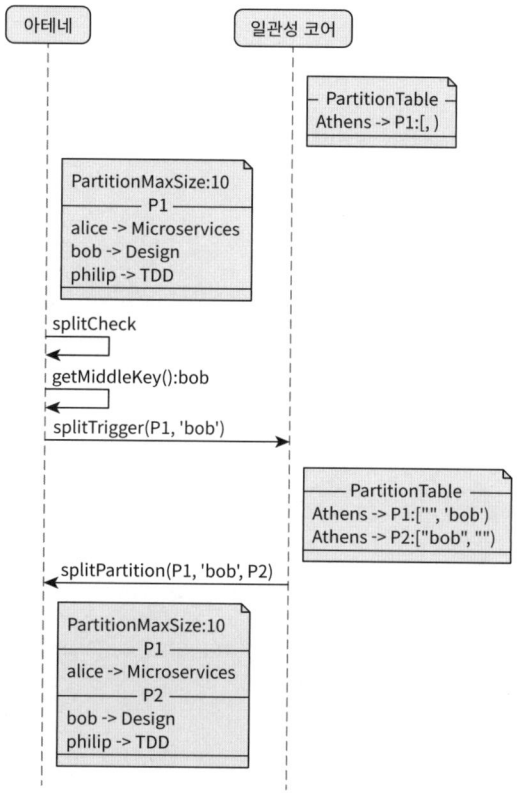

그림 20.3 범위 파티션 자동 분할

부하 기반 분할

자동 분할을 사용하면 범위 하나로 시작한다. 클러스터에 다른 노드가 있더라도 모든 클라이언트 요청이 한 서버로 전달된다는 뜻이다. 모든 요청은 범위가 분할되어 다른 서버로 옮겨갈 때까지 계속 단일 범위를 담당하는 한 서버로 전달된다. 이런 이유로 파티션 분할에는 총 요청수나 CPU 사용량, 메모리 사용량 같은 요소도 사용된다. 코크로치DB[5]와 유가바이트DB 같은 현대적 데이터베이스는 부하 기반 분할을 지원한다. 자세한 내용은 각 제품 문서에서 확인할 수 있다.

사례

- HBase, 코크로치DB, 유가바이트DB, TiKV 등의 데이터베이스는 범위 파티션을 지원한다.

---

5 https://www.cockroachlabs.com/docs/stable/load-based-splitting.html

Patterns of Distributed Systems   21장

Pattern 19

2단계 커밋

> 원자적 연산 하나를 사용해 여러 노드에 있는 자원을 갱신한다.

문제

데이터를 여러 클러스터 노드에 원자적으로 저장해야 한다면 노드는 다른 클러스터 노드의 결정이 알려질 때까지 클라이언트에게 데이터의 접근을 허용할 수 없다. 각각의 노드는 다른 노드가 데이터 저장에 성공했는지 실패했는지 알아야 한다.

해결책

> ☑ **팍소스 및 복제 로그와 비교**
>
> 팍소스(Paxos)와 복제 로그(Replicated Log)도 2단계 실행으로 구현한다. 그러나 이 합의 알고리즘들은 관련된 모든 클러스터 노드가 동일한 값을 저장한다는 점에서 2단계 커밋과 중요한 차이를 보인다.
> 2단계 커밋은 데이터베이스의 여러 파티션에 걸쳐 서로 다른 값을 저장하는 클러스터 노드 사이에서 작동한다. 각각의 파티션은 복제 로그를 사용해 2단계 커밋과 관련된 상태를 복제할 수 있다.

당연하게도 2단계 커밋의 핵심은 갱신을 2단계로 수행하는 것이다.

1. 준비 단계는 각각의 노드에서 갱신 수행이 가능한지 확인한다.
2. 커밋 단계는 실제로 갱신을 수행한다.

준비 단계에서 트랜잭션에 참여하는 노드는 두 번째 단계에서 커밋할 때 필요한 자원, 예를 들어 잠금을 획득한다. 각각의 노드는 두 번째 단계에서 커밋을 보장할 수 있을 때 코디네이터에게 알려 커밋을 약속한다. 약속하지 못한 노드가 있다면 코디네이터는 모든 노드에게 롤백(roll back)*을 지시하고 노드들이 소유한 잠금을 해제해 트랜잭션을 어보트(abort)*한다. 전체 참여자가 진행에 동의해야 두 번째 단계를 시작하는데, 이 시점에서 모든 노드가 갱신을 성공하리라고 기대할 수 있다. 각각의 참여자가 쓰기 전 로그(Write-Ahead Log) 같은 패턴을 사용해 자기 결정의 지속성을 보장하는 게 매우 중요하다. 이는 노드가 죽었다가 나중에 재시작하더라도 문제 없이 커밋 프로토콜을 완수할 수 있어야 함을 뜻한다.

간단한 키-값 저장소 구현에서 2단계 커밋 프로토콜은 다음과 같이 동작한다.

트랜잭션을 수행하는 클라이언트는 트랜잭션 식별자(transaction identifier)라는 고유 식별자를 생성한다. 클라이언트는 트랜잭션 시작 시간 등의 다른 세부 사항도 추적한다. 나중에 설명하겠지만 트랜잭션 시작 시간은 잠금 메커니즘에서 교착 상태(deadlock) 방지를 위해 사용한다. 고유 ID는 시작 타임스탬프 같은 추가 세부 사항과 함께 클러스터 노드 사이에서 트랜잭션을 추적하기 위해 사용한다. 클라이언트는 트랜잭션 참조를 유지 관리하는데, 클라이언트가 다른 클러스터 노드로 보내는 모든 요청에 트랜잭션 참조를 함께 전달한다.

roll back
데이터베이스 상태를 이전으로 되돌리는 연산

abort
불가능하거나 의도하지 않은 동작을 방지하기 위해 프로세스나 로직을 중단하는 동작으로 어보트할 때는 롤백을 수반하므로 보통 롤백과 혼용됨

```
class TransactionRef...

  private UUID txnId;
  private long startTimestamp;

  public TransactionRef(long startTimestamp) {
      this.txnId = UUID.randomUUID();
      this.startTimestamp = startTimestamp;
  }

class TransactionClient...

  TransactionRef transactionRef;

  public TransactionClient(ReplicaMapper replicaMapper,
                           SystemClock systemClock) {
      this.clock = systemClock;
      this.transactionRef = new TransactionRef(clock.now());
      this.replicaMapper = replicaMapper;
  }
```

클러스터 노드 중 하나가 코디네이터 역할을 하며 클라이언트를 대신해 트랜잭션 상태를 추적한다. 키-값 저장소에서 트랜잭션을 수행하는 경우 보통 특정 키에 대응하는 데이터를 보유한 클러스터 노드가 코디네이터를 담당한다. 주로 클라이언트가 사용하는 첫 번째 키에 대응하는 데이터를 저장하고 있는 클러스터 노드를 코디네이터로 선택한다.

값을 저장하기 전에 클라이언트는 코디네이터와 통신해 트랜잭션의 시작을 알린다. 코디네이터는 값을 저장하는 클러스터 노드의 하나이므로 클라이언트가 특정 키로 get이나 put 연산을 시작하면 동적으로 선택된다.

```
class TransactionClient...

  private TransactionalKVStore coordinator;
  private void maybeBeginTransaction(String key) {
      if (coordinator == null) {
          coordinator = replicaMapper.serverFor(key);
          coordinator.begin(transactionRef);
      }
  }
```

트랜잭션 코디네이터는 트랜잭션 상태를 추적한다. 코디네이터는 죽더라도 트랜잭션의 세부 사항을 사용할 수 있도록 보장하기 위해 모든 변경을 쓰기 전 로그에 기록한다.

```
class TransactionCoordinator...

  Map<TransactionRef, TransactionMetadata> transactions
          = new ConcurrentHashMap<>();
  WriteAheadLog transactionLog;

  public void begin(TransactionRef transactionRef) {
      var txnMetadata = new TransactionMetadata(transactionRef, systemClock,
              transactionTimeoutMs);
      transactionLog.writeEntry(txnMetadata.serialize());
      transactions.put(transactionRef, txnMetadata);
  }

class TransactionMetadata...

  private TransactionRef txn;
  private List<String> participatingKeys = new ArrayList<>();
  private TransactionStatus transactionStatus;
```

> 예시 코드에서는 모든 put 요청을 각각의 서버로 전달한다. 그러나 트랜잭션이 커밋되기 전까지는 값이 보이지 않으므로 클라이언트가 커밋을 결정할 때까지 put 요청을 클라이언트 버퍼에 저장할 수 있는데, 이로써 네트워크 왕복 시간을 최적화한다.

클라이언트는 트랜잭션에서 사용하는 키를 코디네이터에게 보낸다. 이렇게 코디네이터는 트랜잭션에서 사용하는 모든 키를 추적한다. 코디네이터는 이 키들을 트랜잭션 메타데이터에 기록한다. 그러면 이 키로 트랜잭션에 참여하는 모든 클러스터 노드를 파악할 수 있다. 특정 키에 대한 요청을 처리하는 리더 서버는 트랜잭션이 수행되는 동안 바뀔 수 있지만, 키-값은 일반적으로 복제 로그를 사용해 복제된다. 따라서 실제 서버의 주소 대신 키를 추적한다. 클라이언트는 키 데이터를 소유하는 서버에 put이나 get 요청을 보낸다. 서버는 파티션 전략에 따라 선택된다. 주목할 점은 클라이언트가 코디네이터를 거치지 않고 서버와 직접 통신한다는 것이다. 그러면 클라이언트에서 데이터를 보낼 때 클라이언트에서 코디네이터로, 다시 코디네이터에서 해당 서버로 네트워크를 두 번 거치지 않아도 된다.

```
class TransactionClient...

  public CompletableFuture<String> get(String key) {
      maybeBeginTransaction(key);
      coordinator.addKeyToTransaction(transactionRef, key);
      TransactionalKVStore kvStore = replicaMapper.serverFor(key);
      return kvStore.get(transactionRef, key);
  }

  public void put(String key, String value) {
      maybeBeginTransaction(key);
      coordinator.addKeyToTransaction(transactionRef, key);
      replicaMapper.serverFor(key).put(transactionRef, key, value);
  }

class TransactionCoordinator...

  public void addKeyToTransaction(TransactionRef transactionRef,
                                  String key) {
      var metadata = transactions.get(transactionRef);
      if (!metadata.getParticipatingKeys().contains(key)) {
          metadata.addKey(key);
          transactionLog.writeEntry(metadata.serialize());
      }
  }
```

요청을 처리하는 클러스터 노드는 요청이 트랜잭션 ID로 식별되는 특정 트랜잭션의 일부임을 감지한다. 노드는 트랜잭션 상태를 관리하는데, 요청에 포함된 키와 값을 이 상태에 저장한다. 이 키-값 쌍은 키-값 저장소에 직접 저장되지 않고 별도로 보관된다.

```
class TransactionalKVStore...

    public void put(TransactionRef transactionRef, String key, String value) {
        TransactionState state = getOrCreateTransactionState(transactionRef);
        state.addPendingUpdates(key, value);
    }
```

잠금과 트랜잭션 격리

> ☑ **비직렬성 격리의 문제**
>
> 직렬성 격리 수준(serializable isolation level)은 전체 성능에 큰 영향을 미친다. 주로 트랜잭션을 실행하는 동안 유지하는 잠금이 원인이다. 이런 이유로 대다수 데이터 저장소는 잠금을 이른 시점에 해제하는 느슨한 격리 수준을 제공한다. 느슨한 격리 수준은 클라이언트가 읽고 변경해서 쓰기(read-modify-write) 연산을 수행할 때 특히 문제가 된다. 쓰기 연산이 잠재적으로 이전에 실행한 트랜잭션의 값을 덮어쓸 가능성이 있다. 그래서 구글 스패너나 코크로치DB 같은 현대적 데이터 저장소들은 직렬성 격리를 제공한다.

잠금을 사용한 구현에서는 요청을 실행할 때 해당 키의 잠금도 획득한다. 특히 get 요청은 읽기 잠금을, put 요청은 쓰기 잠금을 획득한다. 읽기 잠금은 값을 읽는 시점에 획득한다.

```
class TransactionalKVStore...

    public CompletableFuture<String> get(TransactionRef txn, String key) {
        CompletableFuture<TransactionRef> lockFuture
                = lockManager.acquire(txn, key, LockMode.READ);
        return lockFuture.thenApply(transactionRef -> {
            getOrCreateTransactionState(transactionRef);
            return kv.get(key);
        });
    }

    synchronized TransactionState getOrCreateTransactionState(
                            TransactionRef txnRef) {
```

```
    TransactionState state = this.ongoingTransactions.get(txnRef);
    if (state == null) {
        state = new TransactionState();
        this.ongoingTransactions.put(txnRef, state);
    }
    return state;
}
```

쓰기 잠금은 키-값 저장소에서 트랜잭션을 커밋해서 변경된 값을 드러내기 직전에 획득한다. 그때까지 클러스터 노드는 변경된 값을 보류 중인 연산으로 추적하기만 하면 된다.

```
class TransactionalKVStore...

  public void put(TransactionRef transactionRef, String key, String value) {
      TransactionState state = getOrCreateTransactionState(transactionRef);
      state.addPendingUpdates(key, value);
  }
```

> 동시 실행되는 트랜잭션에 어떤 값을 보이게 할지는 설계의 중요한 결정이다. 트랜잭션 격리 수준에 따라 가시성 수준이 달라진다. 예를 들어 엄격한 직렬성 트랜잭션(strictly serializable transaction)에서는 쓰기를 실행하는 트랜잭션이 완료될 때까지 읽기 요청을 블록한다. 성능을 개선하려면 데이터 저장소에서 2단계 잠금을 피하고 잠금을 일찍 해제할 수 있다. 하지만 그러면 데이터의 일관성이 손상된다. 데이터 저장소가 제공하는 여러 가지 격리 수준에 따라 다양한 선택지[1]가 있다.

잠금은 오래 유지되며 요청을 완료해도 해제되지 않는다는 점에 주목해야 한다. 잠금은 트랜잭션을 커밋할 때만 해제된다. 트랜잭션이 실행되는 동안 잠금을 획득하고 트랜잭션을 커밋하거나 롤백할 때만 잠금을 해제하는 기법을 2단계 잠금(two-phase locking)이라고 한다. 2단계 잠금은 직렬성 격리 수준을 제공하는 데 핵심적이다. '직렬성'이란 트랜잭션이 순차적으로 실행된 것 같은 효과를 의미한다.

교착 상태 방지

잠금을 사용하면 두 트랜잭션이 서로 잠금 해제를 대기하는 교착 상태를 유발할 수 있다. 교착 상태는 충돌(conflict)을 발견했을 때 트랜잭션을 멈추지 않고 어보트하면

---

1 https://jepsen.io/consistency

피할 수 있다. 어떤 트랜잭션을 어보트하고 어떤 트랜잭션을 계속 진행할지 결정하는 여러 가지 전략이 있다.

잠금 관리자는 다음과 같은 대기 정책을 구현한다.

```
class LockManager...

  WaitPolicy waitPolicy;
```

WaitPolicy는 요청들이 충돌할 때 어떻게 할지 결정한다.

```
public enum WaitPolicy {
    WoundWait,
    WaitDie,
    Error
}
```

lock은 현재 잠금을 소유하거나 잠금을 위해 기다리는 트랜잭션들을 추적하는 객체다.

```
class Lock...

  Queue<LockRequest> waitQueue = new LinkedList<>();
  List<TransactionRef> owners = new ArrayList<>();
  LockMode lockMode;
```

트랜잭션이 잠금을 얻자고 요청할 때 잠금 관리자는 잠금을 이미 소유하고 있는 트랜잭션과 충돌하지 않는다면 바로 잠금을 허용한다.

```
class LockManager...

  public synchronized CompletableFuture<TransactionRef>
                  acquire(TransactionRef txn, String key,
                          LockMode lockMode) {

      return acquire(txn, key, lockMode, new CompletableFuture<>());
  }

  CompletableFuture<TransactionRef>
                  acquire(TransactionRef txnRef,
                          String key,
                          LockMode askedLockMode,
                          CompletableFuture<TransactionRef> lockFuture) {
```

```
        var lock = getOrCreateLock(key);

        logger.debug("acquiring lock for = " + txnRef
                + " on key = " + key + " with lock mode = " + askedLockMode);
        if (lock.isCompatible(txnRef, askedLockMode)) {
            lock.addOwner(txnRef, askedLockMode);
            lockFuture.complete(txnRef);
            logger.debug("acquired lock for = " + txnRef);
            return lockFuture;
        }
        if (lock.isLockedBy(txnRef) && lock.lockMode == askedLockMode) {
            lockFuture.complete(txnRef);
            logger.debug("Lock already acquired lock for = " + txnRef);
            return lockFuture;
        }

class Lock...

    public boolean isCompatible(TransactionRef txnRef, LockMode lockMode) {
        if (hasOwner()) {
            return (inReadMode() && lockMode == LockMode.READ)
                    || isOnlyOwner(txnRef);
        }
        return true;
    }
```

충돌이 있다면 잠금 관리자는 대기 정책에 따라 동작한다.

충돌 시 오류

대기 정책이 오류 처리라면 잠금 관리자는 오류를 발생시키고 호출 트랜잭션을 롤백한다. 오류는 클라이언트에게 전파되고 클라이언트는 무작위 타임아웃 후에 재시도할지 결정할 수 있다.

```
class LockManager...

  private CompletableFuture<TransactionRef>
          handleConflict(Lock lock,
                         TransactionRef txnRef,
                         String key,
                         LockMode askedLockMode,
                         CompletableFuture<TransactionRef> lockFuture) {
```

```
        switch (waitPolicy) {
            case Error: {
                var e = new WriteConflictException(txnRef, key, lock.owners);
                lockFuture
                        .completeExceptionally(e);
                return lockFuture;
            }
            case WoundWait: {
                return lock.woundWait(txnRef, key,  askedLockMode, lockFuture,
                            this);
            }
            case WaitDie: {
                return lock.waitDie(txnRef, key,  askedLockMode, lockFuture,
                            this);
            }
        }
        throw new IllegalArgumentException("Unknown waitPolicy " + waitPolicy);
    }
```

여러 사용자 트랜잭션이 잠금을 획득하려다 모든 트랜잭션을 다시 시작해야 하는 경합 상황에서는 시스템 처리량이 크게 떨어진다. 데이터 저장소는 다시 시작하는 트랜잭션을 최소화하려고 노력한다.

흔히 사용되는 기법은 트랜잭션에 고유 ID를 할당해 트랜잭션을 정렬하는 것이다. 예를 들어 구글 스패너는 트랜잭션에 정렬할 수 있는 고유 ID를 할당한다 [Malkhi2013]. 이 기법은 팍소스(Paxos)에서 설명한 클러스터 노드 사이에서 요청에 순서를 정하는 방법과 매우 유사하다. 트랜잭션에 순서가 있다면 교착 상태를 피하면서 재시작 없이 트랜잭션을 진행할 수 있는 기법이 두 가지 있다.

트랜잭션 참조는 다른 트랜잭션 참조와 비교 및 정렬이 가능한 방식으로 생성된다. 가장 쉬운 방법은 트랜잭션마다 타임스탬프를 할당하고 타임스탬프를 기준으로 비교하는 것이다.

```
class TransactionRef...

  boolean after(TransactionRef otherTransactionRef) {
      return this.startTimestamp > otherTransactionRef.startTimestamp;
  }
```

그러나 358쪽 리스(Lease) 패턴의 "벽시계는 단조적이지 않다"에서 설명하듯이 분산 시스템에서 시스템 시계는 단조적이지 않으므로 다른 방법을 써야 한다. 즉, 트랜잭션에 고유 ID를 할당하면 트랜잭션을 정렬할 수 있는 방법이 있다. 정렬된 ID를 사용하면 트랜잭션의 나이를 추적해 트랜잭션을 정렬할 수 있다. 구글 스패너는 시스템에서 각 트랜잭션의 나이를 추적해 트랜잭션을 정렬한다.

트랜잭션을 모두 정렬하기 위해 클러스터 노드마다 고유 ID를 할당한다. 클라이언트는 트랜잭션을 시작할 때 코디네이터를 호출하고 코디네이터에게서 트랜잭션 ID를 받는다. 코디네이터 역할을 하는 클러스터 노드는 트랜잭션 ID를 다음과 같이 생성한다.

```
class TransactionCoordinator...

  private int requestId;
  public MonotonicId begin() {
      return new MonotonicId(requestId++, config.getServerId());
  }

class MonotonicId...

  public class MonotonicId implements Comparable<MonotonicId> {
      public int requestId;
      int serverId;

      public MonotonicId(int requestId, int serverId) {
          this.serverId = serverId;
          this.requestId = requestId;
      }

      public static MonotonicId empty() {
          return new MonotonicId(-1, -1);
      }

      public boolean isAfter(MonotonicId other) {
          if (this.requestId == other.requestId) {
              return this.serverId > other.serverId;
          }
          return this.requestId > other.requestId;
      }

class TransactionClient...

  private void beginTransaction(String key) {
      if (coordinator == null) {
          coordinator = replicaMapper.serverFor(key);
          MonotonicId transactionId = coordinator.begin();
          transactionRef = new TransactionRef(transactionId, clock.nanoTime());
      }
  }
```

클라이언트는 트랜잭션 시작 시점부터 경과한 시간을 기록해 트랜잭션의 나이를 추적한다.

```
class TransactionRef...

  public void incrementAge(SystemClock clock) {
      age = clock.nanoTime() - startTimestamp;
  }
```

클라이언트는 get이나 put 요청을 서버에 보낼 때마다 나이를 증가시킨다. 트랜잭션은 이 나이에 따라 순서가 정해진다. 트랜잭션의 나이가 같으면 트랜잭션 ID를 사용해 승자를 결정한다.

```
class TransactionRef...

  public boolean isAfter(TransactionRef other) {
      return age == other.age
                  ?this.id.isAfter(other.id)
                  :this.age > other.age;
  }
```

선점-대기

선점-대기(Wound-Wait) 방법을 사용하면 충돌이 있을 때 잠금을 요청하는 트랜잭션 참조를 현재 잠금을 소유하는 모든 트랜잭션과 비교한다. 잠금을 소유한 트랜잭션들이 모두 잠금을 요청하는 트랜잭션보다 나이가 적다면 그 트랜잭션들을 모두 어보트한다. 그러나 잠금을 요청하는 트랜잭션이 잠금을 소유한 트랜잭션들보다 나이가 적다면 잠금을 얻기까지 대기한다.

```
class Lock...

  public CompletableFuture<TransactionRef>
                  woundWait(TransactionRef txnRef,
                            String key,
                            LockMode askedLockMode,
                            CompletableFuture<TransactionRef> lockFuture,
                            LockManager lockManager) {

      if (allOwningTransactionsStartedAfter(txnRef)
              && !anyOwnerIsPrepared(lockManager)) {
```

```
            abortAllOwners(lockManager, key, txnRef);
            return lockManager.acquire(txnRef, key, askedLockMode, lockFuture);
    }

    var lockRequest = new LockRequest(txnRef, key, askedLockMode,
            lockFuture);

    lockManager.logger.debug("Adding to wait queue = " + lockRequest);
    addToWaitQueue(lockRequest);
    return lockFuture;
}

class Lock...

  private boolean allOwningTransactionsStartedAfter(TransactionRef txn) {
      return owners.
              stream().
              filter(o -> !o.equals(txn))
              .allMatch(owner -> owner.after(txn));
  }
```

잠금을 소유한 트랜잭션이 이미 2단계 커밋의 준비 상태에 있다면 어보트되지 않는다는 점에 유의하라.

대기-포기

대기-포기(Wait-Die) 방법은 선점-대기와 반대로 동작한다. 잠금 소유자가 모두 잠금을 요청하는 트랜잭션보다 나이가 적다면 트랜잭션은 잠금을 대기한다. 그러나 잠금을 요청하는 트랜잭션이 잠금을 소유한 트랜잭션들보다 나이가 적다면 그 트랜잭션을 어보트한다.

```
class Lock...

  public CompletableFuture<TransactionRef>
                  waitDie(TransactionRef txnRef,
                          String key,
                          LockMode askedLockMode,
                          CompletableFuture<TransactionRef> lockFuture,
                          LockManager lockManager) {

      if (allOwningTransactionsStartedAfter(txnRef)) {
          addToWaitQueue(new LockRequest(txnRef, key, askedLockMode,
                  lockFuture));
```

```
        return lockFuture;
    }

    lockManager.abort(txnRef, key);
    lockFuture.completeExceptionally(
            new WriteConflictException(txnRef, key, owners));
    return lockFuture;
}
```

일반적으로 선점-대기 방법이 대기-포기 방법보다 재시작이 적어서 구글 스패너 같은 데이터 저장소는 선점-대기 방법을 사용한다.

잠금 소유자가 잠금을 해제하면 대기 중인 트랜잭션이 잠금을 획득한다.

```
class LockManager...

  private void release(TransactionRef txn, String key) {
      Optional<Lock> lock = getLock(key);
      lock.ifPresent(l -> {
          l.release(txn, this);
      });
  }

class Lock...

  public void release(TransactionRef txn, LockManager lockManager) {
      removeOwner(txn);
      if (hasWaiters()) {
          var lockRequest = getFirst(lockManager.waitPolicy);
          lockManager.acquire(lockRequest.txn,
                  lockRequest.key, lockRequest.lockMode, lockRequest.future);
      }
  }
```

커밋과 롤백

클라이언트가 읽기나 쓰기 연산을 완료하면 커밋 요청을 코디네이터에게 전송한다.

```
class TransactionClient...

  public CompletableFuture<Boolean> commit() {
      return coordinator.commit(transactionRef);
  }
```

트랜잭션 코디네이터는 트랜잭션 상태를 커밋 준비 중이라고 기록한다. 코디네이터는 커밋 처리를 2단계로 구현한다.

1. 코디네이터는 먼저 각각의 참여자에게 준비 요청을 보낸다.
2. 코디네이터는 모든 참여자로부터 성공 응답을 받으면 트랜잭션 상태를 완료할 준비가 됐다고 표시한다. 그리고 코디네이터는 모든 참여자에게 커밋 요청을 보낸다.

```
class TransactionCoordinator...

  public CompletableFuture<Boolean> commit(TransactionRef transactionRef) {
      var metadata = transactions.get(transactionRef);
      metadata.markPreparingToCommit(transactionLog);
      var allPrepared = sendPrepareRequestToParticipants(transactionRef);
      var futureList = sequence(allPrepared);
      return futureList.thenApply(result -> {
          if (!result.stream().allMatch(r -> r)) {
              logger.info("Rolling back = " + transactionRef);
              rollback(transactionRef);
              return false;
          }
          metadata.markPrepared(transactionLog);
          sendCommitMessageToParticipants(transactionRef);
          metadata.markCommitComplete(transactionLog);
          return true;
      });
  }
```

준비 요청을 받은 클러스터 노드는 다음 두 가지를 수행한다.

1. 모든 키의 쓰기 잠금을 획득하려고 한다.
2. 성공하면 변경 사항을 모두 쓰기 전 로그에 기록한다.

이 두 가지 작업에 성공하면 충돌하는 트랜잭션이 없다고 보장되며, 죽는 경우에도 클러스터 노드는 트랜잭션 완료에 필요한 상태를 모두 복원할 수 있다.

```
class TransactionalKVStore...

  public CompletableFuture<Boolean>
                    handlePrepare(TransactionRef txn) {
```

```java
    try {
        TransactionState state = getTransactionState(txn);
        if (state.isPrepared()) {
            // 이미 준비됨
            return CompletableFuture.completedFuture(true);
        }

        if (state.isAborted()) {
            // 다른 트랜잭션에 의해 어보트됨
            return CompletableFuture.completedFuture(false);
        }

        var pendingUpdates = state.getPendingUpdates();
        var prepareFuture = prepareUpdates(txn, pendingUpdates);
        return prepareFuture.thenApply(ignored -> {
            var locksHeldByTxn = lockManager.getAllLocksFor(txn);
            state.markPrepared();
            writeToWAL(new TransactionMarker(txn, locksHeldByTxn,
                    TransactionStatus.PREPARED));
            return true;
        });

    } catch (TransactionException| WriteConflictException e) {
        logger.error(e);
    }
    return CompletableFuture.completedFuture(false);
}

private CompletableFuture<Boolean> prepareUpdates(TransactionRef txn,
                        Optional<Map<String, String>> pendingUpdates) {

    if (pendingUpdates.isPresent()) {
        var pendingKVs = pendingUpdates.get();
        var lockFuture = acquireLocks(txn, pendingKVs.keySet());
        return lockFuture.thenApply(ignored -> {
            writeToWAL(txn, pendingKVs);
            return true;
        });
    }
    return CompletableFuture.completedFuture(true);
}

TransactionState getTransactionState(TransactionRef txnRef) {
    return ongoingTransactions.get(txnRef);
}

private void writeToWAL(TransactionRef txn,
                    Map<String, String> pendingUpdates) {
```

```
    for (String key : pendingUpdates.keySet()) {
        var value = pendingUpdates.get(key);
        wal.writeEntry(new SetValueCommand(txn, key, value).serialize());
    }
}

private CompletableFuture<List<TransactionRef>>
                            acquireLocks(TransactionRef txn,
                                         Set<String> keys) {

    var lockFutures = new ArrayList<CompletableFuture<TransactionRef>>();
    for (String key : keys) {
        var lockFuture = lockManager.acquire(txn, key, LockMode.READWRITE);
        lockFutures.add(lockFuture);
    }
    return sequence(lockFutures);
}
```

클러스터 노드가 코디네이터에게서 커밋 메시지를 받으면 지금까지 변경한 키-값을 밖으로 드러내도 안전하다. 클러스터 노드는 변경 사항을 커밋하는 동안 다음 세 가지 작업을 한다.

1. 트랜잭션이 커밋됐다고 표시한다. 이 시점에서 클러스터 노드가 죽더라도 트랜잭션의 결과를 알고 후속 단계를 다시 실행할 수 있다.
2. 모든 변경 사항을 키-값 저장소에 적용한다.
3. 획득한 잠금을 모두 해제한다.

```
class TransactionalKVStore...

  public void handleCommit(TransactionRef transactionRef,
                                    List<String> keys) {
    if (!ongoingTransactions.containsKey(transactionRef)) {
        return;    // 아무 일도 하지 않음. 이미 커밋됨
    }

    if (!lockManager.hasLocksFor(transactionRef, keys)) {
        throw new IllegalStateException("Transaction " + transactionRef
            + " should hold all the required locks for keys " + keys);
    }
    writeToWAL(new TransactionMarker(transactionRef,
            TransactionStatus.COMMITTED, keys));
```

```
        applyPendingUpdates(transactionRef);

        releaseLocks(transactionRef, keys);
    }

    private void removeTransactionState(TransactionRef txnRef) {
        ongoingTransactions.remove(txnRef);
    }

    private void applyPendingUpdates(TransactionRef txnRef) {
        var state = getTransactionState(txnRef);
        var pendingUpdates = state.getPendingUpdates();
        apply(txnRef, pendingUpdates);
    }

    private void apply(TransactionRef txnRef,
                       Optional<Map<String, String>> pendingUpdates) {
        if (pendingUpdates.isPresent()) {
            var pendingKv = pendingUpdates.get();
            apply(pendingKv);
        }
        removeTransactionState(txnRef);
    }

    private void apply(Map<String, String> pendingKv) {
        for (String key : pendingKv.keySet()) {
            String value = pendingKv.get(key);
            kv.put(key, value);
        }
    }
    private void releaseLocks(TransactionRef txn, List<String> keys) {
        lockManager.release(txn, keys);
    }

    private Long writeToWAL(TransactionMarker transactionMarker) {
        return wal.writeEntry(transactionMarker.serialize());
    }
```

롤백도 비슷한 방법으로 구현한다. 실패가 있다면 클라이언트는 코디네이터와 통신해 트랜잭션을 롤백한다.

```
class TransactionClient...

  public void rollback() {
      coordinator.rollback(transactionRef);
  }
```

트랜잭션 코디네이터는 트랜잭션 상태를 롤백 준비 중이라고 기록한다. 그리고 해당 트랜잭션 값을 저장하는 모든 서버에게 롤백 요청을 전달한다. 모든 요청이 성공하면 코디네이터는 트랜잭션 롤백이 완료됐다고 표시한다. 트랜잭션을 '롤백 준비'라고 표시한 다음 코디네이터가 죽어 다시 시작하더라도 코디네이터는 여전히 참여하는 모든 클러스터 노드에게 롤백 메시지를 보낼 수 있다.

```
class TransactionCoordinator...

  public void rollback(TransactionRef transactionRef) {
      var transactionMetadata = transactions.get(transactionRef);

      transactionMetadata.markPrepareToRollback(this.transactionLog);

      sendRollbackMessageToParticipants(transactionRef);

      transactionMetadata.markRollbackComplete(this.transactionLog);
  }

  private void sendRollbackMessageToParticipants(TransactionRef transactionRef) {

      var transactionMetadata = transactions.get(transactionRef);
      var participants
              = getParticipants(transactionMetadata.getParticipatingKeys());
      for (var kvStore : participants.keySet()) {
          var keys = participants.get(kvStore);
          kvStore.sendRollback(transactionMetadata.getTxn(), keys);
      }
  }
```

롤백 요청을 받은 클러스터 노드는 세 가지 일을 한다.

1. 쓰기 전 로그에 트랜잭션 상태가 롤백됐다고 표시한다.
2. 트랜잭션 상태를 폐기한다.
3. 모든 잠금을 해제한다.

```
class TransactionalKVStore...

  public void handleRollback(TransactionRef transactionRef,
                                  List<String> keys) {

      if (!ongoingTransactions.containsKey(transactionRef)) {
          return;  // 아무 일도 하지 않음. 이미 롤백됨
      }
```

```
    writeToWAL(new TransactionMarker(transactionRef,
            TransactionStatus.ROLLED_BACK, keys));
    this.ongoingTransactions.remove(transactionRef);
    this.lockManager.release(transactionRef, keys);
}
```

멱등 연산

네트워크가 실패하는 경우 코디네이터는 준비, 커밋, 어보트 호출을 재시도할 수 있다. 따라서 이런 연산들은 멱등해야 한다. 이는 183쪽 멱등 수신자(Idempotent Receiver) 패턴의 '멱등 요청과 비멱등 요청'에서 설명한 바와 같다.

예시 시나리오

원자적 쓰기

이런 시나리오를 생각해 보자. 폴라 블루에게는 트럭이 있고 스티븐 그린에게는 굴착기가 있다. 트럭과 굴착기의 사용 가능 상태와 예약 상태를 분산 키-값 저장소에 저장한다. 키를 서버에 매핑하는 방법에 따라 블루의 트럭 예약과 그린의 굴착기 예약은 다른 클러스터 노드에 저장될 수 있다. 앨리스는 월요일에 시작하는 공사를 위해 트럭과 굴착기를 예약하려고 한다. 앨리스는 트럭과 굴착기가 둘 다 필요하다.

예약 시나리오는 다음과 같다.

앨리스는 truck_booking_on_monday 키(그림 21.1)와 backhoe_booking_on_monday 키(그림 21.2)를 읽어 블루의 트럭과 그린의 굴착기를 사용할 수 있는지 확인한다.

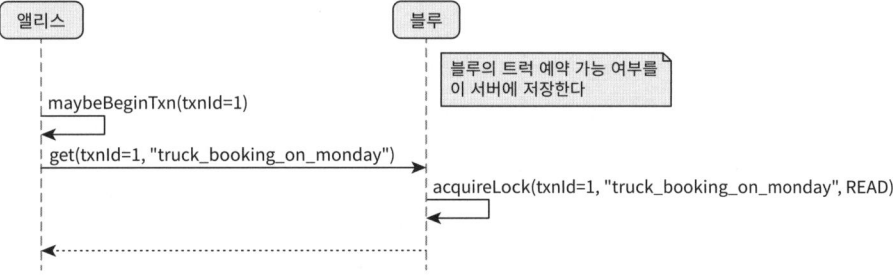

그림 21.1 블루 노드는 읽기 잠금을 획득한다.

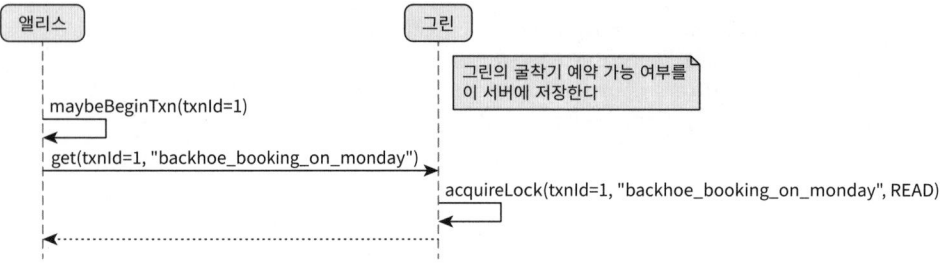

그림 21.2 그린 노드는 읽기 잠금을 획득한다.

값이 비었다면 예약이 안 된 것이다. 앨리스는 트럭과 굴착기를 예약한다. 두 값 모두 원자적으로 설정한다는 점이 중요하다. 하나라도 실패한다면 아무 값도 설정하지 않는다.

커밋은 2단계로 수행한다. 앨리스는 코디네이터 역할을 하는 서버와 통신해 2단계를 수행한다(그림 21.3).

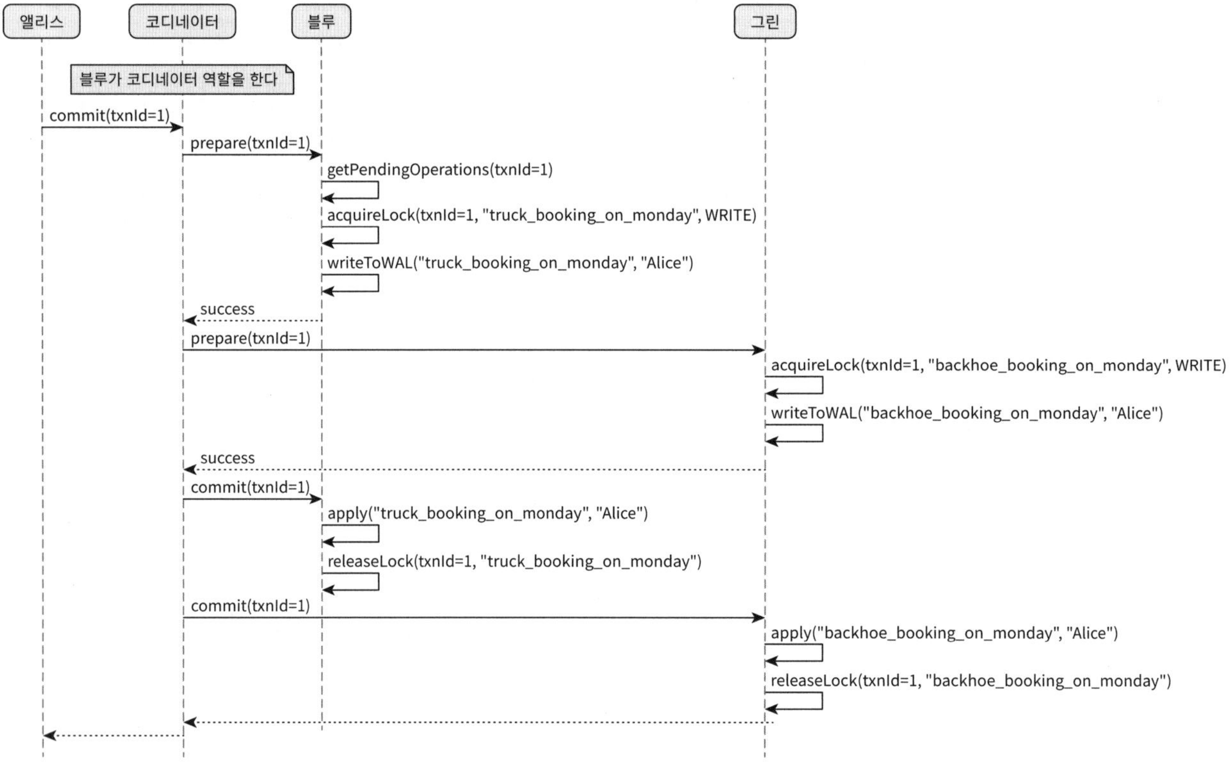

그림 21.3 코디네이터는 2단계 커밋을 관리한다.

코디네이터는 커밋 프로토콜에서 별도의 참여자이며 순서 다이어그램에서도 이렇게 표현했다. 하지만 보통은 서버 중 하나(블루나 그린)가 코디네이터 역할을 맡아 상호작용에서 두 가지 역할을 한다.

트랜잭션 충돌

한편 밥이라는 사람도 같은 월요일에 공사를 위해 트럭과 굴착기를 예약하는 시나리오를 고려해 보자.

예약 시나리오는 다음과 같이 진행된다.

- 앨리스와 밥 모두 truck_booking_on_monday 키와 backhoe_booking_on_monday 키를 읽는다.
- 두 사람 모두 값이 비어 있어서 예약이 없다는 것을 알게 된다.
- 두 사람 모두 트럭과 굴착기를 예약하려고 한다.

트랜잭션이 충돌하므로 앨리스와 밥 중 한 명만 예약할 수 있어야 한다. 오류가 발생하면 전체 단계를 재시도해야 하므로 한 명만 예약에 성공하기를 바란다. 그러나 어떤 상황에서도 예약이 부분적으로 이루어지는 상황은 발생하지 않아야 한다. 트럭과 굴착기 둘 다 예약에 성공하거나 둘 다 실패해야 한다.

> 이 시나리오는 두 트랜잭션이 서로가 획득한 잠금에 의존하므로 교착 상태에 빠진다. 교착 상태에서 빠져나오려면 트랜잭션을 취소하고 실패 처리해야 한다. 여기서 보여 주는 예시 구현에서는 주어진 키의 잠금을 획득한 다른 트랜잭션과 충돌하면 트랜잭션을 실패 처리한다.

예약 가능한지 확인하기 위해 앨리스와 밥 모두 트랜잭션을 시작하고 각각 블루 서버, 그린 서버와 통신한다. 블루는 truck_booking_on_monday 키의 읽기 잠금을 갖고 있고(그림 21.4), 그린은 backhoe_booking_on_monday 키의 읽기 잠금을 갖고 있다(그림 21.5). 읽기 잠금은 공유되므로 앨리스와 밥 모두 값을 읽을 수 있다.

앨리스와 밥은 월요일에 두 가지 예약이 모두 가능하다고 생각한다. 그래서 서버에 put 요청을 보내서 예약한다. 그림 21.6과 그림 21.7에 나온 것처럼 두 서버는 임시 저장소에 put 요청을 보관한다.

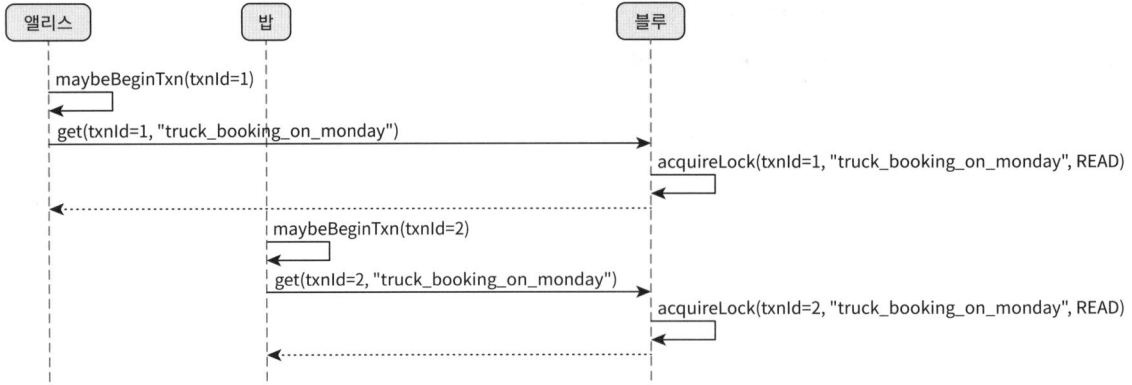

그림 21.4 앨리스와 밥 모두 블루에서 읽기 잠금을 획득한다.

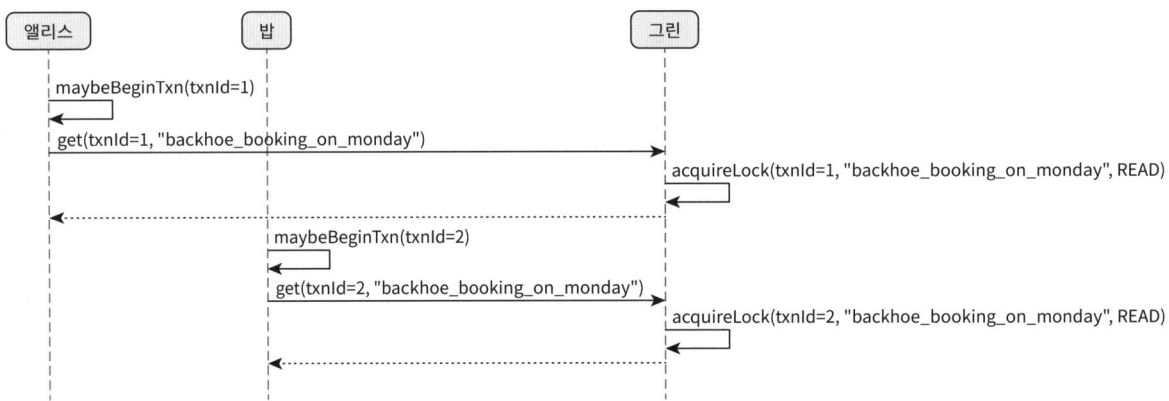

그림 21.5 앨리스와 밥 모두 그린에서 읽기 잠금을 획득한다.

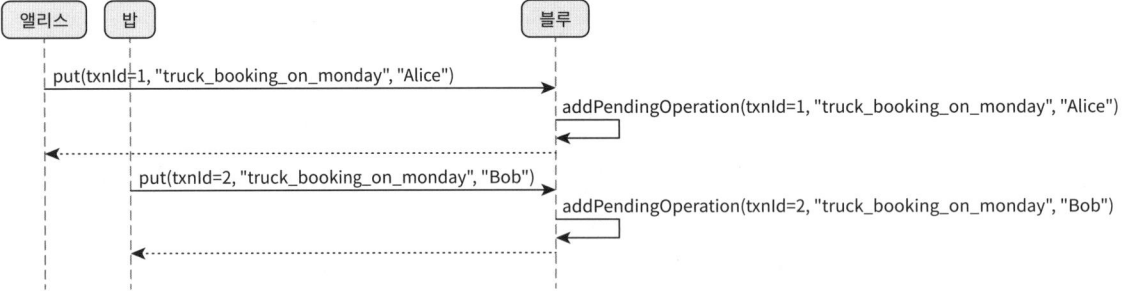

그림 21.6 블루는 앨리스와 밥의 보류 중인 연산을 기록한다.

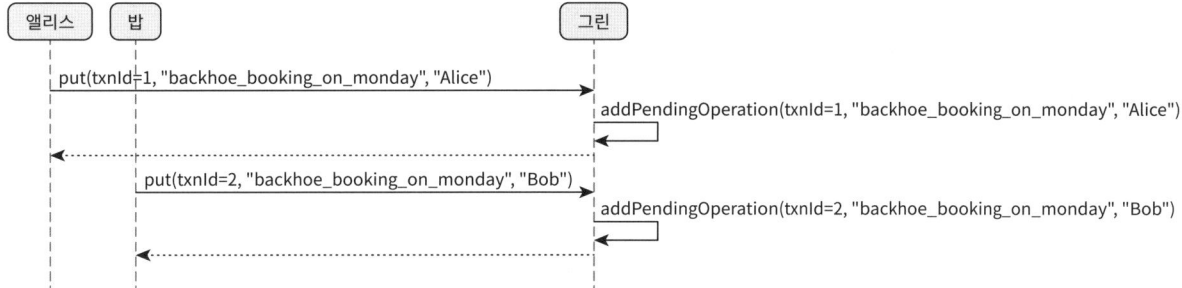

그림 21.7 그린은 앨리스와 밥의 보류 중인 연산을 기록한다.

앨리스와 밥이 트랜잭션을 커밋하기로 결정하면 코디네이터 역할을 하는 블루가 2단계 커밋 프로토콜을 시작하고 자신과 그린에게 준비 요청을 보낸다.

앨리스의 요청은 truck_booking_on_monday 키에 쓰기 잠금을 획득하려고 시도하지만 획득할 수가 없다. 읽기 잠금을 소유한 다른 트랜잭션과 충돌하기 때문이다. 그래서 앨리스의 트랜잭션은 준비 단계에서 실패한다. 밥의 요청도 같은 일이 생긴다(그림 21.8).

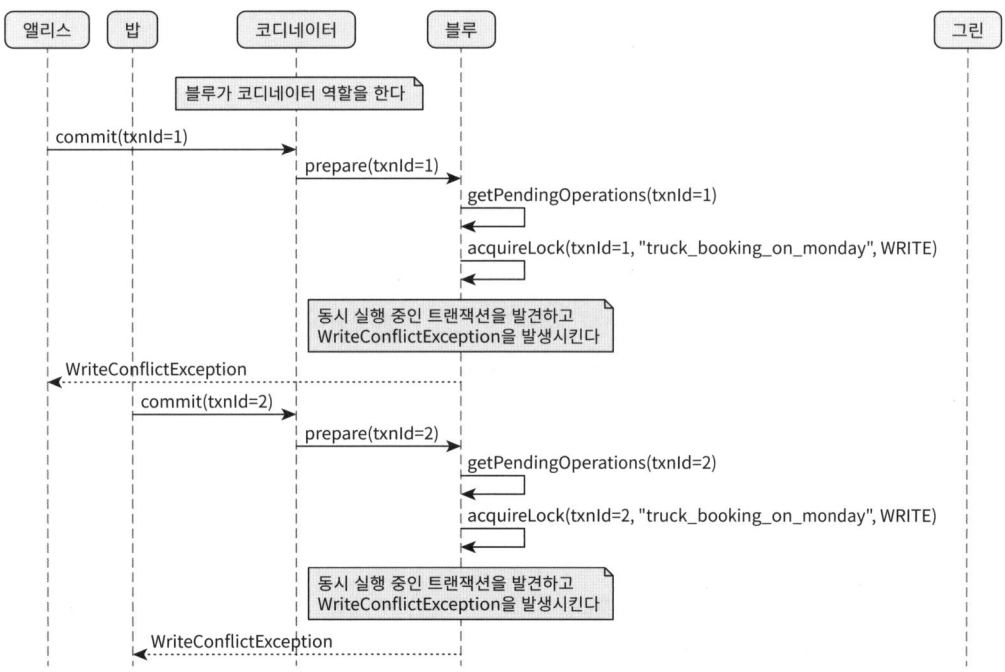

그림 21.8 충돌 때문에 커밋이 실패한다

21장 | Pattern 19 2단계 커밋 **289**

다음과 같이 재시도 루프를 사용해 트랜잭션을 재시도할 수 있다.

```
class TransactionExecutor...

    public boolean executeWithRetry(Function<TransactionClient, Boolean> txnMethod,
                                    ReplicaMapper replicaMapper,
                                    SystemClock systemClock) {
        for (int attempt = 1; attempt <= maxRetries; attempt++) {
            var client = new TransactionClient(replicaMapper, systemClock);
            try {
                txnMethod.apply(client);
                var successfullyCommitted = client.commit().get();
                return successfullyCommitted;

            } catch (WriteConflictException e) {
                logger.error("Write conflict detected while executing."
                        + client.transactionRef
                        + " Retrying attempt " + attempt);
                rollbackAndWait(client);

            } catch (ExecutionException | InterruptedException  e) {
                rollbackAndWait(client);
            }
        }
        return false;
    }

    private void rollbackAndWait(TransactionClient client) {
        client.rollback();
        randomWait();  // 임의 시간 간격 동안 대기
    }
```

충돌 시 오류 정책은 매우 구현하기 쉽지만 여러 트랜잭션이 다시 시작하므로 전체적인 처리량이 감소한다. 선점-대기 정책을 사용하면 다시 시작하는 트랜잭션이 줄어든다. 이 예시에서는 충돌이 발생할 때 두 트랜잭션 모두가 아니라 하나의 트랜잭션만 다시 시작하면 된다.

버전화 값 사용하기

읽기 연산과 쓰기 연산 모두 충돌이 발생하면 제약이 매우 심하다. 특히 읽기 전용 트랜잭션일 때 더욱 그렇다. 읽기 전용 트랜잭션과 읽기-쓰기 트랜잭션이 동시에 실행될 때, 읽기 전용 트랜잭션에서 잠금을 획득하지 않아도 읽은 값들이 바뀌지 않게 보장할 수 있다면 가장 이상적이다.

버전화 값(Versioned Value)에서 설명했듯이 데이터 저장소는 일반적으로 값의 여러 버전을 저장한다. 램포트 시계(Lamport Clock)를 따르는 타임스탬프를 버전으로 사용한다. 몽고DB나 코크로치DB 같은 데이터베이스에서는 하이브리드 시계(Hybrid Clock)를 사용한다. 2단계 커밋 프로토콜에서 버전을 사용하기 위해 트랜잭션에 참여하는 모든 서버는 값을 저장할 버전으로 사용 가능한 타임스탬프를 준비 요청에 대한 응답에 넣어 전송한다. 코디네이터는 이 타임스탬프 중에서 최댓값을 커밋 타임스탬프로 선택하고 값과 함께 보낸다. 그러면 참여 서버들은 커밋 타임스탬프를 버전으로 지정해 값을 저장한다. 이렇게 하면 읽기 전용 요청은 잠금을 획득하지 않고도 실행할 수 있다. 특정 타임스탬프 버전에 기록된 값은 결코 바뀌지 않기 때문이다.

간단한 예시를 보자. 필립은 타임스탬프 2까지 발생한 예약을 모두 읽는 보고서를 실행 중이다. 만약 이 연산이 잠금을 유지한 채 오래 실행된다면 트럭을 예약하려는 앨리스는 필립의 작업이 완료될 때까지 블록될 것이다. 버전화 값을 사용하면 읽기 전용 연산으로 실행되는 필립의 get 요청은 타임스탬프 2에서 계속 진행할 수 있고 앨리스의 예약은 타임스탬프 4에서 진행할 수 있다(그림 21.9).

읽기-쓰기 트랜잭션에서 실행되는 읽기 요청은 여전히 잠금을 획득해야 한다는 점에 주의하라.

램포트 시계를 사용하는 예시 코드는 다음과 같다.

```
class MvccTransactionalKVStore...

  public String readOnlyGet(String key, int readTimestamp) {
      adjustServerTimestamp(readTimestamp);
      waitForPendingWritesBelow(readTimestamp);

      return kv.get(new VersionedKey(key, readTimestamp));
  }

  public CompletableFuture<String> get(TransactionRef txn,
                                       String key, int requestTimestamp) {

      adjustServerTimestamp(requestTimestamp);
      var lockFuture = lockManager.acquire(txn, key, LockMode.READ);
      return lockFuture.thenApply(transactionRef -> {
          getOrCreateTransactionState(transactionRef);
          return getValue(key, this.timestamp);
          // 최신 값을 읽는다. 이 타임스탬프보다 작은 타임스탬프에서는 쓰기를 실행할 수 없다.
```

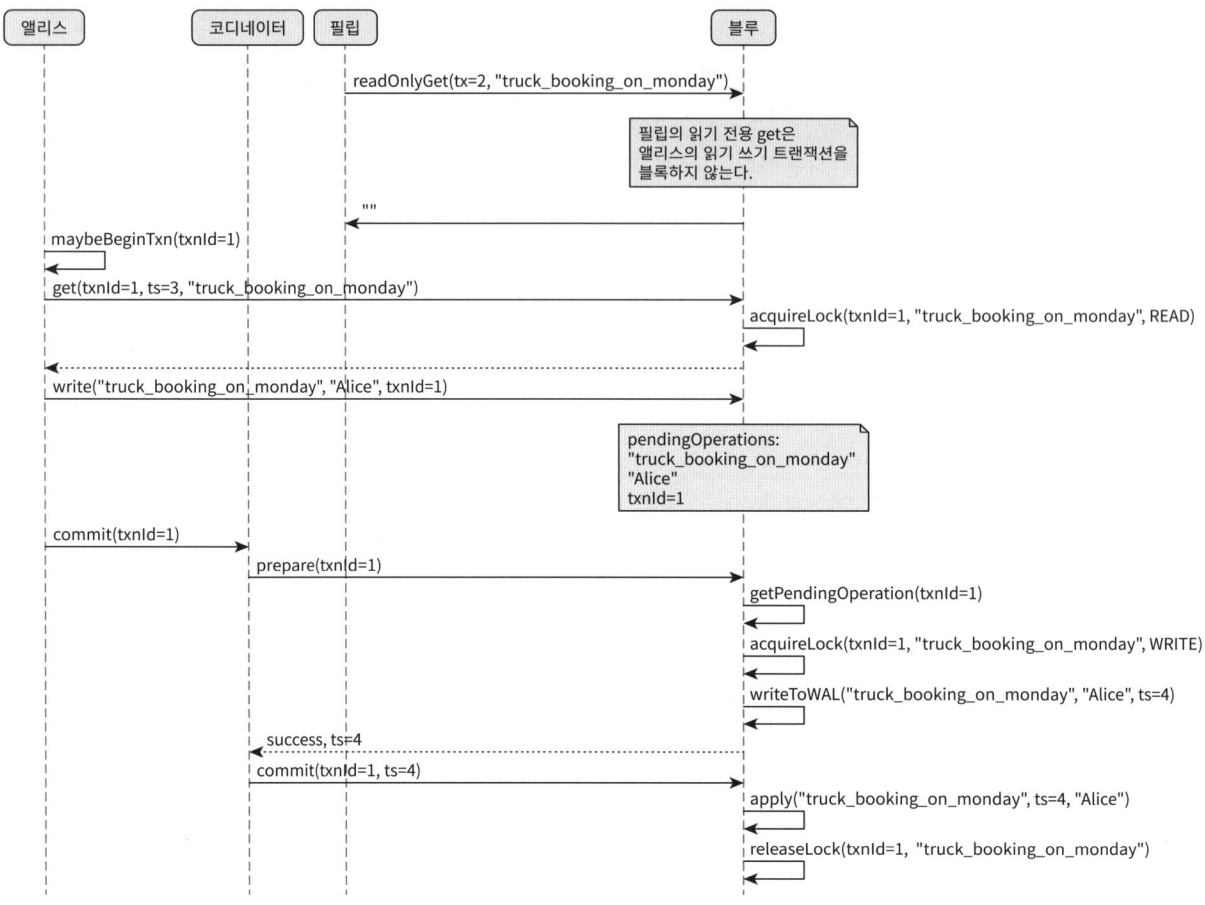

그림 21.9 버전을 사용한 논블로킹 읽기 전용 트랜잭션

```
    });
}

private String getValue(String key, int timestamp) {
    var entry = kv.floorEntry(new VersionedKey(key, timestamp));
    return entry != null && entry.getKey().getKey().equals(key)
            ? entry.getValue() : null;
}

private void adjustServerTimestamp(int requestTimestamp) {
    this.timestamp = requestTimestamp > this.timestamp
            ? requestTimestamp:timestamp;
}
```

```
  public int put(TransactionRef txnId, String key, String value,
            int requestTimestamp) {

      adjustServerTimestamp(requestTimestamp);
      var transactionState = getOrCreateTransactionState(txnId);
      transactionState.addPendingUpdates(key, value);
      return this.timestamp;
  }

class MvccTransactionalKVStore...

  private int prepare(TransactionRef txn,
                      Optional<Map<String, String>> pendingUpdates)
          throws WriteConflictException, IOException {

      if (pendingUpdates.isPresent()) {
          var pendingKVs = pendingUpdates.get();

          acquireLocks(txn, pendingKVs);

          // 쓰기 연산에 사용할 타임스탬프를 증가시킨다.
          timestamp = timestamp + 1;

          writeToWAL(txn, pendingKVs, timestamp);
       }
       return timestamp;
  }

class MvccTransactionCoordinator...

  public int commit(TransactionRef txn) {
      var commitTimestamp = prepare(txn);
      var transactionMetadata = transactions.get(txn);
      transactionMetadata.markPreparedToCommit(commitTimestamp,
                                        this.transactionLog);
      sendCommitMessageToAllTheServers(txn,
            commitTimestamp, transactionMetadata.getParticipatingKeys());
      transactionMetadata.markCommitComplete(transactionLog);
      return commitTimestamp;
  }

  public int prepare(TransactionRef txn) throws WriteConflictException {
      var transactionMetadata = transactions.get(txn);
      var keysToServers = getParticipants(
              transactionMetadata.getParticipatingKeys());
      var prepareTimestamps = new ArrayList<Integer>();
      for (var store : keysToServers.keySet()) {
```

```
            var keys = keysToServers.get(store);
            var prepareTimestamp = store.prepare(txn, keys);
            prepareTimestamps.add(prepareTimestamp);
    }
    return prepareTimestamps
            .stream()
            .max(Integer::compare)
            .orElse((int) txn.getStartTimestamp());
}
```

그런 다음 트랜잭션에 참여하는 모든 클러스터 노드는 해당 커밋 타임스탬프의 키-값 레코드를 저장한다.

```
class MvccTransactionalKVStore...

  public void commit(TransactionRef txn, List<String> keys, int commitTimestamp) {
      if (!lockManager.hasLocksFor(txn, keys)) {
          throw new IllegalStateException(
                  "Transaction should hold all the required locks");
      }

      adjustServerTimestamp(commitTimestamp);

      applyPendingOperations(txn, commitTimestamp);

      lockManager.release(txn, keys);

      logTransactionMarker(new TransactionMarker(txn,
              TransactionStatus.COMMITTED,
              commitTimestamp,
              keys,
              Collections.EMPTY_MAP));

      removePending(commitTimestamp);
  }

  private void applyPendingOperations(TransactionRef txnId,
                                      long commitTimestamp) {
      Optional<TransactionState> transactionState = getTransactionState(txnId);
      if (transactionState.isPresent()) {
          TransactionState t = transactionState.get();
          Optional<Map<String, String>> pendingUpdates = t.getPendingUpdates();
          apply(txnId, pendingUpdates, commitTimestamp);
      }
  }
```

```
private void apply(TransactionRef txnId,
                   Optional<Map<String, String>> pendingUpdates,
                   long commitTimestamp) {
    if (pendingUpdates.isPresent()) {
        var pendingKv = pendingUpdates.get();
        apply(pendingKv, commitTimestamp);
    }
    ongoingTransactions.remove(txnId);
}

private void apply(Map<String, String> pendingKv, long commitTimestamp) {
    for (String key : pendingKv.keySet()) {
        var value = pendingKv.get(key);
        kv.put(new VersionedKey(key, commitTimestamp), value);
    }
}
```

스냅샷 격리

앞의 구현에서 읽기-쓰기 트랜잭션의 읽기 요청은 여전히 잠금을 사용한다. 작업 부하가 대부분 읽기 요청이라면 시스템의 전체 처리량과 지연 시간에 큰 영향을 준다. 대다수 실제 환경에서는 읽기-쓰기 트랜잭션에서도 일반적으로 읽기 요청이 쓰기 요청보다 훨씬 많다. 따라서 더 나은 성능을 원하는 데이터 저장소에서는 읽기-쓰기 트랜잭션에서도 읽기 요청의 잠금을 획득하지 않는 구현을 선호한다.

그러나 트랜잭션이 실행되는 동안 잠금을 획득하지 않으면 데이터 불일치의 원인이 되는 다양한 이상 현상(anomaly)이 생긴다고 널리 알려져 있다[Berenson1995].

예를 들어 버전화 값(Versioned Value)을 사용한 앞의 예시에서 읽기 잠금을 획득하지 않으면 어떤 일이 생기는지 보자. 앨리스와 밥은 월요일에 트럭을 예약하려고 한다. 둘 다 타임스탬프 1 시점의 truck_booking_on_monday 키를 읽는다. 둘 다 예약이 없음을 확인한다(그림 21.10).

먼저 앨리스가 truck_booking_on_monday 키에 쓰기 요청을 보내고 트랜잭션을 커밋한다. 그러면 그림 21.11처럼 해당 키에서 타임스탬프 2의 새 버전을 생성한다.

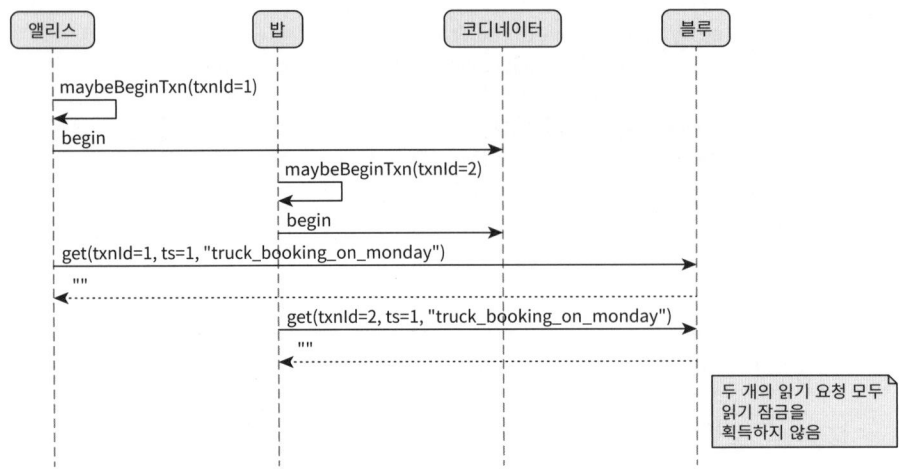

그림 21.10 스냅샷 격리로 읽기 잠금 없이 실행하는 읽기

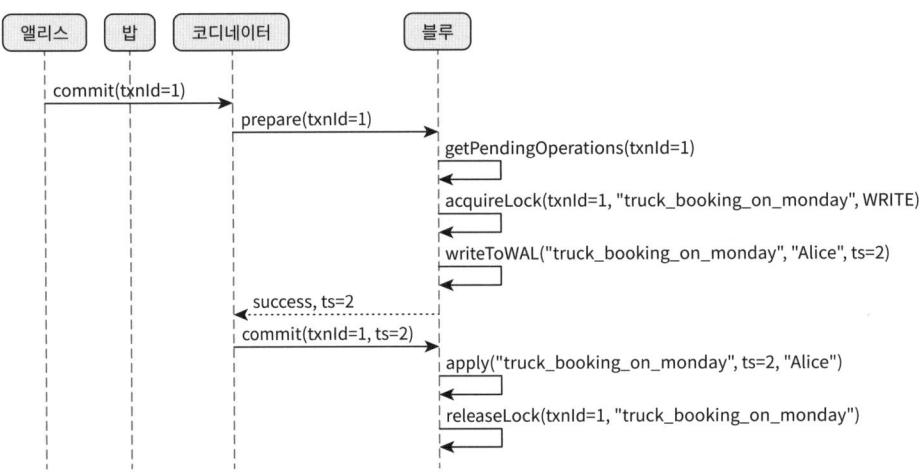

그림 21.11 앨리스의 갱신은 새 버전을 생성한다.

이제 밥은 `truck_booking_on_monday` 키에 쓰기 요청을 보낸다. 그러면 그림 21.12처럼 해당 키에서 타임스탬프 3의 새 버전을 생성한다.

이것이 갱신 손실(lost update) 문제다. 밥의 예약이 앨리스의 예약을 덮어썼다. 앨리스의 트랜잭션은 동시에 실행되는 밥의 트랜잭션이 이미 예약값을 읽고 그 값에 영향을 줄 수 있다는 사실을 알 방법이 없다는 점에서 문제가 발생했다.

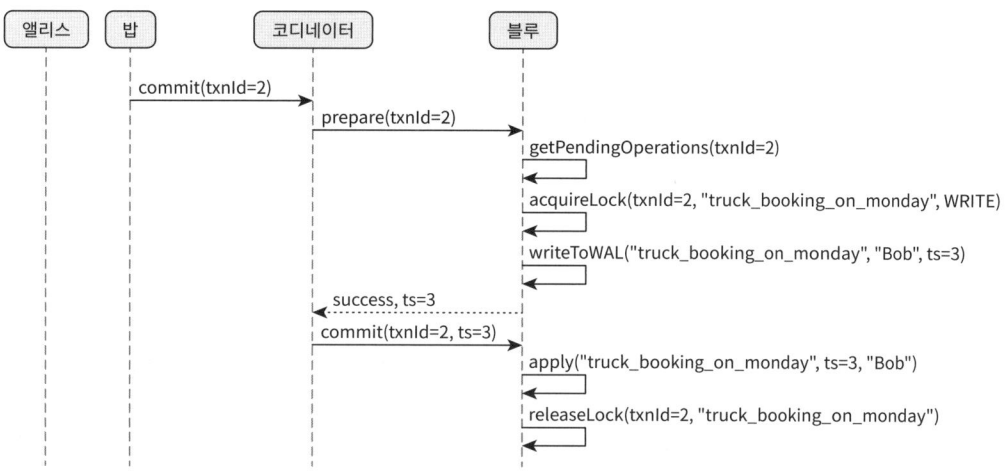

그림 21.12 밥의 갱신은 새 버전을 생성한다.

write skew
스냅샷 격리를 사용하면 두 트랜잭션이 같은 데이터를 읽고 각각 데이터의 일부만 갱신하는 경우 충돌이 발생하지 않으므로 두 트랜잭션 모두 커밋을 성공함. 서로 상대방이 읽는 데이터를 갱신했지만 두 트랜잭션 모두 알아차리지 못하는 이상 현상이 발생함.

> 스냅샷 격리는 '쓰기 스큐(write skew)'라는 이상 현상을 피할 수 없다. 따라서 직렬성 트랜잭션 격리가 절대적으로 필요하다면 읽기 잠금 기반 구현을 사용해야 한다. 포스트그레SQL 같은 단일 노드 데이터베이스는 직렬성 스냅샷 격리(serializable snapshot isolation)[Cahill2009]라고 하는 스냅샷 격리의 변형을 구현한다. 직렬성 스냅샷 격리는 엄격한 읽기 잠금이 없어도 성능을 해치지 않고 쓰기 스큐 이상 현상을 방지하는 균형을 달성한다.

스냅샷 격리 알고리즘은 데이터를 읽는 동안 잠금을 획득하지 않으면서도 갱신 손실을 포함한 다양한 이상 현상을 방지한다. 분산 데이터 저장소 퍼콜레이터(Percolator)[Peng2010], TiDB[2], D그래프(Dgraph)[3]는 스냅샷 격리를 구현한다. 구현 방식은 다음과 같다.

- 새 트랜잭션을 시작할 때 새 타임스탬프를 시작 타임스탬프로 할당받는다. 이 타임스탬프는 이전의 모든 커밋 타임스탬프보다 큰 값이다.
- 쓰기를 모두 버퍼에 저장한다.
- 트랜잭션의 읽기는 모두 시작 타임스탬프를 사용해 수행한다. 키를 읽으면 버퍼에 저장된 값이나 시작 타임스탬프보다 이전에 커밋된 값이 반환된다.
- 클라이언트가 트랜잭션을 커밋할 때 2단계 커밋을 수행한다.

[2] https://www.pingcap.com
[3] https://dgraph.io

- 준비 단계에서 버퍼의 모든 키값을 쓰기 위해 해당 서버들로 전송한다.
- 서버는 쓰려고 하는 키의 잠금을 획득한다.
- 그리고 서버는 이 트랜잭션의 시작 타임스탬프 이후에 동일한 키를 갱신한 다른 트랜잭션이 있는지 확인한다.
- 잠금을 획득할 수 없거나 트랜잭션의 시작 타임스탬프 이후에 키가 갱신됐다면 서버는 준비 요청 단계에서 실패를 반환한다. 그러면 클라이언트는 트랜잭션을 롤백하고 다시 시작할 수 있다.
- 모든 서버가 준비 요청에 성공을 반환하면 코디네이터는 커밋 타임스탬프라고 하는 새 타임스탬프를 할당받는다. 이 타임스탬프는 이전에 할당된 어떤 시작 타임스탬프나 커밋 타임스탬프보다 큰 값이다.
- 트랜잭션에 참여하는 모든 서버로 커밋 타임스탬프에 값을 쓰도록 요청을 보낸다.

타임스탬프 오라클

스냅샷 격리 알고리즘의 핵심 요구사항 중 하나는 시작과 커밋 타임스탬프가 클러스터 전체 노드에서 단조적이어야 한다는 점이다. 특정 응답이 어떤 타임스탬프로 반환되면 읽기 요청에서 받은 타임스탬프보다 낮은 타임스탬프에서는 쓰기가 실행되면 안 된다. 시스템 타임스탬프를 사용할 수는 없다. 시스템 타임스탬프는 358쪽 리스(Lease) 패턴의 "벽시계는 단조적이지 않다"에서 설명하듯이 단조적이지 않는데, 서로 다른 서버 간에 시곗값을 비교할 수 없기 때문이다. 단순한 램포트 시계도 사용할 수 없다. 램포트 시계는 전체 서버에서 완전하게 정렬되지 않기 때문이다(램포트 시계(Lamport Clock) 패턴의 '부분 순서' 절 참고). 따라서 트랜잭션을 시작하는 서버는 자신의 램포트 시곗값을 기반으로 시작 타임스탬프를 할당할 수 없다. 시스템 타임스탬프의 이런 문제를 피하기 위해 구글 퍼콜레이터와 (퍼콜레이터에서 영감을 받은) TiKV는 단조적 타임스탬프를 보장해 주는 타임스탬프 오라클(timestamp oracle)이라는 별도 서버를 사용한다.

각각의 클라이언트는 타임스탬프 오라클 서비스와 통신해 트랜잭션의 시작 타임스탬프와 커밋 타임스탬프를 얻는다. 타임스탬프 오라클은 단일 실패 지점(single point of failure)*이 될 수 있으므로 보통 자체 복제 로그(Replicated Log)를 사용해 구현한다.

> **single point of failure**
> 실패할 경우 전체 시스템이 중단되는 구성 요소.

버전화 값을 사용하는 앞의 예시에 적용하면 다음과 같다. 읽기-쓰기 트랜잭션에서도 읽기 요청에 잠금을 사용하지 않는다.

새 트랜잭션을 시작할 때 코디네이터는 타임스탬프 오라클에서 새 타임스탬프를 얻는다(그림 21.13).

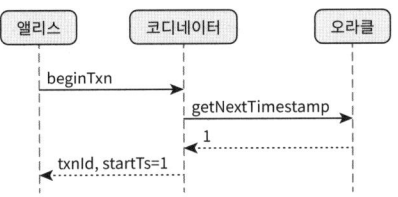

그림 21.13 코디네이터는 타임스탬프 오라클을 사용해 새 타임스탬프를 얻는다.

읽기 요청은 이 타임스탬프와 함께 전송된다. 서버는 이 타임스탬프보다 낮은 타임스탬프 버전으로 저장된 값 가운데 가장 높은 타임스탬프 버전으로 저장된 값을 반환한다. 여기서 주의할 점은 동시 실행되는 트랜잭션에서 보류 중인 쓰기 연산이 있고 그 타임스탬프가 읽기를 실행하는 트랜잭션의 시작 타임스탬프보다 낮다면 읽기를 다시 시도해야 한다는 것이다. 보류 중인 연산이 커밋되어 이 읽기 요청에 반영되어야 할지도 모르기 때문이다(그림 21.14).

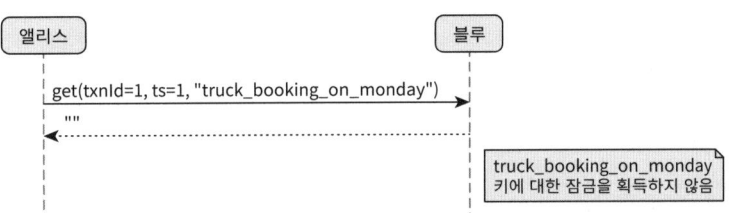

그림 21.14 앨리스는 읽기 잠금을 획득하지 않고 읽는다.

쓰기 요청은 버퍼에 저장된다(그림 21.15).

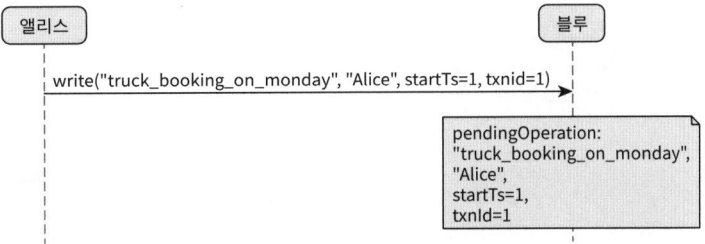

그림 21.15 앨리스의 갱신은 보류 중인 쓰기로 저장된다.

클라이언트가 트랜잭션을 커밋할 때는 버전화 값 원래 예시와 마찬가지로 2단계로 수행된다. 준비 단계에서는 쓰기가 실행된 키의 잠금 획득을 시도하고 이 트랜잭션을 시작한 후에 키가 갱신됐는지 확인한다(그림 21.16).

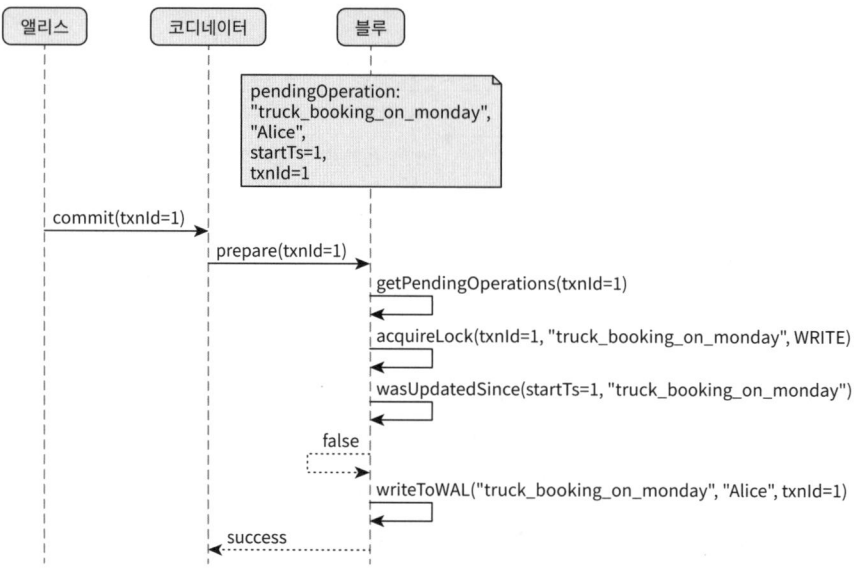

그림 21.16 준비 요청은 트랜잭션 시작 이후에 다른 트랜잭션이 쓰기를 실행했는지 확인한다.

준비 단계가 성공을 반환하면 코디네이터는 타임스탬프 오라클에 새 타임스탬프를 요청한다. 그리고 모든 참여자에게 해당 커밋 타임스탬프에 키-값 레코드를 커밋하라고 요청한다(그림 21.17).

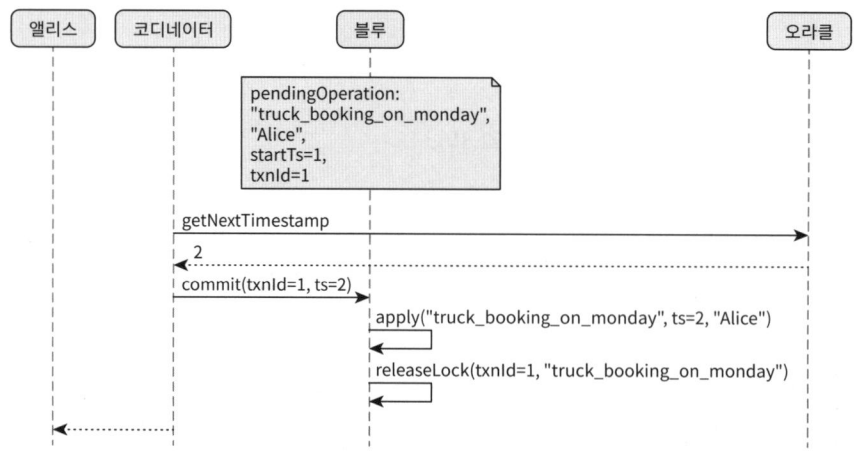

그림 21.17 코디네이터는 타임스탬프 오라클에서 커밋 타임스탬프를 얻는다.

앞의 밥의 요청에서 갱신 손실이 발생하는 예시를 살펴보자. 밥의 트랜잭션이 앨리스보다 나중에 시작했다고 하자(그림 21.18).

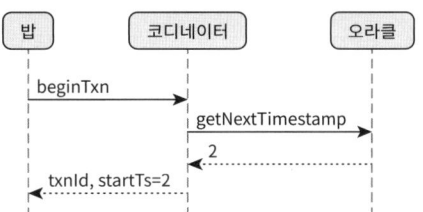

그림 21.18 밥의 트랜잭션은 새로운 시작 타임스탬프를 얻는다.

이 시점에서 앨리스가 트랜잭션을 커밋하면 커밋 타임스탬프가 3이 된다.

밥이 트랜잭션을 커밋하려고 할 때 준비 단계가 실패한다. 밥의 트랜잭션 시작 타임스탬프 이후에 `truck_booking_on_monday` 키가 갱신됐음을 발견하기 때문이다(그림 21.19).

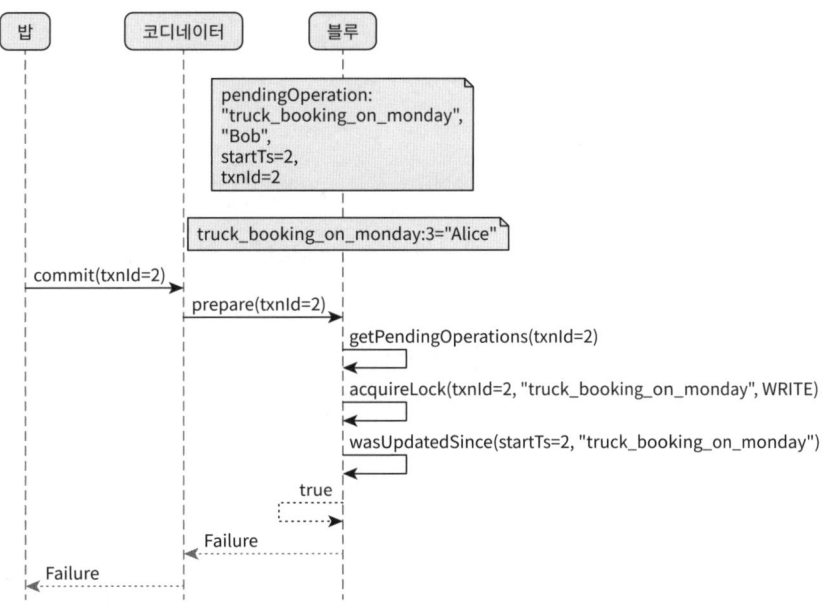

그림 21.19 밥의 트랜잭션은 충돌 때문에 실패한다.

하이브리드 시계 사용하기

몽고DB나 코크로치DB 같은 데이터베이스는 트랜잭션의 단조성(monotonicity)을 보장하기 위해 하이브리드 시계(Hybrid Clock)를 사용한다. 모든 요청이 각 서버의 하이브리드 시계를 최신으로 조정하기 때문에 단조성이 보장된다. 타임스탬프도 모든 쓰기 요청에서 단조 증가한다. 또한 커밋 단계에서는 참여 서버들에게서 받은 타임스탬프 중 최댓값을 선택해, 타임스탬프로 순서를 따질 때 쓰기가 항상 이전 읽기 요청보다 나중이 되도록 한다. 시계 스큐로 인해 발생하는 타임스탬프 순서의 불확실성을 피하기 위해 시계 제한 대기(Clock-Bound Wait)를 사용한다.

클라이언트가 서버가 쓰고 있는 타임스탬프보다 낮은 타임스탬프의 값을 읽는 것은 문제가 되지 않는다는 점에 주목하라. 그러나 서버가 특정 타임스탬프에 쓰려고 하는데, 클라이언트가 그 타임스탬프의 값을 읽으면 문제가 된다. 클라이언트가 특정 타임스탬프에서 데이터를 읽을려고 할 때 서버가 해당 타임스탬프에서 아직 처리 중인 쓰기 작업(준비 단계를 실행 중)이 있음을 감지하면, 서버는 쓰기가 완료되기를 기다리거나 오류를 반환해 클라이언트가 다시 시도하게 할 수 있다. 코크로치DB는 진행 중인 트랜잭션의 타임스탬프에서 읽기가 발생하면 오류를 반환한다. 구글 스패너는 읽기 처리 과정에서 클라이언트가 특정 파티션에서 마지막으로 성공한 쓰기의 시간을 얻는다. 클라이언트가 더 높은 타임스탬프에서 읽는다면 읽기 요청은 그 타임스탬프에서 쓰기가 완료될 때까지 기다린다.

복제 로그 사용

내결함성을 개선하기 위해 클러스터 노드는 복제 로그(Replicated Log)를 사용한다. 코디네이터는 복제 로그를 사용해 트랜잭션 로그 엔트리를 저장한다.

앞의 앨리스와 밥 예시에서 블루와 그린은 두 개의 서버 그룹이다. 모든 예약 데이터는 서버 전체에 복제된다. 2단계 커밋의 일부인 각각의 요청은 서버 그룹 리더에게 전송된다. 복제는 복제 로그를 사용해 구현한다.

클라이언트는 서버 그룹의 리더와 통신한다. 복제는 클라이언트가 트랜잭션을 커밋하기로 결정할 때만 필요하므로 준비 요청의 일부로서 실행한다.

코디네이터는 모든 상태 변경을 복제 로그에도 복제한다.

분산 데이터 저장소에서 각각의 클러스터 노드는 여러 파티션을 다룬다. 복제 로그는 파티션마다 유지 관리한다. 래프트를 복제의 일부로 사용할 때 다중 래프트(Multi-Raft)[4]라고도 한다.

클라이언트는 트랜잭션에 참여하는 각 파티션의 리더와 통신한다.

---

4 https://www.cockroachlabs.com/blog/scaling-raft

실패 처리

2단계 커밋 프로토콜은 트랜잭션의 결과를 통신하기 위해 코디네이터 노드에 크게 의존한다. 트랜잭션 결과가 알려질 때까지 개별 클러스터 노드는 보류 중인 트랜잭션에 참여하고 있는 키에 다른 트랜잭션이 쓰는 것을 허용하지 않는다. 클러스터 노드는 트랜잭션 결과가 알려질 때까지 블록한다. 이런 이유로 코디네이터에게 몇 가지 매우 중요한 요구사항이 발생한다.

코디네이터는 프로세스가 죽더라도 트랜잭션 상태를 기억해야 한다.

코디네이터는 쓰기 전 로그(Write-Ahead Log)를 사용해 트랜잭션 상태의 갱신을 모두 기록한다. 이렇게 하면 코디네이터가 죽었다 살아나더라도 완료되지 않은 트랜잭션에서 작업을 계속할 수 있다.

```java
class TransactionCoordinator...

  public void loadTransactionsFromWAL() throws IOException {
      List<WALEntry> walEntries = this.transactionLog.readAll();
      for (WALEntry walEntry : walEntries) {
          var txnMetadata =
                  (TransactionMetadata)
                          Command.deserialize(
                                  new ByteArrayInputStream(
                                          walEntry.getData()));

          transactions.put(txnMetadata.getTxn(), txnMetadata);
      }
      startTransactionTimeoutScheduler();
      completePreparedTransactions();
  }
  private void completePreparedTransactions() throws IOException {
      var preparedTransactions
              = transactions
                  .entrySet()
                  .stream()
                  .filter(entry -> entry.getValue().isPrepared())
              .collect(Collectors.toList());

      for (var preparedTransaction : preparedTransactions) {
          TransactionMetadata txnMetadata = preparedTransaction.getValue();
          sendCommitMessageToParticipants(txnMetadata.getTxn());
      }
  }
```

클라이언트는 코디네이터에게 커밋 메시지를 보내기 전에 죽을 수 있다.

트랜잭션 코디네이터는 각각의 트랜잭션 상태가 언제 갱신됐는지 추적한다. 코디네이터는 설정한 타임아웃 기간 내에 상태 갱신을 받지 못한다면 트랜잭션 롤백을 실행한다. 클라이언트는 불필요하게 롤백되지 않도록 코디네이터에게 규칙적으로 하트비트(HeartBeat)를 보낸다.

```
class TransactionCoordinator...

  private ScheduledThreadPoolExecutor scheduler
        = new ScheduledThreadPoolExecutor(1);
  private ScheduledFuture<?> taskFuture;
  private long transactionTimeoutMs = Long.MAX_VALUE;   // 임시로 지정

  public void startTransactionTimeoutScheduler() {
      taskFuture = scheduler.scheduleAtFixedRate(() -> timeoutTransactions(),
              transactionTimeoutMs,
              transactionTimeoutMs,
              TimeUnit.MILLISECONDS);
  }

  private void timeoutTransactions() {
      for (var txnRef : transactions.keySet()) {
          var transactionMetadata = transactions.get(txnRef);
          long now = systemClock.nanoTime();
          if (transactionMetadata.hasTimedOut(now)) {
              sendRollbackMessageToParticipants(transactionMetadata.getTxn());
              transactionMetadata.markRollbackComplete(transactionLog);
          }
      }
  }
```

트랜잭션 인텐트

첫 번째 단계에서 기록되는 키-값 레코드는 다른 트랜잭션에 노출되는 실제 데이터와 분리해 저장해야 한다. 록스DB같이 기존 키-값 저장소를 사용하는 데이터 저장소는 파일 자체를 다루는 대신 보류 중인 레코드 자체를 잠금으로 사용할 수 있다. 어떤 서버가 코디네이터의 역할을 하는지 알아내기 위한 부가 정보가 있으면 이런 레코드를 보류 중인 트랜잭션을 완료하는 데 사용할 수 있다. 이는 커밋이나 롤백 결정이 트랜잭션에 참여하는 개별 서버에 도달하지 못했을 때 유용하다.

이런 임시 레코드를 보통 트랜잭션 인텐트(transactional intents)라고 한다. 유가바이트DB, 코크로치DB, TiKV는 2단계 커밋 구현에서 트랜잭션 인텐트를 사용한다.

앨리스가 블루 서버와 그린 서버에 각각 truck-booking-on-monday와 backhoe_

booking_on_monday를 쓰는 상황을 가정해 어떻게 동작하는지 살펴보자. 트랜잭션은 코디네이터를 선택하는 것으로 시작한다. 앞서 설명했듯이 코디네이터는 일반적으로 트랜잭션의 첫 번째 키를 담당하는 서버다. 코디네이터는 새 트랜잭션을 기록하고 그 상태를 보류 중으로 표시한다(그림 21.20)

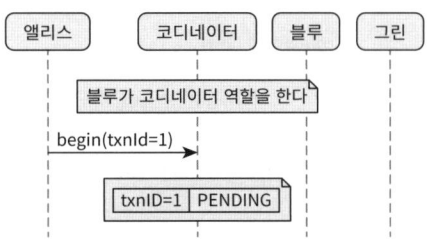

그림 21.20 코디네이터는 트랜잭션 상태를 추적한다.

앨리스는 블루 서버와 그린 서버에 쓰기 요청을 보낸다. 두 번의 쓰기에 대한 임시 레코드가 생성된다. 이 임시 레코드에는 코디네이터 역할을 하는 서버 주소도 포함한다. 일반적으로 서버 주소를 직접 저장하지 않고 코디네이터를 결정하는 데 사용된 첫 번째 키를 저장한다. 이 키로 서버 주소를 알아낼 수 있다. 그림 21.21과 그림 21.22에서는 설명을 단순화하기 위해 서버 이름을 직접 표시한다.

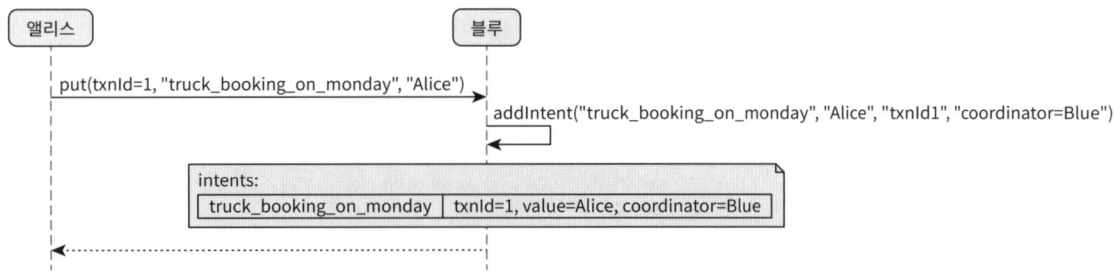

그림 21.21 블루 노드는 보류 중인 쓰기를 트랜잭션 인텐트로 추가한다.

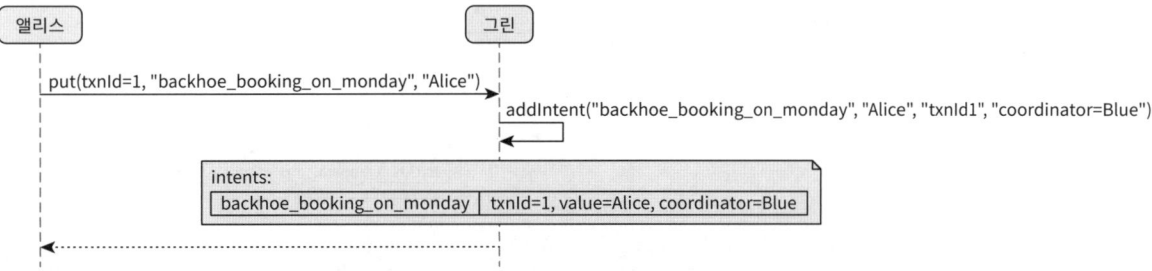

그림 21.22 그린 노드는 보류 중인 쓰기를 트랜잭션 인텐트로 표시한다.

앨리스는 트랜잭션을 커밋하기로 결정하면 코디네이터에게 커밋 요청을 보낸다(그림 21.23).

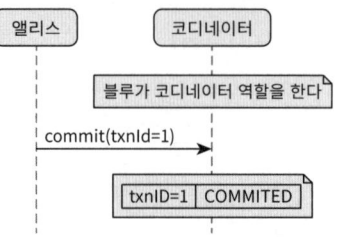

그림 21.23 코디네이터는 트랜잭션이 커밋됐다고 표시한다.

코디네이터가 트랜잭션 상태 갱신에 성공하면 클라이언트는 truck_booking_on_monday 키와 backhoe_booking_on_monday 키에 대해 블루와 그린에 커밋 요청을 보낼 수 있다(그림 21.24). 코디네이터의 상세 정보를 포함하는 임시 레코드를 사용하는 주요 이점은 코디네이터가 커밋 요청 결과를 대기할 필요 없이 커밋 요청을 비동기적으로 보낼 수 있다는 점이다. 설령 요청이 서버에 도달하지 않아도 문제가 되지 않는다.

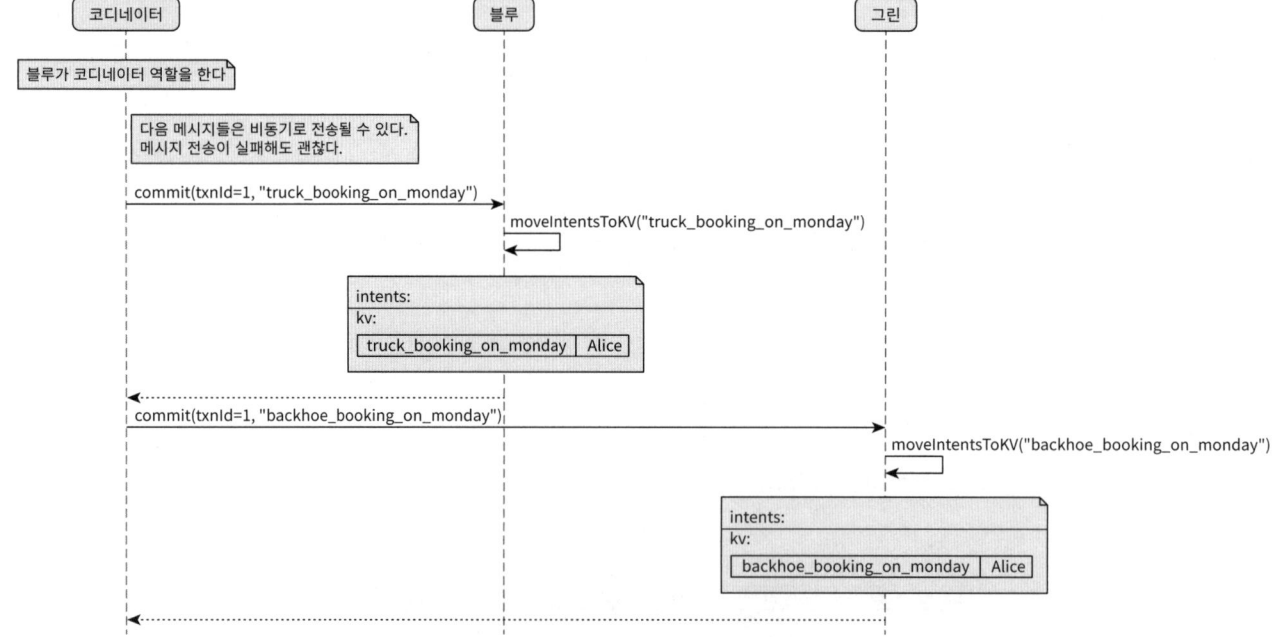

그림 21.24 노드들은 트랜잭션이 커밋되면 트랜잭션 인텐트를 적용한다.

인텐트 레코드를 어떻게 잠금으로 사용하고 보류 중인 트랜잭션을 복구하는 데 쓸 수 있는지 알아보자. 또 다른 사용자 밥이 보류 중인 인텐트 레코드가 있는 그린 서버에서 backhoe_booking_on_monday 키를 읽는다고 하자. 밥의 요청은 backhoe_booking_on_monday에 보류 중인 인텐트 레코드가 있음을 발견한다. 거기서 transactionId와 이 트랜잭션의 코디네이터 역할을 하는 서버 주소를 얻는다.

그리고 코디네이터에게 요청을 보내 이 트랜잭션의 상태를 얻는다(그림 21.25). 트랜잭션이 커밋 또는 롤백되었다면 요청 처리자는 이 트랜잭션을 커밋하거나 롤백하고 인텐트 레코드를 제거한다. 이후 밥의 요청이 재개된다.

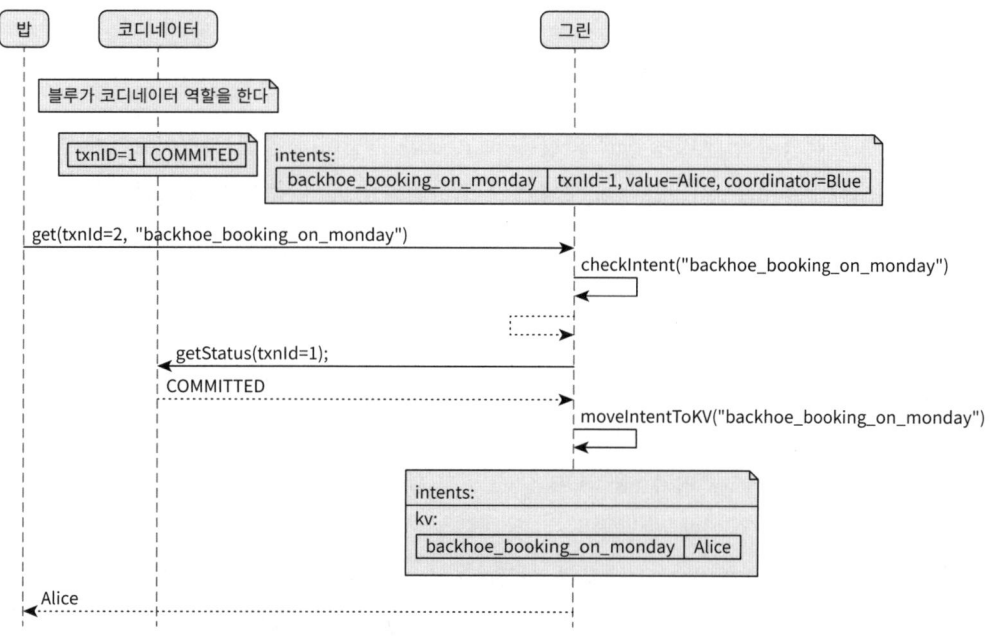

그림 21.25 밥의 요청은 커밋된 트랜잭션 인텐트를 적용한다.

그러나 트랜잭션 상태가 보류 중이라면 밥은 보류 중인 트랜잭션이 있음을 알리는 오류를 반환받는다. 밥은 다시 시도해야 한다(그림 21.26).

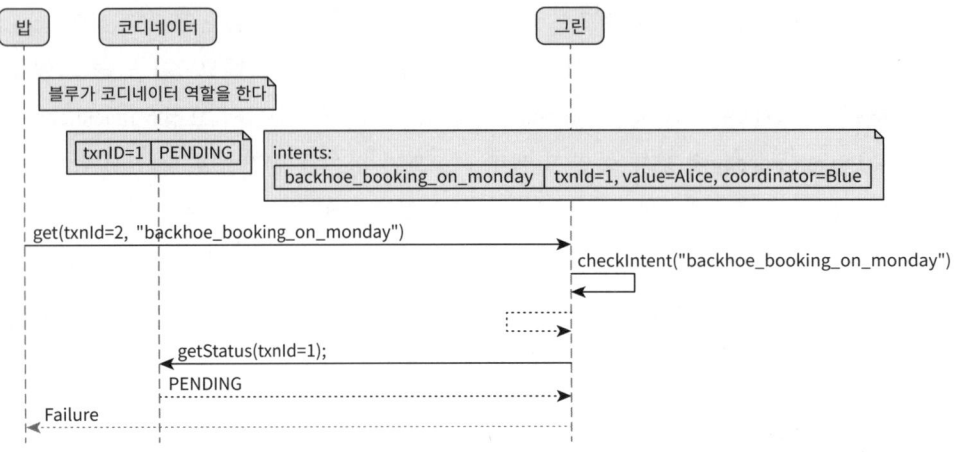

그림 21.26 트랜잭션 상태가 보류 중이라면 밥의 요청은 실패한다.

이렇게 트랜잭션 인텐트는 잠금 역할을 하고 또한 커밋이나 롤백 결정이 2단계 커밋 실행에 참여하는 서버들에게 도달하지 못하더라도 보류 중인 트랜잭션을 처리할 수 있게 한다.

이종 시스템 간 트랜잭션

여기서 서술한 해결책은 동종(homogenous) 시스템에서의 2단계 커밋 구현을 보여준다. 동종이란 모든 클러스터 노드가 동일한 시스템의 일부이며 동일한 종류의 데이터를 저장한다는 뜻이다. 몽고DB 같은 분산 데이터 저장소나 카프카 같은 분산 메시지 브로커가 여기에 해당한다.

역사적으로 2단계 커밋은 대부분 이종(Heterogeneous) 시스템의 맥락에서 논의됐다. 2단계 커밋은 XA[XA1991] 트랜잭션에서 가장 일반적으로 사용한다. J2EE 서버에서는 메시지 브로커와 데이터베이스 사이에서 2단계 커밋을 매우 빈번히 사용한다. 가장 일반적인 사용 패턴은 액티브MQ(ActiveMQ)나 JMS 같은 메시지 브로커에서 메시지를 생산하고 데이터베이스에 레코드를 입력하거나 갱신해야 하는 경우다.

이 장에서 살펴봤듯이 코디네이터의 내결함성은 2단계 커밋 구현에서 매우 중요한 역할을 담당한다. XA 트랜잭션의 경우 코디네이터는 데이터베이스와 메시지 브로커를 호출하는 애플리케이션 프로세스다. 대부분의 현대 시나리오에서 애플리케이션은 컨테이너 환경에서 실행되는 상태 비저장(stateless) 마이크로서비스다. 이런 환경은 코디네이터 역할을 담당하기에 적합하지 않다. 코디네이터는 상태를 유지 관리하고 커밋이나 롤백 실패로부터 빠르게 복구하기 위해 필요한데, 이런 경우에는 구현하기가 어렵다.

이런 까닭에 XA 트랜잭션은 매력적으로 보이지만 실제 상황에서 문제가 자주 발생하므로[5] 피하는 게 상책이다. 마이크로서비스 분야에서는 트랜잭션 아웃박스(transactional outbox)[6] 같은 패턴을 XA 트랜잭션보다 선호한다.

반면 대다수 분산 저장 시스템은 파티션 집합 사이에 2단계 커밋을 구현하며 실제로도 잘 동작한다.

사례

- 코크로치DB, 몽고DB 등의 분산 데이터베이스는 2단계 커밋을 구현해 파티션 사이에서 값을 원자적으로 저장한다.
- 아파치 카프카는 2단계 커밋과 유사한 구현을 사용해 여러 파티션 사이에서 원자적으로 메시지를 생산할 수 있다.

---

5 https://docs.aws.amazon.com/amazon-mq/latest/developer-guide/recover-xa-transactions.html 〈옮긴이 덧붙임〉현재는 내용이 무관한 페이지로 리다이렉트 된다. https://docs.aws.amazon.com/amazon-mq/latest/developer-guide/best-practices-activemq.html에 접속한 후 Avoid slow restarts by recovering prepared XA transactions 항목에서 내용을 볼 수 있다.
6 https://microservices.io/patterns/data/transactional-outbox.html

4부

분산 시간 패턴

서버는 시간 순서에 대한 분별력이 있어 어떤 서버에 최신 데이터가 있고 어떤 서버에 예전 데이터가 있는지 파악할 수 있어야 한다. 시스템 타임스탬프를 사용해 메시지 집합을 정렬할 수 있을 것처럼 보이지만 실제로는 그렇지 않다. 시스템 시계를 사용할 수 없는 주된 이유는 서버 전체의 시스템 시계 동기화를 보장할 수 없기 때문이다.

컴퓨터의 현재 시간을 나타내는 시계는 석영 크리스털로 관리되고 크리스털의 진동을 기반으로 시간을 측정한다. 이 메커니즘은 오류가 발생하기 쉽다. 크리스털은 진동 주기가 일정하지 않아서 서버마다 시간이 다를 수 있다. 서버 집합 전체의 시계는 NTP라는 서비스로 동기화된다. 이 서비스는 주기적으로 글로벌 시계 서버 집합을 확인하고 이에 따라 컴퓨터 시계를 조정한다. 시계 조정은 네트워크에서 이루어지는데, 네트워크 지연은 다양해서 시계 동기화는 네트워크 문제로 인해 지연될 수 있다. 시계 동기화 지연으로 각각의 서버 시계는 빠르거나 느릴 수 있다. 심지어 NTP로 동기화된 다음 시간은 되돌려질 수도 있다. 컴퓨터 시계와 관련한 이런 문제로 인해 일반적으로 현재 시간을 이벤트 정렬에 사용하지 않는다.

GPS 시계를 사용해 만든 구글의 트루타임 시계 시스템도 시계 스큐가 있다. 하지만 해당 시계 스큐는 상한값으로 범위를 보장한다. 시계 스큐 범위가 보장되면 시계 제한 대기(Clock-Bound Wait)라는 기법을 사용해 시스템 시계를 사용할 수 있다. 하지만 대부분 그렇듯이 시계 스큐 범위가 보장되지 않는다면 분산 시스템은 일반적으로 논리 타임스탬프라는 기법을 사용한다. 다음에 나오는 장에서 논리 타임스탬프 구현을 위한 패턴들을 살펴본다.

Patterns of Distributed Systems

Pattern 20

램포트 시계

논리 타임스탬프를 값의 버전으로 사용해 서버 간에 값의 순서를 정한다.

문제

값을 다수의 서버에 저장하는 경우 어떤 값을 먼저 저장했는지 알 방법이 필요하다. 358쪽 리스(Lease) 패턴의 "벽시계[1]는 단조적이지 않다"에서 설명하듯이, 시스템 타임스탬프는 단조적이지 않아 사용할 수 없으므로 다른 두 서버의 시곗값을 비교해서는 곤란하다.

현재 시간을 나타내는 시스템 타임스탬프는 일반적으로 크리스털 진동자로 만들어진 시계 장치로 측정한다. 크리스털 진동자를 이용한 시계 장치는 실제로 현재 시간보다 빠르거나 느려지는 문제가 있다고 알려져 있다. 일반적으로 인터넷의 기준 시간과 시스템 타임스탬프를 동기화하는 NTP 같은 서비스를 이용한다. 시간 동기화로 인해 특정 서버에서 두 번 연속으로 시스템 시간을 읽으면 시간이 거꾸로 갈 수 있다.

서버 사이의 시계 드리프트는 상한값이 없으므로 다른 두 서버의 타임스탬프를 비교하는 일은 불가능하다.

---

1 (옮긴이) *https://en.wikipedia.org/wiki/Elapsed_real_time*

해결책

램포트 시계는 타임스탬프를 나타내는 단일 숫자를 유지 관리한다.

```
class LamportClock...

  public class LamportClock {
      int latestTime;

      public LamportClock(int timestamp) {
          latestTime = timestamp;
      }
```

모든 클러스터 노드는 램포트 시계 인스턴스를 유지 관리한다.

```
class Server...

  MVCCStore mvccStore;
  LamportClock clock;

  public Server(MVCCStore mvccStore) {
      this.clock = new LamportClock(1);
      this.mvccStore = mvccStore;
  }
```

서버는 쓰기 연산을 수행할 때마다 tick() 메서드를 사용해 램포트 시계를 증가시킨다.

```
class LamportClock...

  public int tick(int requestTime) {
      latestTime = Integer.max(latestTime, requestTime);
      latestTime++;
      return latestTime;
  }
```

이런 식으로 서버는 클라이언트가 요청을 시작한 이후 서버가 수행한 다른 모든 작업에 이어서 쓰기 작업이 순차적으로 실행됐는지를 확인할 수 있다. 서버는 값을 쓸 때 사용한 타임스탬프를 클라이언트에게 반환한다. 그러면 요청 클라이언트는 이후 다른 서버 집합에서 쓰기 작업을 실행할 때 이 타임스탬프를 사용한다. 이런 식으로 요청 인과 관계의 연쇄(causal chain)를 유지 관리한다.

인과 관계, 시간, 선후

시스템에서 이벤트 A가 또 다른 이벤트 B보다 먼저 발생하면 둘에게는 인과 관계가 있을 수 있다. 인과 관계란 A가 B를 야기할 수도 있음을 의미한다. 'A가 먼저, B가 나중' 관계는 각각의 이벤트에 타임스탬프를 부여해 설정한다. 만약 A가 먼저, B가 나중이면 A의 타임스탬프가 B의 타임스탬프보다 낮을 것이다. 하지만 시스템 시간에 의존할 수 없기 때문에 이벤트에 부여된 타임스탬프의 선후 관계를 유지할 수 있는 방법이 필요하다. 레슬리 램포트는 〈Time, Clocks, and the Ordering of Events in a Distributed System〉[Lamport1978]이라는 중요한 논문에서 선후 관계 추적을 위한 해결책으로 논리 타임스탬프의 사용을 제안했다. 그래서 인과 관계를 추적하기 위해 논리 타임스탬프를 사용하는 이 기법을 램포트 타임스탬프라고 한다.

데이터베이스에서 이벤트는 데이터 저장에 관한 것이다. 그래서 램포트 타임스탬프는 저장된 값에 부여한다. 이는 버전화 값(Versioned Value)에서 다룬 버전 저장 메커니즘과 매우 잘 맞는다.

키-값 저장소 예시

여러 서버 노드로 구성한 그림 22.1의 간단한 키-값 저장소 예시를 살펴보자. 블루, 그린 두 대의 서버가 있다. 각각의 서버는 특정 키 집합을 저장하는 역할을 담당한다. 이는 데이터가 서버 전체에 파티션되는 대표적인 시나리오다. 램포트 타임스탬프를 버전 번호로 사용하는 버전화 값(Versioned Value) 형태로 값을 저장한다.

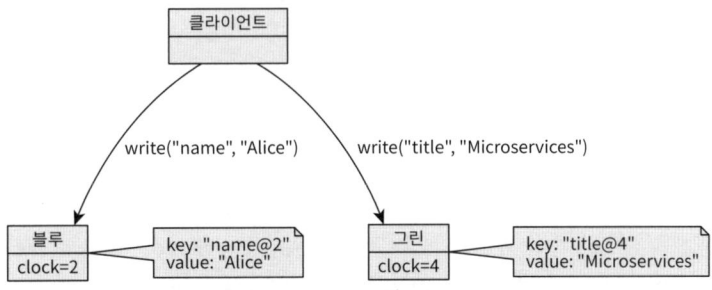

그림 22.1 각각의 특정 키를 담당하는 두 서버

수신 서버는 자신의 타임스탬프와 비교해 갱신하고 버전화 키값을 쓸 때 이를 사용한다.

```
class Server...

  public int write(String key, String value, int requestTimestamp) {
      //인과 관계를 반영하기 위해 자신의 시계 갱신
      int writeAtTimestamp = clock.tick(requestTimestamp);
      mvccStore.put(new VersionedKey(key, writeAtTimestamp), value);
      return writeAtTimestamp;
  }
```

값을 쓸 때 사용한 타임스탬프는 클라이언트로 반환된다. 클라이언트는 자체 타임스탬프를 갱신해 최신 타임스탬프를 추적한다. 이후 쓰기 작업을 실행할 때 이 타임스탬프를 사용한다.

```
class Client...

  LamportClock clock = new LamportClock(1);

  public void write() {
      int server1WrittenAt
              = server1.write("name",
                  "Alice", clock.getLatestTime());
      clock.updateTo(server1WrittenAt);

      int server2WrittenAt
              = server2.write("title", "Microservices", clock.getLatestTime());
      clock.updateTo(server2WrittenAt);

      assertTrue(server2WrittenAt > server1WrittenAt);
  }
```

그림 22.2는 요청 순서를 보여 준다.

클라이언트가 특정 키를 담당하는 리더 팔로워(Leader and Followers) 그룹의 리더와 통신하는 경우에도 동일한 기법을 사용한다. 클라이언트는 앞서 설명한 대로 그룹의 리더에게 요청을 보낸다. 그룹의 리더는 램포트 시계 인스턴스를 유지 관리하며 이전 절에서 설명한 것과 동일한 방식으로 갱신한다(그림 22.3).

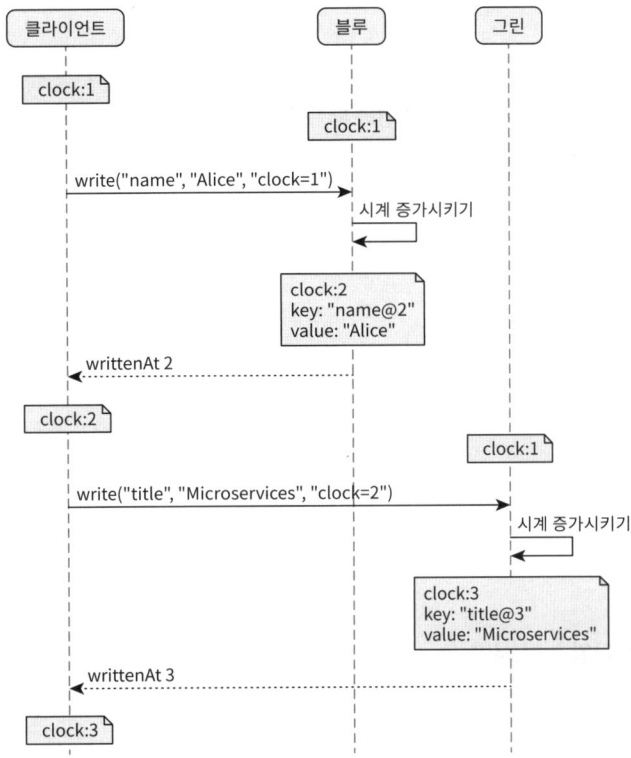

그림 22.2 램포트 시계는 쓰기 순서를 추적한다.

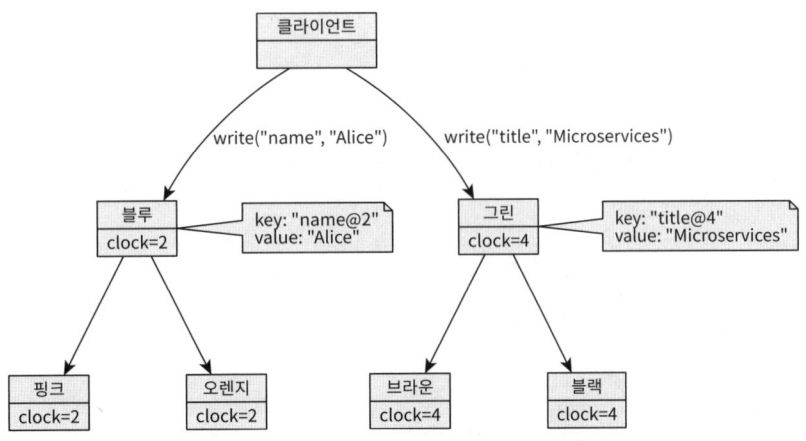

그림 22.3 서로 다른 키값을 저장하는 개별 리더-팔로워 그룹

부분 순서

램포트 시계로 저장한 값은 부분적으로만 정렬되어 있다. 두 클라이언트가 서로 다른 두 서버에 값을 저장한다면 타임스탬프 값을 사용해 서버 간의 값을 정렬할 수 없다. 다음 예시에서 밥이 그린 서버에 저장한 "title"은 타임스탬프가 2다. 하지만 밥이 저장한 "title"이 앨리스가 블루 서버에 저장한 "name" 보다 먼저 저장된 것인지 나중에 저장된 것인지 알 수 없다(그림 22.4).

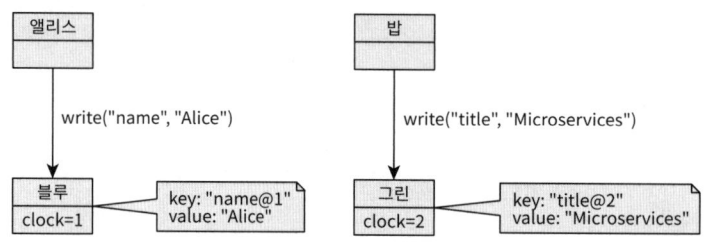

그림 22.4 부분 순서

값을 갱신하는 단일 리더 서버

리더가 항상 값을 저장하는 역할을 하는 단일 리더-팔로워 서버 그룹의 경우, 버전화 값(Versioned Value)에서 설명한 기본 구현만으로도 충분히 인과 관계를 유지할 수 있다(그림 22.5).

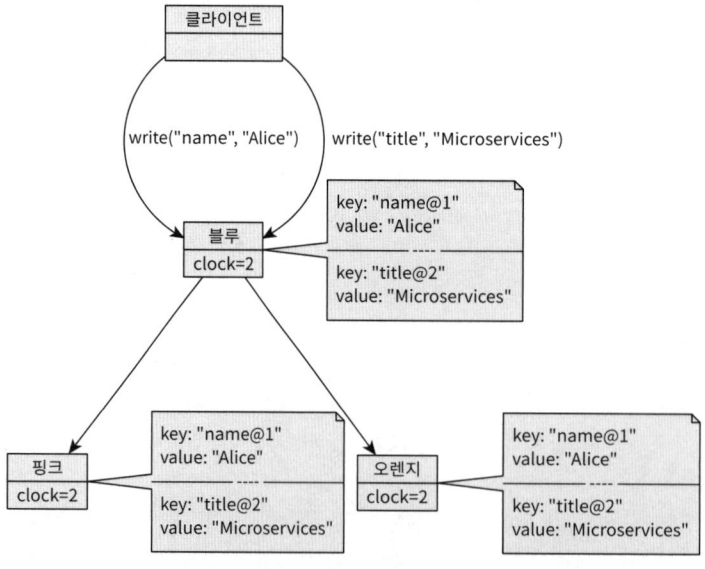

그림 22.5 키값을 저장하는 단일 리더-팔로워 그룹

이 경우 키-값 저장소는 정수 버전 카운터를 유지한다. 쓰기 전 로그에서 키-값 쓰기 명령어를 적용할 때마다 버전 카운터를 증가시킨다. 그런 다음 증가된 버전 카운터로 새로운 키를 구성한다. 복제 로그(Replicated Log) 패턴에서 설명한 대로 리더 팔로워는 명령어를 적용할 때 버전 카운터를 증가시킨다.

```
class ReplicatedKVStore...

  int version = 0;
  MVCCStore mvccStore = new MVCCStore();

  @Override
  public CompletableFuture<Response> put(String key, String value) {
      return replicatedLog.propose(new SetValueCommand(key, value));
  }

  private Response applySetValueCommand(SetValueCommand setValueCommand) {
      version = version + 1;
      mvccStore.put(new VersionedKey(setValueCommand.getKey(), version),
              setValueCommand.getValue());
      Response response = Response.success(RequestId.SetValueResponse, version);
      return response;
  }
```

사례

- 몽고DB와 코크로치DB 같은 데이터베이스는 MVCC 저장소를 구현하기 위해 램포트 시계의 변형을 사용한다.
- 세대 시계(Generation Clock)는 램포트 시계의 한 예다.

Patterns of Distributed Systems   23장

Pattern 21

하이브리드 시계

> 시스템 타임스탬프와 논리 타임스탬프를 조합해
> 버전을 날짜와 시간으로 나타낼 수 있고 정렬할 수 있다.

문제

램포트 시계(Lamport Clock)를 버전화 값(Versioned Value)에서 버전으로 사용하는 경우 클라이언트는 특정 버전을 저장한 실제 날짜와 시간을 알지 못한다. 클라이언트는 1, 2, 3과 같은 정수 대신 2020년 1월 1일과 같이 날짜와 시간을 사용해 버전에 접근하는 것이 더 편하다.

해결책

하이브리드 논리 시계[Demirbas2014]는 간단한 정수처럼 단조 증가하면서도 실제 날짜 및 시간과 관련이 있는 버전을 제공한다. 하이브리드 시계는 몽고DB[1]나 코크로치DB[2] 같은 데이터베이스에서 실제로 사용한다.

---

1 https://www.mongodb.com/blog/post/transactions-background-part-4-the-global-logical-clock
  (옮긴이 덧붙임) 다른 페이지로 리다이렉트되어 아카이브 URL을 추가한다. https://web.archive.org/web/20230927190724/https://www.mongodb.com/blog/post/transactions-background-part-4-the-global-logical-clock
2 https://www.cockroachlabs.com/docs/stable/architecture/transaction-layer.html

하이브리드 논리 시계는 다음과 같이 구현한다.

```
class HybridClock...

  public class HybridClock {
      private final SystemClock systemClock;
      private HybridTimestamp latestTime;
      public HybridClock(SystemClock systemClock) {
          this.systemClock = systemClock;
          this.latestTime = new HybridTimestamp(systemClock.now(), 0);
      }
```

하이브리드 논리 시계는 최신 시간을 시스템 시간과 정수 카운터로 구성된 하이브리드 타임스탬프의 인스턴스로 유지 관리한다.

```
class HybridTimestamp...

  public class HybridTimestamp implements Comparable<HybridTimestamp> {
      private final long wallClockTime;
      private final int ticks;

      public HybridTimestamp(long systemTime, int ticks) {
          this.wallClockTime = systemTime;
          this.ticks = ticks;
      }

      public static HybridTimestamp fromSystemTime(long systemTime) {
          //addTicks에서 0으로 재설정할 수 있도록 -1로 초기화
          return new HybridTimestamp(systemTime, -1);
      }

      public HybridTimestamp max(HybridTimestamp other) {
          if (this.getWallClockTime() == other.getWallClockTime()) {
              return this.getTicks() > other.getTicks()? this:other;
          }
          return this.getWallClockTime() > other.getWallClockTime()?this:other;
      }

      public long getWallClockTime() {
          return wallClockTime;
      }

      public HybridTimestamp addTicks(int ticks) {
          return new HybridTimestamp(wallClockTime, this.ticks + ticks);
      }
```

```java
    public int getTicks() {
        return ticks;
    }

    @Override
    public int compareTo(HybridTimestamp other) {
        if (this.wallClockTime == other.wallClockTime) {
            return Integer.compare(this.ticks, other.ticks);
        }
        return Long.compare(this.wallClockTime, other.wallClockTime);
    }
```

하이브리드 시계는 램포트 시계의 버전과 정확히 동일한 방식으로 사용될 수 있다. 모든 서버는 하이브리드 시계의 인스턴스를 가진다.

```java
class Server...

  HybridClockMVCCStore mvccStore;
  HybridClock clock;

  public Server(HybridClockMVCCStore mvccStore) {
      this.clock = new HybridClock(new SystemClock());
      this.mvccStore = mvccStore;
  }
```

값을 쓸 때마다 매번 하이브리드 타임스탬프를 부여한다. 핵심은 시스템 시간값이 과거로 돌아가는지 감지하는 일이다. 시스템 시간값이 과거로 돌아가는 경우 컴포넌트의 논리 부분을 나타내는 별도의 숫자를 증가시켜 시간의 경과를 반영한다.

```java
class HybridClock...

  public synchronized HybridTimestamp now() {
      long currentTimeMillis = systemClock.now();
      if (latestTime.getWallClockTime() >= currentTimeMillis) {
          latestTime = latestTime.addTicks(1);
      } else {
          latestTime = new HybridTimestamp(currentTimeMillis, 0);
      }
      return latestTime;
  }
```

서버가 클라이언트에게서 받은 모든 쓰기 요청은 타임스탬프를 포함한다. 수신 서버는 자신의 타임스탬프와 요청 타임스탬프를 비교해 더 큰 값으로 서버 자신의 타임스탬프를 설정한다.

```
class Server...

  public HybridTimestamp write(String key, String value,
                               HybridTimestamp requestTimestamp) {
      //인과 관계를 반영하기 위해 자신의 시계 갱신
      var writeAtTimestamp = clock.tick(requestTimestamp);
      mvccStore.put(key, writeAtTimestamp, value);
      return writeAtTimestamp;
  }

class HybridClock...

  public synchronized HybridTimestamp tick(HybridTimestamp requestTime) {
      long nowMillis = systemClock.now();
      // nowMillis가 최댓값인 경우 ticks를 -1로 설정하고,
      // 다음 addTicks에서 ticks를 0으로 다시 설정한다.
      HybridTimestamp now = HybridTimestamp.fromSystemTime(nowMillis);
      latestTime = max(now, requestTime, latestTime);
      latestTime = latestTime.addTicks(1);
      return latestTime;
  }

  private HybridTimestamp max(HybridTimestamp...times) {
      HybridTimestamp maxTime = times[0];
      for (int i = 1; i < times.length; i++) {
          maxTime = maxTime.max(times[i]);
      }
      return maxTime;
  }
```

값을 쓰는 데 사용한 타임스탬프는 클라이언트에게 반환된다. 요청 클라이언트는 자신의 타임스탬프를 갱신한 다음, 이후 쓰기 작업에서 해당 타임스탬프를 사용한다.

```
class Client...

  HybridClock clock = new HybridClock(new SystemClock());
  public void write() {
      HybridTimestamp server1WrittenAt = server1
              .write("name", "Alice", clock.now());
```

```
        clock.tick(server1WrittenAt);

        HybridTimestamp server2WrittenAt = server2
                .write("title", "Microservices", clock.now());

        assertTrue(server2WrittenAt.compareTo(server1WrittenAt) > 0);
    }
```

하이브리드 시계를 사용한 다중 버전 저장소

키-값 저장소에 값을 저장할 때 하이브리드 타임스탬프를 버전으로 사용할 수 있다. 값은 버전화 값(Versioned Value)에서 설명한 대로 저장한다.

```
class HybridClockReplicatedKVStore...

  private Response applySetValueCommand(
                        VersionedSetValueCommand setValueCommand) {

    mvccStore.put(setValueCommand.getKey(), setValueCommand.timestamp,
            setValueCommand.value);

    Response response =
            Response.success(RequestId.SetValueResponse,
                    setValueCommand.timestamp);
    return response;
  }

class HybridClockMVCCStore...

  ConcurrentSkipListMap<HybridClockKey, String> kv
        = new ConcurrentSkipListMap<>();

  public void put(String key, HybridTimestamp version, String value) {
      kv.put(new HybridClockKey(key, version), value);
  }

class HybridClockKey...

  public class HybridClockKey implements Comparable<HybridClockKey> {
      private String key;
      private HybridTimestamp version;

      public HybridClockKey(String key, HybridTimestamp version) {
          this.key = key;
          this.version = version;
      }
```

```
    public String getKey() {
        return key;
    }

    public HybridTimestamp getVersion() {
        return version;
    }

    @Override
    public int compareTo(HybridClockKey o) {
        int keyCompare = this.key.compareTo(o.key);
        if (keyCompare == 0) {
            return this.version.compareTo(o.version);
        }
        return keyCompare;
    }
```

값은 버전화 값(Versioned Value) 패턴의 '버전화 키의 정렬' 절에서 설명한 대로 정확히 읽는다. 버전화 키는 하이브리드 타임스탬프를 키의 접미사로 사용해 기본 순서로 배열한다. 이렇게 구현하면 탐색 가능한 맵 API를 사용해 특정 버전의 값을 얻을 수 있다.

```
class HybridClockMVCCStore...

  public Optional<String> get(String key, HybridTimestamp atTimestamp) {
      var versionEntry = kv.floorEntry(new HybridClockKey(key, atTimestamp));
      return Optional.ofNullable(versionEntry)
              .filter(entry -> entry.getKey().getKey().equals(key))
              .map(entry -> entry.getValue());
  }
```

타임스탬프를 사용해서 값 읽기

값을 하이브리드 타임스탬프와 함께 저장하면 사용자가 과거의 시스템 타임스탬프를 사용해 값을 읽을 수 있다. 예를 들어 코크로치DB는 **"AS OF SYSTEM TIME"** 절을 사용해서 **"2016-10-03 12:45:00"** 처럼 날짜와 시간을 구체적으로 명시한 질의를 실행한다. 값은 다음과 같이 쉽게 읽을 수 있다.

```
class HybridClockMVCCStore...

  public Optional<String> getAtSystemTime(String key,
                                          String asOfSystemTimeClause) {
      long time = Utils.parseDateTime(asOfSystemTimeClause);
      HybridTimestamp atTimestamp = new HybridTimestamp(time, 0);
      return get(key, atTimestamp);
  }
```

분산 트랜잭션에 타임스탬프 할당하기

몽고DB와 코크로치DB 같은 데이터베이스는 분산 트랜잭션의 인과 관계를 유지 관리하기 위해 하이브리드 시계(Hybrid Clock)를 사용한다. 분산 트랜잭션에서 트랜잭션이 커밋될 때 서버 전체에서 트랜잭션의 일부로 저장된 모든 값을 동일한 타임스탬프로 저장해야 한다는 점에 유의한다. 요청 서버는 이후 쓰기 요청에서 더 높은 타임스탬프를 인지할 수 있으며, 이 중에서 가장 큰 타임스탬프로 트랜잭션을 커밋한다. 이것은 트랜잭션을 구현하는 표준 2단계 커밋(Two-Phase Commit) 프로토콜과 매우 잘 맞는다.

그림 23.1은 트랜잭션 커밋에서 최고의 타임스탬프를 어떻게 결정하는지 보여 준다. name을 저장하는 블루, title을 저장하는 그린, 코디네이터 역할을 담당하는 별도 서버, 이렇게 세 서버가 있다. 보다시피 각각의 서버는 로컬 시곗값이 서로 다르다. 시곗값은 단일 정수일 수도 있고 하이브리드 시계일 수도 있다. 코디네이터 역할을 하는 서버는 알려진 시곗값 1로 블루 서버에 쓰기를 시작한다. 하지만 블루 서버의 시계는 2이므로 이를 증가시켜 타임스탬프가 3인 값을 저장한다. 블루 서버는 응답으로 타임스탬프 3을 코디네이터에게 반환한다. 코디네이터는 다른 서버에 후속 요청을 보낼 때 타임스탬프 3을 사용한다. 그린 서버는 타임스탬프 값이 3인 요청을 받지만, 자신의 시계는 4이다. 그래서 높은 값인 4를 타임스탬프로 선택하고 증가시켜 5로 값을 쓰고 코디네이터에게 타임스탬프 5를 반환한다. 트랜잭션을 커밋할 때 코디네이터는 받은 최고 타임스탬프를 사용해 트랜잭션을 커밋한다. 트랜잭션에서 갱신된 모든 값은 최고 타임스탬프를 사용해 저장된다.

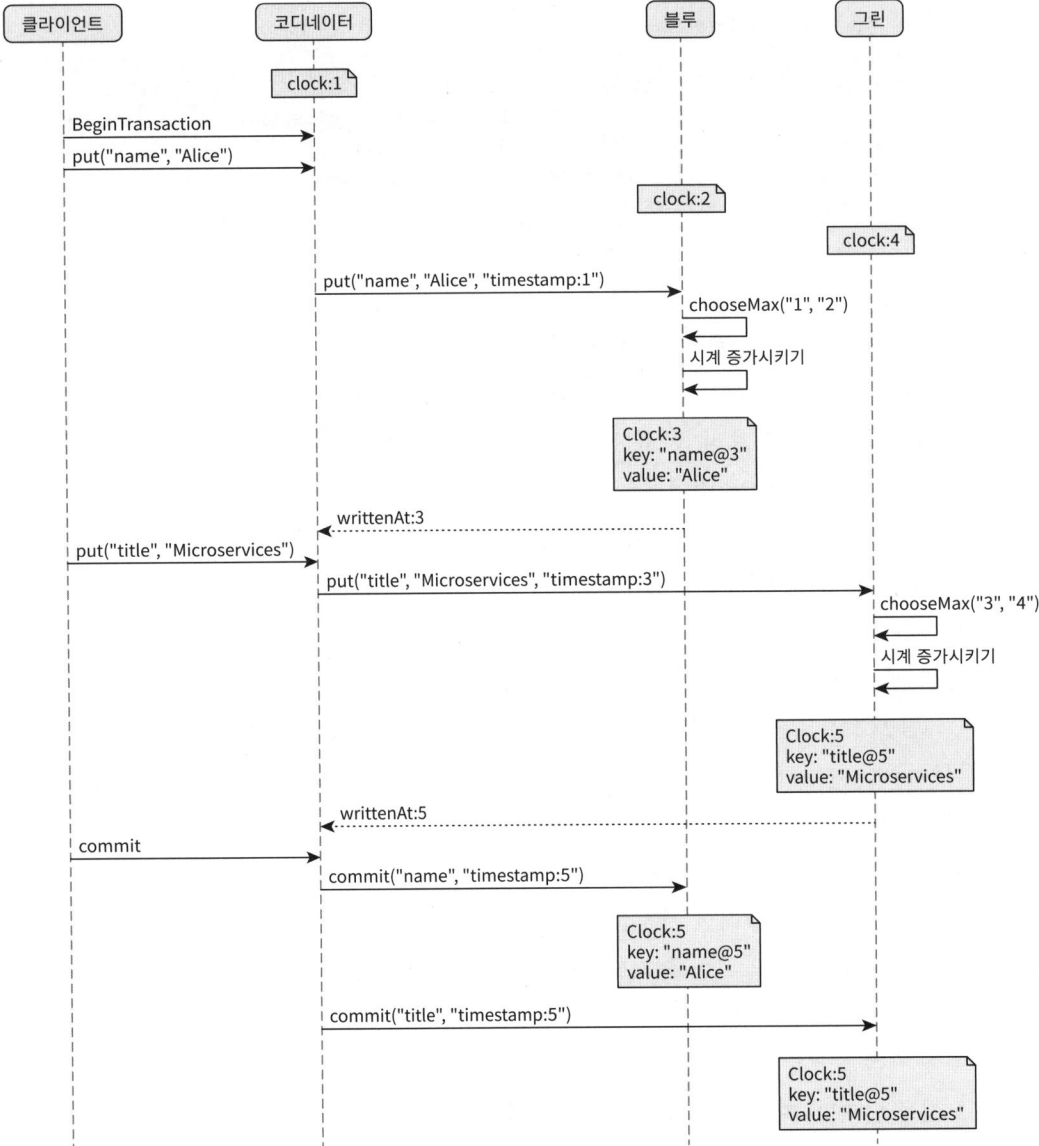

그림 23.1 서버 전체에 커밋 타임스탬프 전파하기

트랜잭션에서 타임스탬프를 처리하는 코드를 아주 단순화하면 다음과 같다.

```
class TransactionCoordinator...

  public Transaction beginTransaction() {
      return new Transaction(UUID.randomUUID().toString());
  }

  public void putTransactionally() {
      Transaction txn = beginTransaction();
      var coordinatorTime = new HybridTimestamp(1);
      var server1WriteTime = server1.write("name", "Alice",
                                            coordinatorTime, txn);
      var server2WriteTime = server2.write("title", "Microservices",
                                            server1WriteTime, txn);
      var commitTimestamp = server1WriteTime.max(server2WriteTime);
      commit(txn, commitTimestamp);
  }

  private void commit(Transaction txn, HybridTimestamp commitTimestamp) {
      server1.commitTxn("name", commitTimestamp, txn);
      server2.commitTxn("title", commitTimestamp, txn);
  }
```

또한 트랜잭션 구현은 2단계 커밋 프로토콜의 준비 단계를 사용해 각각의 참여 서버에서 사용하는 최고 타임스탬프를 확인할 수 있다.

사례

- 몽고DB는 하이브리드 타임스탬프를 사용해 MVCC 저장소에서 버전을 유지 관리한다.
- 코크로치DB와 유가바이트DB는 하이브리드 타임스탬프를 사용해 분산 트랜잭션의 인과 관계를 유지 관리한다.

Patterns of Distributed Systems 24장

Pattern 22

시계 제한 대기

값을 읽고 쓰기 전에 클러스터 노드 전체의 시간 불확실성이 해소되기를 기다려서
클러스터 노드 전체에서 값을 올바르게 정렬할 수 있게 한다.

문제

앨리스와 밥 둘 다 자신이 읽으려는 키의 최신 버전 타임스탬프를 그린 서버에 요청할 수 있다. 하지만 이 요청은 하나의 추가적인 라운드를 요구한다.

앨리스와 밥이 서버 집합에서 여러 키를 읽으려면, 각각의 서버에 최신 버전을 요청하고 그중 최댓값을 선택해야 한다.

버전으로 지정한 타임스탬프와 함께 값을 저장하는 키-값 저장소를 생각해 보자. 클라이언트의 요청을 처리하는 클러스터 노드는 요청 처리 노드의 현 타임스탬프를 사용해 최신 버전을 읽을 수 있다.

그림 24.1에서 값 "Before Dawn"은 그린 서버의 시간에 따라 타임스탬프 2 값에서 "After Dawn"으로 갱신됐다. 앨리스와 밥은 "title"의 최신 값을 읽으려고 한다. 앨리스의 요청은 앰버 서버에서 처리되지만, 밥의 요청은 블루 서버에서 처리된다. 앰버 서버의 시계는 1로 뒤처져 있어 앨리스가 최신 값을 읽으면 "Before Dawn" 값을 전송한다. 블루 서버의 시간은 2이므로 밥이 최신 값을 읽으면 "After Dawn" 값을 반환한다.

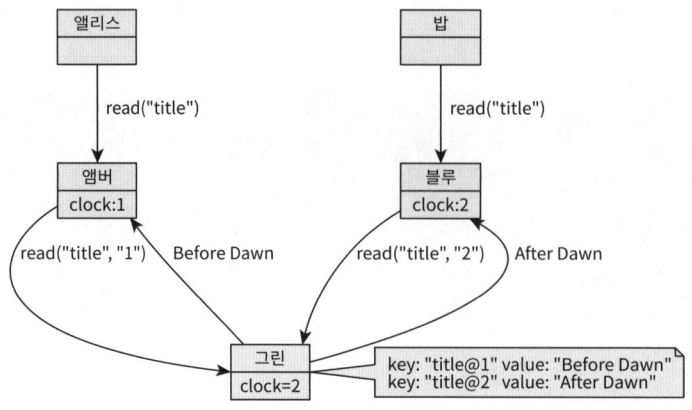

그림 24.1 시계 스큐로 두 사용자가 읽은 값이 서로 달라진다.

이는 외부 일관성으로 알려진 개념을 위반한다. 앨리스와 밥이 지금 통화하면 앨리스는 혼란스러울 것이다. 밥은 앨리스에게 최신 값이 **"After Dawn"**이라고 말하지만, 앨리스의 요청을 처리하는 앰버 서버는 **"Before Dawn"**을 보여 주기 때문이다.

그린 서버의 시계가 빨라 앰버 서버의 시간 기준으로 쓰기가 미래 시점에 발생하는 경우에도 마찬가지다.

26장 리스(Lease) 패턴의 "벽시계는 단조적이지 않다"에서 설명하듯이 시스템 타임스탬프가 단조적이지 않기 때문에 값을 저장할 때 시스템 타임스탬프를 사용한다면 문제가 된다. 다른 두 서버의 시간은 서로 비교할 수 없고 비교해서도 안 된다. 버전화 값(Versioned Value)의 버전으로 하이브리드 시계(Hybrid Clock)를 사용하는 경우는 단일 서버뿐만 아니라 인과 관계에 있는 서로 다른 서버 간에 값의 순서를 정하는 일이 가능하다. 하지만 램포트 시계 패턴의 '부분 순서' 절에서 설명한 하이브리드 시계(또는 다른 종류의 램포트 시계(Lamport Clock))는 부분 정렬만 가능하다. 인과 관계가 없으며 서로 다른 두 클라이언트가 서로 다른 노드에 저장한 값은 순서를 정할 수 없다는 의미다. 이렇듯 클러스터 노드 사이에서 값을 읽기 위해 타임스탬프를 사용한다면 문제가 된다. 지연된 시계를 가진 클러스터 노드에서 읽기 요청이 발생하면 주어진 값의 최신 버전을 읽지 못할 가능성이 있다.

해결책

클러스터 노드는 읽기와 쓰기를 수행할 때 클러스터에서 모든 노드의 시곗값이 값에 할당된 타임스탬프보다 큰 최댓값임을 보장할 때까지 대기한다.

시간 차가 매우 작다면 쓰기 요청은 큰 오버헤드 없이 대기할 수 있다. 예를 들어 클러스터 노드 간 시계 최대 오프셋을 10ms라고 가정해 보자(특정 시점에 클러스터에서 제일 느린 시계가 가장 빠른 시계보다 최대 10ms 느리다는 의미다). 모든 클러스터 노드의 시계가 시간 t를 지났다고 보장하려면 쓰기 연산을 처리하는 클러스터 노드가 값을 저장하기 전에 $t + 10$ ms까지 기다려야 한다.

갱신할 때마다 타임스탬프를 버전으로 사용해 새로운 값을 추가하는, 버전화 값이 있는 키-값 저장소를 생각해 보자. 앞서 설명한 앨리스와 밥 예시에서 title@2를 저장하는 쓰기 연산은 클러스터의 모든 시간이 2가 될 때까지 기다린다. 이렇게 하면 앨리스는 클러스터 노드의 시계가 느리더라도 언제나 "title"의 최신 값을 볼 수 있다.

조금 다른 시나리오를 생각해 보자. 필립은 "title"을 "After Dawn"으로 갱신하고 있다. 그린 서버의 시계는 2다. 하지만 그린 서버는 시계가 최대 1단위까지 늦을 수 있음을 알고 있다. 그래서 쓰기 연산을 1단위 동안 기다려야 한다(그림 24.2).

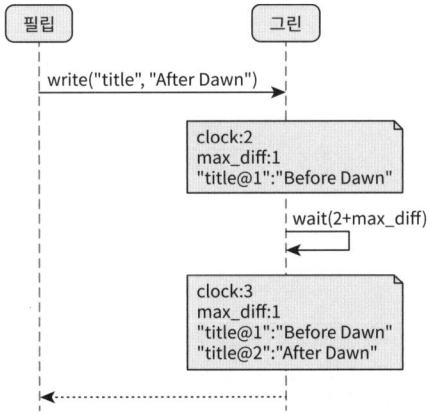

그림 24.2 쓰기 요청은 시계 오프셋 동안 기다린다.

필립이 "title"을 갱신하는 동안 밥의 읽기 요청이 블루 서버에서 처리된다. 블루 서버의 시간은 2이므로 타임스탬프 2에서 "title"을 읽으려고 시도한다. 이 시점에 그린 서버는 아직 타임스탬프가 2인 값을 만들지 않는다. 따라서 밥은 2보다 낮지만 가장 높은 타임스탬프 값인 **"Before Dawn"**을 얻게 된다(그림 24.3).

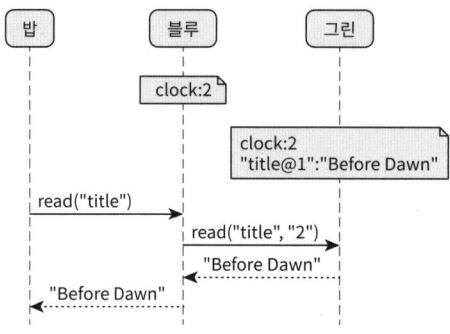

그림 24.3 밥은 초깃값을 읽는다.

앨리스의 읽기 요청은 앰버 서버에서 처리한다. 앰버 서버의 시간은 1이기에 타임스탬프 1에서 "title"을 읽으려고 한다. 앨리스는 값 **"Before Dawn"**을 얻는다(그림 24.4).

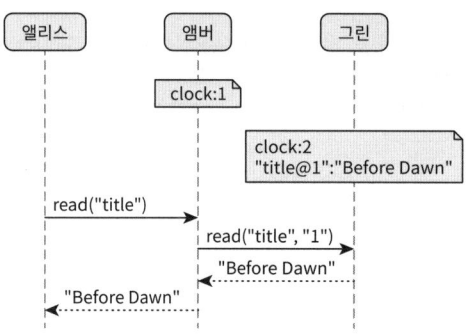

그림 24.4 앨리스는 초깃값을 읽는다.

필립의 쓰기 요청이 완료되어(max_diff 대기가 끝난 후), 이제 밥이 새로운 읽기 요청을 전송한다면 블루 서버는 자신의 시간(3으로 진행)에 따라 최신 값을 읽으려 한다. 읽기 요청은 **"After Dawn"** 값을 반환한다(그림 24.5).

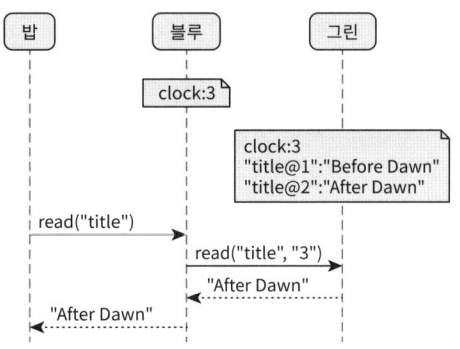

그림 24.5 밥은 새로운 값을 읽는다.

앨리스가 새로운 읽기 요청을 보내면 앰버 서버는 현재 2인 시계에 따라 최신 값을 읽으려고 한다. 따라서 **"After Dawn"** 값을 반환한다(그림 24.6).

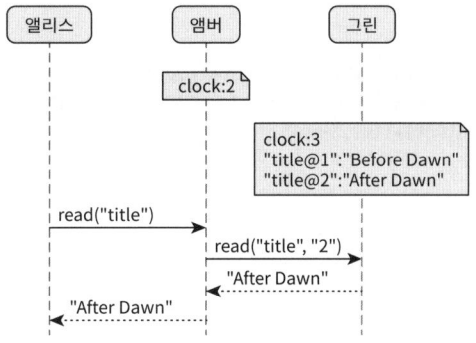

그림 24.6 앨리스는 새로운 값을 읽는다.

이 솔루션을 구현할 때의 주요 문제는 현재 사용 가능한 날짜/시간 하드웨어와 운영체제 API로는 클러스터 노드에서 정확한 시간 차이를 얻는 일이 불가능하다는 점이다. 이런 근본적인 이유로 구글은 트루타임이라는 전문화된 날짜-시간 API를 가지고 있다. 마찬가지로 아마존은 AWS 타임 싱크 서비스(Time Sync Service)[1]와 클록 바운드[2]라는 라이브러리를 제공한다. 하지만 이 API들은 구글과 아마존에 상당히 특화되어 있어 각 회사의 범위를 넘어 확장할 수 없다.

---

1 https://aws.amazon.com/about-aws/whats-new/2021/11/amazon-time-sync-service-generate-compare-timestamps
2 https://github.com/aws/clock-bound

일반적으로 키-값 저장소는 버전화 값을 구현하기 위해 하이브리드 시계를 사용한다. 시계 간에 정확한 차이를 얻는 일은 불가능하지만, 과거의 관찰을 기반으로 기본값을 합리적으로 선택할 수 있다. 데이터센터 서버 전체에서 관찰된 최대 시계 드리프트 값은 일반적으로 200ms에서 500ms 사이다.[3]

키-값 저장소는 값을 저장하기 전에 설정한 최대 오프셋 동안 기다린다.

```
class KVStore...

  int maxOffset = 200;
  NavigableMap<HybridClockKey, String> kv = new ConcurrentSkipListMap<>();

  public void put(String key, String value) {
      HybridTimestamp writeTimestamp = clock.now();
      waitTillSlowestClockCatchesUp(writeTimestamp);
      kv.put(new HybridClockKey(key, writeTimestamp), value);
  }

  private void waitTillSlowestClockCatchesUp(HybridTimestamp writeTimestamp) {
      var waitUntilTimestamp = writeTimestamp.add(maxOffset, 0);
      sleepUntil(waitUntilTimestamp);
  }

  private void sleepUntil(HybridTimestamp waitUntil) {
      HybridTimestamp now = clock.now();
      while (clock.now().before(waitUntil)) {
          var waitTime = (waitUntil.getWallClockTime()
                          - now.getWallClockTime());
          Uninterruptibles.sleepUninterruptibly(waitTime, TimeUnit.MILLISECONDS);
          now = clock.now();
      }
  }

  public String get(String key, HybridTimestamp readTimestamp) {
      return kv.get(new HybridClockKey(key, readTimestamp));
  }
```

읽기 재시작

쓰기 요청을 할 때마다 200ms를 대기하는 것은 너무 긴 시간 간격일 수 있다. 이런 이유로 코크로치DB 나 유가바이트DB 같은 데이터베이스는 쓰기 요청이 아닌 읽기 요청에서 확인하도록 구현한다.

[3] https://www.yugabyte.com/blog/evolving-clock-sync-for-distributed-databases

읽기 요청을 처리하는 동안 클러스터 노드는 readTimestamp와 readTimestamp + **최대 시계 드리프트** 사이의 시간 간격에서 사용 가능한 버전이 있는지 확인한다. 가능한 버전이 있으면 시스템은 읽기 요청자의 시계가 늦을 수도 있다고 가정해 해당 버전으로 읽기 요청을 다시 시작하도록 요청한다.

```
class KVStore...

  public void put(String key, String value) {
      HybridTimestamp writeTimestamp = clock.now();
      kv.put(new HybridClockKey(key, writeTimestamp), value);
  }

  public String get(String key, HybridTimestamp readTimestamp) {
      checksIfVersionInUncertaintyInterval(key, readTimestamp);
      return kv.floorEntry(new HybridClockKey(key, readTimestamp)).getValue();
  }

  private void checksIfVersionInUncertaintyInterval(String key,
                                         HybridTimestamp readTimestamp) {
      var uncertaintyLimit = readTimestamp.add(maxOffset, 0);
      var versionedKey = kv.floorKey(new HybridClockKey(key, uncertaintyLimit));
      if (versionedKey == null) {
          return;
      }
      var maxVersionBelowUncertainty = versionedKey.getVersion();
      if (maxVersionBelowUncertainty.after(readTimestamp)) {
          throw new ReadRestartException(readTimestamp, maxOffset,
                                       maxVersionBelowUncertainty);
      }
  }
}

class Client...

  String read(String key) {
      int attemptNo = 1;
      int maxAttempts = 5;
      while (attemptNo < maxAttempts) {
          try {
              HybridTimestamp now = clock.now();
              return kvStore.get(key, now);
          } catch (ReadRestartException e) {
              logger.info("Got read restart error " + e + " Attempt No. "
                      + attemptNo);
```

```
            Uninterruptibles
                    .sleepUninterruptibly(e.getMaxOffset(),
                                          TimeUnit.MILLISECONDS);
            attemptNo++;
        }
    }
    throw new ReadTimeoutException("Unable to read after " + attemptNo
                                    + " attempts.");
}
```

앞서 살펴본 앨리스와 밥 예시에서 타임스탬프 2에서 읽을 수 있는 "title" 버전이 있고 앨리스가 읽기 타임스탬프 1로 읽기 요청을 보낼 경우, ReadRestartException을 발생시켜 앰버 서버에서 타임스탬프 2로 읽기 요청을 다시 시작하도록 한다(그림 24.7).

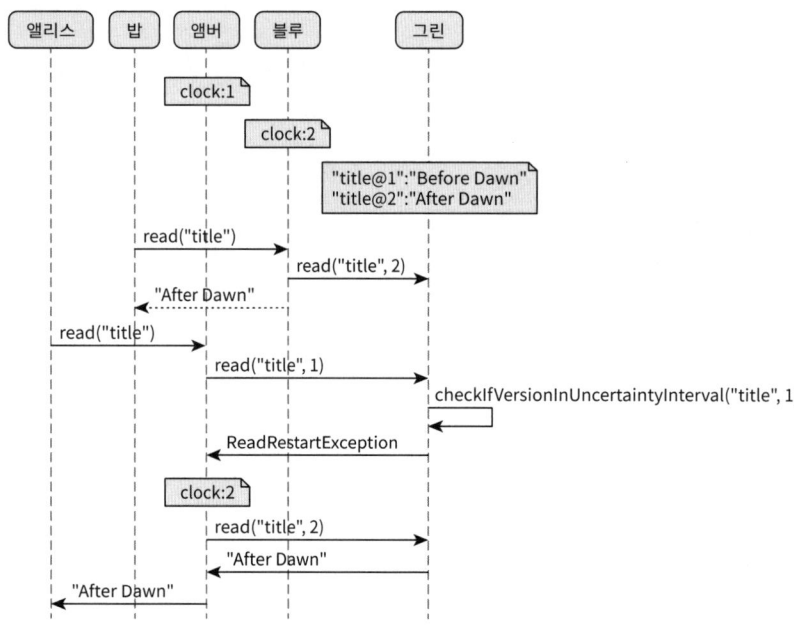

그림 24.7 시계 스큐로 인한 읽기 재시작

불확실한 시간 간격으로 작성된 버전이 있을 경우에만 읽기 재시작이 발생한다. 쓰기 요청은 대기할 필요가 없다.

최대 시계 드리프트 설정값은 보장이 아닌 가정값임을 기억해야 한다. 불량 서버는 가정한 값보다 시계 드리프트가 더 클 수 있다. 이 경우 읽기를 다시 시작해도 문제가 해결되지 않는다.[4]

시계 제한 API 사용하기

구글, 아마존 같은 클라우드 제공자는 원자 시계와 GPS를 갖춘 시계 시스템을 구현해 클러스터 노드 전체의 시계 드리프트를 수 밀리초 미만으로 유지한다. 앞서 설명한 대로 최대 시계 드리프트를 구글은 트루타임, AWS는 타임 싱크 서비스와 클록 바운드 라이브러리로 제공한다.

최대 시계 드리프트를 정확히 구현하려면 클러스터 노드는 중요한 요구사항 두 가지를 만족해야 한다.

- 클러스터 노드 사이의 시계 드리프트는 최소한으로 유지한다. 구글의 트루타임은 대부분 1ms 미만, 최악의 경우 7ms 미만으로 유지한다.
- 발생 가능한 시계 드리프트는 항상 날짜-시간 API에서 확인할 수 있으므로 개발자는 값을 추측할 필요가 없다.

클러스터 노드의 시계 시스템은 날짜-시간 값에 대한 오류 범위(error bound)를 계산한다. 로컬 시스템 시계가 반환한 타임스탬프에 오류가 있다면 API는 명시적으로 오류를 발생시킨다. API는 시곗값의 하한과 상한을 제공한다. 실제 시간값은 이 시간 간격 내에 있음을 보장하며 하한과 상한의 시간 범위는 불확실한 시간 간격을 정의한다.

```
class ClockBound...
  public class ClockBound {
    public final long earliest;
    public final long latest;

    public ClockBound(long earliest, long latest) {
        this.earliest = earliest;
        this.latest = latest;
    }
```

---

[4] https://docs.yugabyte.com/latest/benchmark/resilience/jepsen-testing-ysql/#rare-occurrence-of-causal-reversal

```
public boolean before(long timestamp) {
    return timestamp < earliest;
}

public boolean after(long timestamp) {
    return timestamp > latest;
}
```

AWS 블로그[5]에서 설명하듯이 오류는 각각의 클러스터 노드에서 `ClockErrorBound`로 계산한다. 실제 시간값은 항상 로컬 시계 시간 기준으로 `ClockErrorBound` 내에 있다.

날짜와 시간값을 요청할 때마다 오류 범위를 반환한다.

```
public ClockBound now() {
    return now;
}
```

시계 제한 API는 두 가지 속성을 보장한다.

- 시계 제한은 클러스터 노드 전체에서 일부분이 중복되어야 한다.
- 두 개의 시간값 t1과 t2가 있을 때, t1이 t2보다 작으면 모든 클러스터 노드에서 `clock_bound(t1).earliest`는 `clock_bound(t2).latest` 보다 작다.

클러스터에 그린, 블루, 앰버 세 대의 노드가 있다고 해보자. 각각의 노드는 오류 범위가 다를 수 있다. 그린 서버의 오류 범위는 1, 블루 서버의 오류 범위는 2, 앰버 서버의 오류 범위는 3이라고 하면 그림 24.8은 시간이 4일 때 클러스터 노드 전체의 시계 제한을 보여 준다.

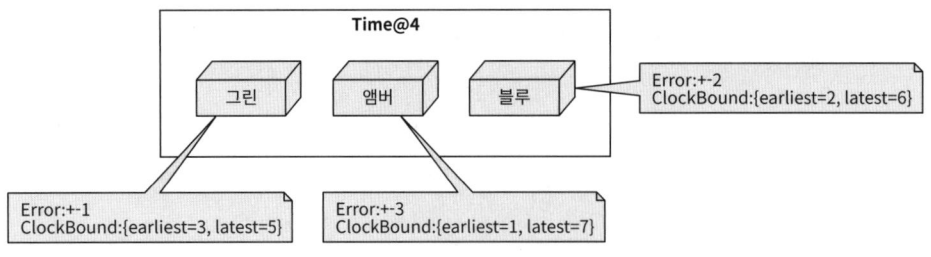

그림 24.8 클러스터 노드 전체의 시계 제한

[5] https://aws.amazon.com/blogs/mt/manage-amazon-ec2-instance-clock-accuracy-using-amazon-time-sync-service-and-amazon-cloudwatch-part-1

이 시나리오에서 커밋 대기(commit-wait)를 구현하려면 두 가지 규칙을 따라야 한다.

- 쓰기 연산에서는 시계 제한의 latest(가장 늦은 값)를 타임스탬프로 사용해야 한다. 이 방법으로 쓰기에 사용한 타임스탬프가 이전 쓰기 연산에 할당된 타임스탬프보다 항상 높음을 보장한다(두 번째 규칙을 고려).
- 값을 저장하기 전에 시스템은 쓰기 타임스탬프기 시계 제한의 earliest(가장 이른 값) 보다 작아질 때까지 대기해야 한다.

이는 earliest 값이 모든 클러스터 노드에서 시계 제한의 latest 값보다 작다는 것이 보장돼야 하기 때문이다. 이 쓰기 연산은 앞으로 시계 제한의 latest 값으로 읽는다면 누구나 접근할 수 있다. 또한 이 값은 이후 발생할 모든 쓰기 연산보다 순서가 먼저임을 보장한다.

```
class KVStore...

  public void put(String key, String value) {
      ClockBound now = boundedClock.now();

      long writeTimestamp = now.latest;
      addPending(writeTimestamp);
      waitUntilTimeInPast(writeTimestamp);
      kv.put(new VersionedKey(key, writeTimestamp), value);
      removePending(writeTimestamp);
  }

  private void waitUntilTimeInPast(long writeTimestamp) {
      ClockBound now = boundedClock.now();
      while(now.earliest < writeTimestamp) {
          Uninterruptibles.sleepUninterruptibly(now.earliest - writeTimestamp,
                                      TimeUnit.MILLISECONDS);
          now = boundedClock.now();
      }
  }

  private void removePending(long writeTimestamp) {
      try {
          lock.lock();
          pendingWriteTimestamps.remove(writeTimestamp);

          // 대기 중인 모든 읽기 요청에 시그널을 보낸다.
          cond.signalAll();
      } finally {
```

```
            lock.unlock();
        }
    }

    private void addPending(long writeTimestamp) {
        try {
            lock.lock();
            pendingWriteTimestamps.add(writeTimestamp);
        } finally {
            lock.unlock();
        }
    }
}
```

앞의 앨리스와 밥 예시로 돌아가 필립이 그린 서버에서 "title"의 새로운 값인 "After Dawn"을 쓸 때, 그린 서버의 put 연산은 선택한 쓰기 타임스탬프가 시계 제한의 earliest 값보다 작아질 때까지 대기한다. 이는 다른 모든 클러스터 노드 시계 제한의 latest 값이 쓰기 타임스탬프보다 높음을 보장한다. 그림 24.9는 다음 시나리오를 보여 준다. 그린 서버에는 ±1의 오류 범위가 있다. 값을 저장하는 put 연산은 시간 4에서 시작하고 그린 서버는 시계 제한의 latest 값인 5를 선택한다. 그런 다음 시계 제한의 earliest 값이 5 이상이 될 때까지 대기한다. 즉, 그린 서버는 키-값 저장소에 값을 실제로 저장하기 전에 불확실한 시간 간격 동안 대기한다.

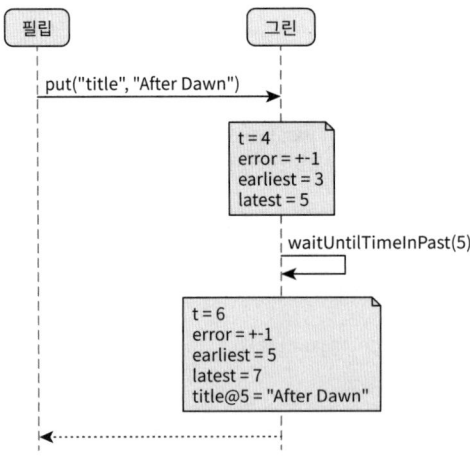

그림 24.9 쓰기 작업은 불확실한 시간 간격을 해소하기 위해 대기한다.

키-값 저장소에서 값을 사용할 수 있는 시점에는 클러스터의 모든 노드에서 시계 제한의 latest 값은 5보다 큼을 보장한다. 이것은 블루 서버에서 처리하는 밥의 요청(그림 24.10)뿐만 아니라 앰버 서버에서 처리하는 앨리스의 요청(그림 24.11)도 "title"의 최신 값을 얻을 수 있음을 의미한다.

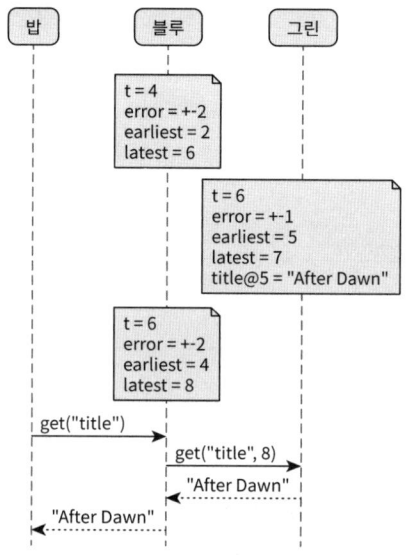

그림 24.10 밥은 불확실한 시간 간격 이후에 새로운 값을 읽는다.

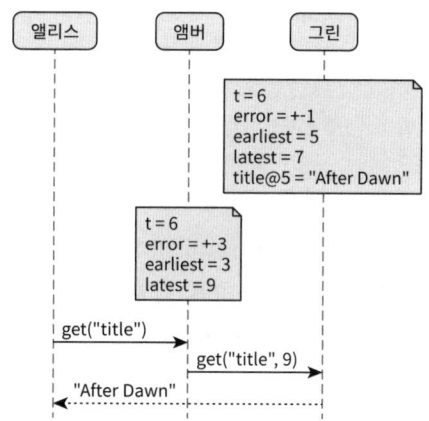

그림 24.11 앨리스는 불확실한 시간 간격 이후에 새로운 값을 읽는다.

그린 서버가 넓은 오류 범위를 가지더라도 동일한 결과를 얻는다(그림 24.12). 오류 범위가 클수록 대기 시간은 길어진다. 오류 범위가 ±3이라고 생각해 보자. 그린 서버에서 시간 4일 때 발생한 쓰기 작업의 경우 시계 제한값은 (1, 7)이다. 쓰기 타임 스탬프로 7을 선택하고 그린 서버의 시계 제한의 earliest 값이 7 이상이 될 때까지

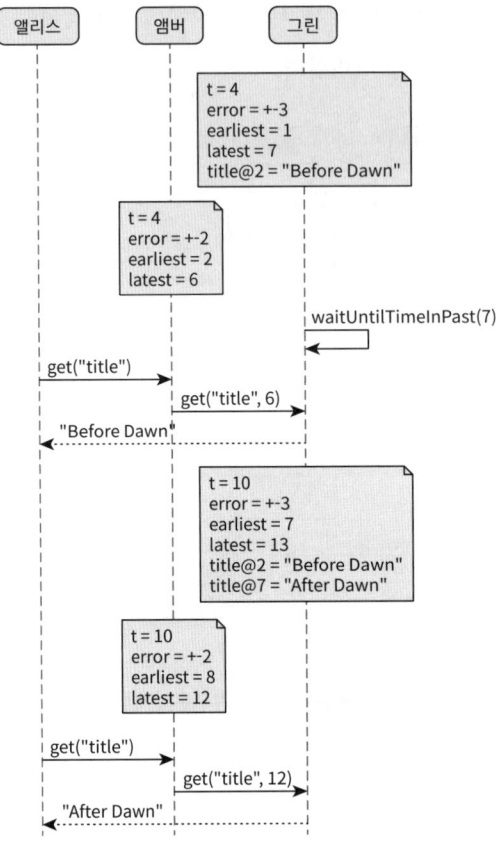

그림 24.12 오류 범위가 클수록 대기 시간이 길어진다.

쓰기 작업은 대기한다. 블루나 앰버 서버는 쓰기 작업 완료 이전에는 해당 값에 접근 할 수 없다. 이제 오류 범위가 ±2인 앰버 서버에서 앨리스의 읽기 요청을 처리한다고 가정해 보자. 앨리스는 앰버 서버가 읽기 타임스탬프 7을 사용할 수 있을 때만 최신 값을 수신한다. 이 시점에서 클러스터의 모든 다른 노드는 각 서버의 시계 제한의 latest 타임스탬프로 최신 값 수신을 보장한다.

읽기 대기

클라이언트는 값을 읽을 때 항상 클러스터 노드의 시계 제한에서 최댓값을 선택한다.

요청을 수신한 클러스터 노드는 특정 요청 타임스탬프의 응답을 반환할 때 해당 타임스탬프나 더 낮은 타임스탬프로 쓴 값이 없는지 확인할 필요가 있다.

요청 타임스탬프가 서버의 타임스탬프보다 높으면 클러스터 노드는 시계가 따라잡을 때까지 대기한 다음 응답을 반환한다.

그리고 아직 저장되지 않은 더 낮은 타임스탬프의 보류 중인 쓰기 요청이 있는지 확인한다. 만약 있다면 해당 요청이 완료될 때까지 읽기 요청은 일시 정지한다.

그런 다음 서버는 요청 타임스탬프의 값을 읽어 반환한다. 이렇게 특정 타임스탬프의 응답을 반환하면 이보다 낮은 타임스탬프로 쓰이는 값은 없다.

```
class KVStore...

  final Lock lock = new ReentrantLock();
  Queue<Long> pendingWriteTimestamps = new ArrayDeque<>();
  final Condition cond = lock.newCondition();

  public Optional<String> read(long readTimestamp) {
      waitUntilTimeInPast(readTimestamp);
      waitForPendingWrites(readTimestamp);
      Optional<VersionedKey> max
              = kv.keySet().stream().max(Comparator.naturalOrder());
      if (max.isPresent()) {
          return Optional.of(kv.get(max.get()));
      }
      return Optional.empty();
  }

  private void waitForPendingWrites(long readTimestamp) {
      try {
          lock.lock();
          while (pendingWriteTimestamps.stream().anyMatch(
                    ts -> ts <= readTimestamp)) {
              cond.awaitUninterruptibly();
          }
      } finally {
          lock.unlock();
      }
  }
```

마지막 예시로 그림 24.13을 보면 시간 4인 앨리스의 읽기 요청을 오류 범위 간격이 3인 앰버 서버에서 처리하는 경우, latest 시간인 7을 선택해 "title"을 읽는다. 한편 필립의 쓰기 요청은 오류 범위 간격이 1인 그린 서버에서 처리하며 값을 저장할 타임스탬프로 5를 선택한다. 앨리스의 읽기 요청은 그린 서버의 earliest 시간이 7을 지나고 보류 중인 쓰기 요청이 완료될 때까지 기다린다. 그런 다음 타임스탬프가 7보다 작은 최신 값을 반환한다.

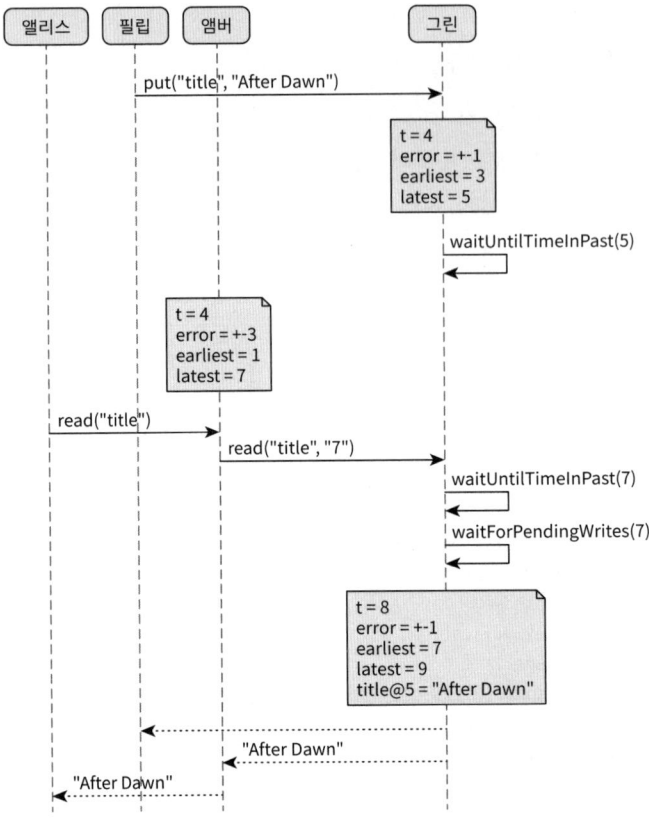

그림 24.13 읽기 요청은 대기 중인 쓰기를 기다린다.

사례

- 구글의 트루타임 API는 시계 제한을 제공한다. 구글 스패너는 커밋 대기 구현에 이 API를 사용한다.
- AWS 타임 싱크 서비스는 시계 드리프트를 최소화한다. 클록 바운드 라이브러리[6]를 사용하면 클러스터 전체의 이벤트를 정렬하기 위한 대기를 구현할 수 있다.
- 코크로치DB는 읽기 재시작을 구현한다. 또한 설정한 최대 시계 드리프트 값 기반으로 커밋 대기를 사용하는 실험적인 옵션도 제공한다.
- 유가바이트DB는 설정한 최대 시계 드리프트 값 기반의 재시작 읽기를 구현하고 있다.

6 https://github.com/aws/clock-bound

Patterns of Distributed Systems

5부

클러스터 관리 패턴

여러 서버가 있는 분산 시스템에서는 서버 멤버십을 관리하고 실패를 감지하며 데이터 분산에 대한 결정을 내리는 메커니즘이 필수다. 더욱이 메타데이터는 내결함성이 있는 방식으로 저장하고 클라이언트가 접근 가능해야 한다.

이어지는 장에서는 이런 문제를 해결하는 패턴을 살펴본다. 그리고 서버 클러스터를 관리하고 안정적인 메타데이터의 접근을 보장하는 효과적인 솔루션을 제시한다.

Patterns of Distributed Systems

Pattern 23

일관성 코어

> 강한 일관성을 제공하는 소규모 클러스터를 유지 관리해 정족수 기반 알고리즘 구현 없이도 대규모 데이터 클러스터의 서버 활동 조정을 가능하게 한다.

문제

클러스터가 방대한 데이터를 처리해야 하는 경우 추가적으로 더 많은 서버를 사용하게 된다. 서버 클러스터에는 특정 작업을 처리할 마스터 서버를 선택하거나 그룹 멤버십 정보를 관리하고 데이터 파티션을 서버에 매핑하는 일과 같은 몇 가지 공통의 요구사항이 있다. 이 기능을 구현하려면 선형성을 보장하는 강력한 일관성이 필요하며 내결함성 또한 필수다. 과반수 정족수(Majority Quorum) 기반의 내결함성 합의 알고리즘을 사용하는 방법이 일반적인 접근 방식이지만, 정족수 기반 시스템은 클러스터가 커지면 처리량이 저하된다.

해결책

3~5대 노드로 소규모 클러스터를 구현해 선형성을 보장하고 내결함성을 제공한다. 별도의 데이터 클러스터는 이 소규모의 일관성 클러스터를 사용해 메타데이터를 관리하고 리스(Lease) 같은 기본 요소로 클러스터 전체의 결정을 내린다(그림 25.1). 이렇게 하면 데이터 클러스터는 서버를 많이 늘리면서도 일관성 보장이 강하게 필요한 작업은 소규모 메타데이터 클러스터를 이용해 실행할 수 있다.

내결함성과 선형성을 동시에 제공하려면 래프트[Ongaro2014], 잽[Reed2008] 또는 팍소스(Paxos) 같은 합의 알고리즘을 구현해야 한다.

합의 알고리즘은 일관성 코어 구현에 필수적이지만, 클라이언트가 리더를 찾는 방법이나 중복 요청을 처리하는 방법같이 클라이언트와 상호작용하는 여러 측면도 중요한 구현 결정 사항이다. 또한 안전성과 활동성도 중요한 고려사항이다. 팍소스는 합의 알고리즘만 정의하고 있을 뿐, 이러한 다양한 측면은 팍소스 문헌에서 잘 다루고 있지 않다. 래프트는 참조 구현체[1]를 포함해 다양한 측면의 구현을 잘 문서화하고 있어 오늘날 가장 널리 사용되는 알고리즘이다.

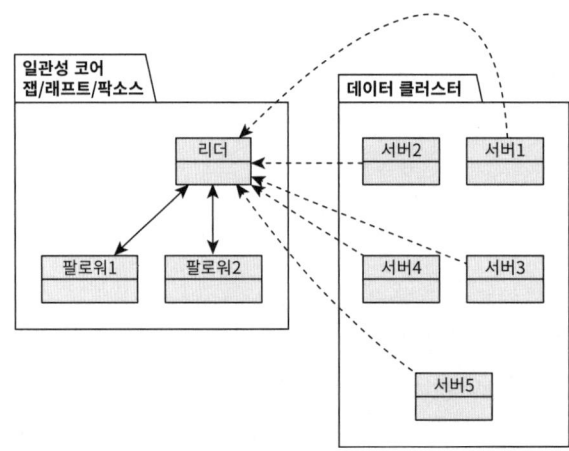

그림 25.1 일관성 코어

전체 클러스터가 일관성 코어에 의존하기 때문에 사용하는 합의 알고리즘의 세부 사항을 잘 알아야 한다. 합의 구현은 일부 까다로운 네트워크 파티션* 상황에서 활동성 문제에 직면할 수 있다. 예를 들어 래프트 클러스터는 각별히 유의하지 않으면 네트워크 파티션된 서버에서 리더 선출을 지속적으로 유발해 클러스터의 동작을 방해할 수 있다.

network partition
분산 시스템에서 네트워크 장애로 시스템 노드 간의 통신이 단절되는 현상

일관성 코어의 일반적인 인터페이스는 다음과 같다.

```
public interface ConsistentCore {
    CompletableFuture<Void> put(String key, String value);

    List<String> get(String keyPrefix);
```

---

1 https://github.com/logcabin/logcabin

```
    CompletableFuture<Void> registerLease(String name, long ttl);

    void refreshLease(String name);

    void watch(String name, Consumer<WatchEvent> watchCallback);
}
```

일관성 코어는 기본적으로 간단한 키-값 저장소 메커니즘을 제공한다. 이는 메타데이터를 저장하는 데 활용된다.

메타데이터 저장소

저장소는 래프트 같은 합의 알고리즘을 사용해 구현한다. 이는 복제 로그(Replicated Log)를 구현한 것으로, 리더 팔로워(Leader and Followers) 간에 복제를 수행하고 과반수 정족수(Majority Quorum)로 성공적인 복제를 추적하는 데 하이 워터마크(High-Water Mark)를 사용한다.

계층적 저장소 지원

일관성 코어는 일반적으로 그룹 멤버십이나 서버 간 작업 할당과 같은 데이터를 저장하는 데 사용된다. 일반적으로 접두사를 사용해 메타데이터의 유형을 구분하는 패턴을 많이 쓴다. 예를 들어 그룹 멤버십은 /servers/1, /servers/2와 같은 키로 표시한다. 서버에 할당된 작업은 키를 /tasks/task1, /tasks/task2와 같이 표시한다. 이 데이터는 일반적으로 특정 접두사가 붙은 키를 모두 사용해서 읽는다. 예를 들어 클러스터에 있는 서버 정보를 모두 얻으려면 접두사 /servers로 모든 키를 읽는다.

다음은 사용 예다.

각각의 서버는 접두사 /servers로 고유한 키를 생성해 일관성 코어에 자신을 등록한다.

```
client1.setValue("/servers/1", "{address:192.168.199.10, port:8000}");
client2.setValue("/servers/2", "{address:192.168.199.11, port:8000}");
client3.setValue("/servers/3", "{address:192.168.199.12, port:8000}");
```

클라이언트는 /servers로 시작하는 키를 읽어 클러스터 내 모든 서버의 정보를 파악할 수 있다.

```
assertEquals(client1.getValue("/servers"),
    Arrays.asList(
        "{address:192.168.199.12, port:8000}",
        "{address:192.168.199.11, port:8000}",
        "{address:192.168.199.10, port:8000}"
    ));
```

데이터 저장소의 이러한 계층적 특성 때문에 아파치 주키퍼와 처비(chubby)[Burrows 2006]는 부모와 자식 노드 개념이 있는 파일 시스템과 유사한 인터페이스를 제공한다. 사용자는 디렉터리 내에서 디렉터리와 파일(또는 노드)을 만들 수 있다. etcd3는 키 범위를 얻을 수 있는 플랫 키 공간(flat key space)을 제공한다.

클라이언트 상호작용 처리

일관성 코어의 핵심 기능 중 하나는 클라이언트가 코어와 상호작용하는 방식이다. 클라이언트가 일관성 코어를 잘 활용하려면 다음과 같은 측면이 중요하다.

리더 찾기

> **☑ 직렬성과 선형성**
>
> 팔로워 서버에서 읽기 요청을 처리할 때 리더의 최근 커밋이 아직 팔로워에 도달하지 않아서 클라이언트가 예전 데이터를 얻을 수 있다. 클라이언트가 갱신을 수신하는 순서는 계속 유지되지만 그 내용이 최신 내용이 아닐 수 있다. 이는 선형성이 아닌 직렬성 보장에 해당한다. 선형성은 모든 클라이언트에게 최신 갱신을 제공한다. 메타데이터 읽기만 필요하고 한동안 예전 메타데이터를 읽어도 괜찮다면 클라이언트는 직렬성 보장만으로 충분히 작업할 수 있다. 리스(Lease) 같은 작업에는 선형성이 반드시 필요하다.
>
> 리더가 나머지 클러스터와 네트워크 파티션된 경우 클라이언트는 리더에게서 예전 값을 얻을 수 있다. 래프트는 선형성 읽기를 제공하는 메커니즘을 설명한다(예, readIndex의 etcd 구현 참고). 유가바이트DB는 리더 리스라는 기법을 사용하며 복제 로그(Replicated Log) 패턴의 '읽기 요청은 로그를 건너뛰기' 절에서 설명된 것과 동일한 보장을 제공한다.
>
> 팔로워가 네트워크 파티션된 경우에도 유사한 상황이 일어날 수 있다. 네트워크 파티션된 팔로워는 클라이언트에게 최신 값을 반환하지 않을 수 있다. 팔로워가 네트워크 파티션되지 않았고 리더의 최신 상태까지 반영됐는지 확인하려면 클라이언트에 응답하기 전에 리더에게 질의하고 최신 갱신을 수신할 때까지 대기해야 한다. 카프카 설계 제안[Chen2020]을 예시로 참고하자.

모든 작업이 리더에서 실행되기 때문에 클라이언트 라이브러리는 먼저 리더 서버를 찾는 일이 중요하다. 이를 수행하기 위해 두 가지 접근 방식이 있다.

- 일관성 코어의 팔로워 서버는 현재 리더를 알고 있으므로 클라이언트가 팔로워에 연결하면 팔로워는 리더의 주소를 반환할 수 있다. 그러면 클라이언트는 이 주소로 리더에 직접 연결할 수 있다. 다만 클라이언트가 연결을 시도할 때 서버가 리더 선출 중일 수 있다는 점에 유의해야 한다. 이때 서버는 리더의 주소를 반환할 수 없으며 클라이언트는 잠시 대기하다가 다른 서버에서 연결을 시도해야 한다.
- 서버는 포워딩 메커니즘(forwarding mechanism)을 구현해 모든 클라이언트의 요청을 리더에게 전달할 수 있다. 그래서 클라이언트는 어떤 서버에도 연결할 수 있다. 하지만 서버가 리더 선출 중이라면 리더 선출이 성공하고 정식 리더가 선정될 때까지 클라이언트는 요청을 재시도해야 한다.

주키퍼나 etcd 같은 제품에서는 팔로워 서버가 일부 읽기 전용 요청을 처리하도록 허용하기 때문에 이 접근 방식을 구현할 수 있다. 이 구현은 많은 수의 클라이언트가 읽기 전용일 때 리더의 병목 현상을 막아 준다. 또한 요청 유형에 따라 리더나 팔로워 연결을 선택할 필요가 없어 클라이언트의 복잡도를 낮춘다.

리더를 찾는 가장 간단한 메커니즘은 각각의 서버에 연결을 시도하고 요청을 보내는 것이다. 리더가 아닌 서버는 리다이렉트(redirect) 응답을 보낸다.

```java
private void establishConnectionToLeader(List<InetAddressAndPort> servers) {
    for (var server : servers) {
        try {
            var socketChannel = new SingleSocketChannel(server, 10);
            logger.info("Trying to connect to " + server);
            var response = sendConnectRequest(socketChannel);
            if (isRedirectResponse(response)) {
                var redirectResponse = deserialize(response.getMessageBody(),
                                                  RedirectToLeaderResponse.class);
                redirectToLeader(redirectResponse);
                break;
            } else if (isLookingForLeader(response)) {
                logger.info("Server is looking for leader. Trying next server");
                continue;
            } else {  // 리더 확인
                logger.info("Found leader. Establishing a new connection.");
                newPipelinedConnection(server);
```

```
                break;
            }
        } catch (IOException e) {
            logger.info("Unable to connect to " + server);
            // 다음 서버에 연결 시도
        }
    }
}

private boolean isLookingForLeader(RequestOrResponse requestOrResponse) {
    return requestOrResponse.getRequestId() == RequestId.LookingForLeader;
}

private void redirectToLeader(RedirectToLeaderResponse redirectResponse) {
    newPipelinedConnection(redirectResponse.leaderAddress);
    logger.info("Connected to the new leader "
            + redirectResponse.leaderServerId
            + " " + redirectResponse.leaderAddress
            + ". Checking connection");
}
```

TCP 연결을 설정하는 것만으로는 충분하지 않다. 서버가 해당 요청을 처리할 수 있는지 알아야 한다. 그래서 클라이언트는 특별한 요청을 보내 서버가 요청을 처리할 수 있는지, 아니면 리더 서버로 리다이렉트하는지 확인한다.

```
private RequestOrResponse sendConnectRequest(SingleSocketChannel socketChannel)
        throws IOException {
    try {
        var request = new RequestOrResponse(new ConnectRequest(),
                                    nextRequestNumber.getAndIncrement());
        return socketChannel.blockingSend(request);
    } catch (IOException e) {
        resetConnectionToLeader();
        throw e;
    }
}
```

기존 리더가 실패하면 동일한 기법으로 클러스터에서 새로 선출된 리더를 확인한다.

일단 연결되면 클라이언트는 리더 서버와 단일 소켓 채널(Single-Socket Channel)을 유지 관리한다.

중복 요청 처리하기

리더가 실패하면 클라이언트는 새 리더에 연결을 시도하며 요청을 다시 보낸다. 하지만 기존 리더가 실패하기 전에 이미 처리한 요청이었다면 중복이 발생할 가능성이 있다. 따라서 서버는 중복 요청을 무시할 수 있어야 한다. 중복 감지를 구현하기 위해 멱등 수신자(Idempotent Receiver) 패턴을 사용한다.

리스(Lease)를 사용하면 서버 전체에서 작업을 조정할 수 있다. 이 방식은 그룹 멤버십과 실패 감지 메커니즘을 구현하는 경우에도 동일하게 사용할 수 있다.

상태 감시(State Watch)는 메타데이터나 시간 제한(time-bound) 리스 변경에 대한 알림을 받는 데 사용한다.

사례

- 구글은 코디네이션(coordination)과 메타데이터 관리를 위해 처비 잠금 서비스(chubby lock service)를 사용하는 것으로 알려져 있다.
- 아파치 카프카는 아파치 주키퍼를 사용해 메타데이터를 관리하고 클러스터 마스터용 리더 선출 같은 결정을 내린다. 카프카에서 제안한 새로운 아키텍처[McCabe 2020]는 주키퍼를 래프트 기반 자체 컨트롤러 클러스터로 대체할 예정이다.
- 아파치 북키퍼는 주키퍼를 사용해 클러스터 메타데이터를 관리한다.
- 쿠버네티스는 etcd를 사용해 코디네이션하고 클러스터 메타데이터와 그룹 멤버십 정보를 관리한다.
- HDFS[2], 아파치 스파크(Apache Spark)[3], 아파치 플링크(Apache Flink)[4] 같은 모든 빅데이터 저장소 및 처리 시스템은 아파치 주키퍼를 사용해 고가용성을 달성하고 클러스터를 코디네이션한다.

---

2 https://hadoop.apache.org
3 https://spark.apache.org
4 https://flink.apache.org

Patterns of Distributed Systems

Pattern **24**

리스

> 시간 범위 리스를 사용해 클러스터 노드의 활동을 조정한다.

문제

클러스터 노드는 특정 자원에 배타적인 접근이 필요하다. 하지만 노드는 죽거나 일시적으로 연결이 끊어지거나 프로세스가 일시 정지되기도 한다. 이 같은 오류 상황에서 자원에 대한 접근 권한을 무기한으로 유지해서는 안 된다.

해결책

클러스터 노드는 제한 시간 동안 리스를 요청할 수 있고 이 시간이 지나면 리스가 만료된다. 노드가 접근 권한 연장을 원하는 경우 만료 전에 리스를 연장 갱신할 수 있다. 내결함성과 일관성을 제공하기 위해 일관성 코어(Consistent Core)로 리스 메커니즘을 구현하고 리스에 TTL 값을 연결한다. 클러스터 노드는 일관성 코어에서 리스가 부여된 키를 생성할 수 있다.

리스는 리더 팔로워(Leader and Followers)로 복제해 내결함성을 제공한다. 리스를 소유한 노드는 주기적으로 리스를 리프레시할 책임이 있다. 클라이언트는 하트비트(HeartBeat)를 사용해 일관성 코어의 TTL 값을 리프레시한다. 리스는 일관성 코어의 모든 노드에 생성하지만, 리더만 리스 타임아웃을 추적한다. 일관성 코어의 팔로워는 타임아웃을 추적하지 않는다. 이는 리더가 자체 단조 시계를 사용해 리스 만료 시점을 결정하고 팔로워에게 알리기 때문이다. 이를 통해 일관성 코어의 다른 결정과 마찬가지로 노드들이 리스 만료에 대해 합의할 수 있도록 보장한다.[1]

> ☑ **벽시계[2]는 단조적이지 않다**
>
> 컴퓨터에는 시간을 표현하는 두 가지 메커니즘이 있다. 현재 시간을 나타내는 벽시계의 시간은 크리스털 진동자로 만들어진 일반적인 시계 장치로 측정한다. 진동자로 측정된 시간은 알다시피 실제 시간과 차이가 발생한다. 컴퓨터는 보통 NTP 같은 서비스를 설정해 이 문제를 해결한다. 이 서비스는 인터넷의 시간 출처[3]를 통해 현재 시간을 확인하고 로컬 시간을 수정한다. 이로 인해 특정 서버에서 두 번 연속으로 벽시계 시간을 읽으면 시간이 거꾸로 갈 수 있다. 그래서 벽시계 시간은 어떤 이벤트 사이의 경과 시간을 측정하는 데 적합하지 않다. 컴퓨터에는 경과 시간을 표시하는 단조 시계라는 다른 메커니즘이 있다. 단조 시계의 값은 NTP 같은 서비스에 영향을 받지 않는다. 단조 시계를 두 번 연속 호출하면 경과 시간을 확실하게 얻을 수 있으므로 타임아웃 값을 측정할 때는 항상 단조 시계를 사용한다. 단조 시계는 단일 서버에서는 잘 동작한다. 하지만 서로 다른 두 대의 서버에서 단조 시계를 비교할 순 없다. 모든 프로그래밍 언어는 벽시계와 단조 시계를 읽는 API를 제공한다. 예를 들어 자바는 System.currentMillis로 벽시계 시간을, System.nanoTime으로 단조 시계 시간을 제공한다.

일관성 코어의 노드가 리더가 되면 단조 시계를 사용해 리스를 추적하기 시작한다.

```
class ReplicatedKVStore...

  public void onBecomingLeader() {
      leaseTracker = new LeaderLeaseTracker(this, new SystemClock(), log);
      leaseTracker.start();
  }
```

리더는 예약된 작업을 시작해 리스 만료를 주기적으로 확인한다.

```
class LeaderLeaseTracker...

  private ScheduledThreadPoolExecutor executor
          = new ScheduledThreadPoolExecutor(1);
```

---

1 래프트[Ongaro2015]의 참조 구현체인 로그캐빈은 클러스터 시간이라는 흥미로운 개념을 도입했다. 이 시계는 전체 래프트 클러스터에서 유지 관리되는 논리 시계다. 클러스터의 모든 노드가 시간에 합의하면 독립적으로 만료된 세션을 제거할 수 있다. 하지만 다른 로그 엔트리와 마찬가지로 리더에서 팔로워로 보내는 하트비트 항목도 복제하고 커밋해야 한다.
2 https://en.wikipedia.org/wiki/Elapsed_real_time
3 (옮긴이) 인터넷을 통해 시간 정보를 제공하는 서비스나 서버를 의미한다.

```java
private ScheduledFuture<?> scheduledTask;

@Override
public void start() {
    scheduledTask = executor.scheduleWithFixedDelay(
            this::checkAndExpireLeases,
            leaseCheckingInterval,
            leaseCheckingInterval,
            TimeUnit.MILLISECONDS);
}

@Override
public void checkAndExpireLeases() {
    remove(expiredLeases());
}

private void remove(Stream<String> expiredLeases) {
    expiredLeases.forEach((leaseId) -> {
        // 리스를 서버에서 제거해 더 이상 트리거가 발생하지 않도록 한다.
        expireLease(leaseId);
        // 팔로워가 만료된 리스를 알 수 있게 요청을 제출한다.
        submitExpireLeaseRequest(leaseId);
    });
}

private Stream<String> expiredLeases() {
    long now = System.nanoTime();
    Map<String, Lease> leases = kvStore.getLeases();
    return leases.keySet().stream().filter(leaseId -> {
        Lease lease = leases.get(leaseId);
        return lease.getExpiresAt() < now;
    });
}
```

팔로워는 no-op 리스 추적기를 시작한다.

```java
class ReplicatedKVStore...

    public void onCandidateOrFollower() {
        if (leaseTracker != null) {
            leaseTracker.stop();
        }
        leaseTracker = new FollowerLeaseTracker(this, leases);
    }
```

리스는 다음과 같이 간단히 표현된다.

```java
public class Lease implements Logging {
    String name;
    long ttl;
    // 해당 리스를 만료하는 시간
    long expiresAt;

    // 키-값 저장소에서 리스를 부여한 키
    List<String> attachedKeys = new ArrayList<>();

    public Lease(String name, long ttl, long now) {
        this.name = name;
        this.ttl = ttl;
        this.expiresAt = now + ttl;
    }

    public String getName() {
        return name;
    }

    public long getTtl() {
        return ttl;
    }

    public long getExpiresAt() {
        return expiresAt;
    }

    public void refresh(long now) {
        expiresAt = now + ttl;
    }

    public void attachKey(String key) {
        attachedKeys.add(key);
    }

    public List<String> getAttachedKeys() {
        return attachedKeys;
    }
}
```

노드가 리스를 생성하려면 일관성 코어의 리더와 연결해 리스 생성 요청을 전송한다. 리스-등록(register-lease) 요청은 일관성 코어의 다른 요청과 마찬가지로 복제해 처리된다. 요청은 하이 워터마크(High-Water Mark)를 복제한 로그에서 요청 항목의 로그 인덱스에 도달해야만 완료된다.

```
class ReplicatedKVStore...

  private ConcurrentHashMap<String, Lease> leases = new ConcurrentHashMap<>();

  @Override
  public CompletableFuture<Response> registerLease(String name, long ttl) {
      if (leaseExists(name)) {
          return CompletableFuture.completedFuture(
              Response.error(RequestId.RegisterLeaseResponse,
                      DUPLICATE_LEASE_ERROR,
                      "Lease with name " + name + " already exists"));
      }
      return log.propose(new RegisterLeaseCommand(name, ttl));
  }

  private boolean leaseExists(String name) {
      return leases.containsKey(name);
  }
```

중복 리스 등록은 검증할 위치를 잘 선정해야 한다. 동시에 여러 요청이 처리 중일 수 있어 요청을 제안하기 전에 체크하는 것으로는 충분하지 않다. 따라서 서버는 복제에 성공한 후 리스를 등록할 때도 중복 여부를 확인한다(그림 26.1).

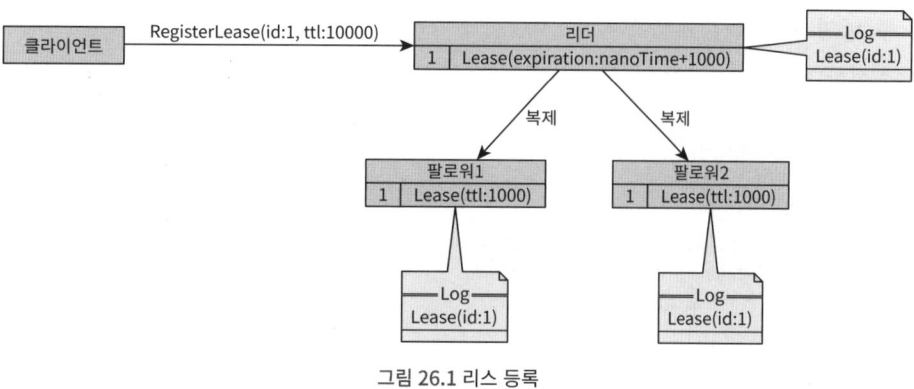

그림 26.1 리스 등록

```
class LeaderLeaseTracker...

  private Map<String, Lease> leases;

  @Override
  public void addLease(String name, long ttl) throws DuplicateLeaseException {
      if (leases.get(name) != null) {
          throw new DuplicateLeaseException(name);
      }
```

```
    Lease lease = new Lease(name, ttl, clock.nanoTime());
    leases.put(name, lease);
}
```

> 다른 하트비트 메커니즘과 마찬가지로 이 방식에는 서버의 단조 시계가 클라이언트의 단조 시계
> 보다 빠르지 않다는 가정이 있다. 발생할 수 있는 시계의 속도 차이에 잘 대처하려면 클라이언트는
> 보수적으로 타임아웃 간격 내에 여러 번 하트비트를 서버에 전송해야 한다.
> 예를 들어 주키퍼는 기본 세션 타임아웃이 10초인데, 세션 타임아웃의 1/3을 사용해 하트비트를
> 전송한다[4]. 아파치 카프카는 새 아키텍처[5]에서 리스 만료 시간을 18초로 사용하고 3초마다 하트비
> 트를 전송한다.

리스를 담당하는 노드는 리더에 연결해서 리스가 만료되기 전에 리스를 리프레시
한다. 하트비트에서 설명한 대로 네트워크 왕복 시간을 고려해 TTL 값을 정하고 리
스 만료 전에 리프레시 요청을 전송해야 한다. 문제가 발생하면 리스 리프레시를
보장하기 위해 노드는 TTL 간격 내에 여러 번 리프레시 요청을 보낼 수 있다. 하지
만 노드가 리프레시 요청을 너무 많이 전송하지 않게 해야 한다. 리스 시간의 절반
정도가 지난 후 요청을 보내는 방법이 합리적이다. 그러면 리스 시간 내에서 최대
두 번의 리프레시 요청이 발생한다. 클라이언트 노드는 자체 단조 시계로 시간을
추적한다.

```
class LeaderLeaseTracker...

  @Override
  public void refreshLease(String name) {
      Lease lease = leases.get(name);
      lease.refresh(clock.nanoTime());
  }
```

리스 만료 시점을 결정할 책임이 리더에게 있기 때문에 리프레시 요청은 일관성 코
어의 리더에게만 전송된다(그림 26.2).

---

4   (옮긴이) 주키퍼 3.9 버전의 최대 세션 타임아웃은 60초이며, 3초마다 하트비트를 전송한다.
    - https://github.com/apache/zookeeper/blob/b2ed7cdfa93b4a829225391806db919ca546a5e8/zookeeper-server/src/main/java/org/apache/zookeeper/server/ZooKeeperServer.java#L196
    - https://github.com/apache/zookeeper/blob/b2ed7cdfa93b4a829225391806db919ca546a5e8/zookeeper-server/src/main/java/org/apache/zookeeper/server/ZooKeeperServer.java#L1413
5   https://cwiki.apache.org/confluence/display/KAFKA/KIP-631%3A+The+Quorum-based+Kafka+Controller#KIP631:TheQuorumbasedKafkaController-Configurations

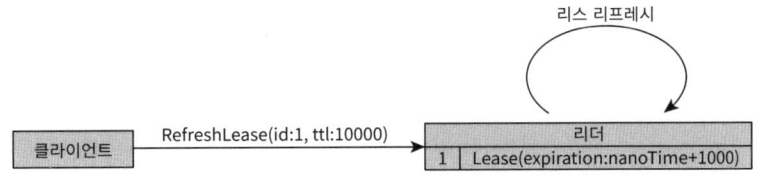

그림 26.2 리스 리프레시

그림 26.3에서 보듯이 리스가 만료되면 리더에서 삭제된다. 또한 이 정보를 일관성 코어에 커밋하는 것도 매우 중요하다. 따라서 리더는 리스 만료 요청을 전송하는데, 이는 일관성 코어의 다른 요청처럼 처리된다. 하이 워터마크가 전송된 리스 만료 요청에 도달하면 모든 팔로워에서 해당 리스가 삭제된다.

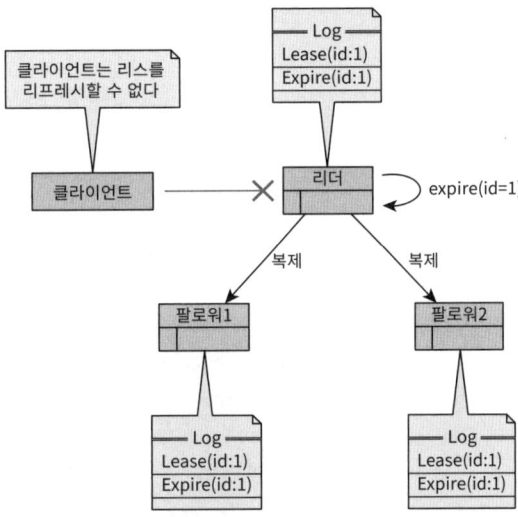

그림 26.3 리스 만료

```
class LeaderLeaseTracker...

  public void expireLease(String name) {
      getLogger().info("Expiring lease " + name);
      Lease removedLease = leases.remove(name);
      removeAttachedKeys(removedLease);
  }

  @Override
  public Lease getLeaseDetails(String name) {
      return leases.get(name);
  }
```

키-값 저장소에서 키에 리스 부여

> 아파치 주키퍼에는 세션과 일시 노드라는 개념이 있다. 세션은 리스 패턴과 유사한 메커니즘으로 구현된다. 일시 노드는 세션과 연결되어 있다. 세션을 만료하면 일시 노드는 모두 저장소에서 삭제된다.

클러스터는 노드 중 하나가 실패하면 알아야 한다. 이를 위해 노드는 일관성 코어(Consistent Core)에 리스를 생성하고 리스를 일관성 코어에 저장한 자기 식별(self-identifying) 키에 연결한다. 클러스터 노드가 정상적으로 동작하면 정기적으로 리스를 연장 갱신해야 한다. 리스가 만료되면 연관된 키는 삭제된다. 상태 감시(State Watch) 패턴에서 설명하듯이 키를 삭제하는 경우 노드 실패를 나타내는 이벤트가 관심 있는 클러스터 노드로 전송된다.

일관성 코어를 사용하는 클러스터 노드는 네트워크 호출로 리스를 생성한다.

```
consistentCoreClient.registerLease("server1Lease", Duration.ofSeconds(5));
```

그런 다음 일관성 코어에 저장하는 자기 식별 키에 생성한 리스를 부여한다.

```
consistentCoreClient.setValue("/servers/1",
                              "{address:192.168.199.10, port:8000}",
                              "server1Lease");
```

일관성 코어가 키-값 저장소에 키를 저장하라는 메시지를 수신하는 경우, 지정 리스에도 해당 키를 연결한다.

```
class ReplicatedKVStore...

  private ConcurrentHashMap<String, Lease> leases = new ConcurrentHashMap<>();

  private Response applySetValueCommand(Long walEntryId,
                                        SetValueCommand setValueCommand) {
      if (setValueCommand.hasLease()) {
          var lease = leases.get(setValueCommand.getAttachedLease());

          if (lease == null) {
              // 부여한 리스가 일관성 코어에 존재하지 않는다.
```

```
            return Response.error(RequestId.SetValueResponse,
                    Errors.NO_LEASE_ERROR,
                    "No lease exists with name "
                    + setValueCommand.getAttachedLease(), 0);
        }
        lease.attachKey(setValueCommand.getKey());
    }
    kv.put(setValueCommand.getKey(),
            new StoredValue(setValueCommand.getValue(), walEntryId));
}
```

리스가 만료되면 일관성 코어는 키-값 저장소에서도 리스에 부여한 키를 삭제한다.

```
class LeaderLeaseTracker...

  public void expireLease(String name) {
      getLogger().info("Expiring lease " + name);
      Lease removedLease = leases.remove(name);
      removeAttachedKeys(removedLease);
  }

  @Override
  public Lease getLeaseDetails(String name) {
      return leases.get(name);
  }

  private void removeAttachedKeys(Lease removedLease) {
      if (removedLease == null) {
          return;
      }
      List<String> attachedKeys = removedLease.getAttachedKeys();
      for (String attachedKey : attachedKeys) {
          kvStore.remove(attachedKey);
      }
  }
```

리더 실패 처리

기존 리더가 실패하면 일관성 코어(Consistent Core)에서 새로운 리더를 선출한다. 리더가 선출되면 새로운 리더는 리스를 추적하기 시작한다.

새 리더는 알고 있는 모든 리스를 리프레시한다(그림 26.4). 이전 리더에서 만료가 임박했던 리스는 TTL 값만큼 연장된다는 점에 유의해야 한다. 이는 큰 문제가 되지 않는데, 각각의 클라이언트에게 새 리더와 다시 연결해 리스를 계속 유지할 수 있는 기회를 제공하기 때문이다(그림 26.5).

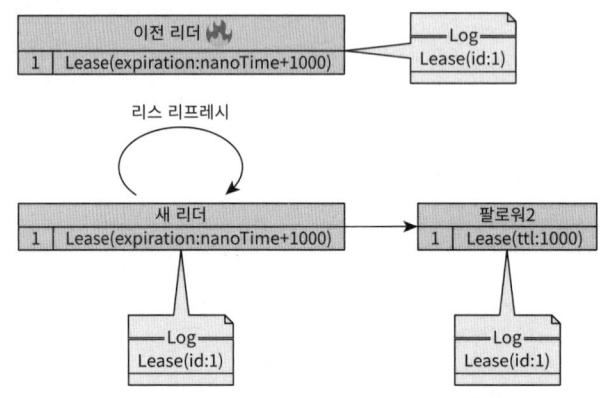

그림 26.4 새 리더는 리스를 리프레시한다.

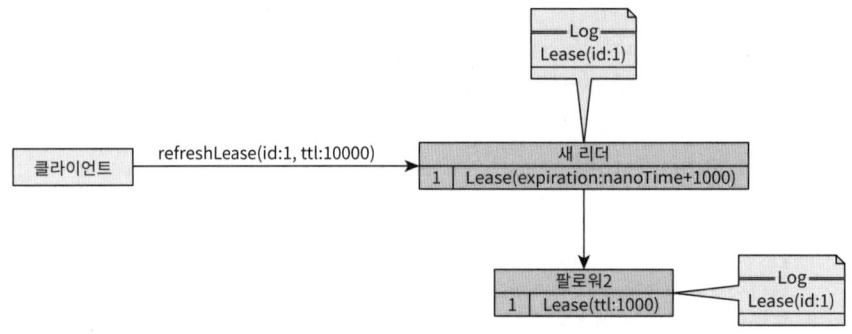

그림 26.5 클라이언트는 새 리더와 연결한다.

```
private void refreshLeases() {
    long now = clock.nanoTime();
    this.kvStore.getLeases().values().forEach(l -> {
        l.refresh(now);
    });
}
```

> ### 사례
>
> - 구글 처비 서비스는 유사한 방식으로 시간 제한 리스 메커니즘을 구현한다.
> - 아파치 주키퍼 세션은 복제 리스와 유사한 메커니즘으로 관리된다.
> - 카프카는 시간 제한 리스를 사용해 그룹 멤버십과 카프카 브로커의 실패 감지를 관리한다.
> - etcd는 시간 제한 리스 기능을 클라이언트에게 제공한다. 클라이언트는 이를 사용해 자신의 활동을 조정하고 그룹 멤버십을 관리하며 실패를 감지한다.
> - DHCP 프로토콜로 연결한 장치는 IP 주소를 리스할 수 있다. 다중 DHCP 서버를 사용하는 실패 복구(failover) 프로토콜[6]은 이번 장에서 설명한 구현과 유사하게 동작한다.

---

[6] https://tools.ietf.org/html/draft-ietf-dhc-failover-12

Patterns of Distributed Systems　　　　　　　　　　　　　　　27장

Pattern 25

상태 감시

> 서버에서 특정 값을 변경하면 클라이언트에게 알린다.

문제

클라이언트는 서버의 특정 값 변경에 관심이 있다. 변경 내용을 알기 위해 서버를 지속적으로 확인해야 한다면 클라이언트의 로직 구성이 복잡해진다. 클라이언트가 변경 내용을 감시하기 위해 서버에 너무 많은 연결을 열면 서버에 과부하가 걸릴 수 있다.

해결책

클라이언트는 특정 상태 변경에 대한 관심을 서버에 등록할 수 있다. 서버는 상태를 변경하면 관심 있는 클라이언트에게 알린다. 클라이언트는 서버와 단일 소켓 채널(Single-Socket Channel)을 유지 관리한다. 서버는 이 채널로 상태 변경 알림을 전송한다. 클라이언트는 여러 값에 관심을 가질 수 있지만 감시(watch)마다 연결을 하나씩 유지 관리하면 서버에 부담이 될 수 있다. 그래서 클라이언트는 요청 파이프라인(Request Pipeline)을 사용한다.

　　일관성 코어(Consistent Core)에서 사용한 단순 키-값 저장소 예시를 보면 클라이언트는 특정 키의 값이 변경되거나 키가 삭제되는 경우에 관심을 가진다. 구현은 클라이언트 측과 서버 측으로 나뉜다.

클라이언트 측 구현

클라이언트는 키와 함수를 입력받는다. 함수는 서버에서 감시 이벤트가 발생하면 실행된다. 클라이언트는 이 함수 객체를 이후 호출을 위해 저장한다. 그런 다음 서버에 감시 등록 요청을 전송한다.

```
ConcurrentHashMap<String, Consumer<WatchEvent>> watches
        = new ConcurrentHashMap<>();

public void watch(String key, Consumer<WatchEvent> consumer) {
    watches.put(key, consumer);
    sendWatchRequest(key);
}

private void sendWatchRequest(String key) {
    requestSendingQueue.submit(new RequestOrResponse(new WatchRequest(key),
            correlationId.getAndIncrement()));
}
```

연결에서 감시 이벤트를 수신하면 해당 소비자를 호출한다.

```
this.pipelinedConnection
        = new PipelinedConnection(address, requestTimeoutMs, (r) -> {
    logger.info("Received response on the pipelined connection "
                + r.getRequestId());

    if (r.getRequestId() == RequestId.WatchEvent) {
        var watchEvent = deserialize(r.getMessageBody(), WatchEvent.class);
        var watchEventConsumer = getConsumer(watchEvent.getKey());
        watchEventConsumer.accept(watchEvent);
        // 연결 실패에 대비해 마지막 감시 인덱스를 기록한다.
        lastWatchedEventIndex = watchEvent.getIndex();
    }
    completeRequestFutures(r);
});
```

서버 측 구현

서버는 감시 등록 요청을 받으면 요청을 수신할 파이프라인 연결과 키의 매핑을 유지한다.

```
private Map<String, ClientConnection> watches = new HashMap<>();
private Map<ClientConnection, List<String>> connection2WatchKeys
        = new HashMap<>();
```

```java
public void watch(String key, ClientConnection clientConnection) {
    logger.info("Setting watch for " + key);
    addWatch(key, clientConnection);
}

private synchronized void addWatch(String key, ClientConnection clientConnection)
{
    mapWatchKey2Connection(key, clientConnection);
    watches.put(key, clientConnection);
}

private void mapWatchKey2Connection(String key, ClientConnection clientConnection)
{
    List<String> keys = connection2WatchKeys.get(clientConnection);
    if (keys == null) {
        keys = new ArrayList<>();
        connection2WatchKeys.put(clientConnection, keys);
    }
    keys.add(key);
}
```

ClientConnection은 소켓 연결을 클라이언트까지 감싸고 있다. 이 구조는 다음과 같은데, 블로킹 IO(blocking-IO)* 기반 서버와 논블로킹 IO(nonblocking-IO)* 기반 서버 모두 동일하다.

blocking-IO
IO 작업을 수행하는 동안 해당 작업이 완료될 때까지 프로그램 실행을 중단하는 방식

nonblocking-IO
IO 작업을 요청한 후 해당 작업이 즉시 완료되지 않더라도 프로그램이 대기하지 않고 다른 작업을 계속 실행하는 방식

```java
public interface ClientConnection {
    void write(RequestOrResponse response);
    void close();
}
```

단일 연결에서 여러 개의 감시를 등록할 수 있다. 그래서 연결과 감시 키 목록의 매핑을 저장하는 일이 중요하다. 클라이언트의 연결이 종료되면 관련된 감시를 모두 제거해야 한다.

```java
public void close(ClientConnection connection) {
    removeWatches(connection);
}

private synchronized void removeWatches(ClientConnection clientConnection) {
    var watchedKeys = connection2WatchKeys.remove(clientConnection);
    if (watchedKeys == null) {
        return;
```

```
        }
        for (String key : watchedKeys) {
            watches.remove(key);
        }
}
```

> **☑ 리액티브 스트림즈 사용**
>
> 이 책의 예시에서는 이벤트를 파이프라인 연결에 바로 기록하는 것을 보여 준다. 한편 특정 유형의 배압 해결책을 애플리케이션 수준에서 갖고 있는 것은 유용하다. 아주 많은 이벤트를 생성하는 경우 전송 속도 제어도 중요하다. 이벤트의 생산자와 소비자의 속도를 맞추는 일은 중요한 고려사항이다. etcd의 이슈[1]는 이런 고려사항이 프로덕션 환경에서 얼마나 중요한지 보여 주는 예다.
>
> 리액티브 스트림즈[2] API를 사용하면 1등급 개념으로 배압 코드를 쉽게 작성할 수 있다. RSocket[3] 같은 프로토콜은 배압을 구현하는 구조화된 방법을 제공한다.

키값을 설정하는 일과 같은 특정 이벤트가 서버에서 발생하면 서버는 관련된 WatchEvent를 생성해 등록한 모든 클라이언트에게 알린다.

```
private synchronized void notifyWatchers(SetValueCommand setValueCommand,
                                         Long entryId) {
    logger.info("Looking for watches for " + setValueCommand.getKey());
    if (!hasWatchesFor(setValueCommand.getKey())) {
        return;
    }
    String watchedKey = setValueCommand.getKey();
    WatchEvent watchEvent = new WatchEvent(watchedKey,setValueCommand.getValue(),
                        ventType.KEY_ADDED, entryId);
    notify(watchEvent, watchedKey);
}

private void notify(WatchEvent watchEvent, String watchedKey) {
    List<ClientConnection> watches = getAllWatchersFor(watchedKey);
    for (ClientConnection pipelinedClientConnection : watches) {
        try {
            getLogger().info("Notifying watcher of event "
                    + watchEvent + " from " + log.getServerId());
            pipelinedClientConnection.write(new RequestOrResponse(watchEvent));
```

---

1 *https://github.com/etcd-io/etcd/issues/11906*
2 *https://www.reactive-streams.org*
3 *https://rsocket.io*

```
        } catch (NetworkException e) {
            // 네트워크 연결이 끊어지면 감시를 제거한다.
            removeWatches(pipelinedClientConnection);
        }
    }
}
```

감시와 연관된 상태는 클라이언트 요청 처리 코드와 연결 종료를 위한 클라이언트 연결 처리 코드에서 동시에 접근할 수 있어야 한다. 그래서 감시 상태에 접근하는 메서드는 모두 잠금으로 보호해야 한다.

계층적 저장소 감시

일관성 코어(Consistent Core)는 대부분 계층적 저장소를 지원한다. 키의 부모 노드나 접두사에 감시를 설정할 수 있다. 자식 노드의 변경 사항은 부모 노드에 설정한 감시를 트리거한다. 일관성 코어는 이벤트마다 경로를 따라가 상위 노드에 설정한 감시가 있는지 확인해 모든 감시에 이벤트를 전송한다.

```
List<ClientConnection> getAllWatchersFor(String key) {
    List<ClientConnection> affectedWatches = new ArrayList<>();
    String[] paths = key.split("/");
    String currentPath = paths[0];
    addWatch(currentPath, affectedWatches);
    for (int i = 1; i < paths.length; i++) {
        currentPath = currentPath + "/" + paths[i];
        addWatch(currentPath, affectedWatches);
    }
    return affectedWatches;
}

private void addWatch(String currentPath,
                      List<ClientConnection> affectedWatches) {
    ClientConnection clientConnection = watches.get(currentPath);
    if (clientConnection != null) {
        affectedWatches.add(clientConnection);
    }
}
```

그래서 "servers" 같은 접두사 키에 감시를 설정할 수 있다. "servers/1", "servers/2"와 같이 "servers"를 접두사로 생성한 키는 이 감시를 트리거한다.

호출할 함수의 매핑은 접두사 키로 저장되므로 클라이언트 측에서도 수신한 이벤트의 호출 함수를 찾기 위해 계층 구조를 탐색하는 것이 중요하다. 이벤트와 함께 이벤트를 트리거한 경로를 함께 전송해 어떤 감시에서 이벤트 전송을 트리거했는지 클라이언트가 알 수 있도록 하는 방법도 있다.

연결 실패 처리

클라이언트와 서버 간 연결은 언제든지 실패할 수 있다. 일부 사용 사례에서는 연결이 끊어졌을 때 클라이언트가 특정 이벤트를 놓칠 수 있기 때문에 문제가 된다. 예를 들어 클러스터 컨트롤러는 어떤 노드가 실패했는지 알아내는 데 관심이 있는데, 노드 실패를 키 삭제 이벤트로 표시한다. 클라이언트는 마지막으로 수신한 이벤트를 서버에 알려야 한다. 클라이언트는 감시를 다시 설정할 때 마지막으로 수신한 이벤트 번호를 전송한다. 서버는 해당 이벤트 번호 이후에 기록한 모든 이벤트를 전송해야 한다.

일관성 코어(Consistent Core) 클라이언트에서는 클라이언트가 리더와 다시 연결을 설정할 때 이를 수행한다.

> ☑ **카프카의 풀(pull) 기반 디자인**
> 일반적인 감시 설계에서는 서버가 클라이언트에게 감시 이벤트를 푸시(push)한다. 아파치 카프카는 종단 간(end-to-end) 풀 기반 설계를 따른다. 새로운 아키텍처[McCabe2020]에서 카프카 브로커는 일관성 코어 구현체인 컨트롤러 정족수(Controller Quorum)[McCabe2021]에서 메타데이터 로그를 주기적으로 가져온다. 오프셋 기반 풀 메커니즘을 사용하면 클라이언트는 다른 카프카 소비자처럼 알고 있는 마지막 오프셋에서 이벤트를 읽어 이벤트 유실을 방지할 수 있다.

```
private void connectToLeader(List<InetAddressAndPort> servers) {
    while (isDisconnected()) {
        logger.info("Trying to connect to next server");
        waitForPossibleLeaderElection();
        establishConnectionToLeader(servers);
    }
    setWatchesOnNewLeader();
}

private void setWatchesOnNewLeader() {
    for (String watchKey : watches.keySet()) {
        sendWatchResetRequest(watchKey);
    }
}
```

```
private void sendWatchResetRequest(String key) {
    var watchRequest = new RequestOrResponse(new SetWatchRequest(key,
            lastWatchedEventIndex), correlationId.getAndIncrement());
    pipelinedConnection.send(watchRequest);
}
```

서버는 발생하는 모든 이벤트에 번호를 부여한다. 예를 들어 서버가 일관성 코어인 경우 모든 상태 변경을 엄격한 순서로 저장하고 모든 변경은 쓰기 전 로그(Write-Ahead Log)에서 설명한 대로 로그 인덱스로 번호를 지정한다. 그러면 클라이언트는 특정 인덱스에서 시작하는 이벤트를 요청할 수 있다.

키-값 저장소에서 이벤트 도출

키-값 저장소에서 발생하는 모든 이벤트에 번호를 부여하고 해당 번호를 각각의 값과 함께 저장하는 경우, 키-값 저장소의 현재 상태를 고려해 이벤트를 생성할 수 있다.

클라이언트는 서버와 연결을 다시 설정할 때 감시도 다시 설정할 수 있는데, 이때 알고 있는 마지막 변경 번호도 함께 전송한다. 그러면 서버는 전송값과 저장값을 비교한다. 클라이언트가 전송한 값보다 저장값이 크면 이벤트를 클라이언트에 다시 전송한다.

키-값 저장소에서 이벤트를 도출하는 일은 이벤트를 추측해야 하므로 다소 까다롭다. 일부 이벤트를 놓쳤을 수도 있다. 예를 들어 클라이언트 연결이 끊어진 상태에서 키를 생성한 다음 삭제하면 생성 이벤트를 놓친다.

```
private synchronized void eventsFromStoreState(String key, long stateChangesSince)
{
    List<StoredValue> values = getValuesForKeyPrefix(key);
    for (StoredValue value : values) {
        if (value == null) {
            // 키가 삭제됐을 수도 있으므로 삭제 이벤트를 전송한다.
            notify(new WatchEvent(key, EventType.KEY_DELETED), key);
        } else if (value.index > stateChangesSince) {
            // 클라이언트가 알고 있는 마지막 이벤트 이후 키/값을 생성/갱신했다.
            notify(new WatchEvent(key, value.getValue(),
                    EventType.KEY_ADDED, value.getIndex()), key);
        }
    }
}
```

아파치 주키퍼는 다음의 접근 방식을 사용한다. 주키퍼에서 감시는 기본적으로 일회성 트리거다. 일단 이벤트가 트리거되면 클라이언트는 감시를 다시 설정해야 추가 이벤트를 수신할 수 있다. 감시를 다시 등록하기 전에 일부 이벤트를 놓칠 수 있기에 클라이언트는 최신 상태를 읽어 어떤 갱신도 놓치지 않게 해야 한다.

이벤트 이력 저장

과거 이벤트 이력을 유지하고 이벤트 이력을 클라이언트에 응답하는 것은 쉬운 일이지만, 이 접근 방식의 문제점은 이벤트 이력 개수(예, 1,000개)를 제한해야 한다는 것이다. 클라이언트 연결이 오랫동안 끊어진다면 이벤트 이력 개수 제한을 초과한 이벤트는 놓칠 수 있다.

다음은 구글 구아바(google guava)의 `EvictingQueue`를 사용한 간단한 구현이다.

```java
public class EventHistory implements Logging {
    Queue<WatchEvent> events = EvictingQueue.create(1000);

    public void addEvent(WatchEvent e) {
        getLogger().info("Adding " + e);
        events.add(e);
    }

    public List<WatchEvent> getEvents(String key, Long stateChangesSince) {
        return this.events.stream()
                .filter(e -> e.getIndex() > stateChangesSince
                        && e.getKey().equals(key))
                .collect(Collectors.toList());
    }
}
```

클라이언트가 연결을 다시 설정하고 감시를 초기화하는 경우 이력으로부터 이벤트를 전송할 수 있다.

```java
private void sendEventsFromHistory(String key, long stateChangesSince) {
    var events = eventHistory.getEvents(key, stateChangesSince);
    for (WatchEvent event : events) {
        notify(event, event.getKey());
    }
}
```

다중 버전 저장소 사용

다중 버전 저장소를 사용하면 모든 변경 사항을 추적할 수 있다. 키마다 버전을 모두 추적하고 요청한 버전에서 전체 변경 사항을 쉽게 얻을 수 있다.

etcd 버전 3부터 이와 같은 접근 방식을 사용한다.

> **사례**
>
> - 아파치 주키퍼에는 노드 감시를 설정하는 기능이 있다. 이 기능은 아파치 카프카 같은 제품에서 그룹 멤버십과 클러스터 멤버의 실패 감지에 사용한다.
> - etcd의 감시 구현은 쿠버네티스의 자원 감시 구현[4]에서 적극 사용한다.

---

4 https://kubernetes.io/docs/reference/using-api/api-concepts

Patterns of Distributed Systems

Pattern 26

가십 전파

flooding
데이터가 과도하게 중복 전송되어 네트워크 트래픽이 급증하는 문제

> 무작위로 선택한 노드를 이용해 정보를 전달함으로써 네트워크 플러딩(flooding)*없이 클러스터 내 모든 노드에 정보가 도달되도록 한다.

문제

노드 클러스터에서 각각의 노드는 공유 저장소에 의존하지 않고 클러스터의 다른 모든 노드에 메타데이터를 전달해야 한다. 대규모 클러스터에서 각각의 서버가 다른 모든 서버와 통신한다면 많은 네트워크 대역폭을 소비한다. 일부 네트워크 연결에 문제가 생기는 경우에도 정보는 모든 노드에 전달되어야 한다.

해결책

클러스터 노드는 가십 통신 방식을 사용해 상태 갱신을 전파한다. 각각의 노드는 임의 노드를 선택해 자신이 가진 정보를 전달한다. 정보 전달은 정해진 일정한 간격(예를 들어 1초마다)으로 수행된다. 정보를 전달할 노드는 매번 임의로 선택된다.

> ☑ **전염병, 소문, 컴퓨터 통신**
> 전염병이 매우 빠르게 퍼지는 이유를 설명하는 전염병의 수학적 특성이 있다. 전염병학의 수학 분야는 전염병이나 소문이 사회에서 어떻게 퍼지는지 연구한다. 가십 전파는 전염병학의 수학 모델

28장 | Pattern 26 가십 전파

을 기반으로 한다. 전염병이나 소문의 주요 특징은 개인이 무작위로 단 몇 명과 접촉해도 매우 빠르게 퍼진다는 점이다. 개인의 아주 적은 접촉만으로도 전체 인구가 감염될 수 있다. 좀 더 구체적으로 설명해 n을 총 인구수라고 하면 전염은 개인마다 $log(n)$에 비례하는 접촉이 필요한데, 이는 매우 작은 숫자다.

전염병 확산의 이러한 특성은 프로세스 전체에 걸쳐 정보를 전파하는 데 매우 유용하다. 특정 프로세스가 단지 몇 개의 프로세스와 임의로 통신하더라도 몇 번만 통신하면 클러스터의 모든 노드는 동일한 정보를 가지게 된다. 하시코프에서 만든 매우 훌륭한 수렴 시뮬레이터[1]는 네트워크가 일부 유실되고 노드 실패가 발생해도 전체 클러스터에 정보가 얼마나 빨리 퍼지는지 보여 준다.

대규모 클러스터의 경우 다음 사항을 고려해야 한다.

- 서버당 생성되는 메시지 수에 고정 한도를 둔다.
- 메시지는 네트워크 대역폭을 많이 소비하지 않아야 한다. 이를테면 수백 킬로바이트로 상한값을 정한다. 그래서 클러스터 전체에서 과도한 메시지가 애플리케이션 데이터 전송에 영향을 미치지 않아야 한다.
- 메타데이터 전파는 네트워크 실패나 일부 서버 실패에도 허용할 수 있어야 한다. 일부 네트워크 연결이 다운되거나 일부 서버에 실패가 발생해도 모든 클러스터 노드에 메타데이터를 전파해야 한다.

가십 스타일 통신은 이런 요구사항을 모두 충족한다.

클러스터 노드는 노드마다 연관된 키-값 쌍 목록으로 메타데이터를 저장한다.

```
class Gossip...

  Map<NodeId, NodeState> clusterMetadata = new HashMap<>();

class NodeState...

  Map<String, VersionedValue> values = new HashMap<>();
```

클러스터 노드가 시작될 때 노드는 다른 노드에 전파해야 하는 자신의 메타데이터를 추가한다. 노드가 통신하기 위해 사용하는 IP 주소와 포트, 담당하는 파티션 등

---

[1] https://www.serf.io/docs/internals/simulator.html
(옮긴이 덧붙임) 이 사이트의 정보 제공은 2024년 10월 2일 중단되어 해당 내용은 https://web.archive.org/web/20190307085524/https://www.serf.io/docs/internals/simulator.html 에 아카이빙된 사이트에서 확인할 수 있다.

이 메타데이터의 예다. Gossip 인스턴스가 가십 통신을 시작하려면 적어도 하나의 다른 노드를 알고 있어야 한다. Gossip 인스턴스 초기화에 사용하는, 클러스터 전체에 알려진 노드를 시드 노드 또는 개시자(introducer)라고 한다. 시드 노드는 특별한 노드는 아니며 모든 노드에 자신의 주소가 설정되어 있으면 어떤 노드도 시드 노드가 될 수 있다.

```
class Gossip...

  public Gossip(InetAddressAndPort listenAddress, List<InetAddressAndPort>
                seedNodes, String nodeId) throws IOException {
      this.listenAddress = listenAddress;
      // 자신이 시드 노드에 속한다면 필터링한다.
      this.seedNodes = removeSelfAddress(seedNodes);
      this.nodeId = new NodeId(nodeId);
      addLocalState(GossipKeys.ADDRESS, listenAddress.toString());

      this.socketServer = new NIOSocketListener(new GossipRequestConsumer(),
                                                listenAddress);
  }

  private void addLocalState(String key, String value) {
      NodeState nodeState = clusterMetadata.get(listenAddress);
      if (nodeState == null) {
          nodeState = new NodeState();
          clusterMetadata.put(nodeId, nodeState);
      }
      nodeState.add(key, new VersionedValue(value, incremenetVersion()));
  }
```

각각의 클러스터 노드는 자신의 메타데이터를 다른 노드에 주기적으로 전송하는 작업을 예약한다.

```
class Gossip...

  private ScheduledThreadPoolExecutor gossipExecutor
          = new ScheduledThreadPoolExecutor(1);
  private long gossipIntervalMs = 1000;
  private ScheduledFuture<?> taskFuture;

  public void start() {
      socketServer.start();
      taskFuture = gossipExecutor.scheduleAtFixedRate(
              () -> doGossip(),
              gossipIntervalMs,
```

```
                gossipIntervalMs,
            TimeUnit.MILLISECONDS
    );
}
```

예약한 작업이 호출되면 메타데이터 맵의 서버 목록에서 몇 개의 노드를 임의로 선택한다. 가십 대상으로 선택할 노드 수는 가십 팬아웃(gossip fanout)*이라는 작은 상수로 정한다. 아직 알려진 노드가 없다면 시드 노드를 임의로 선택하고 자신의 메타데이터 맵을 해당 노드에 전송한다.

gossip fanout
분산 시스템에서 데이터나 메시지를 다른 노드에 전파할 때 각각의 노드가 메시지를 전달할 대상 노드의 수를 의미.

```
class Gossip...

  public void doGossip() {
      List<InetAddressAndPort> knownClusterNodes = liveNodes();
      if (knownClusterNodes.isEmpty()) {
          sendGossip(seedNodes, gossipFanout);
      } else {
          sendGossip(knownClusterNodes, gossipFanout);
      }
  }

  private List<InetAddressAndPort> liveNodes() {
      var nodes = clusterMetadata.values().stream()
              .map(n -> InetAddressAndPort.parse(n.get(GossipKeys.ADDRESS)
                      .getValue()))
              .collect(Collectors.toSet());
      return removeSelfAddress(nodes);
  }
```

> ☑ **UDP 또는 TCP 사용**
>
> 가십 통신은 불안정한 네트워크를 전제로 하기 때문에 전송 메커니즘으로 UDP를 사용할 수 있다. 하지만 클러스터 노드는 상태의 빠른 수렴을 보장해야 하므로 TCP 기반 전송을 사용해 가십 상태를 교환한다. 이는 노드가 여러 지역에 분산되어 있고 WAN에서 통신할 때 특히 유용하다.

```
private void sendGossip(List<InetAddressAndPort> knownClusterNodes,
                        int gossipFanout) {
    if (knownClusterNodes.isEmpty()) {
        return;
    }
    for (int i = 0; i < gossipFanout; i++) {
```

```
        InetAddressAndPort nodeAddress = pickRandomNode(knownClusterNodes);
        sendGossipTo(nodeAddress);
    }
}

private void sendGossipTo(InetAddressAndPort nodeAddress) {
    try {
        getLogger().info("Sending gossip state to " + nodeAddress);
        var socketClient = new SocketClient(nodeAddress);
        var gossipStateMessage
                = new GossipStateMessage(this.nodeId, this.clusterMetadata);
        var request = createGossipStateRequest(gossipStateMessage);
        var response = socketClient.blockingSend(request);
        var responseState = deserialize(response);
        merge(responseState.getNodeStates());
    } catch (IOException e) {
        getLogger().error("IO error while sending gossip state to "
                + nodeAddress, e);
    }
}

private RequestOrResponse createGossipStateRequest(GossipStateMessage
        gossipStateMessage) {
    return new RequestOrResponse(gossipStateMessage, correlationId++);
}
```

가십 메시지를 수신하는 클러스터 노드는 자신의 메타데이터를 면밀히 검토해 다음 세 가지 사항을 확인한다.

- 수신 메시지에는 있지만 노드의 상태 맵에는 존재하지 않는 값
- 노드의 상태 맵에는 있지만 수신 가십 메시지에는 존재하지 않는 값
- 수신 메시지에 있는 값과 비교해 노드가 가지고 있는 더 높은 버전값

그런 다음 자신의 상태 맵에서 누락된 값을 추가한다. 수신 메시지에서 누락된 값은 모두 응답으로 반환한다.

가십 메시지를 전송하는 클러스터 노드는 가십 응답으로 얻은 값을 자신의 상태에 추가한다.

```
class Gossip...

  private void handleGossipRequest(Message<RequestOrResponse> request,
                                   ClientConnection clientConnection) {
```

```java
        var gossipStateMessage = deserialize(request.getRequest());
        var gossipedState = gossipStateMessage.getNodeStates();
        getLogger().info("Merging state from " + clientConnection);
        merge(gossipedState);

        var diff = delta(this.clusterMetadata, gossipedState);
        var diffResponse = new GossipStateMessage(this.nodeId, diff);

        getLogger().info("Sending diff response " + diff);
        clientConnection.write(new RequestOrResponse(diffResponse,
                request.getRequest().getCorrelationId()));
}

public Map<NodeId, NodeState> delta(Map<NodeId, NodeState> fromMap,
                                    Map<NodeId, NodeState> toMap) {
    var delta = new HashMap<NodeId, NodeState>();
    for (NodeId key : fromMap.keySet()) {
        if (!toMap.containsKey(key)) {
            delta.put(key, fromMap.get(key));
            continue;
        }
        var fromStates = fromMap.get(key);
        var toStates = toMap.get(key);
        var diffStates = fromStates.diff(toStates);
        if (!diffStates.isEmpty()) {
            delta.put(key, diffStates);
        }
    }
    return delta;
}

public void merge(Map<NodeId, NodeState> otherState) {
    var diff = delta(otherState, this.clusterMetadata);
    for (var diffKey : diff.keySet()) {
        if (!this.clusterMetadata.containsKey(diffKey)) {
            this.clusterMetadata.put(diffKey, diff.get(diffKey));
        } else {
            NodeState stateMap = this.clusterMetadata.get(diffKey);
            stateMap.putAll(diff.get(diffKey));
        }
    }
}
```

이 과정은 각각의 클러스터 노드에서 1초마다 발생하며 매번 다른 노드를 선택해 상태를 교환한다.

불필요한 상태 교환 방지

앞의 예시 코드에서는 노드의 전체 상태를 가십 메시지로 전송한다. 새로 합류한 노드에는 이 방법이 적합하지만, 한 번 최신 상태가 되면 전체 상태를 전송할 필요는 없다. 클러스터 노드는 마지막 가십 이후 변경 상태만 전송한다. 이를 위해 각각의 노드는 로컬에서 버전 번호를 유지하는데, 이 번호는 새로운 메타데이터 항목을 추가할 때마다 증가한다.

```
class Gossip...

  private int gossipStateVersion = 1;

  private int incrementVersion() {
      return gossipStateVersion++;
  }
```

클러스터 메타데이터 각각의 값은 버전 번호로 유지 관리한다. 이것은 버전화 값(Versioned Value) 패턴의 예다.

```
class VersionedValue...

  long version;
  String value;

  public VersionedValue(String value, long version) {
      this.version = version;
      this.value = value;
  }

  public long getVersion() {
      return version;
  }

  public String getValue() {
      return value;
  }
```

이 방식을 사용하면 가십 주기마다 특정 버전의 상태를 서로 교환할 수 있다.

```
class Gossip...

  private void sendKnownVersions(InetAddressAndPort gossipTo) throws IOException
  {
```

```
        var maxKnownNodeVersions = getMaxKnownNodeVersions();
        var knownVersionRequest =
                new RequestOrResponse(
                        new GossipStateVersions(maxKnownNodeVersions));

        var socketClient = new SocketClient(gossipTo);
        socketClient.blockingSend(knownVersionRequest);
    }

    private Map<NodeId, Long> getMaxKnownNodeVersions() {
        return clusterMetadata.entrySet()
                .stream()
                .collect(Collectors.toMap(
                        e -> e.getKey(),
                        e -> e.getValue().maxVersion()
                ));
    }

class NodeState...

    public long maxVersion() {
        return values.values()
                .stream()
                .map(v -> v.getVersion())
                .max(Comparator.naturalOrder())
                .orElse(Long.valueOf(0));
    }
```

수신 노드는 자신이 보유한 버전이 요청에서 제공하는 버전보다 크다면 그 해당 값만을 전송한다.

```
class Gossip...

    Map<NodeId, NodeState> getMissingAndNodeStatesHigherThan(Map<NodeId,
            Long> nodeMaxVersions) {
        var delta = new HashMap<NodeId, NodeState>();
        delta.putAll(higherVersionedNodeStates(nodeMaxVersions));
        delta.putAll(missingNodeStates(nodeMaxVersions));
        return delta;
    }

    private Map<NodeId, NodeState>
                missingNodeStates(Map<NodeId, Long> nodeMaxVersions) {
        var delta = new HashMap<NodeId, NodeState>();
```

```
        List<NodeId> missingKeys = clusterMetadata
                .keySet()
                .stream()
                .filter(key -> !nodeMaxVersions.containsKey(key))
                .collect(Collectors.toList());
    for (NodeId missingKey : missingKeys) {
        delta.put(missingKey, clusterMetadata.get(missingKey));
    }
    return delta;
}

private Map<NodeId, NodeState>
            higherVersionedNodeStates(Map<NodeId, Long> nodeMaxVersions) {
    var delta = new HashMap<NodeId, NodeState>();
    var keySet = nodeMaxVersions.keySet();

    for (NodeId node : keySet) {
        var maxVersion = nodeMaxVersions.get(node);
        var nodeState = clusterMetadata.get(node);
        if (nodeState == null) {
            continue;
        }
        var deltaState = nodeState.statesGreaterThan(maxVersion);
        if (!deltaState.isEmpty()) {
            delta.put(node, deltaState);
        }
    }
    return delta;
}
```

a three-way handshake
TCP 연결을 설정하기 위해 전송자와 수신자가 서로 통신할 준비가 되었는지 확인하는 절차가 필요한데, 이를 위해 SYN와 ACK을 사용해 세 번의 패킷 교환을 진행함.

아파치 카산드라의 가십 구현은 3방향 핸드셰이크(a three-way handshake)*로 상태 교환을 최적화한다. 가십 메시지를 수신한 노드는 반환할 메타데이터와 함께 전송자가 받길 원하는 버전도 보낸다. 그러면 전송자는 요청받은 메타데이터로 즉시 응답할 수 있다. 이렇게 하면 추가 메시지가 필요하지 않다.

코크로치DB에서 사용하는 가십 프로토콜은 연결된 각 노드의 상태를 유지 관리한다. 연결마다 노드로 전송한 마지막 버전과 노드로부터 수신한 버전을 유지 관리한다. 그러면 "마지막으로 전송한 버전 이후 상태"를 전송하고 "마지막으로 수신한 버전 이후 상태"를 요청할 수 있다.

다른 효율적인 방법도 사용할 수 있다. 예를 들어 전체 맵의 해시를 전송하고 해시가 동일하면 아무것도 하지 않는다

가십에 대한 노드 선택 기준

클러스터 노드는 가십 메시지를 전송할 노드를 임의로 선택한다. 자바 예시 구현에서는 `java.util.Random`을 사용할 수 있다.

```
class Gossip...

  private Random random = new Random();
  private InetAddressAndPort
            pickRandomNode(List<InetAddressAndPort> knownClusterNodes) {
    var randomNodeIndex = random.nextInt(knownClusterNodes.size());
    var gossipTo = knownClusterNodes.get(randomNodeIndex);
    return gossipTo;
  }
```

가장 적게 연락받은 노드를 선택하는 방법 같은 대안도 생각해 볼 수 있다. 예를 들어 코크로치DB에서 가십 프로토콜은 이 방식으로 노드를 선택한다[2].

네트워크 토폴로지 인식(network-topology-aware)[Gupta2006] 방식의 가십 대상 선택 방법도 있다.

이 중 어떤 방법을 선택하든 `pickRandomNode()` 메서드에서 모듈 형태로 구현할 수 있다.

그룹 멤버십과 실패 감지

> ☑ **최종적 일관성**
>
> 가십 프로토콜을 이용한 정보 교환은 본래 최종적 일관성을 지닌다. 가십 상태는 매우 빠르게 수렴하더라도 전체 클러스터에서 새로운 노드를 인식하거나 노드 실패를 감지하기까지 약간의 지연이 있을 수 있다. 정보 교환을 위해 가십 프로토콜을 사용하는 구현에서는 이런 최종적 일관성을 허용해야 한다.
>
> 강력한 일관성이 필요한 작업에서는 일관성 코어(Consistent Core)를 사용해야 한다.
>
> 동일 클러스터에서 두 방식 모두 사용하는 일이 일반적이다. 예를 들어 하시코프 컨슬은 그룹 멤버십과 실패 감지에는 가십 프로토콜을 사용하지만, 서비스 카탈로그 저장에는 강력한 일관성을 보장하기 위해 래프트 기반 일관성 코어를 사용한다.

---

2 https://github.com/cockroachdb/cockroach/blob/master/docs/design.md

클러스터에서 가용 노드 목록을 유지하는 일은 가십 프로토콜을 사용하는 일반적인 방법 중 하나로, 두 가지 접근 방식이 있다.

- SWIM[Das2002]은 별도의 조사 컴포넌트(probing component)로 클러스터의 다른 노드를 지속적으로 조사해 사용 가능한지 감지한다. 노드가 살았는지 죽었는지 감지하면 해당 결과를 가십 통신으로 전체 클러스터로 전파한다. 조사자(prober)는 가십 메시지를 전송할 노드를 임의로 선택한다. 수신 노드는 메시지에 새로운 정보가 있다면 즉시 임의로 선택한 노드에 메시지를 전송한다. 이런 방법으로 실패한 노드 또는 새로 합류한 노드를 전체 클러스터에 빠르게 알려 준다.
- 클러스터 노드는 하트비트로 상태를 주기적으로 갱신한다. 해당 상태는 가십 메시지 교환을 통해 전체 클러스터에 전파된다. 각각의 클러스터 노드는 정해진 시간 내에 특정 클러스터 노드에서 갱신을 수신했는지 확인하고 수신하지 못했다면 노드가 다운됐다고 표시한다. 이 경우 각각의 클러스터 노드는 노드가 살았는지 죽었는지 독립적으로 판단한다.

노드 재시작 처리

노드가 죽거나 재시작하면 인메모리 상태가 모두 유실되므로 버전화 값은 잘 동작하지 않는다. 더 중요한 것은 노드가 같은 키에서 다른 값을 가질 수 있다는 점이다. 예를 들어 클러스터 노드가 다른 IP 주소와 포트로 시작하거나 다른 구성으로 시작할 수 있다. 세대 시계(Generation Clock)는 값마다 세대를 표시하는 데 사용될 수 있는데, 그러면 메타데이터 상태를 임의의 클러스터 노드에 전송할 때 수신 노드는 버전 번호뿐만 아니라 세대 번호로도 변경 사항을 감지할 수 있다.

세대 시계 방식이 핵심 가십 프로토콜의 동작에 반드시 필요하지는 않다. 하지만 실제 구현에서는 상태 변경을 올바르게 추적하기 위해 이 방식을 사용한다.

사례

- 아파치 카산드라는 클러스터 노드의 그룹 멤버십과 노드 실패 감지에 가십 프로토콜을 사용한다. 각각의 클러스터 노드에서 노드마다 할당된 토큰 같은 메타데이터도 가십 프로토콜을 사용해 전송된다.

- 하시코프 컨슬은 그룹 멤버십과 컨슬 에이전트의 실패 감지에 SWIM 가십 프로토콜을 사용한다.
- 코크로치DB는 노드 메타데이터 전파에 가십 프로토콜을 사용한다.
- 하이퍼레저 패브릭[3] 같은 블록체인 구현은 그룹 멤버십과 레저(ledger)* 메타데이터 전송에 가십 프로토콜을 사용한다.

ledger
네트워크 내에서 발생한 모든 거래 기록

---

3 https://hyperledger-fabric.readthedocs.io/en/release-2.2/gossip.html

Patterns of Distributed Systems

29장

Pattern 27

자생적 리더

클러스터 노드를 나이 기준으로 우선 순위를 매겨 명시적인 선출 없이 리더로 선택할 수 있다.

문제

피어 투 피어 시스템은 각각의 클러스터 노드를 동등하게 취급한다. 즉 리더가 없다. 리더 팔로워(Leader and Followers) 패턴에서 발생하는 명시적인 리더 선출 과정이 없다는 의미다. 때때로 클러스터는 가용성을 높이기 위해 별도의 일관성 코어(Consistent Core)에 의존하지 않기를 원한다. 하지만 클러스터 코디네이터(coordinator) 역할을 하는 노드는 여전히 필요하다. 이 노드는 데이터 파티션을 다른 클러스터 노드에 할당하고 새로운 클러스터 노드의 참여나 실패를 감지해 적절한 조치를 취하는 등의 작업을 담당하기 때문이다.

해결책

피어 투 피어 시스템에서 흔히 사용하는 기법의 하나로 클러스터에서 노드의 나이에 따라 노드를 정렬하는 방법이 있다. 클러스터에서 가장 오래된 멤버가 코디네이터 역할을 하는 방법이다. 코디네이터는 멤버십 변경을 결정하고 고정 파티션(Fixed Partitions)을 클러스터 노드에 고르게 분배하는 등 클러스터 전반에 대한 결정을 내린다.

클러스터 구성에서 하나의 노드는 시드 노드나 개시자 노드 역할을 한다. 모든 클러스터 노드는 시드 노드에 접속해 클러스터에 합류한다.

> 클러스터에 합류할 노드를 찾는 발견 메커니즘은 다양하게 제공할 수 있다. 예를 들어 제이그룹스는 다양한 발견 프로토콜을 제공한다.[1] 아카도 여러 발견 메커니즘[2]을 제공한다.

모든 클러스터 노드는 시드 노드 주소가 설정되어 있다. 클러스터 노드가 시작되면 클러스터에 합류하기 위해 시드 노드에 접속을 시도한다.

```
class ClusterNode...

  MembershipService membershipService;
  public void start(Config config) {
      this.membershipService =
              new MembershipService(config.getListenAddress());
      membershipService.join(config.getSeedAddress());
  }
```

클러스터 노드의 어떤 노드라도 시드 노드가 될 수 있다. 시드 노드는 자신의 주소를 시드 노드 주소로 설정하고 가장 먼저 시작한다. 그리고 시작하자마자 요청 수락을 시작한다. 시드 노드의 나이는 1이다.

```
class MembershipService...

  Membership membership;
  public void join(InetAddressAndPort seedAddress) {
      var maxJoinAttempts = 5;

      for (int i = 0; i < maxJoinAttempts; i++) {
          try {
              joinAttempt(seedAddress);
              return;
          } catch (Exception e) {
              logger.info("Join attempt " + i + " from " + selfAddress + " to "
                      + seedAddress + " failed. Retrying");
          }
      }
  }
```

[1] https://docs.jboss.org/jbossas/docs/Clustering_Guide/beta422/html/jbosscache-jgroups-discovery.html
[2] https://doc.akka.io/docs/akka-management/current/discovery/index.html

```java
        throw new JoinFailedException("Unable to join the cluster after "
            + maxJoinAttempts + " attempts");
}

private void joinAttempt(InetAddressAndPort seedAddress)
        throws ExecutionException, TimeoutException {
    if (selfAddress.equals(seedAddress)) {
        int membershipVersion = 1;
        int age = 1;
        updateMembership(new Membership(membershipVersion,
                Arrays.asList(new Member(selfAddress, age,
                    MemberStatus.JOINED))));
        start();
        return;
    }

    long id = this.messageId++;
    var future = new CompletableFuture<JoinResponse>();
    var message = new JoinRequest(id, selfAddress);
    pendingRequests.put(id, future);
    network.send(seedAddress, message);
    var joinResponse = Uninterruptibles.getUninterruptibly(future, 5,
            TimeUnit.SECONDS);
    updateMembership(joinResponse.getMembership());
    start();
}

private void start() {
    heartBeatScheduler.start();
    failureDetector.start();
    startSplitBrainChecker();
    logger.info(selfAddress + " joined the cluster. Membership="
            + membership);
}

private void updateMembership(Membership membership) {
    this.membership = membership;
}
```

시드 노드는 여러 개 있을 수 있지만, 시드 노드는 자신이 클러스터에 합류한 후에만 요청을 수락하기 시작한다. 또한 시드 노드가 다운되더라도 클러스터는 계속 동작하지만 새로운 노드는 합류할 수 없다.

시드 노드가 아닌 노드들은 시드 노드에 합류 요청을 전송한다. 시드 노드는 새로운 멤버 레코드를 생성하고 나이를 할당해 합류 요청을 처리한다. 그리고 자신의 멤버십 목록을 갱신하고 새로운 멤버십 목록이 포함된 메시지를 기존 멤버 모두에

게 전송한다. 그런 다음 시드 노드는 모든 노드로부터 응답이 반환되는지 확인하기
위해 기다린다. 그러나 응답이 지연될지언정 결국 합류 응답을 반환한다.

```
class MembershipService...

  public void handleJoinRequest(JoinRequest joinRequest) {
      handlePossibleRejoin(joinRequest);
      handleNewJoin(joinRequest);
  }

  private void handleNewJoin(JoinRequest joinRequest) {
      List<Member> existingMembers = membership.getLiveMembers();

      updateMembership(membership.addNewMember(joinRequest.from));

      var resultsCollector = broadcastMembershipUpdate(existingMembers);
      var joinResponse = new JoinResponse(joinRequest.messageId,
                                  selfAddress, membership);
      resultsCollector.whenComplete((response, exception) -> {
          logger.info("Sending join response from " + selfAddress + " to "
                      + joinRequest.from);
          network.send(joinRequest.from, joinResponse);
      });
  }

class Membership...

  public Membership addNewMember(InetAddressAndPort address) {
      var newMembership = new ArrayList<>(liveMembers);
      int age = youngestMemberAge() + 1;
      newMembership.add(new Member(address, age, MemberStatus.JOINED));
      return new Membership(version + 1, newMembership, failedMembers);
  }

  private int youngestMemberAge() {
      return liveMembers.stream().map(m -> m.age).max(Integer::compare)
              .orElse(0);
  }
```

이미 클러스터에 속한 노드가 죽은 다음 합류를 다시 시도하면 해당 멤버와 관련된
실패 감시자 상태가 지워진다.

```
class MembershipService...

  private void handlePossibleRejoin(JoinRequest joinRequest) {
      if (membership.isFailed(joinRequest.from)) {
          // 멤버 재합류
          logger.info(joinRequest.from
                  + " rejoining the cluster.Removing it from failed list");
          membership.removeFromFailedList(joinRequest.from);
      }
  }
```

그러면 해당 노드를 새로운 멤버로 추가한다. 각각의 멤버는 고유하게 식별해야 한다. 노드가 시작될 때 고유 식별자를 할당한다. 고유 식별자를 참조해 기존 클러스터 노드의 재합류를 감지할 수 있다.

멤버십 클래스는 동작 중인 멤버뿐만 아니라 실패한 멤버 목록도 유지 관리한다. '실패 감지' 절에서 후술하듯이 하트비트(HeartBeat) 전송을 중단한 멤버는 동작 중인 멤버 목록에서 실패한 멤버 목록으로 이동된다.

```
class Membership...

  List<Member> liveMembers = new ArrayList<>();
  List<Member> failedMembers = new ArrayList<>();

  public boolean isFailed(InetAddressAndPort address) {
      return failedMembers.stream().anyMatch(m -> m.address.equals(address));
  }
```

기존의 모든 멤버에게 멤버십 갱신 전송

멤버십 갱신은 다른 노드로 모두 동시에 전송된다. 코디네이터도 모든 멤버가 성공적으로 갱신을 수신했는지 추적해야 한다.

일반적인 기법은 모든 노드에 단방향 요청을 전송하고 확인 응답 메시지를 기다린다. 클러스터 노드는 코디네이터에게 확인 응답 메시지를 전송해 멤버십 갱신을 수신했다고 확인해 준다. ResultCollector 객체는 비동기적으로 모든 메시지의 수신을 추적할 수 있다. ResultCollector 객체는 멤버십 갱신에 대한 확인 응답을 수신할 때마다 알림을 받는다. 기대하는 확인 응답 메시지를 수신하면 퓨처를 완료한다.

```
class MembershipService...

  private ResultsCollector
                broadcastMembershipUpdate(List<Member> existingMembers) {
      var resultsCollector = sendMembershipUpdateTo(existingMembers);
      resultsCollector.orTimeout(2, TimeUnit.SECONDS);
      return resultsCollector;
  }

  Map<Long, CompletableFuture<Message>> pendingRequests = new HashMap<>();

  private ResultsCollector
                sendMembershipUpdateTo(List<Member> existingMembers) {
      var otherMembers = otherMembers(existingMembers);
      var collector = new ResultsCollector(otherMembers.size());
      if (otherMembers.size() == 0) {
          collector.complete();
          return collector;
      }
      for (Member m : otherMembers) {
          var id = this.messageId++;
          var future = new CompletableFuture<Message>();
          future.whenComplete((result, exception) -> {
              if (exception == null) {
                  collector.ackReceived();
              }
          });
          pendingRequests.put(id, future);
          network.send(m.address,
                  new UpdateMembershipRequest(id, selfAddress, membership));
      }
      return collector;
  }

class MembershipService...

  private void handleResponse(Message message) {
      completePendingRequests(message);
  }

  private void completePendingRequests(Message message) {
      var requestFuture = pendingRequests.get(message.messageId);
      if (requestFuture != null) {
          requestFuture.complete(message);
      }
  }
```

```
class ResultsCollector...

  class ResultsCollector{
      int totalAcks;
      int receivedAcks;
      CompletableFuture<Boolean> future = new CompletableFuture<>();

      public ResultsCollector(int totalAcks) {
          this.totalAcks = totalAcks;
      }

      public void ackReceived() {
          receivedAcks++;
          if (receivedAcks == totalAcks) {
              future.complete(true);
          }
      }

      public void orTimeout(int time, TimeUnit unit) {
          future.orTimeout(time, unit);
      }

      public void whenComplete(BiConsumer<? super Object,
                                          ? super Throwable> func) {
          future.whenComplete(func);
      }

      public void complete() {
          future.complete(true);
      }
```

아테네, 비잔티움, 키레네 노드로 구성된 클러스터를 예로 들어 ResultCollector가 어떻게 동작하는지 알아보자. 아테네는 코디네이터 역할을 한다. 새로운 노드인 델포이가 아테네에게 합류 요청을 전송하면 아테네는 멤버십을 갱신하고 비잔티움과 키레네에게 updateMembership 요청을 전송한다. 또한 확인 응답을 추적하기 위해 ResultCollector 객체를 생성하고, 수신된 각각의 확인 응답은 ResultCollector에 기록한다. 비잔티움과 키레네로부터 승인을 모두 수신하면 델포이에 응답한다(그림 29.1).

아카 같은 프레임워크는 가십 전파(Gossip Dissemination)와 가십 수렴[3]을 사용해 갱신이 모든 클러스터 노드에 도달했는지 추적한다.

[3] https://doc.akka.io/docs/akka/current/typed/cluster-concepts.html#gossip-convergence

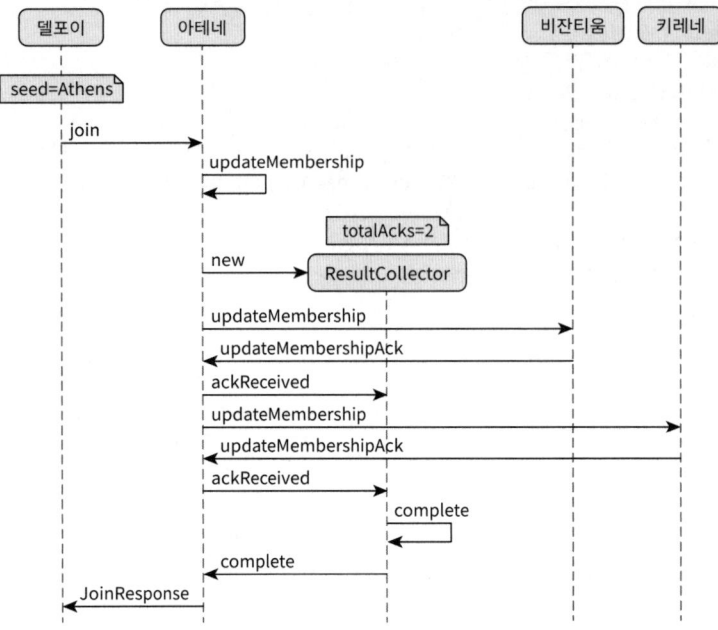

그림 29.1 모든 노드가 멤버십을 갱신한 다음에 노드 합류를 완료한다.

예시 시나리오

또 다른 세 대의 노드를 살펴보자. 이번에도 노드 이름은 아테네, 비잔티움, 키레네다. 아테네는 시드 노드 역할을 하고 다른 두 노드는 아테네의 주소를 시드 노드로 설정한다.

아테네가 시작하면 자신이 시드 노드임을 감지한다. 즉시 멤버십 목록을 초기화하고 요청을 수락하기 시작한다(그림 29.2).

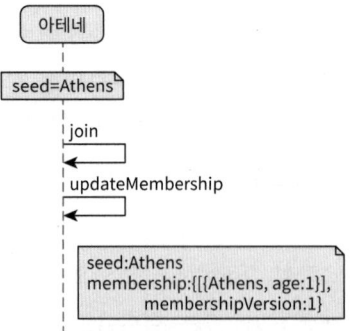

그림 29.2 시드 노드가 시작한다.

비잔티움은 시작할 때 아테네에게 합류 요청을 전송한다. 비잔티움이 아테네보다 먼저 시작하더라도 아테네에 연결할 수 있을 때까지 합류를 요청하는 전송을 계속 시도한다. 마침내 아테네는 비잔티움을 멤버십 목록에 추가하고 갱신한 멤버십 목록을 비잔티움에 전송한다. 비잔티움은 아테네의 응답을 수신하면 요청 수락을 시작할 수 있다(그림 29.3).

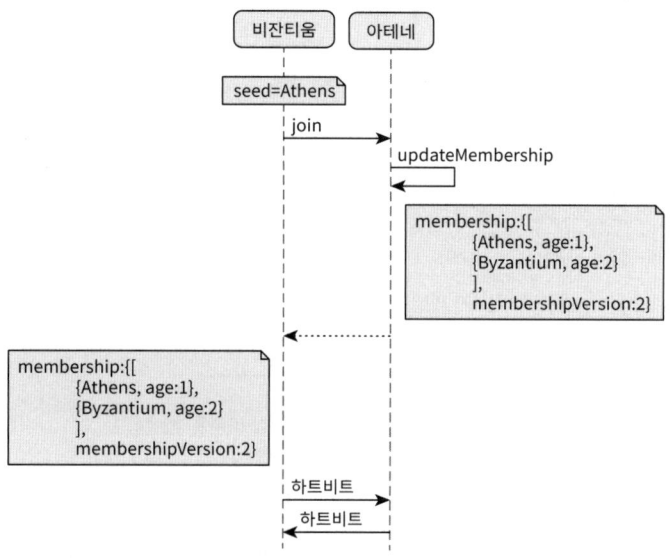

그림 29.3 노드는 시드 노드에 연락해서 클러스터에 합류한다.

올투올(all-to-all) 하트비트를 사용한다면 비잔티움은 아테네에게 하트비트 전송을 시작하고 아테네는 비잔티움에게 하트비트를 전송한다.

다음은 키레네가 시작한다. 키레네가 아테네에게 합류 요청을 전송한다. 아테네는 멤버십 목록을 갱신하고 갱신한 멤버십 목록을 비잔티움에게 전송한다. 그런 다음 멤버십 목록과 함께 합류 응답을 키레네에게 전송한다(그림 29.4).

올투올 하트비트를 사용한다면 키레네, 아테네, 비잔티움은 하트비트를 서로에게 전송한다.

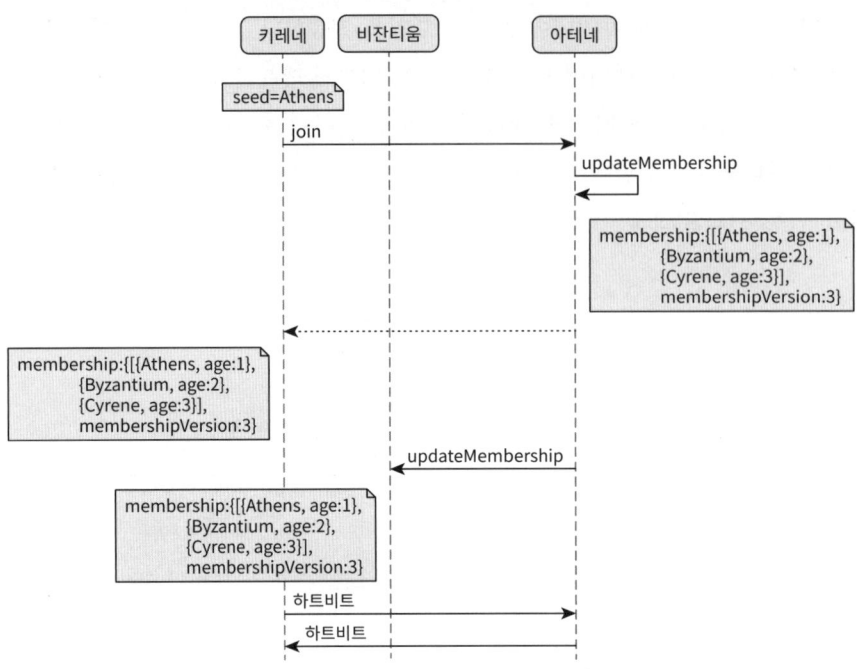

그림 29.4 기존 멤버는 갱신한 멤버십 목록을 받는다.

누락된 멤버십 갱신 처리

일부 클러스터 노드가 멤버십 갱신을 놓칠 수 있다. 이 문제를 처리하는 방법은 두 가지다.

모든 멤버가 다른 모든 멤버에게 하트비트를 전송하는 경우 하트비트의 일부로 멤버십 버전 번호를 전송할 수 있다. 그러면 하트비트를 처리하는 노드는 최신 멤버십 정보를 요청할 수 있다.

```
class MembershipService...

  private void handleHeartbeatMessage(HeartbeatMessage message) {
      failureDetector.heartBeatReceived(message.from);
      if (isCoordinator() && (
              message.getMembershipVersion() < this.membership.getVersion())) {
          membership.getMember(message.from).ifPresent(member -> {
              logger.info("Membership version in " + selfAddress + "="
                      + this.membership.version + " and in "
                      + message.from + "="
                      + message.getMembershipVersion());
              logger.info("Sending membership update from " + selfAddress
                      + " to " + message.from);
```

```
            sendMembershipUpdateTo(Arrays.asList(member));
        });
    }
}
```

이 예시에서 비잔티움이 아테네가 전송한 멤버십 갱신을 누락한다면 비잔티움이 아테네에게 하트비트를 전송할 때 이를 감지할 수 있다. 그러면 아테네는 비잔티움에게 최신 멤버십을 전송한다(그림 29.5).

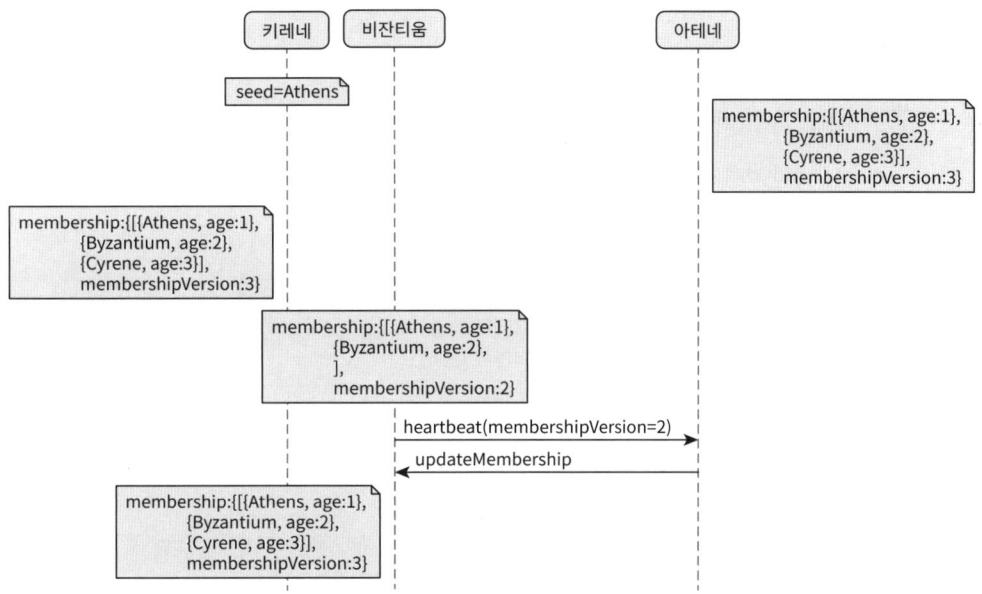

그림 29.5 노드는 버전 번호를 사용해 누락된 멤버십을 감지한다.

다른 방법으로 각각의 클러스터 노드는 주기적으로(예를 들어 1초마다) 다른 클러스터 노드와 최신 멤버십 목록을 비교할 수 있다. 어떤 노드든지 자신의 멤버십 목록이 오래됐다는 사실을 알게 되면 최신 멤버십 목록을 요청해 갱신할 수 있다. 멤버십 목록을 비교할 수 있도록 버전 번호를 유지 관리하고 변경이 있을 때마다 버전 번호를 증가시킨다.

실패 감지

간단히 구현할 경우 모든 클러스터 노드는 다른 모든 노드에 하트비트를 전송한다. 각각의 클러스터 노드는 실패 감지자도 실행해 클러스터 노드로부터 하트비트가 누락됐는지 확인한다. 하지만 코디네이터만 노드 실패를 표시하고 멤버십 목록을 다른 노드에게 전달할 수 있다. 이렇게 구현하면 노드들이 다른 노드의 실패 여부를 자의적으로 판단하지 않는다. 헤이즐캐스트가 이런 구현의 한 예다.

```java
class MembershipService...

  private boolean isCoordinator() {
      Member coordinator = membership.getCoordinator();
      return coordinator.address.equals(selfAddress);
  }

  TimeoutBasedFailureDetector<InetAddressAndPort> failureDetector
      = new TimeoutBasedFailureDetector<InetAddressAndPort>(
              Duration.ofSeconds(2));

  private void checkFailedMembers(List<Member> members) {
      if (isCoordinator()) {
          removeFailedMembers();
      } else {
          // 실패한 멤버에 코디네이터가 포함된 경우
          // 이 노드가 다음 코디네이터인지 확인한다.
          claimLeadershipIfNeeded(members);
      }
  }

  void removeFailedMembers() {
      var failedMembers = checkAndGetFailedMembers(
              membership.getLiveMembers());
      if (failedMembers.isEmpty()) {
          return;
      }
      updateMembership(membership.failed(failedMembers));
      sendMembershipUpdateTo(membership.getLiveMembers());
  }
```

올투올 하트비트 피하기

대규모 클러스터에서 올투올 하트비트는 비현실적이다. 일반적으로 각각의 노드는 일부 다른 노드에서만 하트비트를 수신한다. 실패를 감지하면 코디네이터를 포함한 다른 모든 노드에 퍼뜨린다(broadcast).

예를 들어 아카에서는 네트워크 주소를 정렬해 노드 링을 구성하며, 각각의 클러스터 노드는 몇 개의 클러스터 노드에게만 하트비트를 전송한다. 아파치 이그나이트는 클러스터의 모든 노드를 링 형태로 배열해 각각의 노드는 다음 노드에만 하트비트를 전송한다. 헤이즐캐스트[4]는 올투올 하트비트를 사용한다.

노드를 추가하거나 노드에 실패가 발생해 멤버십에 변화가 생기면 다른 모든 클러스터 노드에 퍼뜨려야 한다. 노드는 다른 모든 노드에 연결해 필요한 정보를 전송할 수 있다. 이런 정보를 퍼뜨리는 데 가십 전파(Gossip Dissemination)를 사용할 수 있다.

스플릿 브레인

단일 코디네이터 노드가 다른 노드를 다운으로 표시하는 시점을 결정하지만 어떤 노드가 코디네이터 역할을 수행할지 선택하는 명시적인 리더 선출은 없다. 모든 클러스터 노드는 기존 코디네이터 노드의 하트비트를 기대한다. 제때 하트비트를 받지 못하면 자신을 새로운 코디네이터로 선언하고 멤버 목록에서 기존 코디네이터를 삭제할 수 있다.

```java
class MembershipService...

  private void claimLeadershipIfNeeded(List<Member> members) {
      var failedMembers = checkAndGetFailedMembers(members);

      if (!failedMembers.isEmpty()) {
          var newMembership = membership.failed(failedMembers);
          if (isOlderThanAll(newMembership)) {
              updateMembership(newMembership);
              sendMembershipUpdateTo(newMembership.getLiveMembers());
          }
      }
  }

  private boolean isOlderThanAll(List<Member> newMembers) {
      return newMembers.stream().allMatch(m -> m.age >= thisMember().age);
  }

  private List<Member> checkAndGetFailedMembers(List<Member> members) {
      List<Member> failedMembers = members
          .stream()
          .filter(this::isFailed)
          .map(member -> new Member(member.address, member.age, member.status))
          .collect(Collectors.toList());
      failedMembers.forEach(member -> {
          failureDetector.remove(member.address);
          logger.info(selfAddress + " marking " + member.address + " as DOWN");
```

[4] https://hazelcast.com/

```
        });
        return failedMembers;
}

private boolean isFailed(Member member) {
    return !member.address.equals(selfAddress)
        && failureDetector.isMonitoring(member.address)
        && !failureDetector.isAlive(member.address);
}
```

이런 경우 기존 클러스터에 두 개 이상의 하위 그룹이 형성되며, 각각의 그룹이 다른 그룹을 실패로 간주하는 상황이 생길 수 있다. 이런 상황을 스플릿 브레인 문제(split brain problem)라고 한다.

아테네, 비잔티움, 키레네, 델포이, 에페소스로 불리는 5개 노드로 구성된 클러스터를 생각해 보자. 아테네가 델포이와 에페소스의 하트비트는 수신하지만 비잔티움과 키레네의 하트비트를 수신하지 못하는 경우 아테네는 비잔티움과 키레네를 실패로 표시한다.

비잔티움과 키레네는 서로 하트비트를 전송할 수 있지만 아테네, 델포이, 에페소스가 전송한 하트비트는 수신하지 못한다. 그러면 클러스터에서 두 번째로 오래된 멤버인 비잔티움이 코디네이터가 된다. 따라서 아테네를 코디네이터로 하는 클러스터와 비잔티움을 코디네이터로 하는 클러스터, 이렇게 두 개의 개별 클러스터가 형성된다(그림 29.6).

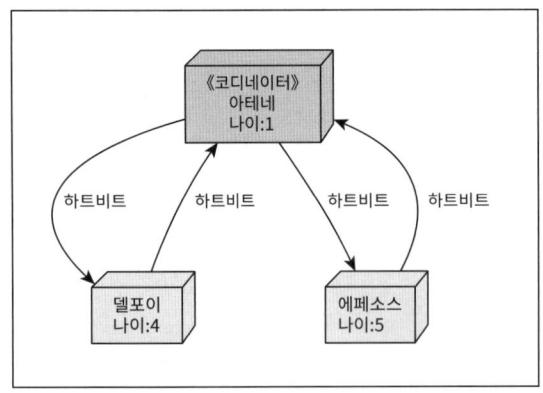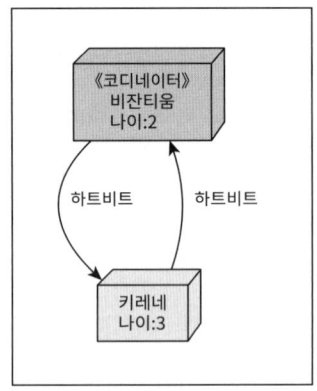

그림 29.6 부분적인 연결은 스플릿 브레인을 유발한다.

스플릿 브레인 처리

스플릿 브레인 문제를 처리하는 일반적인 방법의 하나는 클라이언트 요청을 처리하는 멤버가 충분한지 확인하고 동작 중인 멤버가 충분하지 않으면 요청을 거부하는 방법이 있다. 예를 들어 헤이즐캐스트는 클라이언트 요청을 실행하는 데 필요한 최소 클러스터 크기를 설정할 수 있다.

```
public void handleClientRequest(Request request) {
    if (!hasMinimumRequiredSize()) {
        throw new NotEnoughMembersException("Requires minimum 3 members " +
                                     "to serve the request");
    }
}

private boolean hasMinimumRequiredSize() {
    return membership.getLiveMembers().size() > 3;
}
```

노드의 다수가 있는 클러스터는 계속 동작한다. 소수의 노드로 구성된 클러스터는 클라이언트 요청을 더 이상 처리하지 않는다. 헤이즐캐스트 문서에서 설명한 대로 이 메커니즘이 실제로 적용되기까지는 시간 윈도우[5]가 항상 존재한다.

스플릿 브레인이 발생할 가능성이 있을 경우 클러스터 노드를 다운으로 표시하지 않으면 이 문제를 피할 수 있다. 예를 들어 아카는 실패 감지자를 통해 노드를 다운으로 표시[6]하는 대신 스플릿 브레인 해결사[7] 컴포넌트를 사용하라고 권장한다.

스플릿 브레인 복구

코디네이터는 주기적인 작업을 실행해 실패 노드에 연결할 수 있는지 확인한다. 연결이 가능해지면 스플릿 브레인 병합을 시작하고 싶다는 특별한 메시지를 전송한다.

수신 노드가 하위 클러스터의 코디네이터라면 해당 하위 클러스터가 소수 그룹에 속하는지 확인한다. 소수 그룹에 속한다면 발신 코디네이터는 병합 요청을 전송한다. 소수 그룹의 코디네이터는 병합 요청을 수신하면 소수 하위 그룹의 모든 노드에 대해 병합 요청을 실행한다.

---

5 *https://docs.hazelcast.com/imdg/4.2/network-partitioning/split-brain-protection#time-window-for-split-brain-protection*
6 *https://doc.akka.io/docs/akka/2.5/cluster-usage.html#auto-downing-do-not-use*
7 *https://doc.akka.io/libraries/akka-core/current/split-brain-resolver.html*

```
class MembershipService...

    splitbrainCheckTask = taskScheduler.scheduleWithFixedDelay(() -> {
        searchOtherClusterGroups();
    },
    1, 1, TimeUnit.SECONDS);

    private void searchOtherClusterGroups() {
        if (membership.getFailedMembers().isEmpty()) {
            return;
        }
        var allMembers = new ArrayList<Member>();
        allMembers.addAll(membership.getLiveMembers());
        allMembers.addAll(membership.getFailedMembers());

        if (isCoordinator()) {
            for (Member member : membership.getFailedMembers()) {
                logger.info("Sending SplitBrainJoinRequest to "
                        + member.address);
                network.send(member.address,
                        new SplitBrainJoinRequest(messageId++,
                            this.selfAddress,
                            membership.version,
                            membership.getLiveMembers().size()));
            }
        }
    }
```

수신 노드가 다수 하위 그룹의 코디네이터라면 발신 코디네이터에게 자신과 병합하도록 요청한다.

```
class MembershipService...

    private void handleSplitBrainJoinMessage(
                SplitBrainJoinRequest splitBrainJoinRequest) {
        logger.info(selfAddress + " Handling SplitBrainJoinRequest from "
                + splitBrainJoinRequest.from);

        if (!membership.isFailed(splitBrainJoinRequest.from)) {
            return;
        }
        if (!isCoordinator()) {
            return;
        }
        if (splitBrainJoinRequest.getMemberCount()
                < membership.getLiveMembers().size()) {
```

```
        // 요청 노드는 이 클러스터에 합류해야 한다.
        logger.info(selfAddress + " Requesting "
                + splitBrainJoinRequest.from + " to rejoin the cluster");
        network.send(splitBrainJoinRequest.from,
                new SplitBrainMergeMessage(
                        splitBrainJoinRequest.messageId, selfAddress));
    } else {
        // 다른 클러스터에 합류해야 한다.
        mergeWithOtherCluster(splitBrainJoinRequest.from);
    }
}

private void mergeWithOtherCluster(
        InetAddressAndPort otherClusterCoordinator) {
    askAllLiveMembersToMergeWith(otherClusterCoordinator);
    // 이 노드를 다른 클러스터에 병합하는 작업을 시작한다.
    handleMerge(new MergeMessage(messageId++, selfAddress,
                            otherClusterCoordinator));
}

private void askAllLiveMembersToMergeWith(
        InetAddressAndPort mergeToAddress) {
    List<Member> liveMembers = membership.getLiveMembers();
    for (Member m : liveMembers) {
        network.send(m.address,
            new MergeMessage(messageId++, selfAddress, mergeToAddress));
    }
}
```

그림 29.7의 마지막 예시에서 아테네가 비잔티움과 통신한다면 비잔티움에게 자신과 병합하도록 요청한다.

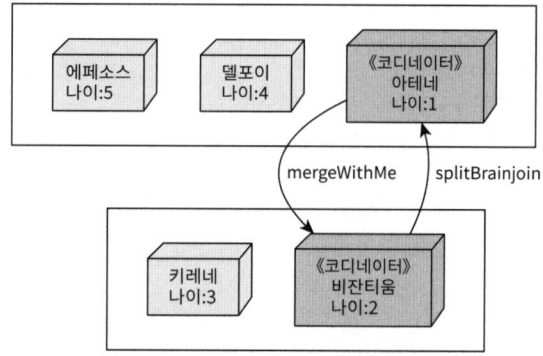

그림 29.7 스플릿 브레인 병합을 시작한다.

그런 다음 더 작은 하위 그룹의 코디네이터는 그룹 내 모든 클러스터 노드에게 병합 시작을 요청한다. 병합 과정에서 해당 클러스터 노드들은 종료했다가 더 큰 그룹의 코디네이터에 다시 합류한다.

이 예에서 비잔티움과 키레네는 종료한 다음, 아테네에 다시 합류해 전체 클러스터를 형성한다(그림 29.8).

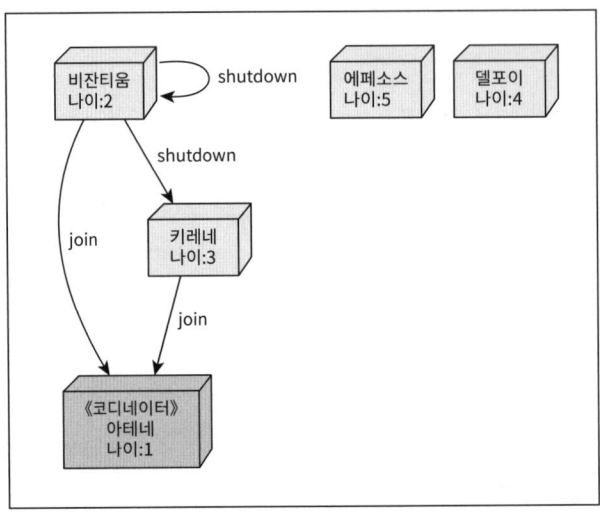

그림 29.8 스플릿 브레인 병합 후 노드가 재합류한다.

```
class MembershipService...

  private void handleMerge(MergeMessage mergeMessage) {
      logger.info(selfAddress + " Merging with "
                  + mergeMessage.getMergeToAddress());
      shutdown();
      // 다른 클러스터의 코디네이터를 통해 클러스터에 다시 합류한다.
      taskScheduler.execute(() -> {
          join(mergeMessage.getMergeToAddress());
      });
  }
```

리더 팔로워와의 비교

자생적 리더 패턴과 리더 팔로워(Leader and Followers) 패턴을 비교해 보자. 일관성 코어(Consistent Core) 패턴에서 사용하는 리더 팔로워 구성은 선거로 리더가 선출되지 않으면 동작하지 않는다. 이는 클러스터 노드의 과반수 정족수(Majority Quorum)가 합의해 누가 리더인지 보장한다. 최악의 경우 합의에 도달하지 못하면 시스템은 어떤 요청도 처리할 수 없다. 다시 말해 가용성보다 일관성을 우선시한다.

반면 자생적 리더는 클라이언트 요청을 처리하기 위해 리더 역할을 하는 클러스터 노드가 항상 있다. 이는 일관성보다 가용성을 우선한다.

사례

- 제이그룹스에서 멤버십 변경을 결정하는 코디네이터는 가장 오래된 멤버가 맡는다.
- 아카에서 클러스터의 가장 오래된 멤버는 샤드 코디네이터 같은 싱글톤 액터 (singleton actor)*를 실행한다. 샤드 코디네이터는 클러스터 노드 간 고정 파티션 (Fixed Partitions)을 어떻게 배치할지 결정한다.
- 헤이즐캐스트와 아파치 이그나이트 같은 인메모리 데이터 그리드는 가장 오래된 멤버가 클러스터 코디네이터 역할을 한다.

> **singleton actor**
> 클러스터 내에서 하나의 인스턴스만 존재하도록 보장하는 액터를 의미하며, 이는 특정 작업이나 상태 관리가 한 곳에서만 처리되도록 하기 위해 사용.

Patterns of Distributed Systems

6부

노드 간 통신 패턴

클러스터의 노드가 서로 통신하는 경우 네트워크를 효율적으로 활용하는 일은 필수적이다. 노드 간 불필요한 연결 생성을 피해 연결을 효과적으로 관리하는 일이 중요하다. 또한 네트워크 대역폭 사용량을 최적화하면 지연 시간을 줄이고 전체 처리량을 향상할 수 있다.

이번 파트에서는 클러스터 노드 간 통신을 원활하게 하면서 네트워크 활용도를 극대화하는 데 중점을 둔 일반적인 사용 패턴을 살펴본다.

Patterns of Distributed Systems　　　　　　　　　　　　　　　　　　30장

Pattern 28

단일 소켓 채널

> 단일 TCP 연결을 사용해 서버로 전송하는 요청 순서를 유지 관리한다.

문제

리더 팔로워(Leader and Followers)를 사용하는 경우 리더와 각각의 팔로워 간에 메시지의 순서를 유지하면서도 유실한 메시지에 대한 재시도 메커니즘을 제공해야 한다. 이와 동시에 새로 연결하는 비용을 낮게 유지해 시스템의 지연 시간이 증가하지 않도록 해야 한다.

해결책

다행히 오랫동안 널리 사용하는 TCP 프로토콜은 필수적인 특성을 모두 제공한다. 팔로워와 리더 사이에서 통신할 때 항상 단일 소켓 채널을 사용하면 필요한 기능을 구현할 수 있다(그림 30.1). 팔로워는 단일 갱신 큐(Singular Update Queue)를 사용해 리더가 전송한 갱신을 직렬화한다.

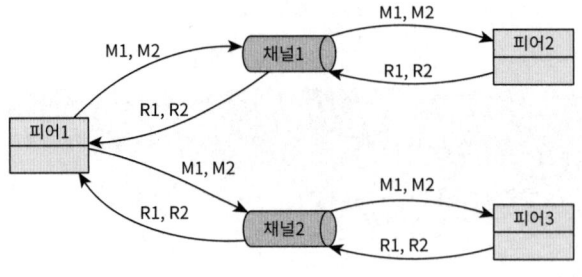

그림 30.1 단일 소켓 채널

노드는 다른 노드와 한 번 연결하면 연결을 닫지 않고 새로운 요청을 읽는 데 계속 사용한다. 노드는 연결할 때마다 전용 스레드를 사용해 요청을 읽고 쓴다. 논블로킹 IO를 사용하면 연결할 때마다 별도로 스레드를 할당할 필요가 없다.

다음은 간단한 스레드 기반 구현 예시다.

```java
class SocketHandlerThread...

  @Override
  public void run() {
      isRunning = true;
      try {
              // 소켓 연결을 닫을 때까지 계속 읽기/쓰기를 한다.
              while (isRunning) {
                  handleRequest();
              }
      } catch (Exception e) {
          getLogger().debug(e);
          closeClient(this);
      }
  }

  private void handleRequest() {
      RequestOrResponse request = clientConnection.readRequest();
      server.accept(new Message<>(request,
                                  request.getRequestId()
      ), clientConnection);
  }

  public void closeConnection() {
      clientConnection.close();
  }
```

노드는 요청을 읽어 단일 갱신 큐에 제출해 처리한다. 요청을 처리한 후에는 소켓에 다시 응답을 쓴다.

노드는 통신을 설정할 때마다 단일 소켓 연결을 열고 이를 상대방과 주고받는 모든 요청에서 사용한다.

```
class SingleSocketChannel...

  public class SingleSocketChannel implements Closeable {
      final InetAddressAndPort address;
      final int heartbeatIntervalMs;
      private Socket clientSocket;
      private final OutputStream socketOutputStream;
      private final InputStream inputStream;

      public SingleSocketChannel(InetAddressAndPort address,
                      int heartbeatIntervalMs) throws IOException {
          this.address = address;
          this.heartbeatIntervalMs = heartbeatIntervalMs;
          clientSocket = new Socket();
          clientSocket.connect(new InetSocketAddress(address.getAddress(),
                          address.getPort()), heartbeatIntervalMs);
          // 소켓 읽기 타임아웃을 하트비트 간격 이상으로 설정한다.
          clientSocket.setSoTimeout(heartbeatIntervalMs * 10);
          socketOutputStream = clientSocket.getOutputStream();
          inputStream = clientSocket.getInputStream();
      }

      public RequestOrResponse blockingSend(RequestOrResponse request)
              throws IOException {
          writeRequest(request);
          var responseBytes = readResponse();
          return deserialize(responseBytes);
      }

      private void writeRequest(RequestOrResponse request) throws IOException {
          var dataStream = new DataOutputStream(socketOutputStream);
          var messageBytes = serialize(request);
          dataStream.writeInt(messageBytes.length);
          dataStream.write(messageBytes);
      }
```

오류 상황에서 연결을 무한정 블록하지 않도록 연결 타임아웃을 설정하는 작업이 중요한데, 하트비트(HeartBeat)를 사용해 소켓 채널로 주기적으로 요청을 전송하고 활성화 상태를 유지한다. 네트워크 왕복 시간과 약간의 네트워크 지연을 감안해 타임아웃은 일반적으로 하트비트 주기의 배수로 설정한다. 예를 들어 연결 타임아웃을 하트비트 간격의 10배로 설정하는 것은 합리적이다.

```
class SocketListener...

  private void setReadTimeout(Socket clientSocket) throws SocketException {
      clientSocket.setSoTimeout(config.getHeartBeatIntervalMs() * 10);
  }
```

단일 채널로 요청을 전송하면 HOL 블로킹(head-of-line blocking) 문제가 발생할 수 있다. 이를 피하려면 요청 파이프라인(Request Pipeline)을 사용해야 한다.

사례

- 주키퍼는 팔로워마다 단일 소켓 채널[1]과 스레드를 할당해 모든 통신을 수행한다.
- 카프카는 단일 소켓 채널을 사용해 팔로워 파티션과 리더 파티션 사이에서 메시지를 복제한다.
- 래프트 합의 알고리즘의 참조 구현인 로그캐빈은 단일 소켓 채널을 사용해 리더 팔로워 간에 통신한다.

---

1 https://zookeeper.apache.org/doc/r3.4.13/zookeeperInternals.html

Patterns of Distributed Systems　　　　　　　　　　　　　　31장

Pattern 29

묶음 요청

> 여러 요청을 결합해 네트워크를 최적으로 활용한다.

문제

데이터의 양이 적은 요청을 대량으로 클러스터 노드에 전송하는 경우 네트워크 지연 시간과 요청 처리 시간(서버 측의 요청 직렬화와 역직렬화 포함)이 상당한 오버헤드로 작용된다.

예를 들어 1Gbps 용량의 네트워크에서 지연 시간과 요청 처리 시간이 100마이크로초일 때, 클라이언트가 동시에 수백 개의 요청을 전송한다면 각각의 요청이 겨우 수 바이트라고 해도 전체 처리량을 상당히 제한한다.

해결책

여러 요청을 단일 묶음 요청으로 결합한다. 묶음 요청을 클러스터 노드에 전송해 처리하는데, 각각의 요청은 개별 요청과 정확히 동일한 방식으로 처리된다. 묶음 요청을 받은 노드는 묶음 응답으로 반환한다.

예를 들어 클라이언트가 서버에 여러 키-값 레코드를 저장하도록 요청을 전송하는 분산 키-값 저장소를 생각해 보자. 클라이언트는 요청을 전송하라는 호출을 받으면 네트워크로 즉시 전송하지 않고 전송할 요청을 큐에 넣어 둔다.

```
class Client...

  LinkedBlockingQueue<RequestEntry> requests = new LinkedBlockingQueue<>();

  public CompletableFuture send(SetValueRequest setValueRequest) {
      var requestId = enqueueRequest(setValueRequest);
      var responseFuture = trackPendingRequest(requestId);
      return responseFuture;
  }

  private int enqueueRequest(SetValueRequest setValueRequest) {
      var requestId = nextRequestId();
      var requestBytes = serialize(setValueRequest, requestId);
      requests.add(new RequestEntry(requestBytes, clock.nanoTime()));
      return requestId;
  }

  private int nextRequestId() {
      return requestNumber++;
  }
```

요청이 큐에 들어간 시간을 추적하고 이 시간을 바탕으로 이후에 해당 요청을 묶음 요청에 포함해 전송할 수 있는지 결정한다.

```
class RequestEntry...

  class RequestEntry {
      byte[] serializedRequest;
      long createdTime;

      public RequestEntry(byte[] serializedRequest, long createdTime) {
          this.serializedRequest = serializedRequest;
          this.createdTime = createdTime;
      }
  }
```

노드는 응답을 수신하는 동안 완료해야 할 보류 중인 요청을 추적한다. 각각의 요청에는 고유 요청 번호를 할당해 응답을 매핑하고 요청을 완료하는 데 사용한다.

```
class Client...

  Map<Integer, CompletableFuture> pendingRequests = new ConcurrentHashMap<>();

  private CompletableFuture trackPendingRequest(Integer correlationId) {
      var responseFuture = new CompletableFuture();
```

```
        pendingRequests.put(correlationId, responseFuture);
        return responseFuture;
    }
```

클라이언트는 큐에 쌓인 요청을 지속적으로 추적하는 별도의 작업을 시작한다.

```
class Client...

    public Client(Config config,
                  InetAddressAndPort serverAddress,
                  SystemClock clock) {
        this.clock = clock;
        this.sender = new Sender(config, serverAddress, clock);
        this.sender.start();
    }

class Sender...

    @Override
    public void run() {
        while (isRunning) {
            var maxWaitTimeElapsed =
                    requestsWaitedFor(config.getMaxBatchWaitTime());
            var maxBatchSizeReached = maxBatchSizeReached(requests);
            if (maxWaitTimeElapsed || maxBatchSizeReached) {
                RequestBatch batch = createBatch(requests);
                try {
                    var batchResponse = sendBatchRequest(batch, address);
                    handleResponse(batchResponse);
                } catch (IOException e) {
                    batch.getPackedRequests().stream()
                            .forEach(r -> {
                                pendingRequests
                                        .get(r.getCorrelationId())
                                        .completeExceptionally(e);
                            });
                }
            }
        }
    }

    private RequestBatch createBatch(LinkedBlockingQueue<RequestEntry>
            requests) {
        var batch = new RequestBatch(MAX_BATCH_SIZE_BYTES);
        var entry = requests.peek();
        while (entry != null && batch.hasSpaceFor(entry.getRequest())) {
            batch.add(entry.getRequest());
```

```
            requests.remove(entry);
            entry = requests.peek();
        }
        return batch;
    }

class RequestBatch...

    public boolean hasSpaceFor(byte[] requestBytes) {
        return batchSize() + requestBytes.length <= maxSize;
    }

    private int batchSize() {
        return requests.stream().map(r->r.length).reduce(0, Integer::sum);
    }
```

전송자 작업에서 확인해야 하는 조건이 두 개 있다.

- 설정한 최대 묶음 처리 크기까지 요청을 충분히 누적했는지 확인한다.

```
class Sender...

    private boolean maxBatchSizeReached(Queue<RequestEntry> requests) {
        return accumulatedRequestSize(requests) > MAX_BATCH_SIZE_BYTES;
    }

    private int accumulatedRequestSize(Queue<RequestEntry> requests) {
        return requests
                .stream()
                .map(re -> re.size())
                .reduce((r1, r2) -> r1 + r2)
                .orElse(0);
    }
```

- 묶음 처리 단위를 다 채울 때까지 계속 대기할 수는 없다. 그래서 대기 시간을 짧게 설정하고 추가한 요청이 대기 시간을 지났는지 확인한다.

```
class Sender...

    private boolean requestsWaitedFor(long batchingWindowInMs) {
        var oldestPendingRequest = requests.peek();
        if (oldestPendingRequest == null) {
            return false;
        }
```

```
        var oldestEntryWaitTime =
                clock.nanoTime() - oldestPendingRequest.createdTime;
        return oldestEntryWaitTime > batchingWindowInMs;
    }
```

두 가지 조건 중 하나라도 충족하면 묶음 요청을 서버로 전송한다. 서버는 묶음 요청에서 개별 요청을 꺼내서 처리한다.

```
class Server...

    private void handleBatchRequest(RequestOrResponse batchRequest,
                                    ClientConnection clientConnection) {
        var batch = deserialize(batchRequest.getMessageBody(),
            RequestBatch.class);
        var requests = batch.getPackedRequests();
        var responses = new ArrayList<RequestOrResponse>();
        for (RequestOrResponse request : requests) {
            var response = handleSetValueRequest(request);
            responses.add(response);
        }
        sendResponse(batchRequest, clientConnection,
                new BatchResponse(responses));
    }

    private RequestOrResponse handleSetValueRequest(RequestOrResponse request) {
        var setValueRequest = deserialize(request.getMessageBody(),
                                            SetValueRequest.class);
        kv.put(setValueRequest.getKey(), setValueRequest.getValue());
        var response = new RequestOrResponse(
                new StringResponse(RequestId.SetValueResponse,
                            "Success".getBytes()),
                                request.getCorrelationId());
        return response;
    }
```

클라이언트는 묶음 응답을 수신하고 보류 중인 모든 요청을 완료한다.

```
class Sender...

    private void handleResponse(BatchResponse batchResponse) {
        var responseList = batchResponse.getResponseList();
        logger.debug("Completing requests from " +
                responseList.get(0).getCorrelationId() +
                " to " +
                responseList.get(responseList.size() - 1).getCorrelationId());
```

```
        responseList.stream().forEach(r -> {
            var completableFuture = pendingRequests.remove(r.getCorrelationId());
            if (completableFuture != null) {
                completableFuture.complete(r);
            } else {
                logger.error("no pending request for " + r.getCorrelationId());
            }
        });
    }
```

기술적 고려사항

묶음 처리의 크기는 개별 메시지 크기와 사용 가능한 네트워크 대역폭뿐만 아니라 실제 부하 상황에서 관찰된 지연 시간과 처리량 향상 등을 고려해 정해야 한다. 메시지 크기가 작다고 가정하고 서버 측 처리에 최적화된 묶음 처리 크기를 선택하면 합리적인 기본값이 될 수 있다. 예를 들어 아파치 카프카의 기본 묶음 처리 크기는 16Kb이다. 또한 linger.ms[1]라는 설정 매개변수의 기본값은 0이다. 하지만 메시지가 더 커지면 묶음 처리 크기를 키우는 게 효과적이다.

묶음 처리 크기가 너무 크면 묶음 요청으로 얻는 이득이 없을 수도 있다. 예를 들어 묶음 처리 크기가 메가바이트 단위라면 처리 측면에서 오버헤드가 더 늘어날 수 있다. 따라서 묶음 처리 크기의 매개변수는 성능 테스트의 관찰 결과를 바탕으로 조정하는 게 일반적이다.

묶음 요청은 보통 전체 처리량과 지연 시간을 개선하기 위해 요청 파이프라인(Request Pipeline)과 함께 사용한다.

재시도 백오프(retry-backoff) 정책을 사용해 클러스터 노드에 요청을 전송한다면 전체 묶음 요청을 다시 시도할 수 있다. 하지만 클러스터 노드는 묶음 요청의 일부를 이미 처리했을 수도 있다. 재시도가 정상적으로 동작하려면 멱등 수신자(Idempotent Receiver)를 구현해야 한다.

---

[1] (옮긴이) *https://docs.confluent.io/platform/current/installation/configuration/producer-configs.html#batch-size*에서 Note 참조

사례

- 아파치 카프카는 생산자 요청의 묶음 처리를 지원한다.
- 묶음 처리는 데이터를 디스크에 저장하는 경우에도 사용된다. 예를 들어 아파치 북키퍼는 유사한 방식으로 묶음 처리를 구현해 로그를 디스크에 플러시한다.
- 네이글 알고리즘[2]은 TCP에서 다수의 작은 패킷을 함께 묶음 처리해서 전체 네트워크의 처리량을 개선한다.

---

2 (옮긴이) *https://en.wikipedia.org/wiki/Nagle%27s_algorithm*

Patterns of Distributed Systems　　　　　　　　　　　　　　　　　　　32장

Pattern 30

요청 파이프라인

이전 요청의 응답을 기다리지 않고 동일한 연결로 여러 요청을 전송해 지연 시간을 개선한다.

문제

단일 소켓 채널(Single Socket Channel)을 사용하는 클러스터의 서버 간 통신에서 요청이 이전 요청의 응답을 기다려야 한다면 성능 문제가 발생할 수 있다. 처리량과 지연 시간을 개선하려면 서버 용량을 완전히 활용할 수 있도록 서버의 요청 큐를 충분히 채워야 한다. 예를 들어 서버에서 단일 갱신 큐(Singular Update Queue)를 사용한다면 요청을 처리하는 동안 큐가 가득 찰 때까지 더 많은 요청을 받아들일 수 있다. 한 번에 하나의 요청만 전송된다면 대다수 서버 용량이 불필요하게 낭비된다.

해결책

노드는 이전 요청에 대한 응답을 기다리지 않고 다른 노드에 요청을 전송한다. 이것은 두 개의 별도 스레드를 생성해 이루어진다. 하나의 스레드는 네트워크 채널로 요청을 전송하고, 다른 스레드는 네트워크 채널로 응답을 수신한다(그림 32.1).

전송자 노드는 응답을 기다리지 않고 소켓 채널에서 요청을 전송한다.

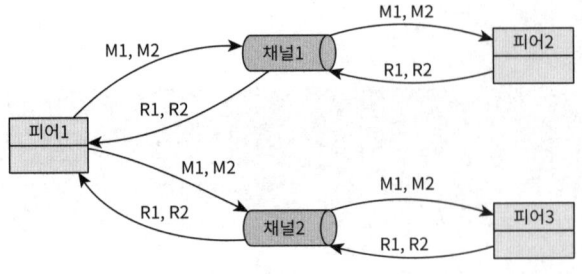

그림 32.1 요청 파이프라인

```
class SingleSocketChannel...

  public void sendOneWay(RequestOrResponse request) throws IOException {
      var dataStream = new DataOutputStream(socketOutputStream);
      byte[] messageBytes = serialize(request);
      dataStream.writeInt(messageBytes.length);
      dataStream.write(messageBytes);
  }
```

응답을 읽기 위한 별도 스레드를 시작한다.

```
class ResponseThread...

  class ResponseThread extends Thread implements Logging {
      private volatile boolean isRunning = false;
      private SingleSocketChannel socketChannel;

      public ResponseThread(SingleSocketChannel socketChannel) {
          this.socketChannel = socketChannel;
      }

      @Override
      public void run() {
          try {
              isRunning = true;
              logger.info("Starting responder thread = " + isRunning);
              while (isRunning) {
                  doWork();
              }
          } catch (IOException e) {
              getLogger().error(e);   // 중지했거나 IO 오류가 발생하면 스레드를 종료한다.
          }
      }
```

```
    public void doWork() throws IOException {
        RequestOrResponse response = socketChannel.read();
        logger.info("Read Response = " + response.getRequestId());
        processResponse(response);
    }
}
```

응답 처리자는 응답을 즉시 처리하거나 단일 갱신 큐에 제출한다.

요청 파이프라인에는 두 가지 문제가 있다.

응답을 기다리지 않고 요청을 계속 전송한다면 요청을 받는 노드에 과부하가 걸릴 수 있다. 이런 이유로 동시에 실행할 수 있는 최대 요청 수에 상한값이 있다. 모든 노드는 다른 노드에 최대 요청 수까지 전송할 수 있다. 응답 수신 없이 최대 동시 진행 요청 수만큼 요청을 전송한다면 더 이상 요청을 수락하지 않고 전송자를 블록한다. 최대 동시 진행 요청 수를 제한하는 매우 간단한 전략은 블로킹 큐를 사용해 요청을 추적하는 것이다. 큐 크기를 동시 실행 가능한 요청 수로 지정해 큐를 초기화한다. 요청에 대한 응답을 수신하면 그 요청을 큐에서 제거해 새로운 요청을 받을 공간을 마련한다. 여기서는 소켓 연결마다 최대 5개의 동시 진행 요청을 허용한다.

```
class RequestLimitingPipelinedConnection...

  private Map<InetAddressAndPort,
          ArrayBlockingQueue<RequestOrResponse>> inflightRequests =
                  new ConcurrentHashMap<>();

  private int maxInflightRequests = 5;

  public void send(InetAddressAndPort to,
                  RequestOrResponse request) throws InterruptedException {
    var requestsForAddress = inflightRequests.get(to);

    if (requestsForAddress == null) {
        requestsForAddress = new ArrayBlockingQueue<>(maxInflightRequests);
        inflightRequests.put(to, requestsForAddress);
    }
    requestsForAddress.put(request);
  }
```

응답을 수신한 요청은 동시 진행 요청 큐에서 제거된다.

```
class RequestLimitingPipelinedConnection...

  private void consume(SocketRequestOrResponse response) {
      var correlationId = response.getRequest().getCorrelationId();
      var requestsForAddress = inflightRequests.get(response.getAddress());
      var first = requestsForAddress.peek();
      if (correlationId != first.getCorrelationId()) {
          throw new RuntimeException(
                  "First response should be for the first request");
      }
      requestsForAddress.remove(first);
      responseConsumer.accept(response.getRequest());
  }
```

순서를 보장하면서 실패 처리를 구현하는 일은 까다롭다. 진행 중인 요청이 두 개 있다고 가정해 보자. 첫 번째 요청이 실패해서 다시 시도했다고 하자. 다시 시도한 첫 번째 요청이 서버에 도달하기 전에 서버가 두 번째 요청을 처리했을 수도 있다.

   서버는 순서가 맞지 않은 요청을 거부할 수 있는 몇 가지 방식이 필요하다. 그렇지 않으면 메시지 전송이 실패해 다시 시도할 때 언제나 메시지가 뒤섞일 위험이 있다. 예를 들어 래프트는 모든 로그 엔트리와 함께 예상되는 이전 로그 인덱스를 항상 전송한다. 이전 로그 인덱스가 일치하지 않으면 서버는 요청을 거부한다. 카프카는 브로커에 보내는 각각의 묶음에 고유 식별자를 할당하는 멱등 생산자 구현으로 `max.in.flight.requests.per.connection`을 1보다 크게 설정할 수 있다. 브로커는 입력 요청의 시퀀스 번호를 확인하고 요청이 순서에 맞지 않으면 거부한다.

사례

- 잽[Reed2008]과 래프트[Ongaro2014] 같은 모든 합의 알고리즘은 요청 파이프라인을 지원한다.
- 아파치 카프카는 처리량 향상을 위해 클라이언트가 요청 파이프라인을 사용하도록 권장한다.

참고 문헌

- **[Alexander1977]** Alexander, Christopher, Max Jacobson, with Sara Ishikawa, Murray Silverstein, Ingrid Fiksdahl-King, and Shlomo Angel. *A Pattern Language*. Oxford University Press, New York, 1977. ISBN 978-0195019193. 《패턴 랭귀지》(인사이트, 2013)라는 제목의 한국어판이 있다.

- **[Arulraj2016]** Arulraj, Joy, Matthew Perron, and Andrew Pavlo. "Write-Behind Logging." In: *Proc. VLDB Endow.*, 10, 4, November 2016, pp. 337-348. *https://doi.org/10.14778/3025111.3025116*, accessed on August 21, 2023.

- **[Berenson1995]** Berenson, Hal, Phil Bernstein, Jim Gray, Jim Melton, Elizabeth O'Neil, and Patrick O'Neil. "A Critique of ANSI SQL Isolation Levels." In: *SIGMOD Rec.*, Volume 24, Number 2, May 1995, pp. 1-10, DOI: 10.1145/568271.223785. *https://doi.org/10.1145/568271.223785*, accessed on August 27, 2023.

- **[Birman2012]** Birman, Kenneth P. *Guide to Reliable Distributed Systems*. Springer, 2012. ISBN 978-1-4471-2415-3.

- **[Brewer1999]** Fox, A. and E. A. Brewer. "Harvest, Yield and Scalable Tolerant Systems." In: Proc. *of the Seventh Workshop Hot Topics in Operating Systems (HotOS '99)*, IEEE CS, 1999, pp. 174-178. *https://dl.acm.org/doi/10.5555/822076.822436*, accessed on August 21, 2023.

- **[Burrows2006]** Burrows, Mike. "The Chubby Lock Service for Loosely-Coupled Distributed Systems." In: *Proceedings of the 7th Symposium on Operating Systems Design and Implementation (OSDI '06)*, Seattle, 2006, pp. 335-350.

- **[Cahill2009]** Cahill, Michael J., Uwe Röhm, and Alan D. Fekete. "Serializable Isolation for Snapshot Databases." In: *ACM Trans. Database Syst.*, Volume 34, Number 4, 2009, pp. 20:1-20:42, DOI: 10.1145/1620585.1620587. *https://doi.org/10.1145/1620585.1620587*, accessed on August 27, 2023.

- **[Castro1999]** Castro, Miguel and Barbara Liskov. "Practical Byzantine Fault Tolerance." In: *Proceedings of the Third Symposium on Operating Systems Design and Implementation (OSDI '99)*, New Orleans, 1999, pp. 173-186. *https://dl.acm.org/doi/10.5555/*

296806.296824, accessed on August 21, 2023.

- **[Chen2020]** Chen, Boyang. *KIP-650: Enhance Kafkaesque Raft Semantics*. *https://cwiki. apache.org/confluence/display/KAFKA/KIP-650:+Enhance+Kafkaesque+Raft+semantics #KIP650:EnhanceKafkaesqueRaftsemantics-Non-leaderLinearizableRead*, accessed on September 4, 2023.

- **[Das2002]** Das, Abhinandan, Indranil Gupta, and Ashish Motivala. "SWIM: Scalable Weakly-Consistent Infection-Style Process Group Membership Protocol." In: *Proceedings International Conference on Dependable Systems and Networks*, Washington, 2002, pp. 303-312, DOI: 10.1109/DSN.2002.1028914. *https://doi.org/10.1109/DSN.2002.1028914*, accessed on August 21, 2023.

- **[Dean2009]** Dean, Jeaf. *Keynote LADIS 2009 Conference*. *https://www.cs.cornell.edu/ projects/ladis2009/talks/dean-keynote-ladis2009.pdf*, accessed on August 21, 2023.

- **[Demirbas2014]** Demirbas, Murat, Marcelo Leone, Bharadwaj Avva, Deepak Madeppa, and Sandeep S. Kulkarni. *Logical Physical Clocks and Consistent Snapshots in Globally Distributed Databases*. 2014. *https://api.semanticscholar.org/CorpusID:15965481*, accessed on August 15, 2023.

- **[Fischer1985]** Fischer, Michael J., Nancy A. Lynch, and Michael S. Paterson. "Impossibility of Distributed Consensus with One Faulty Process." In: *Journal of the ACM*, volume 32, number 2, April 1985, pp. 374-382, DOI: 10.1145/3149.214121. *https://doi.org/10. 1145/3149.214121*, accessed on August 21, 2023.

- **[Fowler2005]** Fowler, Martin. *Event Sourcing*. *https://martinfowler.com/eaaDev/Event Sourcing.html*, accessed on August 15, 2023.

- **[Gamma1994]** Gamma, Erich, Richard Helm, Ralph Johnson, and John Vlissides. *Design Patterns: Elements of Reusable Object-Oriented Software*. Addison-Wesley, 1995. ISBN 0201633612. 《GoF의 디자인 패턴》(프로텍미디어, 2015)이라는 제목의 한국어판이 있다.

- **[Goetz2006]** Goetz, Brian, Tim Peierls, Joshua Bloch, Joseph Bowbeer, David Holmes, and Doug Lea. *Java Concurrency in Practice*. Addison-Wesley Professional, 2006. ISBN 0321349601. 《자바 병렬 프로그래밍》(에이콘, 2008)이라는 제목의 한국어판이 있다.

- **[Gupta2006]** Gupta, Indranil, Anne-Marie Kermarrec, and Ayalvadi J. Ganesh. "Efficient and Adaptive Epidemic-Style Protocols for Reliable and Scalable Multicast." In: *IEEE Trans. Parallel Distrib. Syst.*, Volume 17, Number 7, pp. 593-605. DOI: 10.1109/TPDS.2006.85. *https://doi.org/10.1109/TPDS.2006.85*, accessed on August 21, 2023.

- **[Gustafson2018]** Gustafson, Jason. *KIP-392: Allow Consumers to Fetch from Closest Replica*. *https://cwiki.apache.org/confluence/display/KAFKA/KIP-392%3A+Allow+consumers+to+fetch+from+closest+replica*, accessed on August 15, 2023.

- **[Gustafson2023]** Gustafson, Jason. *KIP-595: A Raft Protocol for the Metadata Quorum*. *https://cwiki.apache.org/confluence/display/KAFKA/KIP-595%3A+A+Raft+Protocol+for+the+Metadata+Quorum*, accessed on August 21, 2023.

- **[Hayashibara2004]** Hayashibara, Naohiro, Xavier Défago, Rami Yared, and Takuya Katayama. "The φ Accrual Failure Detector." In: *Proceedings of the 23rd IEEE International Symposium on Reliable Distributed Systems*, 2004, pp. 66-78. *https://www.researchgate.net/publication/29682135_The_ph_accrual_failure_detector*, accessed on August 21, 2023.

- **[Howard2016]** Howard, Heidi, Dahlia Malkhi, and Alexander Spiegelman. "Flexible Paxos: Quorum Intersection Revisited." In: *arXiv preprint arXiv:1608.06696*, 2016. *https://arxiv.org/abs/1608.06696*, accessed on August 21, 2023.

- **[Hunt2010]** Hunt, Patrick, Mahadev Konar, Flavio P. Junqueira, and Benjamin Reed. "ZooKeeper: Wait-Free Coordination for Internet-Scale Systems." In: *Proceedings of the 2010 USENIX Annual Technical Conference (ATC '10)*, USENIX Association, Berkeley, 2010, pp. 11-11. *https://www.usenix.org/legacy/event/atc10/tech/full_papers/Hunt.pdf*, accessed on August 21, 2023.

- **[Lamport1978]** Lamport, Leslie. "Time, Clocks, and the Ordering of Events in a Distributed System." In: *Communications of the ACM*, Volume 21, Number 7, July 1978, pp. 558-565. DOI: 10.1145/359545.359563.

- **[Lamport1998]** Lamport, Laslie. "The Part-Time Parliament." In: *ACM Transactions on Computer Systems (TOCS)*, 16(2), pp. 133-169, May 1998. *http://lamport.azurewebsites.net/pubs/lamport-paxos.pdf*, accessed on August 21, 2023.

- **[Lamport2001]** Lamport, Laslie. "Paxos Made Simple." In: *ACM SIGACT News (Distributed Computing Column)*, November 2001. *https://lamport.azurewebsites.net/pubs/paxos-simple.pdf*, accessed on August 21, 2023.

- **[Liskov2012]** Liskov, Barbara and James Cowling. "Viewstamped Replication Revisited." In: *MIT Technical Report MIT-CSAIL-TR-2012-021*, July 2012. *http://pmg.csail.mit.edu/papers/vr-revisited.pdf*, accessed on August 21, 2023.

- **[Malkhi2013]** Malkhi, Dahlia and Jean-Philippe Martin. "Spanner's Concurrency Control." In: *Proceedings of the Twenty-Fourth ACM Symposium on Operating Systems Principles (SOSP '13)*, Farmington, ACM, September 2013, pp. 358-372, DOI: 10.1145/2517349.2517350. *https://www.microsoft.com/en-us/research/publication/spanners-concurrency-control*, accessed on August 27, 2023.

- **[McCabe2020]** McCabe, Colin. *KIP-500: Replace ZooKeeper with a Self-Managed Metadata Quorum*. *https://cwiki.apache.org/confluence/display/KAFKA/KIP-500%3A+Replace+Zoo Keeper+with+a+Self-Managed+Metadata+Quorum*, accessed on August 21, 2023.

- **[McCabe2021]** McCabe, Colin. *KIP-631: The Quorum-Based Kafka Controller*. *https://cwiki.apache.org/confluence/display/KAFKA/KIP-631%3A+The+Quorum-based+Kafka+Controller*, accessed on August 21, 2023.

- **[Moraru2013]** Moraru, Iulian, David G. Andersen, and Michael Kaminsky. "There Is More Consensus in Egalitarian Parliaments." In: *Proceedings of the Twenty-Fourth ACM Symposium on Operating Systems Principles (SOSP '13)*, Farmington, 2013, pp. 358-372, DOI: 10.1145/2517349.2517350. *https://doi.org/10.1145/2517349.2517350*, accessed on August 21, 2023.

- **[Ongaro2014]** Ongaro, Diego. *Consensus: Bridging Theory and Practice*. Ph.D. thesis, Stanford University, August 2014. *https://web.stanford.edu/~ouster/cgi-bin/papers/OngaroPhD.pdf*, accessed on August 21, 2023.

- **[Ongaro2015]** Ongaro, Diego. *LogCabin.appendEntry(5, "Cluster Clock, etc")*. *https://ongardie.net/blog/logcabin-2015-02-27*, accessed on August 21, 2023.

- **[Peng2010]** Peng, Daniel and Frank Dabek. "Large-Scale Incremental Processing Using Distributed Transactions and Notifications." In: *Proceedings of the 9th USENIX Symposium on Operating Systems Design and Implementation*, 2010.

- **[Qin2015]** Qin, Jiangjie. *Kafka Controller Redesign*. *https://cwiki.apache.org/confluence/display/KAFKA/Kafka+Controller+Redesign*, accessed on August 15, 2023.

- **[Rao2014]** Rao, Jun. *Kafka Controller Internals*. *https://cwiki.apache.org/confluence/display/KAFKA/Kafka+Controller+Internals*, accessed on August 21, 2023.

- **[Reed2008]** Reed, Benjamin and Flavio P. Junqueira. "A Simple Totally Ordered Broadcast Protocol." In: *Proceedings of the 2nd Workshop on Large-Scale Distributed Systems and Middleware (LADIS '08)*, ACM, New York, 2008, pp. 1-6. *https://dl.acm.org/doi/abs/10.1145/1529974.1529978*, accessed on August 21, 2023.

- **[Rystsov2018]** Rystsov, Denis. "CASPaxos: Replicated State Machines without logs." In: *arXiv preprint arXiv:1802.07000*, 2018. *https://arxiv.org/abs/1802.07000*, accessed on August 21, 2023.

- **[Schneider1990]** Schneider, Fred B. "Implementing Fault-Tolerant Services Using the State Machine Approach: A Tutorial." In: *ACM Comput. Surv.*, 22, 4, December 1990, pp. 299-319. *https://doi.org/10.1145/98163.98167*, accessed on August 21, 2023.

- **[Stopford2021]** Stopford, Ben. *KIP-101-Alter Replication Protocol to Use Leader Epoch Rather Than High Watermark for Truncation*. *https://cwiki.apache.org/confluence/display/KAFKA/KIP-101+-+Alter+Replication+Protocol+to+use+Leader+Epoch+rather+than+High+Watermark+for+Truncation*, accessed on August 21, 2023.

- **[Thomson2011a]** Thompson, Martin. *Single Writer Principle*. 22 September 2011. *https://mechanical-sympathy.blogspot.com/2011/09/single-writer-principle.html*, accessed on August 21, 2023.

- **[Thomson2011b]** Thompson, Martin, Dave Farley, Michael Barker, Patricia Gee, and Andrew Stewart. *Disruptor: High Performance Alternative to Bounded Queues for Exchanging Data between Concurrent Threads*. May 2011. *https://lmax-exchange.github.io/disruptor/files/Disruptor-1.0.pdf*, accessed on August 21, 2023.

- **[Tunnicliffe2023]** Tunnicliffe, Sam. *CEP-21: Transactional Cluster Metadata*. *https://cwiki.apache.org/confluence/display/CASSANDRA/CEP-21%3A+Transactional+Cluster+Metadata*, accessed on August 15, 2023.

- **[Welsh2001]** Welsh, Matt, David Culler, and Eric Brewer. "SEDA: An Architecture for Well-Conditioned, Scalable Internet Services." In: *Proceedings of the Eighteenth ACM Symposium on Operating Systems Principles (SOSP '01)*, October 2001, pp. 230-243. *https://dl.acm.org/doi/10.1145/502034.502057*, accessed on August 21, 2023.

- **[XA1991]** The Open Group. "Distributed Transaction Processing: The XA Specification." In: *X/Open CAE Specification*, December 1991. *https://pubs.opengroup.org/onlinepubs/009680699/toc.pdf*, accessed on September 2, 2023.

찾아보기

0-9
2단계 잠금 272
2단계 커밋 패턴 267~309
　데이터 갱신 121
　스냅샷 격리 205
　실패 처리 303
　이종 시스템 308
　일관성 44
　트랜잭션 73, 268~309, 327~328
　트랜잭션 인텐트 304~308
　하이브리드 시계 301
3방향 핸드셰이크 387

A~G
ArrayBlockingQueue class(자바) 168, 170
AWS(아마존 웹 서비스) 3
　클록 바운드 라이브러리 56, 335, 339, 346
　타임 싱크 서비스 335, 339, 346
CASPaxos 레지스터 등록 135
ClockErrorBound(AWS) 339
Command 패턴 70
CompareAndSwap 연산 90
ConcurrentLinkedQueue 클래스(자바) 168
CPU(중앙 처리 장치) 3~6
　파티션 분할 265
CRC 레코드 72
DHCP(동적 호스트 구성 프로토콜) 367
D그래프 데이터베이스 297
etcd 키-값 저장 12
　감시 채널 372, 377
　고루틴 171
　대기 목록 180
　데이터 클러스터 56~57, 59
　리더 선출 90~91
　리스 161, 367
　메타데이터 355
　볼트 데이터베이스 206
　스냅샷 메커니즘 82
　예전 데이터 157
　요청 처리 171
　읽기 요청 156

채널 171
코디네이터 230
클라이언트 요청 전달 353
etcd3 인터페이스 207
EvictingQueue(자바) 376
ExecutorService 인터페이스(자바) 164
E팍소스 알고리즘 155
FLP 불가능성 결과 130
GCP(구글 클라우드 플랫폼) 3
GPS(위치 정보 시스템) 312, 339

H~N
HashMap class(자바) 72
HBase 데이터베이스(아파치)
　멱등성 188
　파티션 43, 260, 266
HDFS(하둡 분산 파일 시스템) 355
HOL 블로킹 99, 416
J2EE 서버 308
java.lang.Thread 클래스 160
leaderLeaseTimeout 시간 간격 158~160
LinkedBlockingDeque 클래스(자바) 168
LMAX 디스럽터 라이브러리 168
LWW(최종 쓰기 승리) 충돌 해소 218~219, 223
matchIndex(래프트) 144
MD5 해시 알고리즘 229
Murmur 해시 알고리즘 229
MVCC(다중 버전 동시성 제어) 200, 207
　데이터베이스 내 구현 319
　트랜잭션 격리 205
　하이브리드 타임스탬프 329
nosql 데이터베이스
　로그 분할 79
　지속성 75
NTP 서비스 10, 219, 312~313, 358

O~Z
OFFSET_NOT_AVAILABLE 오류(카프카) 198
PBFT 알고리즘 138
pickRandomNode 메서드 388

purgatory 자료구조 180
ReadRestartException(자바) 338
ResultCollector 객체 395~398
RSocket 프로토콜 372
S3(단순 저장소 서비스) 194
SEDA 아키텍처 171
Serf 수렴 시뮬레이터(하시코프) 380
SWIM(확장 가능하고 약한 일관성의 감염 스타일 프로세스 그룹 멤버십 프로토콜) 101, 389~390
　라이프가드 증강 100
System.currentMillis, System.nanoTime 메서드(자바) 358
TCP 프로토콜 9, 382, 413
　네이글 알고리즘 423
tick 메서드 314
TiDB 데이터베이스 297
TiKV 데이터베이스 266
　트랜잭션 인텐트 304
　파티션 266
UDP(사용자 데이터그램 프로토콜) 382
UTC(협정 세계시) 48
WAL. '쓰기 전 로그' 항목 참고
XA 트랜잭션 309
zxid(주키퍼 트랜잭션 id) 188

ㄱ
가비지 컬렉션 10, 99, 107, 110
가십 수렴 397
가십 전파 패턴 60~66
　갱신 추적 397
　노드 선택 388
　대 일관성 코어 66, 388
　상태 교환 205, 385~387
　실패 감지 100
　재시작 389
　최종적 일관성 66, 388
가십 팬아웃 382
감시 이벤트 370~377
값
　버전 번호 저장 199
　변경 369
　부분 순서 318, 332

갱신
　2 단계 267~309
　경쟁 15~16
　누락 400
　다른 멤버에게 전송 395~398
　동시 220
　손실 296
　원자적 73, 267, 309
격리 73
경량 스레드 169
계층적 저장소 351, 373
고(Go) 언어
　경량 스레드 169
　멤버리스트 라이브러리 100
　채널과 고루틴 32, 163, 169~170
　클론 206
고정 파티션 패턴 41~42, 227~245, 251
　노드에 분배 227, 391
　배치 방법 선택 409
　클러스터 추적 59
과반수 정족수 패턴 19, 23, 103~106
　데이터 갱신 32, 121
　데이터 일관성 보장에 불충분 85
　데이터 파티션 43
　로그 엔트리 복제 113
　로그 엔트리 커밋 25~27
　리더 선출 89, 145~147, 408
　요청 처리 173
　추적
　　복제 351
　　클러스터 56
　클러스터 크기와 처리량 349
　타임아웃 159
　팍소스 121~131, 135
　합의 구축 137~138, 154
관계형 데이터베이스 104
교착 상태 272~273, 287
구글
　GCP 3
　구아바 376
　데이터센터 7
　스패너 56, 131, 139, 271, 275, 302, 346
　처비 352, 355, 367
　트루타임 10, 56, 312, 335, 339, 346
　퍼콜레이터 298

ㄴ

날짜-시간 API(자바) 339, 358
내장형 저장 엔진 206
네오포제이 데이터베이스 관리 시스템 198

네이글 알고리즘 423
네트워크 3~5
　대역폭 3, 100, 412
　분할 106
　실패 380
　왕복 시간 96, 157, 362
　일시적 장애 107
　지연 312
　지연 시간 417
　처리량 423
노드
　가용 23, 389
　갱신 121~136, 379, 389
　　동시 220
　과반수 104
　과부하 427
　나이 391
　노드 간 통신 173, 209, 411~428
　노드 간 합의 121
　다른 요청 처리 15
　대기 145
　데이터 매핑 227~231
　데이터 파티션 40~43, 227~251
　동등 391
　뒤처짐 154
　상태 137, 379, 389
　새 요청을 지속적으로 읽기 414
　시드 392~394
　식별자 276, 395
　실패 230~233, 267, 282~284, 364, 388
　여러 노드 15
　위치 190
　일시 90
　재시작 389
　재연결 405
　전송
　　가십 메시지 60~66, 379, 388
　　요청 178
　정렬 391
　죽음 14, 17~19, 121, 138, 268~269, 394
　추가 40, 42, 240~245, 248~251, 397
　카운터 209
논리 저장 구조 234
논리 타임스탬프 312
논리 파티션 228
닐 컨터 104

ㄷ

다중 래프트 302
다중 팍소스 131

복제 로그 구현 139, 161
단일 갱신 큐 패턴 32, 163~171
　갱신 69, 86
　배압 170
　성능 425
　스레드 169
　자바 구현 164~165
　작업 연쇄 170
　채널 169
　하트비트 99
단일 소켓 채널 패턴 413~416
　리더 팔로워 간 37
　성능 425
　연결 클라이언트 354, 369
　클러스터 추적 59
　하트비트 99
단일 쓰기 원칙 171
대기 목록 173~180
　요청 만료 179
　유지 관리 173~174
　응답 처리 176, 179
　콜백 추가 174~175, 178
　콜백 호출 175, 179
대기-포기 정책 278
대역폭 3, 100, 412
데이터
　갱신
　　여러 스레드에서 32
　　중단된 193
　　팔로워가 38~39
　견고한 14~15
　노드 간 이동 40~43, 240~243
　노드로 매핑 227~230
　무결성 9
　복제 9, 13, 43, 67~223
　부정한 138
　분산 7, 8, 10~11, 13, 40
　불일치 295
　실패 7~9
　언커밋 25
　예전 38, 157, 189, 195, 313, 352
　일관성 85
　'클러스터' 항목 참고
　파티션 6, 40~43, 225~309
　퍼뜨리기 60~61, 379~380
데이터 저장소
　관계형 104
　논블록 205
　복제 로그 155
　분산 302, 309
　실패 가정 138
　읽기 재시작 55

찾아보기　**435**

잠금 304
지속성 75
직렬성 격리 271~272
컬럼-패밀리 218
트랜잭션 구현 15
트랜잭션 재시작 275
파티션 155, 264
데이터센터 189
도트 버전 벡터 222
동기화 47
동시성 205
디스크
　느린 193
　데이터 저장 423
　성능 3
　실패 7
　지속성 72

ㄹ

래프트 알고리즘 27
　단일 소켓 채널 416
　로그 75
　　분할 79
　리더 선출 87, 93, 116
　멱등성 188
　버전 번호 199
　복제 로그 구현 139~161, 302
　복제 지연 189
　블록체인 161
　성능 37
　스냅샷 메커니즘 82
　실패 101, 138
　요청
　　만료 186
　　처리 171
　　파이프라인 428
　요청 파이프라인 428
　일관성 코어 388
　정족수 106
　충돌한 엔트리 118
　커밋 인덱스 119
　클러스터 노드별 상태 154
　클러스터 시간 358
　텀 111, 143, 146, 148
　하트비트 전송 98
　합의 136
램포트 시계 패턴 107~108, 313~319
　2단계 커밋 291~292, 300
　부분 순서 값 51, 318, 332
　요청 순서 추적 50
　인과적 일관성 194
　하이브리드 시계 323

램포트 타임스탬프. '타임스탬프, 논리'
　　항목 참고
레슬리 램포트 121, 315
로그
　단일 69~75
　동기화 143
　복제 137~161
　분할 77~79
　세대 저장 108
　절단 117~119
　정리 69, 81~84
　크기 77
　플러시 423
로그 엔트리 14~15
　갱신 69
　누락 113
　덧붙이기 114, 139
　복제 18~19, 113~115, 154
　상태 저장 137
　손상 72
　식별자 69
　실행 순서 145
　이전 세대 147
　중복 72
　충돌 108, 117, 118, 154
　충돌 해소 23
　카운터 199
　커밋 25~31
　클라이언트 가시성 116
　팔로워에 전송 139
　폐기 81~84
　플러시 72
로그캐빈 알고리즘
　단일 소켓 채널 416
　멱등성 188
　클러스터 시간 358
　하트비트 99
로우 워터마크 패턴 81~84
　로그
　　분할 72
　　정리 69
　　시간 기반 83~84
록스DB 데이터베이스 73
　데이터 배열 200
　시퀀스 번호 47
　잠금 304
　클론 206
롤백 283~284, 304
리더 16, 85
　갱신 처리 16
　과부하 189
　로그 엔트리 실행, 순서 145

병목 현상 353
복제 조정 138
부하 줄이기 38
빠르게 반응 31~38
선출 17~27, 85~91, 98, 104, 108,
　　116, 138, 145~147, 353, 365
　선출 전 대기 145
　지속적 유발 350
　실패 17~24, 34, 58, 86, 91, 113,
　　157, 160, 183, 355, 365
예전 98, 146, 156
요청 포워딩 353
유지 관리
　램포트 시계 316~318
　리스 362~363
　타임아웃 158, 160
전송
　복제 로그 엔트리 139, 143
　팔로워 대상 하트비트
　　98, 146~147, 157, 160
찾기 154, 352~354, 408~409
퇴출 109
리더 리스 157~158, 160~161, 352
리더 브로커 93
리더 선출 타임아웃(electionTimeout)
　　간격 160
리더 없는 복제 214
리더 에폭(카프카) 111
리더 팔로워 패턴 16, 85~93
　과반수 서버 104
　노드 간 합의 121~122, 351
　메시지 413
　버전 번호 318
　복제
　　로그 엔트리 113, 199
　　리스 357
　　세대 108~110
　　세대 시계 사용 21
　요청이 유발하는 과부하 189
　일시적 연결 끊김 107
　자생적 리더 391, 408
　코디네이터 230
리스
　등록 361
　리더 157~158, 160, 352
　리프레시 366
　만료 58, 357~358, 363
　복제 58
　생성 183
　연장 갱신 357
　중복 361
리스 패턴 357~367

로그 엔트리 155
리더 실패 365~366
비멱등 요청 183
서버 전체로 작업 분산 355
시스템 타임스탬프 47
실패 감지 233
클러스터 관리 349
클러스터 추적 56~57, 364
키-값 저장소 364
리악 데이터베이스
    LWW 충돌 해소 218~219, 223
    동시 갱신 221
    버전 벡터 210, 223
리액티브 스트림즈 API 372
링 버퍼 데이터 구조 168

ㅁ

마이크로서비스 309
마이크로소프트 애저 플랫폼 3
    코스코스DB 131, 139
마틴 파울러 13, 121
메모리 3~6
    큐 170
    파티션 분할 265
메시지
    전달 지연 9
    정렬 10, 428
    처리 167
    확인 응답 395
메시지 브로커
    데이터 매핑 228
    분산 308
    실패 가정 138
메타데이터
    리프레시 239
    변경 355
    생성 265
    저장소 구현 351
    전파 60
    주기적 전송 381
    캐시 238
    토큰 246~251
멤버리스트 라이브러리(Go 언어) 100
멤버십
    갱신 393, 395~398
    갱신 누락 401
    목록 유지 관리 395
    변경 391
멱등 생산자(카프카) 188
멱등 수신자 패턴 181~188
    데이터 갱신 34~35
    묶음 요청 422

중복 요청 감지 154, 355
멱등성 35, 181~188
    키-값 저장소 183, 285
몽고DB 데이터베이스 12
    MVCC 백엔드 207, 319, 329
    데이터 클러스터 56, 59
    로그 엔트리 155
    복제 로그 155
    복제 서버 194
    일관성 44, 198
    지연 시간 192
    트랜잭션 308
    파티션 309
    하이브리드 시계 55, 291, 301, 321, 327, 329
묶음 요청 패턴 417~423
    비동기 통신 173
    재시도 백오프 정책 422

ㅂ

발견 프로토콜 392
배압 170, 372
버먼, 케네스 104
버전 번호 199, 315
버전 벡터
    구현 210
    도트 222
    벡터 비교 209~210
    벡터 시계 209~210
    읽기 복구 220
    충돌 해소 217~219
    크기 222
    키-값 저장소 213~217
버전화 값 패턴 199~207
    2 단계 커밋 사용 290~295
    값 저장 318
    버전 번호 315, 385
    일관성 39, 47
    키의 정렬 200~203, 206, 326
    타임스탬프 오라클 299
    트랜잭션 격리 205
    특정 버전의 모든 이벤트 203
    하이브리드 시계 332, 336
벡터 스탬프 209
벡터 시계 알고리즘 210
병렬 처리 11
병목
    로그에서 72, 77
    리더에서 353
    파티션에서 239
복원력 43
복제 9, 13, 43, 67~223

리더 없는 214
상태 기계 161, 199
완전 143~144
지연 189, 197
충돌한 엔트리 118
클라이언트 요청 139~143
풀 기반 155
복제 로그 패턴 27, 137~161
    데이터 파티션 43, 230
    매핑 저장 255
    메타데이터 저장소 351
    버전 카운터 319
    별도 스레드 처리 32, 39
    성능 37
    쓰기 전 로그 73, 155
    영속 파티션 테이블 235
    요청 등록 35~38
    일관성 44~47
    읽기 요청 로그 건너뛰기 155, 197
    정족수 106
    클러스터 추적 56, 59
    키-값 저장소 155
    타임스탬프 오라클 298
    트랜잭션 302
    팍소스 131, 267
볼드모트 데이터베이스 218
    버전 벡터 211, 214, 223
볼트 데이터베이스 200, 206
부하 기반 분할 265
북마크, 쓰기 연산에서 198
북키퍼 서비스(아파치) 120
    메타데이터 355
    묶음 요청 423
분산 시스템
    정의 3, 10~11
    확장 226
    활동성 대 안전성 103
분할 로그 패턴 77~79
    쓰기 전 로그 사용 69
    저장소 공간 줄이기 73
뷰스탬프 복제 알고리즘 93
    다중 팍소스 161
브로커
    리더 93
    메시지 138
    메타데이터 캐시 238
    컨트롤러 58, 93, 171
    팔로워 93, 198
블로킹 큐 427
블록체인 155, 161, 390
비동기 통신 173
비잔틴 결함 138

ㅅ

상태 감시 패턴 369~377
  노드 실패 364
  알림 355
  클러스터 추적 56
  특정 버전의 모든 이벤트 203~205
상태 기계 복제 161, 199
샤드 할당(아카) 251
샤드. '파티션' 항목 참고
서버
  과부하 369
  리부팅 108
  변경 369
  상태 86
  세대 108
  세션 182
  실패 380
    감지 95~101
    복구 113
    허용 가능 105
  연결 요청 355
  작업 할당 351
  최신 버전 87
  클라이언트 등록 181~183, 369~375
  클러스터 내 대수 104~105
  타임스탬프 비교 313
석영 크리스털 312
선거(선출). '리더 선출' 참고
선점-대기 정책 277~279, 290
선형성 90, 349, 352
성능
  데이터 복제 37
  디스크 3
  로그 파일 크기 77
  병렬 처리 11
  서버 간 통신 425
  트랜잭션 격리 271~272
  파티션 43
  플러시 72
세대 시계 패턴 20~24, 107~111
  노드 메타데이터 389
  래프트 145~146
  램포트 시계 319
  로그 엔트리 115, 118, 140
  리더 선출 86~88, 137~138, 148~149
  예전 리더 감지 98, 146
  파티션 264
  팍소스 121~123
세션 182
  만료 187, 364
소문 61, 379

소프트웨어 시스템
  문제 9~10
  하드웨어의 물리적 한계 다루기 6
수락자(팍소스) 122~123
스냅샷 격리 205, 295~301
  타임스탬프 298~301
스냅샷 메커니즘 82~83
스레드
  경량 169
  단일 163
  동시 실행 205
  블록 163
  실행 164~165
  요청의 별도 읽고 쓰기 425~426
  요청의 전용 읽고 쓰기 413~416
  처리 31~38
  통신 170
스레드 클래스(자바) 164
스케줄러 96
스파크 엔진(아파치) 355
스패너 서비스(구글) 56
  다중 팍소스 131, 139
  직렬성 격리 271
  커밋 대기 346
  타임스탬프 302
  트랜잭션 275
스플릿 브레인 문제 66, 403
시간 제한 리스. '리스 패턴' 항목 참고
시계
  느린 333
  단조적 158, 160, 358, 362
  단조적이지 않은 275, 298, 358
  동기화되지 않은 10, 47, 312, 362
  램포트 313~319
  오류 범위 339~340
  원자적 339
  하이브리드 논리 321~329, 332
  현재 시간 312
시계 스큐 53~55, 160, 302, 312
시계 제한 대기 패턴 312, 331~346
  API 339~346
  일관성 52~56, 332
  읽기 재시작 336~339
  타임스탬프 302
시드 노드 392~393
실패
  '충돌' 항목 참고
  (실패) 후 복구 113
  가정 138
  감지 86, 91, 95~101, 158, 230~233, 388~389, 395, 401~408
  감추기 9

  관리 8, 17~24, 56, 282~284
  다중 20~24
  단일 (실패) 지점 298
  로그 파일 72
  연결 374
  자원 접근 357
  처리 402~403
  허용하기(내결함성) 104~105, 138, 183, 308, 349~350, 357
  확률 7~8
실패 복구 프로토콜 367
쓰기 스큐 297
쓰기 요청 189
  대기 55, 302
  버퍼에 저장 299
  복제 서버 복구 220
  북마크 반환 198
  실행 중 302
  원자적 285
  전용 스레드 413~416
  처리량 105
쓰기 전 로그(WAL) 패턴 14~15, 19, 69~75
  노드 상태 137
  데이터 갱신 32, 163
  리더 선출 88
  복제 로그 155
  서버가 죽은 다음 복구에 사용 113, 268~269
  세대 저장 108~109
  쓰기 요청 저장 199
  일관성 44
  트랜잭션 상태 기록 303
쓰기 후 로그 73

ㅇ

아마존
  AWS(아마존 웹 서비스) 3
    클록 바운드 라이브러리 56, 335, 339, 346
    타임 싱크 서비스 335, 339, 346
아마존 S3(간편 저장소 서비스) 194
아카 툴킷 12
  가십 프로토콜 397
  데이터 클러스터 66
  발견 프로토콜 392, 409
  비동기 하트비트 전송 99
  스플릿 브레인 해결사 405
  실패 감지자 100~101, 402
  코디네이터 230
  파티션 41, 229, 251
아파치

HBase 43, 188, 260, 266
HDFS 355
북키퍼 120, 355, 423
스파크 355
이그나이트 41, 229, 234, 251, 402, 409
주키퍼 12, 37, 58~59, 82, 84, 87, 90~91, 93, 98, 104, 111, 155~156, 171, 188, 238, 351, 353, 355, 362, 364, 367, 376~377, 416
카산드라 12, 56, 60, 63~64, 66, 79, 92, 99~101, 106, 111, 131, 136, 171, 180, 218~219, 223, 249, 387, 389
카프카 12, 37, 44, 56~59, 75, 79, 84, 93, 111, 120, 155, 161, 171, 180, 188, 194, 198, 228, 230, 234, 238, 251, 309, 352, 355, 362, 367, 374, 377, 416, 423, 428
펄사 12
플링크 355
안전성 103, 131
애저 플랫폼(마이크로소프트) 3
코스모스DB 131, 139
액티브MQ 메시지 브로커 308
약속(팍소스) 124
에폭. '세대 시계 패턴' 항목 참고
엔터프라이즈 시스템, 실패 가정 138
연결
  실패 130, 374
  이벤트 감시 370~377
  종료 371
  타임아웃 415~416
  파이프라인 372
연산
  쓰기 55, 105, 198, 285
  원자적 73
  읽고 변경해서 쓰기 271
올투올 하트비트 402
외부 서비스 호출 170
외부 일관성 332
요청
  거부 16, 428
  계류/보류 180, 418
  과부하 189
  단방향 395
  대기 34
  만료 179, 186
  먹등 183, 285
  묶음 417~423

반복 35
별도의 스레드 425~426
비멱등 183
서로 다른 노드에서 실행 15
순서 50~56, 154~155
실패 428
실행 중 186, 427
쓰기. '쓰기 요청' 항목 참고
연결 354
요청 수락 20
응답 181
이전 24
읽기. '읽기 요청' 항목 참고
재시도 188, 428
중복 154, 181, 187, 355
처리 164~180, 186, 188
처리 시간 417
처리 중단 193
추적 34
합류 393
요청 대기 목록 패턴 173~180
  데이터 갱신 31~32
  콜백 추가 174
요청 시간 간격 95~96
요청 파이프라인 패턴 425~428
  HOL 블로킹 416
  묶음 요청 422
  비동기 통신 173
  실행 중 요청 186, 427
  연결 클라이언트 369
  하트비트 99
원자적 연산 73
웹 API 5
유가바이트DB 데이터베이스 12
  데이터 클러스터 56, 59, 230
  리더 리스 161, 352
  메타데이터 238
  읽기 재시작 346
  트랜잭션 인텐트 304
  파티션 43, 260, 264
  하이브리드 시계 55, 329
으뜸(뷰스탬프 복제 알고리즘) 93
의심 번호 100
이그나이트 데이터베이스 관리 시스템(아파치)
  매핑 234
  실패 감지 402
  코디네이터 409
  파티션 41, 229, 251
이벤트
  소싱 74
  순서 107

이력 저장 376
이종 시스템 308
인과 관계 315
인과적 일관성 194
인과적 클러스터 198
인터넷, 시간 소스 313
인텔 옵테인 73
일관성 44~47, 73
  외부 332
  인과 194, 198
  최종적 60, 66, 388
일관성 코어 패턴 349~355
  계층적 저장소 지원 351, 373
  대 가십 전파 66, 388
  대 자생적 리더 391
  리더 선출 90~92, 365, 408
  리더 찾기 154
  리스 357~365
  메타데이터 저장 247, 249
  상태 기계 복제로 구축 161
  연결 실패 374
  읽기 요청 197
  클라이언트 등록 183
  클러스터 추적 56~60
  키 변경 369
  파티션 데이터 41, 230
일시 노드 90, 364
읽기 대기 연산 344~346
읽기 요청 155~161, 189
  로그 건너뛰기 155, 197
  복구 220
  블록하다 272
  선형적 191
  전용 스레드 413~416
  팔로워에서 처리 38~39, 352
읽기 재시작 55, 336~339, 346

ㅈ~ㅊ
자동 분할 259~266
자바 개발 키트 컬렉션 라이브러리(JDK) 168
자바 메시지 서비스(JMS) 308
자바 프로그래밍 언어
  MVCC 200
  가비지 컬렉션 10
  날짜-시간 API 339, 358
  단일 갱신 큐 구현 164
  해시값 229
자생적 리더 패턴 391~409
  갱신
    누락 400
    전송 395~400

데이터 클러스터 66
리더 팔로워 408~409
스플릿 브레인 문제 403~408
자신이 쓴 값 읽기 일관성 39, 195
작업
    서버에 할당 351
    스케줄(예약) 187, 358, 381~382
    연쇄 170
잠금 163, 205, 268, 271~279
    2단계 잠금 272
    교착 상태 방지 272~279
    보류 중인 트랜잭션을 잠금으로
        사용 304~307
    트랜잭션 격리 271~272
    해제 279, 282~284
    획득 287, 291, 295
재시도 백오프 정책 422
잽 알고리즘
    다중 팍소스 161
    로그 75
    리더 선출 87, 93, 116
    실패 101
    요청 처리 171
    요청 파이프라인 428
    합의 350
저장소
    계층적 351, 373
    내장형 엔진 206
    다중 버전 377
    안정성 73
    완화 72
    인과적 일관성 194
    트랜잭션 73~74
전염병 61, 379
정족수
    과반수 104~105
    교집합 106
    응답 처리 176
    크기 104~105
    탄력적 105~106
정확히 한 번 실행 188
제안자(팍소스) 122~123
    경쟁 130
제이그룹스 툴킷 12
    발견 프로토콜 392, 409
제프 딘 7
주키퍼 서버(아파치) 12
    단일 소켓 채널 37, 416
    데이터 클러스터 56, 58, 104
    리더 선출 87, 90~91
    메타데이터 238, 355
    세션 188, 362, 364, 367

    스냅샷 메커니즘 82~83
    에폭 111
    요청 처리 171
    유사 파일 시스템 인터페이스 352
    이벤트 376~377
    일시 노드 90, 364
    읽기 요청 156~157
    클라이언트 요청 전달 353
    하트비트 전송 98
죽음(서버의)
    '실패' 항목 참고
    감지 17~19
    상태 복원(죽은 후) 71, 303
    재시작(죽은 후) 14
    충돌(죽은 후) 117, 118
중복 감지 355
지연 시간 192~193
직렬성 352
직렬성 격리 271~272
짐 그레이 104
처리
    응답 기다리기 9
    인과 관계 108
    일시 정지 10
    죽음 9
처비 잠금 서비스(구글) 352, 355, 367
최소 한 번, 최대 한 번 188
충돌 시 오류 정책 274~277, 290
충돌 해소기 217~219
측정 시간 358

ㅋ

카산드라 데이터베이스(아파치) 12
    SEDA 아키텍처 171
    갱신 106
    과반수 정족수 180
    노드 간 통신 180
    다중 무작위 토큰 249
    데이터 클러스터 56, 60, 66
    로그 분할 79
    메타데이터 66, 387, 389
    세대 111
    실패 감지 91, 100~101
    일시 정지 프로세스 99
    지속성 75
    팍소스 구현 131, 136
카운터 47
    노드 209
    로그 엔트리 199~200
    버전 319
    프로세스 107~108
카프카 플랫폼(아파치) 12

    논리 저장 구조 234
    단일 소켓 채널 37, 416
    데이터 매핑 228
    데이터 클러스터 56~57, 59
    로그
        분할 79
        정리 84
    메타데이터 238, 355, 377
    멱등성 188
    묶음 요청 423
    보류 중인 요청 180
    블록체인 161
    에폭 111
    오프셋 194
    요청 파이프라인 428
    일관성 44
    저장소 구현 75
    컨트롤러 93, 171, 230
    컨트롤러 정족수 374
    타임아웃 362, 367
    트랜잭션 308
    파티션 251, 309, 352
    팔로워 브로커의 메시지 198
    풀 기반 복제 155
    하이 워터마크 120
커밋 로그는 '쓰기 전 로그'를 참조
커밋 인덱스(commitIndex, 래프트)
    119, 142~145, 152
컨슬 서비스(하시코프)
    가십 프로토콜 388, 390
    데이터 클러스터 66
    리더 선출 92
    리스 161
    비동기 하트비트 전송 99
    실패 감지 100~101, 388
    예전 데이터 156
    일관성 코어 388
    타임아웃 160
컨트롤러 브로커 58, 93
컨트롤러 정족수(카프카) 374
컬럼-패밀리 데이터베이스 218
코디네이터 44~47, 230~245, 391
    내결함성 308
    롤백 수행 283~284, 304
    주기적 연결 재시도 405
    죽음 303
    지정 66, 305
    추적
        갱신 수신 여부 395
        트랜잭션 268~271, 277
    커밋 요청 수신 279~282
    키 범위 생성 254, 259

타임스탬프 선택 291
트랜잭션 결과 통신 303
파티션 범위 매핑 258
코스모스DB 데이터베이스(마이크로
    소프트 애저) 131, 139
코크로치DB 데이터베이스 12
    MVCC 백엔드 207, 319
    가십 프로토콜 387~388, 390
    데이터 클러스터 56
    읽기 재시작 346
    지연 시간 192
    직렬성 격리 271
    타임스탬프 302, 326
    트랜잭션 인텐트 304
    파티션 43, 266, 309
    팔로워 서버에서 읽기 198
    하이브리드 시계 55, 291, 301~302,
        321, 326~327, 329
코틀린 언어 169
콜백 34, 173~174
쿠버네티스 시스템
    데이터 클러스터 56, 59
    메타데이터 355
    변경 감시 377
    코디네이터 230
큐 31~38
    단일 갱신 163~171
    배압 170
크리스털 진동자 312, 313, 358
클라우드 서비스 3
클라우드 플레어 146
클라이언트
    개수 222
    로그 엔트리 보이기 116
    리더와 통신 138, 352
    메타데이터 리프레시 239
    상호작용 352
    서버에 등록 35, 181~183, 369~374
        제거 187
    식별자 181, 184, 221
    요청
        (요청에) 응답 181
        복제 139~143
        실행 405
        중복 154
    이벤트 이력에서 데이터 수신 376
    읽기 전용 189
    큐에 쌓인 요청 추적 418
클러스터
    가십 기반 99~100
    갱신 15~16, 31~32, 104, 379
    관리 56~59

등록 230~233
상태 137, 389
의사 결정 27
인과적 198
크기 90, 104~106, 228, 349, 380,
    402~403
합의 기반 98, 104, 145
클러스터 시간 358
클러스터 컨트롤러 58
클로즈드 타임스탬프 198
클록 바운드 라이브러리(AWS) 56,
    335, 339, 346
키
    갱신 215
    동시 209~223
    모든 버전 203, 205
    범위 42, 251, 253~266
    접두사 351, 373
    정렬 200~203, 206, 326
    파티션에 매핑 42, 230
키 범위 파티션 패턴 43, 253~266
    부하 기반 분할 265
    자동 분할 29~266
    키 범위를 미리 결정 254~257
키-값 레코드
    설정 155
    추가 73
키-값 저장소 40, 131~135
    2단계 커밋 268~271
    갱신 282
    리스 364~365
    매핑 227~228
    버전 번호 199, 315~317
    버전 벡터 213~217
    복제 로그 155
    요청
        멱등 183, 285
        비정렬 154~155
        읽기 155, 195
        큐 417~419
    클라이언트 인터페이스 238, 255
    키 범위 253~255
    키 변경 369
    하이브리드 시계 336
    현재 상태 375

ㅌ
타임 싱크 서비스(AWS) 335, 339, 346
타임스탬프
    2 단계 커밋 사용 291
    논리 311~346
    단조적 298~301

비교 313
순서 301~302, 326
시스템 47~56, 312, 313, 332, 339
    읽기 326
    처리 329
    충돌 해소 218
    클로즈드 198
    하이브리드 323
    하트비트 98
타임스탬프 오라클 서비스 298~301
타임아웃 96, 158~160
    리스 362
    요청 만료 179
    측정 358
팀(래프트) 146, 148
토큰 메타데이터 246~247
투표
    반대 148
    요구 146
    정족수 104, 149
트랜잭션 73~74
    격리 205, 271~272, 295~301
    경량 131, 136
    교착 상태 272~274
    단조적 301
    동시 실행 272, 290, 296, 299
    롤백 274, 283~284, 304
    보류, 잠금으로 사용 304~307
    부정 138
    분산 327~329
    상태 기록 303
    식별자 268
    완료되지 않은 303
    읽기 쓰기 290~291, 295
    읽기 전용 290
    재시도 290
    재시작 274, 302
    정렬 275~277
    직렬성 297
    충돌 287~290
    커밋 282
트랜잭션 아웃박스 309
트랜잭션 인텐트 304~308
트루타임 서비스(구글) 10, 56, 335,
    339
    시계 스큐 312
    시계 제한 346

ㅍ
파이 추적 실패 감지자 100
파티션
    고정 41~42, 219~241, 251

노드 대수 비례 246~251
논리 40~41, 228, 254
데이터 분산 40
    균등 분산 229
    복제 43, 302
    분할 지점 42, 254
    상태 갱신 238
    원자적으로 저장한 값 309
    이동 42, 229
    크기 260~266
    키 범위 42~43, 253~266
    파티션 간 일관성 44~47
    파티션 내 데이터 관리 56~60
파티션하기 6, 13, 4~43, 225~309
    병목 현상 239
    복원력 43
    선형성 352
    요청 정렬 155
    정족수와 네트워크 분할 106
    파티션 개수 227~251
팍소스 패턴 121~136
    다중 값 처리 134
    단계 121~122
    단일 판결 팍소스 131
    복제 로그 267
    실패 138
    정족수 106, 122~131, 136
    탄력적 팍소스 135
    합의 349~350
    활동성 대 안전성 131
팔로워 16, 86
    '리더 팔로워' 패턴 항목 참고
    (팔로워에서) 읽기 189, 194, 198
    commitIndex 갱신 145
    로그 엔트리 누락 113
    리더에서 갱신 직렬화 413
    복제
        갱신 38~39
        로그 엔트리 139~143
    연결이 끊긴 193
    읽기 요청 처리 352
    최소 네트워크 지연 193
    커밋 27~31
팔로워 브로커 93
팔로워 읽기 패턴 189~198
    팔로워로 갱신 복제 38
패턴
    정의 11
    패턴 항목 참고
퍼콜레이터 데이터 저장소(구글) 298
펄사 플랫폼(아파치) 11~12
페블 데이터베이스 206

포스트그레SQL 데이터베이스 297
풀 기반 복제 155
플러시 69, 72
플링크 프레임워크(아파치) 355
피어 투 피어 시스템 391

ㅎ
하드웨어, 물리적 제한 3~6, 40
하시코프
    서프 수렴 시뮬레이터 380
    컨슬 99~101, 156, 160~161, 388, 390
하이 워터마크 패턴 113~120
    갱신 32, 199, 238
    과반수 서버 104
    로그 엔트리 커밋 27~31
    리스 360, 363
    복제 추적 351
    세대 111
    엔트리 충돌 108
    자신이 쓴 값 읽기 일관성 39, 195
    커밋 인덱스 119, 144
    팔로워 브로커 198
    팔로워에 전파 116
하이디 하워드 135
하이브리드 시계 패턴 321~329
    2단계 커밋 291
    램포트 시계 323
    버전화 값 332, 336
    분산 트랜잭션 327~329
    요청 순서 추적 52~56
    자신이 쓴 값 읽기 일관성 39, 195
하이퍼레저 패브릭 소프트웨어 138, 161, 390
하트비트 패턴 17~19, 28, 30, 95~101
    네트워크 왕복 시간 95, 362
    리더로부터 수신 98, 146~147
    비동기 전송 99
    세대 포함 110
    세션 만료 187
    시간 간격 96
    실패 감지 230
        리더 86, 89, 157, 160
        코디네이터 304
        클러스터 멤버 395, 401
    올투올 402~403
    클러스터 추적 57
    하이 워터마크 전파 116
합류 요청 393
합의 알고리즘 121, 136
    가장 최신 상태 서버 결정 88
    구축 138

내결함성 349~350
리더 선출 86, 90~92, 145~146
복제 지연 189
스냅샷 메커니즘 82
요청 처리 171
하이 워터마크 119
활동성 문제 350
해시 함수 229, 238
헤이즐캐스트 플랫폼
    실패 감지 403
    코디네이터 230, 402, 409
    클라이언트 요청 실행 405
    파티션 229, 234, 251
협정 세계시(UTC) 참고
형제 폭발 222
확인 응답 메시지 395
확장성 5
활동성 103, 131
후보 86